Sckommodau / Fischer

Paint Shop Pro 8

FRANZIS
HOT STUFF

Katharina Sckommodau / Ralf Fischer

Paint Shop Pro 8

Mit 389 Abbildungen

FRANZIS

Bibliografische Information Der Deutschen Bibliothek
Die Deutsche Bibliothek verzeichnet diese Publikation in der Deutschen Nationalbibliografie; detaillierte Daten sind im Internet über **http://dnb.ddb.de** abrufbar

Wichtiger Hinweis

Alle Angaben in diesem Buch wurden vom Autor mit größter Sorgfalt erarbeitet bzw. zusammengestellt und unter Einschaltung wirksamer Kontrollmaßnahmen reproduziert. Trotzdem sind Fehler nicht ganz auszuschließen. Der Verlag und der Autor sehen sich deshalb gezwungen, darauf hinzuweisen, daß sie weder eine Garantie noch die juristische Verantwortung oder irgendeine Haftung für Folgen, die auf fehlerhafte Angaben zurückgehen, übernehmen können. Für die Mitteilung etwaiger Fehler sind Verlag und Autor jederzeit dankbar.
Internet-Adressen oder Versionsnummern stellen den bei Redaktionsschluss verfügbaren Informationsstand dar. Verlag und Autor übernehmen keinerlei Verantwortung oder Haftung für Veränderungen, die sich aus nicht von ihnen zu vertretenden Umständen ergeben.
Evtl. beigefügte oder zum Download angebotene Dateien und Informationen dienen ausschließlich der nichtgewerblichen Nutzung. Eine gewerbliche Nutzung ist nur mit Zustimmung des Lizenzinhabers möglich.

Satz: Ralf Fischer und Fotosatz Norbert Czermak, Geisenhausen
Grafik, Layoutkonzept: 4edition, Katharina Sckommodau
Umschlag art & design: www.ideehoch2.de
CD-ROM-Produktion: Jörg Regier, Maik Pötschke, Top Systems
Fotos: Katrin Zimmer, Peter Knoll; außer Kapitel 10, Ralf Fischer
Druck: Bercker, 47623 Kevelaer
Printed in Germany

ISBN 3-7723-**6059-9**

Vorwort **11**

Über die Autoren **12**

Tour **13**

Maßanzug schneidern 14
Zwischenablage säubern 16
Hilfen zu Paint Shop Pro 20
Die Standardoberfläche 23
Symbolleisten und Menüs anpassen 28
Tastaturkürzel 29
Tastaturkürzel festlegen 29
Wichtige Tastaturkürzel 29

Bilder einlesen **33**

Bilder übertragen 34
Scannereinstellungen 35
Größenangaben 38
Auflösungen beim Datei- Import 38
Korrekturen im Scan- Programm 40

Bilder reparieren **43**

Bildstörungen entfernen 44
Korrekturwerkzeuge 48
Richtig Klonen 49
Kontrast bearbeiten 50
Artefakte beseitigen 55
Weichzeichnen 57
Romantische Effekte 58
Übung: Kanalarbeiten 59
Weichzeichner ohne Kantenschutz 61
Richtig nachschärfen 62
Kampf dem Moiré 67
Perspektive korrigieren 70

Farbe anpassen **73**
Wie sehen wir Farbe? 74
Einflüsse auf das Farbempfinden 74
Konsequenzen für die Arbeitsumgebung 75
Farbwiedergabe am PC-Bildschirm 77
Farbmodell: Additive Farben 77
Farbwiedergabe im Druck 78
Farbmodell: Subtraktive Farben = Körperfarben 78
Prozess- und Volltonfarben 80
Einflüsse auf das Druckergebnis 80
Konsequenzen 80
Was passiert bei der Farbkorrektur? 80
Korrektur-Strategie 81
Wechsel des Farbraums 85
Korrekturmethoden 85
Automatik-Optionen 86
Schwarz- und Weißpunkt setzen 88
Irritation durch Spitzlichter 90
Histogramm 91
Histogramme beurteilen 91
Histogrammanpassung vornehmen 93
Kurven 94
Gerätebeschreibungen einsetzen 95
Was sind ICC-Profile? 96
ICC-Profile verwenden 96
ICC-Profile für den Heimgebrauch 96
ICC-Profile für Profis 98
Geräte selbst kalibrieren 98

Maltechniken **101**
Pinselspitzen justieren 102
Arbeiten mit Pinsel, Materialien und Mustern 105
Fläche mit eigener Textur füllen 106
Eigene Musterpinsel definieren 109
Bilder stempeln 111
Praxistipps für's Malen am PC 115

Vektorzeichnen **121**
Zeichnen & Schrifteffekte 122
Zeichentechniken 123

Eine Form aufziehen ... 123
Formen mit dem Formenwerkzeug verändern ... 124
Formen mit dem Objektauswahl-Werkzeug verändern ... 125
Linienform und Füllfarbe ändern ... 125
Übung: Eigene Schaltflächen entwickeln und platzieren . 126
Vektorobjekte mit Schatten versehen ... 129
Mit dem Zeichenstift zeichnen ... 131
Eigene Formen zeichnen ... 136
Eck- zu Kurvenpunkten ... 136
Übung: Vogel zeichnen ... 137

Texteffekte ... 142

Text auf Pfad ... 144

Bilder montieren ... 147

Montagewerkzeuge ... 148

Auswahlwerkzeuge und -funktionen ... 149

Geometrische Formen wählen: das Auswahlwerkzeug ... 151
Virtuelle Schere: Das Freihandauswahl- Werkzeug ... 153
Auswählen von Farbflächen: Der Zauberstab ... 153
Eine Auswahl verfeinern und anpassen ... 156
Übung: Komplexe Auswahl erstellen ... 165
Eine Auswahl speichern und laden ... 170

Ebenen verwenden ... 171

Ebenen einsetzen ... 171
Übung: Randpixel entfernen ... 174
Übung: Den Hintergrund kolorieren ... 175
Haare freistellen ... 177

Masken ... 182

Übung: Maske aus einem Kanal erstellen ... 189

Effekte einsetzen ... 193

Verschiedene Effekte ... 194

Effektgruppen ... 196
Kunsteffekte ... 196
Bildeffekte ... 205
Textureffekte ... 207
Lichteffekte ... 208
Reflexionseffekte ... 210
Verzerrungs- und Geometrieeffekte ... 213
Maleffekte ... 215
3D-Effekte ... 218
Übung: Schaltfläche erstellen ... 218
Kanteneffekte ... 222

Automatisieren **225**
Nadeln im Heuhaufen 226
Dateien umbenennen 226
Dateiformate stapelweise ändern 230
Skripting 231
Skripts nachbearbeiten 233
Separationseinstellungen per Skript ändern 235

Bilder ausgeben **239**
Vorabgedanken 240
Ein typischer Fall 240
Welche Technik für was? 241
Einstellung zur Standardauflösung 242
Begriffe aus der Drucktechnik 243
Auflösung 243
Rasterfrequenz, Rasterweite 244
Drucktechniken 246
Tintenstrahldruck 247
Druck auf Spezialmedien 250
T-Shirts drucken 252
Druck außer Haus geben 256
Laserdruck 256
Druckvorlagen erstellen 257
Thermotransfer- und Thermosublimationsdruck 259
Großformatdruck (Digitaldruck) 259
Belichtung und Separation 260
Was geschieht bei einer Separation und wozu? 262
Siebdruck 265
Offsetdruck 266
Pfadgesteuerte Technik 267
Ausgabe als EMF-Datei 268
So wandeln Sie Schriften in Kurven: 269
Schneidplotter ansteuern 269
Gravur 270
Wasserstrahlschneider 270
Ausgabefunktionen von Paint Shop Pro 271
Mehrere Nutzen auf einer Seite 271

Eigene Vorlagen (und Vorlagen abändern) ... 272
Ändern bestehender Vorlagen ... 273
Neue eigene Vorlagen erstellen ... 273
Browser/Miniaturansichten drucken ... 275
Schnittmarken für mehrere Nutzen ... 277
Beschnittzugabe ... 277

Diashow ... 281

Grundprinzipien für Animationen ... 282
Die Bilder lernen laufen: Animation Shop ... 284
Neue Animationen erstellen ... 284
Diashow in Paint Shop Photo Album ... 288
Weitere Funktionen in PSP Album: ... 290

Web-Optimierung ... 291

Worauf kommt es bei Web-Bildern an? ... 292
Bildschirm-Einstellungen ... 292
Kurze Ladezeiten ... 294
Beschränkte Formatwahl ... 295
Urheberschutz – praktisch nicht vorhanden ... 295
Schnelllebigkeit ... 295
Dateiformate fürs Web ... 296
GIF (Graphics Interchange-Format) ... 296
Joint Photographic Experts Group (JPEG) ... 298
Portable Network Graphics (PNG) ... 300
Formatwahl ohne Qual ... 301
Welches Format wofür? ... 301
JPEG-Artefakte entfernen ... 308
Bereiche transparent stellen ... 310
Teile und herrsche: Bilder aufteilen ... 313
Rollover erzeugen ... 315
Bewegtes Bild: GIFs animieren ... 316
Test-Empfehlungen ... 321

Glossar ... 323

Chris Tufto

CEO Jasc Software

Fotografieren – erst der Anfang

Digitalkameras haben die Art und Weise revolutioniert, wie wir Bilder und Fotos machen. Zum ersten Mal können wir unser Leben dokumentieren, ohne über die Ausgaben für Film und die Entwicklung der Fotos nachdenken zu müssen. Aber etwas zu Fotografieren ist erst der Anfang. Wir wollen mehr machen. Wir möchten mehr als nur das, was die Kamera aufnimmt. Paint Shop Pro ist die Software, die Ihnen hilft, aus Ihren digitalen Bildern das Beste herauszuholen.

Egal, ob die digitale Fotografie neu für Sie ist oder ob Sie die Möglichkeiten bereits seit Jahren nutzen: Paint Shop Pro hat genau die Funktionen, die Sie benötigen, um erstaunlich professionelle Ergebnisse zu erhalten. Mit seiner einzigartigen Kombination von automatischen Werkzeugen und Präzisions-Tools wächst Paint Shop Pro mit Ihnen, wenn sich Ihre Fähigkeiten und Ansprüche verändern. Egal, an welchem Punkt Sie sich auf Ihrer Reise in die digitale Fotografie befinden, in Paint Shop Pro finden Sie immer etwas, das Sie inspiriert.

Indem Sie den Tutorials im Buch folgen, lernen Sie, wie Sie mit Paint Shop Pro 8 aus Ihren Bildern wunderschöne Fotografien erstellen - mit Hilfe von automatischen Verbesserungsfunktionen, professionellen Korrektur-Filtern und effizienten Retusche-Pinseln. Mit dem offiziellen Buch zu Paint Shop Pro lernen Sie alles, was Sie benötigen, um erstaunliche professionelle Ergebnisse zu erzielen. Zusätzlich erfahren Sie, wie Sie Ihre mit Paint Shop Pro erstellten Kunstwerke mit Jasc ® Paint Shop™ Photo Album™ an Freunde und Familienmitglieder weitergeben können.

Egal, wie viel Erfahrung Sie im Umgang mit Fotografie oder Software haben, das offizielle Buch zu Paint Shop Pro wird Sie unterhalten, lehren und Sie inspirieren. Sie werden entdecken, dass Ihren kreativen Möglichkeiten mit Ihren Fotos und den Fähigkeiten, die Sie durch dieses Buch erlernen sowie Paint Shop Pro keine Grenzen gesetzt sind.

Über die Autoren

Katharina Sckommodau ist ausgebildete Mediengestalterin und hat Kunsterziehung und Mathematik studiert. Sie arbeitete ab 1999 als Grafikerin in der Europazentrale von MetaCreations, die damals bekannte Profi-Software wie das Malprogramm Painter, die Kai's Power Tools oder das 3D-Programm Bryce herausbrachte. Danach machte sie sich selbstständig und leitet als Art Direktorin das Medien- und Redaktionsbüro **4edition** in München. Ihre Spezialgebiete sind 3D-Visualisierung und kreative Bildbearbeitung.
Die erfolgreiche Autorin veröffentlichte zu den Themen 3D, Videoschnitt und Bildbearbeitung regelmäßig Beiträge in renommierten Fachzeitschriften und verwirklichte mehrere Buchprojekte.

Ralf Fischer kommt aus dem Bereich der bildenden Kunst (Malerei, Bildhauerei). Durch entsprechende Aufträge wandte er sich dem grafischen Gewerbe zu und ist mit seiner eigenen Werbeagentur – **artgraphics** – seit vielen Jahren erfolgreich. Zahlreiche Publikationen in nationalen und internationalen Fachzeitschriften (PrePress, Schweizer Publisher, Photoshop aktuell, PC-Magazin u.a.) mit Berichten über Hard- und Software aus dem Produktionsalltag stellen ein weiteres Betätigungsfeld des Grafikers dar.
Heute wird selbst der künstlerische Alltag von Ralf Fischer von den multimedialen Einflüssen der Medienbranche geprägt. Das führt zu komplexen Bühnenperformances, die regional und überregional Anerkennung finden.

Dank

Herzlich danken möchten wir an dieser Stelle allen, die an der Entstehung des Buches mitgewirkt haben. Unser besonderer Dank gilt dem gesamten Team von Top Systems, das uns während der Produktionsphase tatenreich zur Seite gestanden ist. Insbesondere danken wir Katrin Zimmer für das Korrekturlesen und die Bereitstellung von Fotomaterial, sowie Jörg Regier, der die Umsetzung der Tutorials auf der Buch-CD ermöglicht hat.
Weiter danken wir Peter Knoll, der durch seine vielen Reisebilder dem Buch einen internationalen Flair verliehen hat.

Dank gebührt auch den Firmen Data-Becker, Hewlett-Packard, Nikon, Teac und Pearl für die freundliche Unterstützung durch Testmaterial und Teststellungen.

München, November 2003

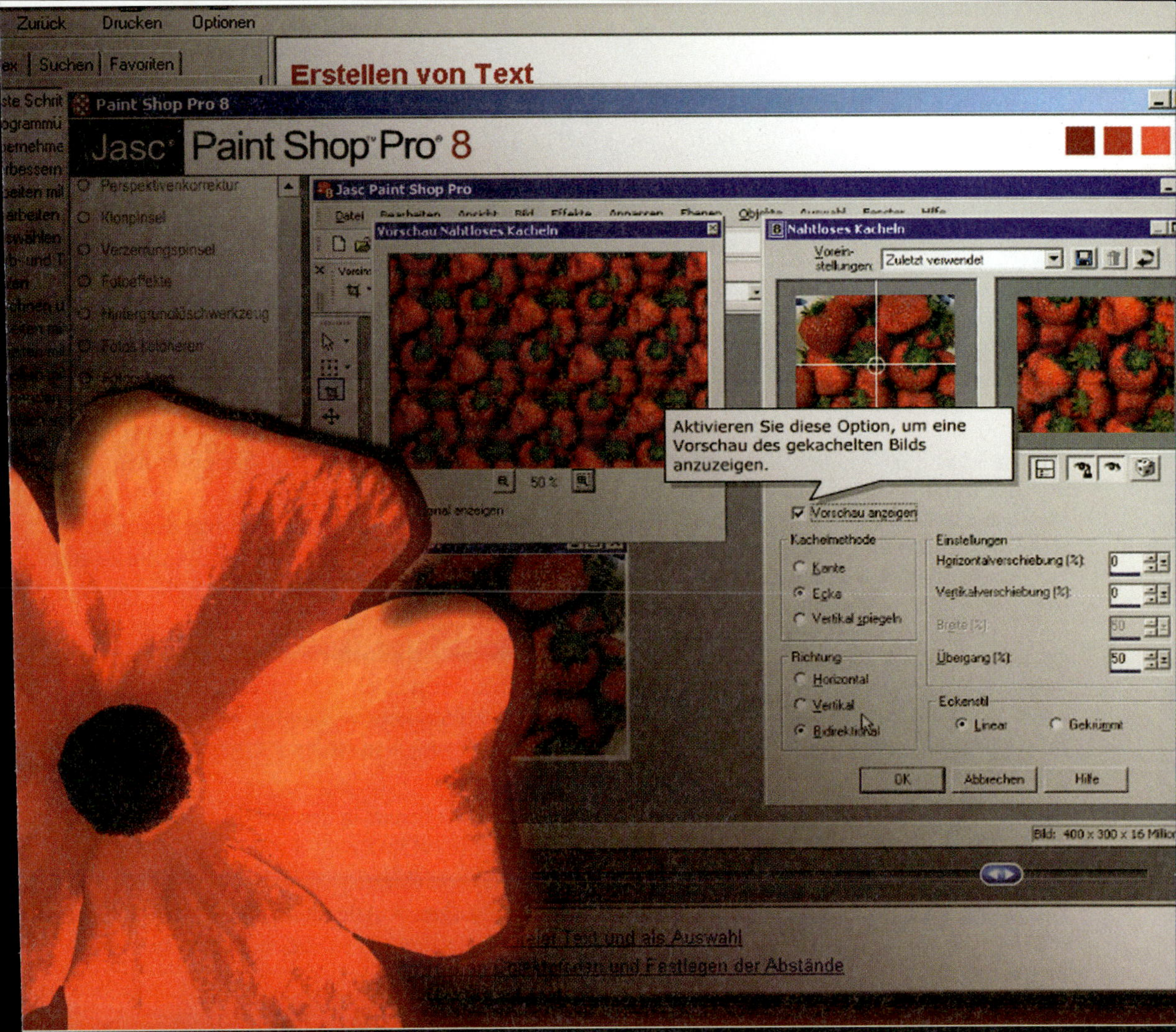

Tour

Ein Maßanzug passt immer besser als die Massenware von der Stange. In diesem Kapitel erfahren Sie, wie Sie sich die Arbeit mit Paint Shop Pro durch die richtigen Voreinstellungen und Tastaturkürzel erleichtern.

Nicht am RAM sparen

Die wichtigste Tuningmaßnahme für die Bildbearbeitung ist und bleibt großzügig dimensionierter Arbeitsspeicher (= RAM, Random Access Memory).

Wieviel RAM darf´s sein?
Wer nur winzige Web-Bildchen verarbeitet, kommt locker mit 256 MByte aus. Für den Printbereich sollten es schon 512 MByte sein - mehr verarbeiten Windows 98/98 SE oder ME ohnehin nicht. Wer dagegen Windows 2000 oder XP Professional einsetzt, kann sich 1 GByte RAM oder mehr gönnen. Beachten Sie, dass RAM nicht gleich RAM ist. Es gibt langsame und schnelle RAM-Bausteine. Am RAM dürfen Sie nicht sparen, Noname-Produkte sind tabu.

Qual der Wahl

Die beste Wahl hängt stark vom Motherboard und dem Prozessor ab. Setzen Sie etwa eine Athlon-CPU mit 166 MHz Front Side Bus ein (etwa den Athlon XP 2700+), ist die beste Kombination ein PC 2700- oder 3000-Speicher. Verwendet Ihr Board den empfehlenswerten nForce-2-Chipsatz, etwa die K7N2-Motherboards von MSI, erhöhen Sie die Performance deutlich, wenn Sie

Maßanzug schneidern

Arbeitsschritte, die früher in Fotolabors und in mühsamer Handarbeit erledigt wurden, lassen sich heute mit wenigen Mausklicken am heimischen Computer ausführen - und das in professioneller Qualität. So nehmen Sie mit der Digitalkamera Bilder auf, speichern und verwalten sie. Sie führen Korrekturen durch, verbessern die Farbe, schärfen oder zeichnen weich. Sie entfernen unerwünschte Bilddetails und fügen Text hinzu.

Mit den vielen Funktionen in Paint Shop Pro 8 wie den verschiedenen Filtern und Effekten sind Ihren Ideen kaum Grenzen gesetzt. Doch die Vielfalt hat ihren Preis: Obwohl die Oberfläche von Paint Shop Pro auch in der neuen Version 8 gut gegliedert und intuitiv zu bedienen ist, verstecken sich doch viele Funktionen in zahlreichen Menüs, die auf den ersten Blick nicht zu sehen sind. Folgende Tour zeigt, wie Sie das Hilfesystem verwenden, wie das Programm strukturiert ist und welche Möglichkeiten Sie haben, das Programm individuell einzusetzen.

Paint Shop Pro 8 bietet - wie bereits in den Vorversionen - eine ganze Reihe von Voreinstellungs-Optionen, die Ihnen die Arbeit mit dem Programm deutlich erleichtern.

Unter **Datei > Einstellungen > Allgemeine Programmeinstellungen** finden Sie einen Dialog mit zahlreichen Registern dazu:

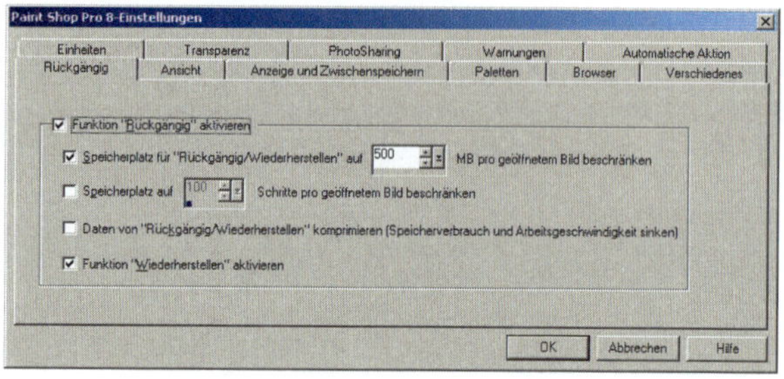

Anpassungsfähig: Paint Shop Pro bietet vielseitige Voreinstellungen.

Im Register **Rückgängig** sollten Sie die Funktion **Rückgängig** aktivieren. Um Performanceverluste zu vermeiden, beschränken Sie den Speicherplatz pro geöffnetem Bild - 500 MByte reichen meist locker aus.

Wenn Sie keinen besonders schnellen PC verwenden (unter 1 GHz, unter 256 MByte RAM) verzichten Sie auf mehr als die letzten 20 Arbeitsschritte pro geöffnetem Bild. Auch die Option **Daten von Rückgängig/Wiederherstellen komprimieren** würden wir nicht auswählen. Schalten Sie die Funktion **Wiederherstellen aktivieren** an, könnten Sie bei einem Systemabsturz Glück haben - das

Arbeitsergebnis wird von Paint Shop Pro gespeichert. Die Aktivierung kostet allerdings Geschwindigkeit, da Paint Shop Pro ständig zwischenspeichert. Deaktivieren Sie **Wiederherstellen** daher ausschließlich, wenn Sie sonst nur zäh vorankommen.

Die Voreinstellungen im Register **Ansicht** passen die Fenstergröße an das Bild an. Wir empfehlen, die Voreinstellungen zu lassen. Im Register **Anzeige und Zwischenspeichern** machen die Voreinstellungen mit einer Ausnahme Sinn: **Letzten Dateityp im Dialogfeld Speichern unter verwenden** sollten Sie aktivieren, da Sie normalerweise mit einem Standardformat wie TIFF oder JPEG arbeiten - so sparen Sie sich die Suche.

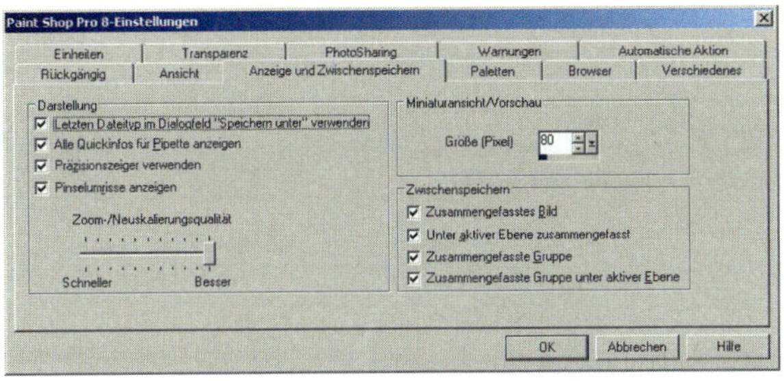

Merk-Klick: PSP merkt sich den zuletzt gespeicherten Dateityp, wenn Sie die oberste Option unter ***Darstellung*** *aktivieren.*

Es macht wenig Sinn, die Zoom-/Neuskalierungsqualität zu Gunsten einer schnelleren Anzeige per Schieberegler umzustellen. Der Paletten-Register gestattet im linken Bereich die Umstellung der **Materialpalette** auf Hexadezimal-Anzeige - eine schöne Option für Web-Profis. Die Docking-Optionen im rechten Bereich würden wir alle zulassen.

Im Register **Browser** können Sie die Größe der Vorschaubilder anpassen. Wenn Ihnen die voreingestellten 80 Pixel zu klein sind, können Sie diese auf maximal je 250 vergrößern - sinnvoll vor allem bei Bildschirmauflösungen jenseits von 1024 x 768 Pixel.

Im Register **Verschiedenes** können Sie die Liste der zuletzt geöffneten Dateien auf bis zu **10** erhöhen - wer danach sucht, kann sich so die Suche abkürzen. Die Toleranz beim Einfügen einer transparenten Auswahl können Sie auf der Voreinstellung lassen.

zwei identische RAM-Bausteine einbauen, die für den Dual-Channel-Betrieb ausgelegt sind, etwa von Kingston oder von Corsair.

Partitionen ändern

Eine entscheidende Voraussetzung für flottes Arbeiten mit Paint Shop Pro ist ausreichend großer und schnell zugänglicher Speicherplatz für temporäre Dateien, den Paint Shop Pro beispielsweise benötigt, um Arbeitsschritte zu widerrufen oder zwischenzuspeichern. Wir empfehlen, eine eigene Partition für Auslagerungsdateien anzulegen, die mindestens die fünffache Größe der größten Datei betragen sollte, die Sie voraussichtlich bearbeiten. Wenn Sie nur eine Festplatte besitzen, können Sie diese bei der Installation des Betriebssystems in mehrere Partitionen einteilen - diese Partitionen sind virtuell eigene Festplatten. Um Partitionen nachträglich zu ändern, ohne das komplette System neu aufspielen zu müssen, benötigen Sie ein eigenes Programm wie PartitionMagic von PowerQuest. Die Vorgehensweise ist denkbar einfach: Erst erstellen Sie zwei Startdisketten (oft Notfalldisketten genannt).

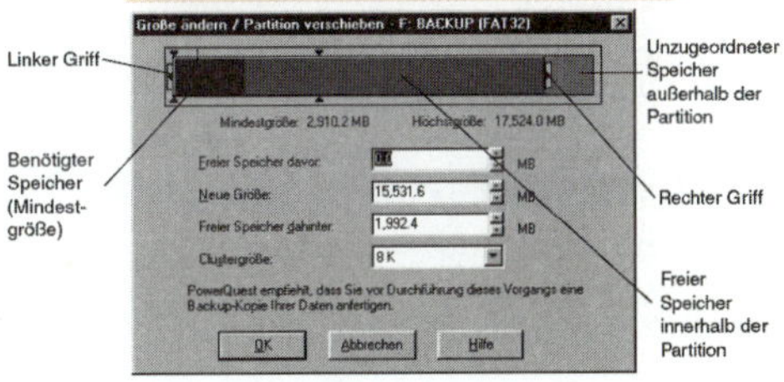

Zwischenablage säubern

In der nächsten Einstellung bestimmen Sie, was mit dem Inhalt der Zwischenablage passieren soll, wenn Sie Paint Shop Pro beenden. In der Zwischenablage bewahren Sie beispielsweise eine kopierte Auswahl auf, die Sie dann auch in einem anderen Programm einfügen können. Wir empfehlen, die Option **Nachfragen** einzustellen: So vermeiden Sie, dass unnötige Daten in der Zwischenablage die Arbeitsgeschwindigkeit beeinträchtigen können oder das versehentliche Löschen benötigter Daten.

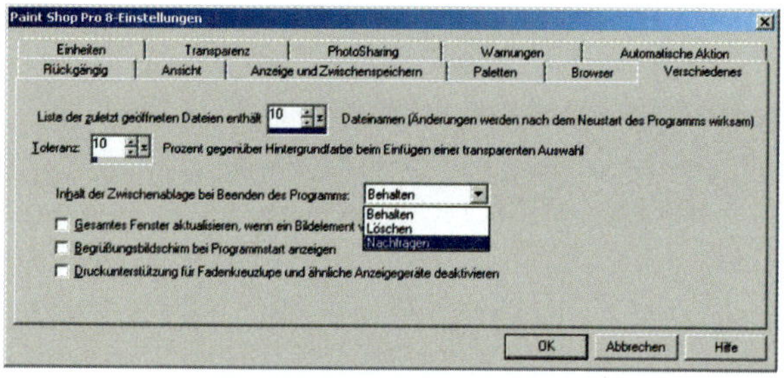

Die unteren Optionen sollten Sie zu Gunsten der Arbeitsgeschwindigkeit oder der Druckunterstützung deaktivieren - vor allem, wenn Sie mit einem drucksensitiven Grafiktablett arbeiten.

Im Register **Einheiten** stellen Sie die Einheiten auf **1 Zentimeter** um, es sei denn, Sie bearbeiten ausschließlich Web-Bilder. Dann ist die Voreinstellung **Pixel** sinnvoller.

Viel Zeit können Sie sich bei einer sinnvollen Differenzierung im Register **Automatische Aktion** sparen. Die Option **Nie** deaktiviert einige Menübefehle, wenn eine automatische Aktion erforderlich wäre, um den Befehl auszuführen. Diese wenig sinnvolle Option ist für manche Listeneinträge nicht verfügbar. Grundsätzlich empfehlenswert ist dagegen die Option **Immer**: Sie führt die Aktion aus, ohne dass Sie eine zeitraubende Eingabeaufforderung bestätigen müssen.

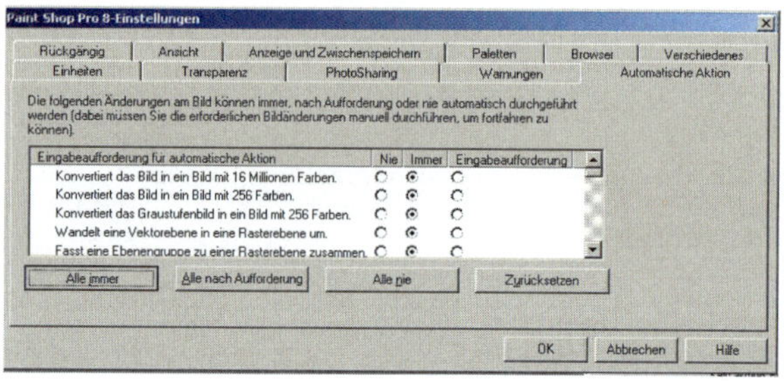

*Abkürzung: Die Option **Immer** erspart lästige Nachfragen.*

Unter Größe anpassen verschieben Sie mit der Maus die Grenzen der anzupassenden Festplatte. Alternativ geben Sie diese per Tastatur ein.

Bremsklotz Datenmüll

Einer der wichtigsten Performance-Killer unter Windows ist die Unsitte, ohne jede Vorsichtsmaßnahme möglichst viele Free- und Shareware-Programme auf den Arbeits-PC zu spielen. Leider bleibt auch bei einer korrekten Deinstallation regelmäßig Datenmüll in der Registry (Registrierung) des Windows-Betriebssystems zurück.

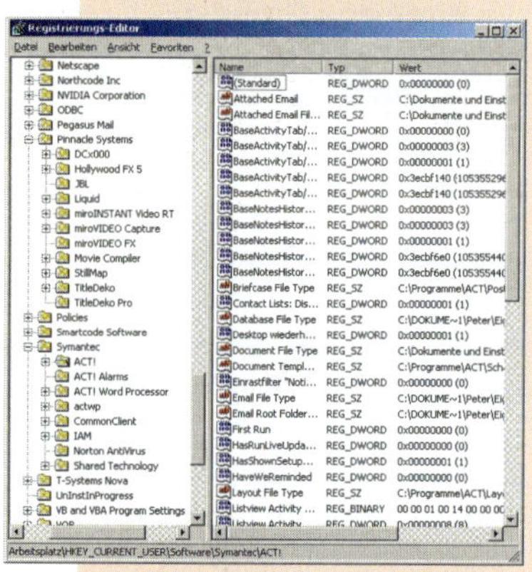

Im Handumdrehen bremsen unnötige Dateien ein noch so schnelles System aus - oder garantieren für Abstürze. Gefahr droht auch dadurch, dass die Deinstallationsroutinen bei der Deinstallation einige Dateien entfernen, die die verbleibenden Programme noch brauchen.

Wer sich vor diesen Unannehmlichkeiten wirksam schützen will, sollte recht-

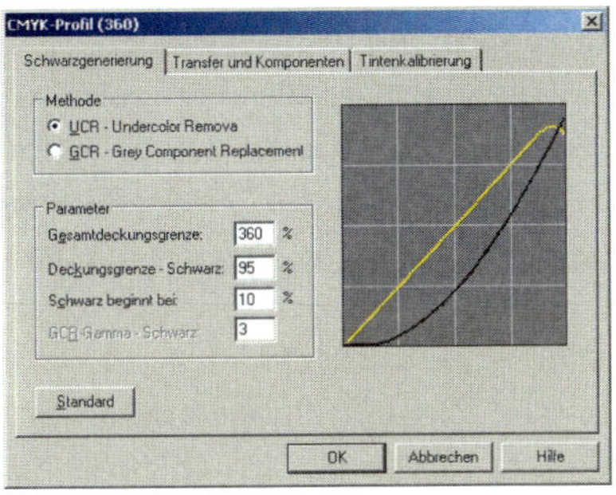

*Unter **Datei > Einstellungen > CMYK-Konvertierungseinstellungen** bestimmen Sie die Einstellungen für die Vierfarbseparation.*

Etwas missverständlich ist die Bezeichnung für **Datei > Einstellungen > Dateiformate**. Gemeint sind hier Voreinstellungen für den Import von Photo-CD (PCD), PostScript-, RAW- und Metadateien. Hier machen abgesehen vom hierzulande unüblichen Seitenformat im Register **PostScript** die meisten Voreinstellungen Sinn. Ausnahme: Sie importieren für den Druck zahlreiche PostScript(vektor)dateien, die Sie in einer Auflösung von 300 dpi benötigen - stellen Sie die Voreinstellung von 72 dpi in diesem Fall im Register **PostScript** auf 300 dpi um.

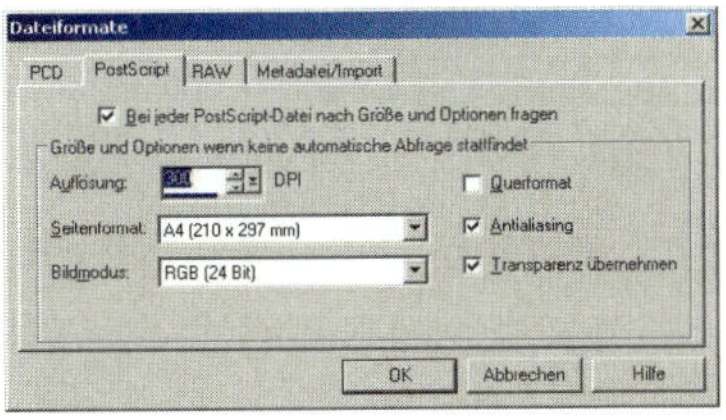

Einstellsache: Eine höhere Auflösung für PostScript-Dateien verhindert zu niedrig aufgelöste Importe.

Besonders praktisch ist die Option, Dateiformate wie JPEG mit Paint Shop Pro zu verknüpfen: Wenn Sie beispielsweise auf eine Datei in diesem Format im Windows-Explorer unter **Datei > Einstellungen > Dateiformatverknüpfungen** doppelt klicken, öffnen Sie diese Datei automatisch mit Paint Shop Pro.

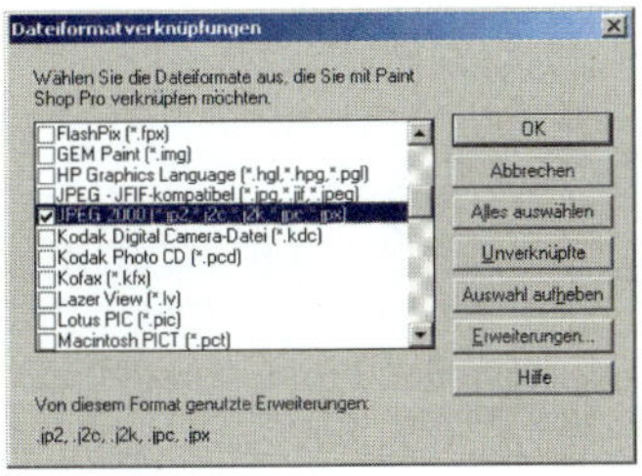

Auto-Starter: Wählen Sie eine Datei in einem verknüpften Format, hier: JPEG 2000, startet Paint Shop Pro automatisch, wenn Sie eine Datei in diesem Format öffnen oder doppelklicken.

zeitig ein Image (Abbild) seiner Startpartition erstellen, etwa mit Symantecs Ghost oder Drive Image und dieses bei Bedarf wieder zurückspielen - eine Sache von Minuten, die eine stundenlange Neuinstallation erspart.

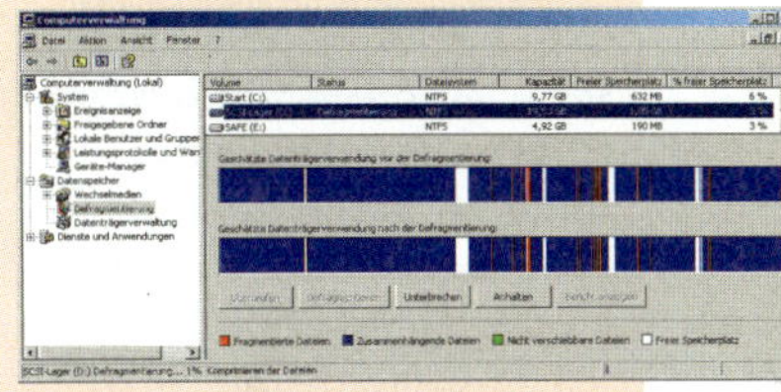

Schnell auf Lager

Bei den heutigen Festplattenpreisen kein Wunder: Viele Anwender setzen mehrere Festplatten ein. Wer nur eine Festplatte verwendet, sollte diese einteilen, um so die Zeit raubenden Zugriffszeiten auf die Festplatte verringern zu können: Die Auslagerungspartition können Sie so rasch defragmentieren, also die unzusammenhängende Speicherung von Bruchstücken derselben Datenträgerdatei an verschiedenen Positionen auf dem Datenträger beseitigen. Das Fragmentieren verlangsamt den Zugriff auf den Datenträger. Sie können das Defragmentieren entweder durch die Windows-eigene Defragmentierung oder - schonender - durch eine Formatierung des Datenträgers oder der Partition erreichen.

Eine sinnvolle Einteilung bei einer 80-GByte-Festplatte wäre:

Die Optionen unter **Datei > Einstellungen > Speicherorte** sind nicht nur für die Performance wichtig. Hier sollten Sie unterscheiden zwischen Paint-Shop-Pro-Einstellungen wie Arbeitsoberflächen oder CMYK-Profile und den Speicherorten für Auslagerungsdateien. Wir raten dazu, die Speicherorte für die Voreinstellungen für Paint Shop Pro an den vorgesehenen Speicherorten zu belassen, um später eine zeitraubende Suche zu vermeiden.

Unbedingt auf eine eigens reservierte Partition, möglichst auf der schnellsten Festplatte Ihres Systems, sollten die Speicherorte für **Cache** und für **Rückgängig/temporäre Dateien** verweisen.

Eine Sonderstellung nimmt der Speicherort für Plugins (Zusatzprogramme) ein. Hier können Sie nach einem Klick auf die Schaltfläche **Hinzufügen** weitere Plugin-Ordner angeben, um die dort installierten Plugins auch in Paint Shop Pro einzusetzen - sinnvoll etwa, wenn Sie weitere Bildbearbeitungsprogramme installiert haben.

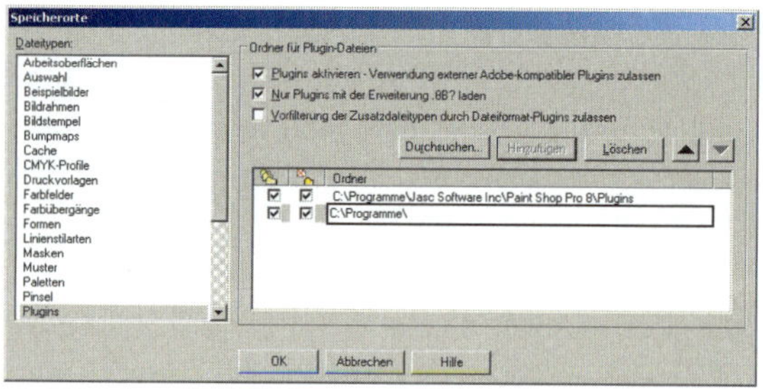

Filterzuwachs: Weitere Plugins lädt Paint Shop Pro, indem Sie den Pfad für die Plugins angeben.

Mit den Voreinstellungen von Paint Shop Pro ist es auch möglich, lediglich ein Laufwerk wie **C:** anzugeben. Mit der voreingestellten Option **Unterordner durchsuchen** lädt Paint Shop Pro alle kompatiblen Plugins.

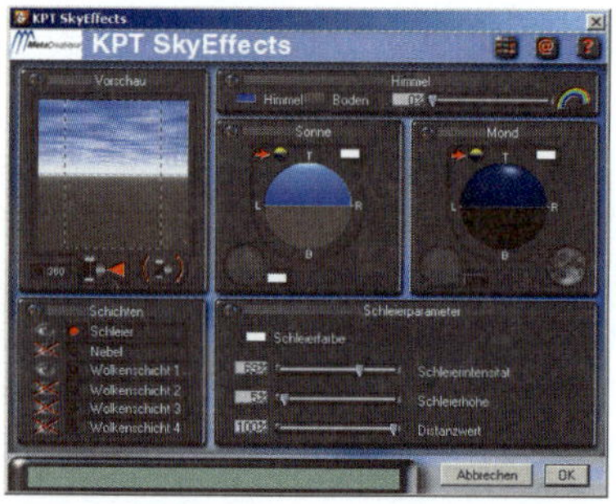

Klassiker: Durch einen Eintrag in den Voreinstellungen stehen zusätzliche Filter zur Verfügung.

1. Partition C: 10 GByte, reserviert für das Betriebssystem und die Programme
2. Partition D: 50 GByte, reserviert für Daten
3. Partition E: 10 GByte, reserviert für Auslagerungsdateien
4. Partition F: reserviert für Images von Partition C (z.B. ein Image des Betriebssystems mit den Gerätetreibern sowie ein Image mit den installierten Programmen)

Laptop oder Desktop?

Schick sind sie ja, die längst nicht mehr als Schlepptops verspotteten transportablen Laptops. Sie sparen Platz, besonders praktisch für kleine Schreibtische, und unterwegs lässt sich ein Notebook ebenfalls leicht einsetzen.

Im Urlaub oder auf einer Geschäftsreise können Sie Ihre Fotos gleich sortieren und retuschieren. Wenn Sie aber nicht auf den mobilen Einsatz angewiesen sind, sollten Sie eher ein Desktop-Gerät vorziehen:

* **Die Erweiterungsoptionen der Laptops sind begrenzt: Viele Grafikkarten lassen sich gar nicht erst einbauen.**
* **Die Laptop-Komponenten müssen vor allem klein und leicht sein. Daher gehen sie auch meist schneller kaputt. Rechnen Sie daher mit einer kürzeren Lebensdauer! Faustregel: Ein Desktop-PC sollte im**

Allerdings kann das den ersten Start deutlich verlangsamen: Während Paint Shop Pro in den Voreinstellungen auf unseren Testsystemen in zwei bis vier Sekunden gestartet ist, dauert es zum Durchsuchen und Laden aller Ordner der Partition mehr als 30 Sekunden.

Unter **Datei > Einstellungen > Farbverwaltung** können Sie einstellen, dass Paint Shop Pro die Farben eines bereits installierten Farbprofils simuliert, hier: Monitorfarben.

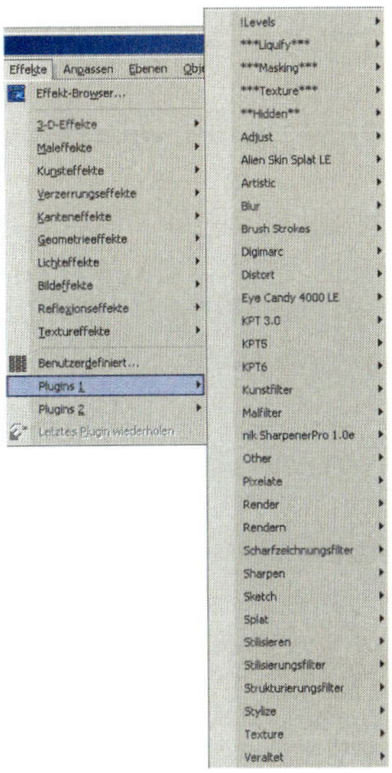

Simulant:
Mit aktivierter Farbverwaltung stimmt sich Paint Shop Pro mit dem eingestellten Geräteprofil ab.

Unter **Datei > Einstellungen > Monitor-Gamma** können Sie die Farbwiedergabe am Bildschirm feintunen, wenn Sie die Voreinstellung **Kanäle verbinden** deaktivieren und dann die optimalen Einstellungen für jeden Farbkanal einzeln wählen.

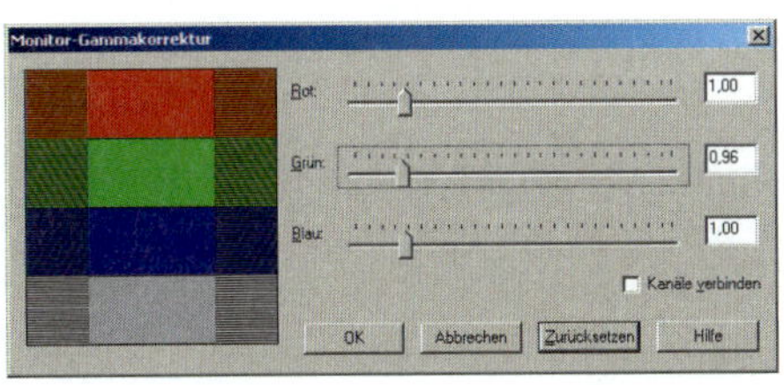

Das Feintuning für´s Monitor-Gamma: Die Farbbalken sollten bei leicht zusammengekniffenen Augen mit den Linien links und rechts verschmelzen.

Paint Shop Pro 8 bietet besonders vielseitige Optionen, um sich das Programm auf die eigenen Bedürfnisse maßzuschneidern. So können Sie etwa eigene Menüleisten zusammenzustellen: Wählen Sie unter **Ansicht > Anpassen** im Register **Symbolleisten** die Option **Neu**.

professionellen Einsatz fünf Jahre, ein Laptop höchstens drei Jahre sicher halten.

- **Die Festplatte muss im Laptop allein schon auf Grund des sonst zu hohen Stromverbrauchs deutlich langsamer sein.**
- **Laptops sind nach wie vor erheblich teurer - ein einigermaßen vergleichbares System kostet schnell den zwei- bis dreifachen Preis des Desktop-Pendants.**

Eine leere Schaltfläche erscheint, in die Sie über das Register **Befehle** die gewünschten Befehle für diese Schaltfläche zuweisen - ziehen Sie dazu per Drag&Drop diese Befehle in die Schaltfläche. Mit gedrückter **Alt**-Taste beseitigen Sie Befehle, die Sie nicht mehr brauchen.

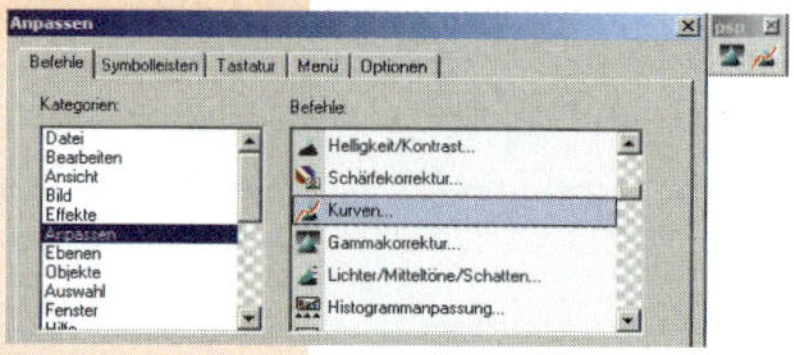

Maßanzug per Maus: Mit Paint Shop Pro stellen Sie eigene Paletten zusammen.

Jeder Anwender nutzt nur einen Teil der Optionen eines Programms - es sind aber immer wieder andere. Wir empfehlen Ihnen daher, sich eine Palette mit den von Ihnen meistverwendeten Befehlen anzulegen und alle anderen Paletten, die Sie ausschalten können, standardmäßig auszuschalten - die Menüleiste und die Symbolleiste der Ebenenpalette lassen sich nicht deaktivieren.
Im Register **Tastatur** können Sie Tastaturkürzel vergeben oder ändern. Dies ist unbedingt empfehlenswert für die von Ihnen meistverwendeten Befehle.

Hilfen zu Paint Shop Pro

Alle Funktionen in Paint Shop Pro sind sinnvoll in verschiedenen Symbolleisten und Paletten angeordnet. Auf den meisten Funktionstasten befinden sich kleine Symbole, die Ihnen ein schnelles Wiedererkennen und Zuordnen ermöglichen. Um den Namen der Funktion zu sehen, verharren Sie etwa eine Sekunde mit der Maus auf der Schaltfläche. Es erscheint der Funktionsname, zusätzlich eine Kurzanleitung zu der Funktion unten links.

Erklärungen zu den einzelnen Werkzeugen finden Sie am Rand unten links.

Bei Programmstart steht Ihnen das **Learning Center** zur Verfügung. Sollte es nicht geöffnet sein, wählen Sie **Hilfe > Learning Center**. Hier finden Sie in den fünf Ordnern Anweisungen zu häufig verwendeten Arbeitsabläufen:

* **Automatisierung und Anpassung**,
* **Fotoprojekte**,
* **Grafikprojekte**,
* **Grundlegende Schritte** und
* **Korrigieren von Fotos**.

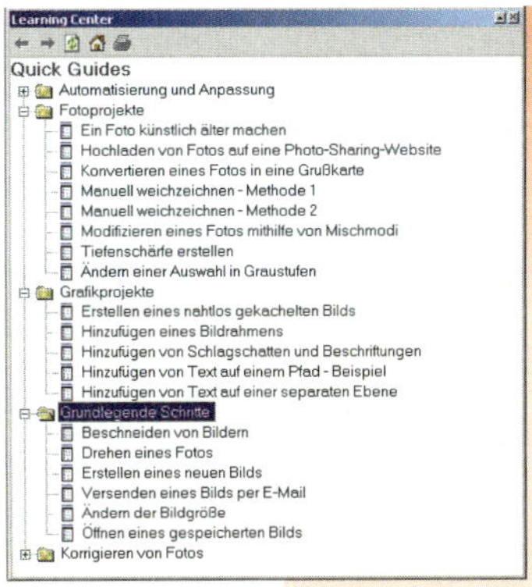

*Im **Learning Center** finden Sie zu den einzelnen Themen kurze Übungen.*

Die Arbeitsabläufe sind Schritt für Schritt erklärt. Sie haben die Möglichkeit, jeden Schritt entweder selber zu tätigen oder ihn mit einem Klick auf den blauen Link vom Programm ausführen zu lassen.

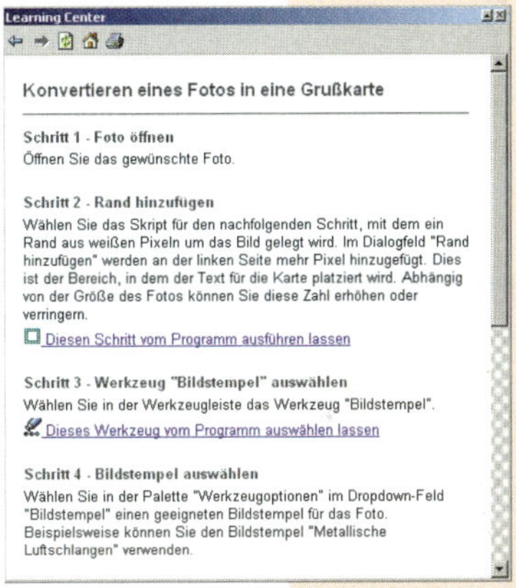

Mit einem Klick auf den blauen Link führt Paint Shop Pro den beschriebenen Arbeitsschritt für Sie aus.

Auch per Film können Sie sich die Einarbeitung in Paint Shop Pro erleichtern. Wählen Sie **Hilfe > Produkt-Tour**. In der **Produkt-Tour** finden Sie im Navigationsfenster links zu sechs Kategorien jeweils mehrere Beispielfilme, die Ihnen die einzelnen Arbeitsschritte zeigen. In manchen Filmen finden sich Verknüpfungen zu den entsprechenden Hilfethemen.

*Die **Produkt-Tour** zeigt wichtige Arbeitsschritte per Film.*

Zugriff auf die Hilfe

Es gibt vier Möglichkeiten, auf die Paint Shop Pro Hilfe zuzugreifen:

1. Wählen Sie Hilfe > Hilfethemen.

2. Drücken die Funktionstaste F1.

3. Klicken Sie in einem Bearbeitungsfenster auf die Schaltfläche Hilfe. Die Hilfethemen öffnen sich und zeigen bereits das Thema.

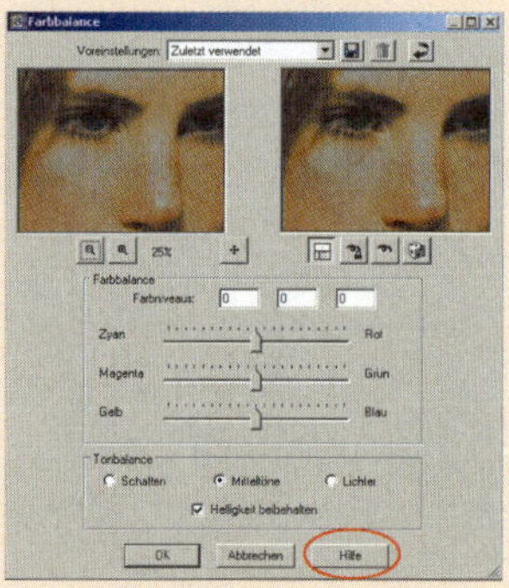

4. Benötigen Sie Informationen zu Paletten oder Werkzeugen, wählen Sie unter Hilfe > Kontexthilfe (Tastaturkürzel: Umschalt + F1) Neben dem Mauszeiger befindet sich nun ein Fragezeichen. Klicken Sie auf eine Palette oder auf ein Werkzeug. Die Hilfethemen öffnen sich an entsprechender Stelle.

Den Film starten Sie, indem Sie die Leertaste drücken oder auf **Film starten** klicken. Um einzelne Schritte zu wiederholen, klicken Sie auf das Pause-Symbol und ziehen den Schieberegler an die gewünschte Position.

Um umfangreiche Angaben zu allen Funktionen zu bekommen, wählen Sie die Hilfethemen. Anders als beim Handbuch greifen Sie hier ohne langes Blättern und Suchen schnell und gezielt auf die jeweiligen Informationen zu.

Im Fenster **Hilfe** finden Sie auf der linken Seite vier Register. Im Register **Inhalt** wählen Sie den Ordner mit dem entsprechenden Thema, öffnen ihn und klicken auf ein Unterkapitel. Rechts erscheint der Hilfetext zum gewählten Thema. Um gezielt nach einem Stichwort zu suchen, blättern Sie im Register **Index** oder geben einen Begriff oben ins Eingabefeld ein. Gibt es nur eine Stelle in der Hilfe zum gesuchten Thema, erscheint der Text direkt in der rechten Hälfte des Fensters **Paint Shop Pro Hilfe**. Befindet sich das Stichwort an mehreren Plätzen der Hilfe, öffnet sich das Fenster **Themen gefunden**. Wählen Sie hier einen Titel, um den entsprechenden Text im Hilfe-Fenster anzuzeigen.

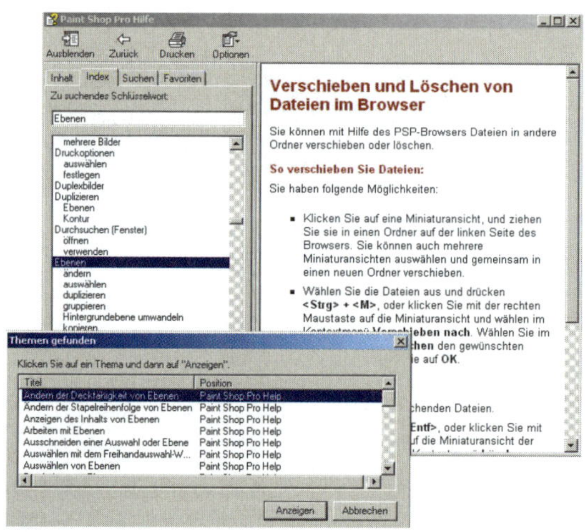

*Im Register **Index** suchen Sie gezielt nach Suchbegriffen.*

Ähnlich funktioniert die Suche nach einem Thema im Register **Suchen**. Geben Sie ein Schlüsselwort ins Eingabefeld ein und wählen Sie ein Thema.

Im Register **Favoriten** speichern Sie verschiedene Themen, auf die Sie öfter zugreifen. Wählen Sie im Inhalt das Thema, das Sie speichern möchten. Klicken Sie im Register Favoriten auf die Schaltfläche **Hinzufügen**.

Die Standardoberfläche

Paint Shop Pro zeigt beim ersten Programm-Start die Standard-Arbeitsoberfläche. Sie ist unterteilt in drei horizontale Symbolleisten oben, der Werkzeugleiste am linken Bildschirmrand und verschiedenen Paletten am rechten Rand.

Die Standardoberfläche von Paint Shop Pro 8

Die Standardoberfläche von Paint Shop Pro 7 steht auch in der neuen Version bereit.

Die Oberfläche Paint Shop Pro 7

Wer die Vorversion kennt, trifft beim ersten Start von Paint Shop Pro 8 auf nahezu alle gewohnten Funktionen. Lediglich die Standard-Symbolleiste ist um einige Befehle erweitert. Sollten Sie dennoch zu Beginn auf die gewohnte Arbeitsoberfläche von Paint Shop Pro 7 zurückgreifen wollen, steht sie Ihnen neben der Standardoberfläche weiterhin zur Verfügung. Um die bekannte Arbeitsoberfläche zu laden wählen Sie Datei > Arbeitsoberfläche > Laden.

Eine Abbildung der Standard-Oberfläche finden Sie auf der vorherigen Seite.

Zuoberst befindet sich die Titelleiste, die neben der Programm-Bezeichnung den Namen des aktuellen Bilds anzeigt, darunter die Menüleiste. In der Menüleiste finden Sie unabhängig von der geladenen Oberfläche alle Befehle, die das Programm anbietet. Hinter jedem Begriff in der Menüleiste steckt ein Klapp-Menü mit allen dem Menü untergeordneten Funktionen.

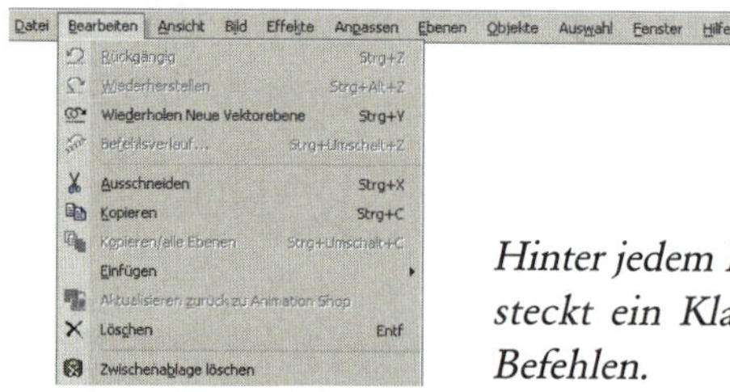

Hinter jedem Begriff in der Menüleiste steckt ein Klappmenü mit mehreren Befehlen.

Der übergeordnete Menübegriff hilft Ihnen bei der Orientierung: Möchten Sie etwa ein Foto optimieren, finden Sie alle Funktionen dazu unter **Anpassen**.

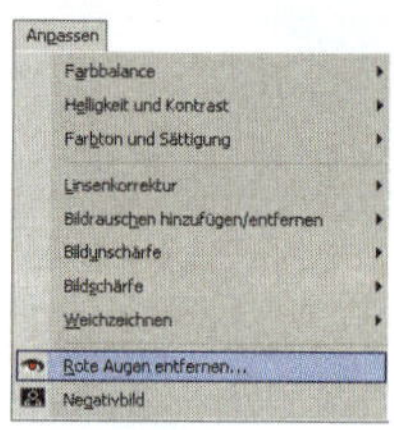

Die einzelnen Menüs fassen verschiedene Funktionen sinngemäß zusammen.

Manche Funktionen sind in weitere Unterfunktionen unterteilt. Sie erkennen dies an dem kleinen Dreieck rechts neben dem Menü-Unterpunkt. So finden Sie zum Beispiel unter **Linsenkorrektur** drei unterschiedliche Korrekturwerkzeuge.

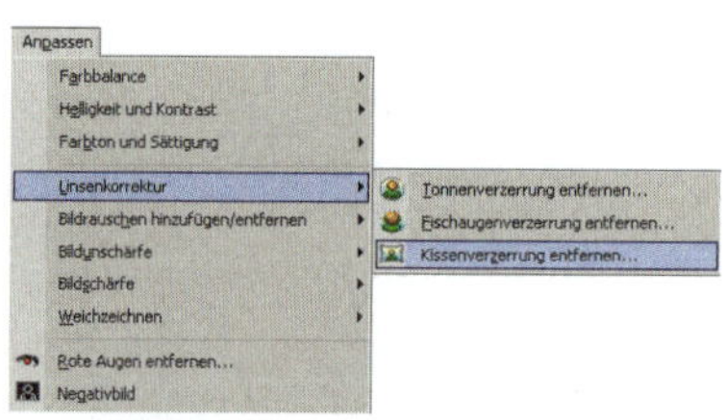

Häufig finden Sie hinter den Menüpunkten weitere Funktionen.

Viele Standard-Funktionen finden Sie unterhalb der Menüleiste in der Standard-Symbolleiste.

Die Standard-Symbolleiste

Auf der linken Seite sind alle allgemeinen Befehle wie **Neu** (Erstellen einer neuen Datei), **Öffnen**, **Datei speichern** oder **Drucken**. Mit der Schaltfläche **Durchsuchen** (an dritter Stelle von links) öffnen Sie den **Datei-Browser**. Hier wählen Sie in der linken Hälfte des Fensters das Verzeichnis Ihrer Dokumente, rechts sehen Sie die Vorschaubilder.

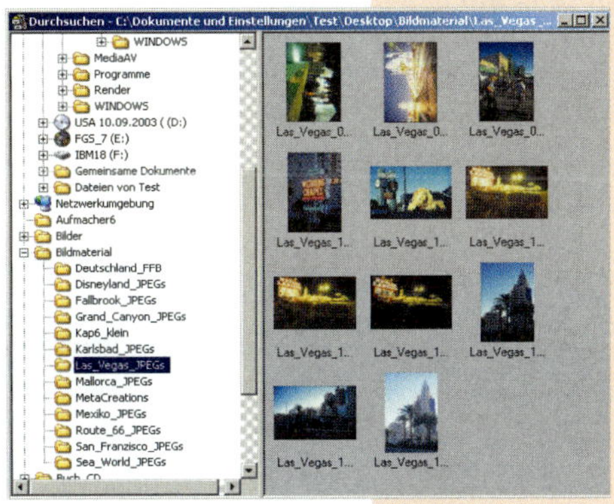

*Ein Klick auf die Schaltfläche **Durchsuchen** öffnet den **Datei-Browser**.*

Etwa in der Mitte der Standard-Symbolleiste stehen Ihnen unter **Fotokorrektur** einige automatische Korrektur-Werkzeuge zur Verfügung. Zuoberst befindet sich die Schaltfläche für die **Fotokorrektur in einem Schritt**. Paint Shop Pro führt der Reihe nach alle sechs darunter stehenden Korrekturen aus. Möchten Sie die Korrekturen selber ausführen, klicken Sie auf die entsprechende Schaltfläche in dem Klappmenü. Neben der Fotokorrektur befinden sich weitere Funktionen wie das Entfernen von verschiedenen Bildverzerrungen und zusätzliche Farbkorrekturen wie **Verblasste Farbe korrigieren** oder **Schwarz- und Weißpunkt**. Näheres über die Farbkorrekturen erfahren Sie in Kapitel 4 - Farbe anpassen.

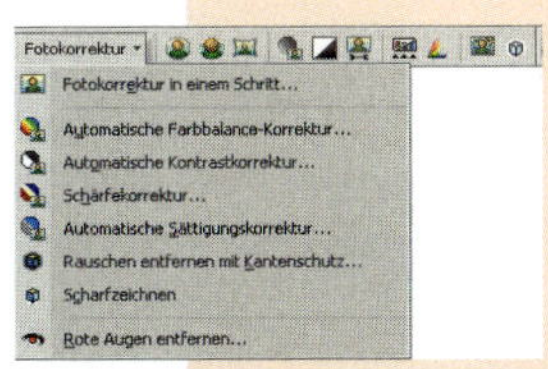

Einfache Farbkorrekturen führen Sie über die mittleren Schaltflächen in der Standard-Symbolleiste durch.

Auf der rechten Seite der Standard-Symbolleiste befindet sich die Skript-Symbolleiste. Mit einem Skript zeichnen Sie eine Abfolge von Arbeitsschritten auf und speichern diese. Im Klappmenü links wählen Sie ein fertiges Skript, um die darin enthaltenen Funktionen auf das geöffnete Dokument anzuwenden.
Eine einfache Möglichkeit, Skripts zu erstellen bietet der Skript-Rekorder. Für komplexe Skripts oder das Erstellen von Plugins steht die Programmiersprache Python bereit. Mehr dazu finden Sie in Kapitel 9 - Automatisieren.

Tipp:
Versuchen Sie die Korrekturen möglichst der Reihe nach selber durchzuführen. Automatische Korrekturen mögen zwar bei einigen Bildern gut funktionieren, in der Regel erzielen Sie jedoch manuell die besseren Ergebnisse.

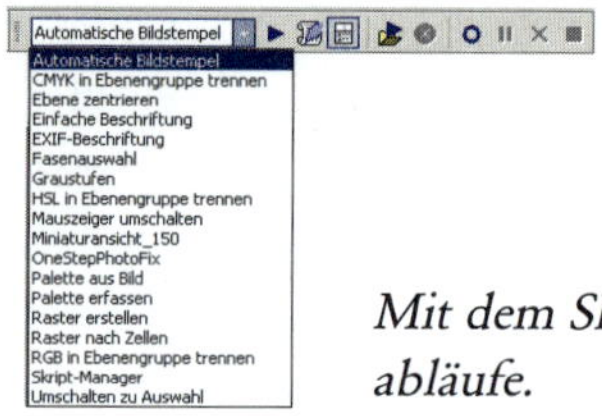

Mit dem Skript-Editor automatisieren Sie Arbeitsabläufe.

Direkt über der Bildfläche befindet sich die Palette **Werkzeugoptionen**. Je nach gewähltem Werkzeug gibt es unterschiedliche Optionen: Wählen Sie etwa das **Löschwerkzeug**, stellen Sie in den Werkzeugoptionen Form, Größe, Härte oder Deckfähigkeit ein.

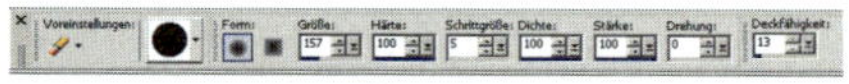

*In der Palette **Werkzeugoptionen** definieren Sie das aktuelle Werkzeug.*

Am linken Bildschirmrand befindet sich die Werkzeugleiste. So finden Sie hier alle Werkzeuge zum Auswählen, Verformen, Verschieben sowie verschiedene Mal- und Zeichenwerkzeuge.

Die Werkzeugleiste

Auf der Arbeitsfläche rechts sehen Sie verschiedene Paletten. Sie können nach Belieben deren Anordnung oder Größe ändern, eine Palette schließen oder sie aus der Oberfläche herausziehen, sodass sie ein eigenes Fenster bildet. Sollte eine Palette nicht geöffnet sein, finden Sie alle Paletten unter **Ansicht > Paletten**. Alternativ öffnen oder schließen Sie eine Palette über das jeweilige Tastaturkürzel.

Zuoberst befindet sich die Material-Palette, auf der Sie Vorder- und Hintergrundfarbe definieren, über das Fenster **Material** Muster und Texturen festlegen oder eigene Farbübergänge erstellen. Wie Sie mit den verschiedenen Materialien arbeiten, erfahren Sie in Kapitel 5 - Maltechniken.

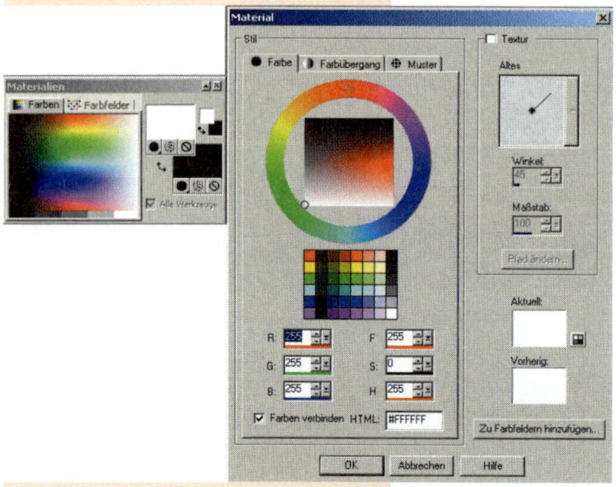

*Mit einem linken Mausklick auf die Vorder- oder Hintergrundfarbe in der **Material**-Palette öffnen Sie das Fenster **Material**.*

In der Palette **Übersicht** zeigt Ihnen der Rahmen im Register **Vorschau**, an welcher Stelle des Bilds sich der Ausschnitt befindet, an dem Sie in der Vergrößerung arbeiten. Den Ausschnitt verschieben Sie, indem Sie den Rahmen mit gedrückter linker Maustaste an die gewünschte Stelle ziehen. Mit den Bedienungselementen unter der Vorschau verändern Sie den Zoomfaktor.
Im Register **Info** finden Sie die Daten des Bildes wie die Bildhöhe und -breite, das Pixelformat oder den genutzten Speicher.

*Den Überblick über das Bild behalten Sie durch die Palette **Übersicht**.*

Die Palette Ebene zeigt in hierarchischer Ordnung alle Ebenen, die sich im Bild befinden. Hierzu gehören Raster- und Vektorebenen. Eine Rasterebene basiert auf kleinsten Bildpunkten, sogenannten Pixel. Hierzu gehören zum Beispiel Fotos oder Ebenen, die Sie mit Pinseln bemalen. Eine Vektorebene basiert auf Kurven und Linien. So entwerfen Sie auf einer Vektorebene etwa beliebig skalierbare Formen mit dem Zeichenstift oder fügen mit dem Textwerkzeug Schrift hinzu.

Ebenen fassen Sie übersichtlich in Gruppen zusammen, schalten ihre Sichtbarkeit ein oder aus und verringern deren Deckkraft. Mehr Informationen über Ebenen erhalten Sie in Kapitel 7 - Bilder montieren.

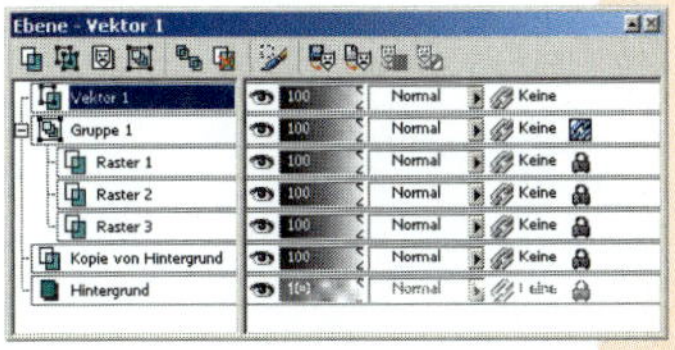

*In der Palette **Ebenen** verwalten Sie einzelne Details Ihres Dokuments.*

Zu den anderen Paletten, die bei der Standard-Arbeitsoberfläche nicht geöffnet sind, gehören **Pinselvarianten**, **Histogramm** und **Skriptausgabe**. Mehr darüber erfahren Sie an der jeweiligen Stelle im Buch. So lesen Sie etwa über die Palette **Pinselvarianten** in Kapitel 5 - Maltechniken oder über die Palette **Skriptausgabe** in Kapitel 9 - Automatisieren.

Symbolleisten und Menüs anpassen

In Paint Shop Pro 8 erzeugen Sie eigene Symbolleisten.
Wählen Sie unter **Ansicht > Anpassen**. Klicken Sie im Register **Symbolleisten** links auf die Schaltfläche **Neu**. Geben Sie einen Namen für die Leiste ein. Es erscheint ein kleines leeres Fenster. Wählen Sie das Register **Befehle**. Suchen Sie in der Liste rechts die Kategorie, in der sich die Befehle befinden, die die neue Symbolleiste beinhalten soll. Ziehen Sie die Befehle mit gedrückter Maus in die neue Leiste.

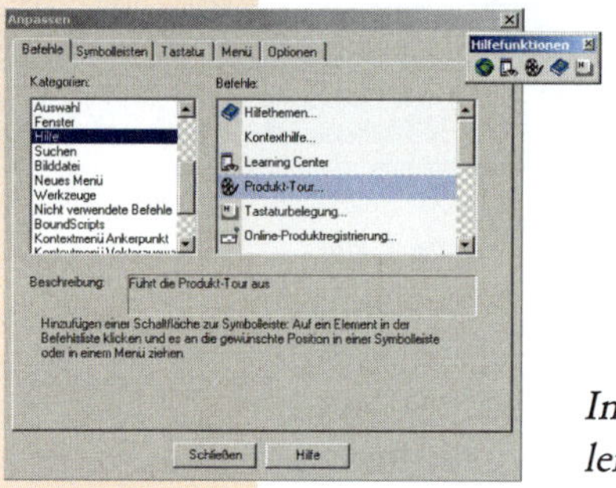

*Im Fenster **Anpassen** bauen Sie eigene Symbolleisten.*

Ziehen Sie die neue Leiste in die Symbolleiste.

Tastaturkürzel

Viel Zeit und Arbeit ersparen Sie sich, indem Sie Tastaturkürzel einsetzen. So öffnen Sie mit den Tastaturkürzeln Paletten und führen Befehle aus. Sie wählen neue Werkzeuge oder öffnen Bearbeitungsmenüs.

Tastaturkürzel festlegen

Auch eigenen Skripts, anderen Werkzeugen oder Menübefehlen können Sie Tastaturbefehle zuweisen:

1. Wählen Sie **Ansicht > Anpassen**, Register **Tastatur**.
2. Im Feld **Tastaturkürzel festlegen für** wählen Sie:
   * **Standard**, wenn Sie das Kürzel für PSP festlegen.
   * **Browser**, wenn Sie das Kürzel für den Dateibrowser festlegen.
3. Suchen Sie unter **Kategorie** den gewünschten Eintrag, unter **Befehle** den Befehl, den Sie mit dem neuen Tastaturkürzel belegen möchten.
4. Aktivieren Sie mit einem Mausklick das Eingabefeld **Neues Tastaturkürzel drücken**.
5. Drücken Sie auf Ihrer Tastatur das neue Kürzel.
6. Bestätigen Sie die Eingabe mit einem Klick auf die Schaltfläche **Zuweisen**.

Wichtige Tastaturkürzel

Allgemeine Tastaturkürzel:

Neue Datei:	Strg + N
Öffnen:	Strg + O
Durchsuchen:	Strg + B
Schließen:	Strg + F4
Speichern:	Strg + S
Speichern unter:	F12
Kopie speichern unter:	Strg + F12
Arbeitsoberfläche	
- Laden:	Umschalt + Alt + L
- Speichern:	Umschalt + Alt + S
- Löschen:	Umschalt + Alt + D
Löschen:	Strg + Entf
Drucken:	Strg + P
Durchsuchen:	Strg + B
Befehl rückgängig:	Strg + Z
Befehl wiederherstellen:	Strg + Alt + Z
Ausschneiden:	Strg + X
Kopieren:	Strg + C
Kopieren aller Ebenen:	Strg + Umschalt + C

Einfügen

als neues Bild:	Strg + V
als neue Ebene:	Strg + L
als neue Auswahl:	Strg + E
als transparente Auswahl:	Strg + Umschalt + E
in eine Auswahl:	Strg + Umschalt + L
als neue Vektorauswahl:	Strg + G

Tastaturkürzel Menü Ansicht:

Vollbildansicht/Arbeitsoberfläche:	Umschalt + A
Vollbildansicht/Vorschau:	Strg + Umschalt + A
Vergrößern auf 100%:	Strg + Alt + N
Lineale einblenden:	Strg + Alt + R
Raster einblenden:	Strg + Alt + G
Ausrichten an Hilfslinien:	Umschalt + Alt + G
Vergrößerungsfenster einblenden*:	Strg + Alt + M

* Funktioniert nur, wenn sich der Mauszeiger über dem Bild befindet.

Tastaturkürzel, um Paletten zu öffnen:

Pinselvarianten:	F11
Histogramm:	F7
Ebenen:	F8
Material:	F6
Übersicht:	F9
Skriptausgabe:	F3
Werkzeugoptionen:	F4

Tastaturkürzel Menü Bild:

Horizontal spiegeln:	Strg + I
Vertikal spiegeln:	Strg + M
Frei drehen:	Strg + R
Beschneiden auf Auswahl:	Umschalt + R
Größe ändern:	Umschalt + S
Aktuelle Bildinformationen einblenden:	Umschalt + I
Farb-Palette	
Bearbeiten:	Umschalt + P
Laden:	Umschalt + O
Farbtransparenz festlegen:	Strg + Umschalt + V
Farbtransparenz anzeigen:	Umschalt + V
Farbtiefe verringern	
2 Farben (1 Bit):	Strg + Umschalt + 1
16 Farben (4 Bit):	Strg + Umschalt + 2
256 Farben (8 Bit):	Strg + Umschalt + 3

32 000 Farben (24 Bit):	Strg + Umschalt + 4
64 000 Farben (24 Bit):	Strg + Umschalt + 5
x Farben (4/8Bit):	Strg + Umschalt + 6
Farbtiefe erhöhen	
16 Farben (4 Bit):	Strg + Umschalt + 8
256 Farben (8 Bit):	Strg + Umschalt + 9
16,78 Millionen Farben (24 Bit):	Strg + Umschalt + 0

Tastaturkürzel zur Farbanpassung:

Farbbalance Rot/Grün/Blau:	Umschalt + U
Helligkeit und Kontrast	
Helligkeit/Kontrast:	Umschalt + B
Gammakorrektur:	Umschalt + G
Lichter/Mitteltöne/Schatten:	Umschalt + M
Histogrammanpassung:	Strg + Umschalt + H
Farbton und Sättigung	
Kolorieren:	Umschalt + l
Farbton/Sättigung/Helligkeit:	Umschalt + H

Tastaturkürzel Menü Ebenen:

Alles maskiert:	Umschalt + Y

Tastaturkürzel Menü Auswahl:

Alles auswählen:	Strg + A
Auswahl umkehren:	Strg + Umschalt + I
Auswahl aufheben:	Strg + D
Auswahl aus Maske:	Strg + Umschalt + S
Auswahl aus Vektorobjekt:	Strg + Umschalt + B
Randschärfe von Auswahl ändern:	Strg + H
Laufrahmen ausblenden:	Strg + Umschalt + M
Auswahl in Ebene umwandeln:	Strg + Umschalt + P
Freie Auswahl:	Strg + F
Nicht frei:	Strg + Umschalt + F

Tastaturkürzel Menü Fenster:

Neues Fenster:	Umschalt + W
Bild duplizieren:	Umschalt + D
Fenster an Bild anpassen:	Strg + W

Tastaturkürzel Menü Hilfe:

Kontexthilfe:	Umschalt + F1
Learning Center:	F10

Bilder einlesen

Für die Bildbearbeitungssoftware spielt es keine Rolle, ob die Daten von einer Digitalkamera oder von einem Scanner stammen: Paint Shop Pro übernimmt Bilder aus beiden Quellen reibungslos. In diesem Kapitel erfahren Sie, worauf es dabei ankommt.

Bilder übertragen

Bilder lesen Sie in Paint Shop Pro über die TWAIN-Schnittstelle ein. Die meisten Kameras und Scanner sind längst TWAIN-kompatibel. Moderne Betriebssysteme wie Windows XP erkennen generell die meisten Standardgeräte - etwa eine Sony PC 120. XP Professional enthält zudem bereits von Haus aus ein Modul, mit dem Sie Dateien wie Fotos übernehmen können. In einigen Fällen ist es jedoch nötig, den für das jeweilige Betriebssystem passenden Treiber extra zu installieren - wenn das gewünschte Gerät auch nach einem Systemneustart nicht erkannt wird, lesen Sie sich dessen Dokumentation durch.

Viele Scanprogramme enthalten zwei Optionen: Einen eigenständigen TWAIN-Treiber und ein Plugin (Zusatzprogramm). Wenn Sie beispielsweise den TWAIN-Treiber des Scanprogramms Silverfast installieren, erkennt ihn Paint Shop Pro automatisch, das Plugin jedoch nur, wenn Sie in Paint Shop Pro den richtigen Verweis auf das Plugin gesetzt haben (siehe vorangegangenes Kapitel: Speicherort für Plugins).

Um Bilder über die TWAIN-Schnittstelle zu importieren, klicken Sie entweder auf das Symbol **TWAIN erfassen** (der kleine Scanner) in der Symbolleiste. Oder Sie wählen **Datei > Importieren > TWAIN > Erfassen**.

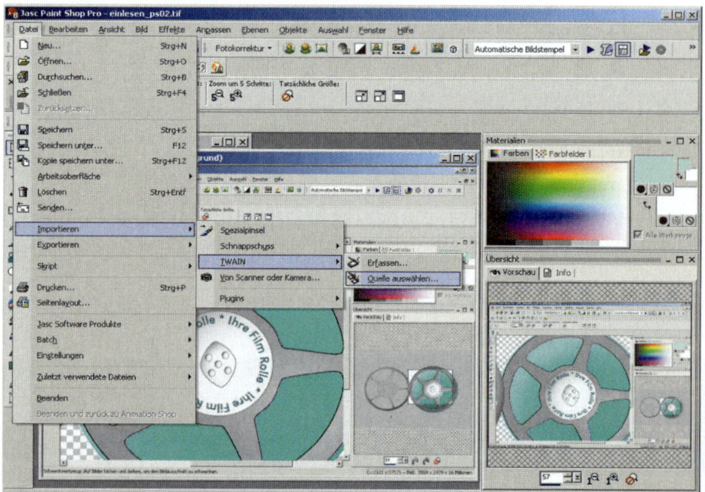

Lesestunde: Für den Bildimport über die TWAIN-Schnittstelle sollten Sie erst das richtige Gerät einstellen, wenn mehrere TWAIN-kompatible Geräte angeschlossen sind.

Tipp:
Wenn Sie die Original-Dokumentation nicht auf Anhieb auffinden, hilft oft ein Blick auf die Hersteller-Webseite. Die meisten bieten Handbücher in Form einer PDF-Datei zum Herunterladen an, auch von älteren Modellen.

Prozessfarben

Gedruckte Farbbilder setzen sich, wenn sie als Prozessfarben (CMYK) gedruckt werden, aus vier getrennten Bildern zusammen, die wiederum aus zahllosen Rasterpunkten bestehen - ein Bild pro Farbe Cyan (helles Blau), Magenta (Rosarot), Yellow (Gelb) und Black (Schwarz). Pro Rasterpunkt - der unterschiedlich geformt sein kann - brauchen Sie mindestens vier Maschinenpunkte. Der Drucker bedruckt das Bild in mehreren Durchgängen.

Volltonfarben

Anders als bei Prozessfarben mischen bereits die Farbenhersteller Volltonfarben. Die verbreitetsten Farbmodelle sind HKS und Pantone. Um diese Farben beurteilen zu können, bieten sich passende Farbfächer an.

Wenn Sie mehrere TWAIN-kompatible Geräte angeschlossen haben, kann es sein, dass Sie damit jedoch nicht das richtige starten. So stellen Sie das richtige Gerät ein:

1. Wählen Sie **Datei > Importieren > TWAIN > Quelle auswählen**. Im Dialog **Quelle** erscheinen alle TWAIN-kompatiblen Geräte, die mit dem Computer korrekt verbunden und angeschaltet sind. Sie müssen die Quelle nur beim ersten Mal verbinden, Paint Shop Pro merkt sich das zuletzt eingestellte Gerät.

*Wenn das gesuchte Gerät im Dialog **Quelle wählen** nicht auftaucht, ist häufig ein schlechter Kontakt daran schuld.*

2. Wählen Sie das Gerät und dann **Auswählen**.
3. Wählen Sie **Datei > Importieren > TWAIN > Erfassen**, um die Anwendung für das Gerät zu starten.

Danach hängen die weiteren Schritte davon ab, ob Sie einen TWAIN-Treiber aufgerufen haben oder lediglich eine Kamera ansteuern.

4. Bei einem Scanner führen Sie den Scan-Vorgang wie in der Dokumentation des Herstellers beschrieben durch.
5. Bei digitalen Kameras erscheint der Dialog **Importieren**. Wählen Sie die gewünschten Bilder und klicken Sie auf **Herunterladen**.

Wenn das Gerät und die entsprechende Anwendung das Bild verarbeitet haben, wird es automatisch an Paint Shop Pro gesendet und in einem neuen Bildfenster geöffnet. Die Anwendung bleibt geöffnet, sodass Sie weitere Bilder herunterladen können. Schließen Sie sie manuell, wenn Sie fertig sind.

Scannereinstellungen

Im Scan-Programm treffen Sie, sofern Ihre Software diese anbietet, folgende Einstellungen, deren Bezeichnungen von Scan-Programm zu Scan-Programm abweichen können. Das folgende Beispiel bezieht sich auf SilverFast 6 für den Flachbettscanner Saphir Ultra II.

Im Register **Allgemein** verbergen sich folgende Optionen:

Scanmode: Hier bestimmen Sie, ob Sie das Scan-Programm nach dem ersten Scan schließen wollen.

Original: Diese Einstellung ist dann wichtig, wenn Ihr Scanner neben Aufsicht-Vorlagen (etwa ein Hochglanzfotoabzug) auch Durchlicht-Vorlagen (Paradebeispiel: Dia) unterstützt.

Pos > Neg: Normalerweise bleibt die Einstellung auf **Positiv**, es sei denn, Sie lesen Farbnegative ein oder wollen spezielle Effekte erreichen.

Was heißt TWAIN?

TWAIN ist ein englisches Wort und heißt übersetzt zwei. Die häufig gelesene Bezeichnung *Tool without an important name* ist ebenso nichtssagend wie falsch. TWAIN ist eine Schnittstelle. Die Schnittstellenbeschreibung legt fest, wie Geräte Dateien untereinander austauschen - uns ist derzeit keine Digitalkamera und kein Scanner bekannt, der nicht TWAIN-kompatibel wäre, also nicht Daten über diese Schnittstelle austauschen kann.

Praktisch:

Ein spezieller Diascanner bietet sich für Anwender mit großem Diaarchiv an.

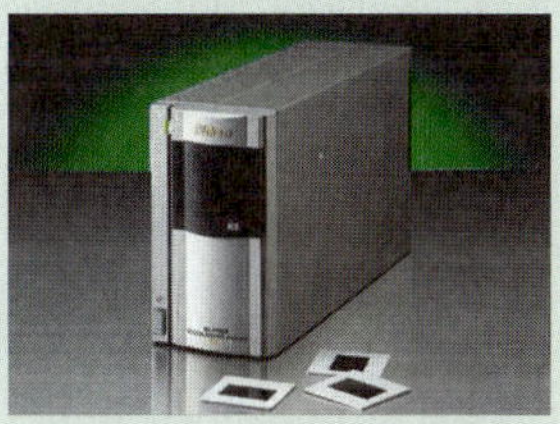

Foto: Nikon

Tipp:

Verwenden Sie grundsätzlich den TWAIN-Treiber, wenn das Gerät TWAIN-kompatibel ist.

Rahmen: Hier legen Sie fest, was mit dem aufgezogenen Auswahlrahmen geschehen soll.
Im Register **Frame** oder **Rahmen** treffen Sie weitere Voreinstellungen:

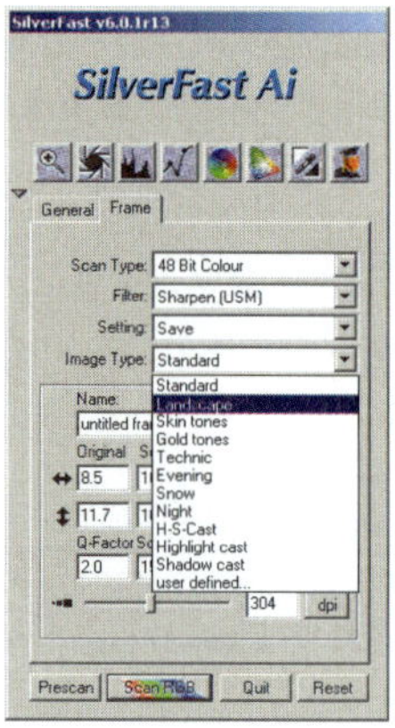

*Die Voreinstellung **Landscape/Landschaft** ist besonders für Bilder mit hohem Grünanteil geeignet. Ein Schärfefilter macht nur Sinn, wenn Sie die Bilddateigröße nach dem Scannen nicht mehr ändern wollen.*

Unter **Scan-Typ** wählen Sie die gewünschte Farbtiefe, beispielsweise **42 Bit** Farbe.
Im Klappmenü **Filter** selektieren Sie, ob Sie etwa eine **Unscharf-Maskierung (USM)** auf das gescannte Bild anwenden wollen. Da meist noch Korrekturen im Bildbearbeitungsprogramm folgen, macht es oft mehr Sinn, für Filter die Option **Keine** zu wählen. Wenn Sie ein in einer Zeitschrift gedrucktes Bild einlesen wollen, steht in diesem Klappmenü auch ein Filter bereit, der die Rasterung des Zeitschriftenbilds beseitigen soll. Dies funktioniert naturgemäß nur dann sehr gut, wenn Ihnen die Rasterweite bekannt ist.
Setting oder Einstellungen: Hier legen Sie vorab fest, ob Sie die getroffenen Einstellungen behalten wollen - sinnvoll bei vielen gleichartigen Vorlagen.
Unter **Bildtyp** oder **Image Type** finden Sie bei allen besseren Scanprogrammen eine ganze Reihe von Voreinstellungen, die auch Laien bessere Scanergebnisse ermöglichen. Beispielsweise erzielen Sie mit der Einstellung **Landscape** oder **Landschaft** oft ein besseres Ergebnis bei Fotos mit großem Grünanteil, wenn Sie menschliche Portraits einlesen, ist die Option **Hauttöne** oft erste Wahl usw. Hier lohnt es sich, mehrere Voreinstellungen durchzuprobieren.
Im unteren Teil des Scanfensters stehen die Einstellungen für die Scanauflösung. Hier können Sie, ausgehend von der Originalgröße, die spätere Bildgröße bestimmen. Ausnahme: Wenn Sie ein Bild entrastern wollen, können Sie in SilverFast die Ausgabegröße nicht ändern.
Die richtige Scanauflösung hängt von der geplanten Ausgabe ab. In diesem Kapitel erfahren Sie dazu die Grundzüge, Details dazu

Pixel und Rasterpunkt

Pixel sind die kleinsten Bestandteile eines Computerbilds. Das Wort kommt von picture element (Bildbestandteil). Jedes Pixel ist ein Quadrat, dem eine bestimmte Farbe oder ein Grauwert zugeordnet ist. Im (Offset-)Druck wird die Farbe an Rasterpunkten aufgebracht - der Tintenstrahldrucker zu Hause arbeitet ähnlich, allerdings nach einem anderen Verfahren (Details dazu in Kapitel 10 – Bilder ausgeben).

Scanner-Erkennung

Je nach Schnittstelle können Sie einen Scanner oder ein anderes Gerät während des laufenden Betriebs anschließen bzw. anschalten. Nachträglich können Sie einen Scanner beispielsweise über die USB-Schnittstelle anschließen. Bei einem SCSI-Gerät ist es dagegen nötig, erst den Scanner anzuschließen, einige Sekunden zu warten, bis er bereit ist, und dann erst den Computer zu starten. Beim Start beobachten Sie, ob Ihr PC den Scanner erkannt hat - er erscheint in der Liste der SCSI-Geräte, bevor Windows hochfährt.
Wenn Ihr Scanner beim Hochfahren erkannt wurde, aber dennoch nicht ansprechbar ist, ist die Ursache häufig ein Wackelkontakt oder ein verbogener Pin (einzelnes Metallstück), manchmal auch ein verschmutzter Kontakt.

entnehmen Sie dem Kapitel 10 – Bilder ausgeben. Wenn Sie das Bild lediglich für die Bildschirmwiedergabe benötigen, brauchen Sie ganz andere Werte als für den Druck.

Für das Einlesen der Fotos über einen Scanner gelten folgende Grundsätze:

1. Verwenden Sie die höchstmögliche Farbtiefe, die Ihnen zur Verfügung steht. Auch für ein Schwarzweiß- oder ein Graustufenbild ist es oft sinnvoll, das Motiv als RGB- und nicht als Graustufen-Bild einzulesen. Unnötige Farbinformationen können Sie später immer noch verwerfen - der umgekehrte Weg ist nicht ohne deutliche Qualitätsverluste möglich.
2. Überlegen Sie sich vorher, in welcher tatsächlichen Auflösung Sie das Bild später benötigen. Wenn Sie das Bild in mehreren Auflösungen ausgeben wollen, richten Sie sich nach der größten. Wählen Sie im Zweifel lieber eine höhere Auflösung, da das Herunterrechnen zu großer Bilder viel leichter ohne nennenswerten Qualitätsverlust möglich ist - umgekehrt sollten Sie es grundsätzlich vermeiden, Fotos um mehr als 50 Prozent hochzurechnen.
3. Vermeiden Sie beim Scannen Auflösungen, die über der physikalischen Auflösung Ihres Scanners liegen, das Hochinterpolieren von Scanauflösungen geht immer auf Kosten der Qualität: Der Scanner muss fehlende Bildpunkte hinzurechnen (interpolieren), was automatisch zu Unschärfe führt.
4. Scannen Sie stets mit geraden Teilern der physikalischen Scannerauflösung, damit der Scanner nicht umrechnen muss - das führt eventuell zu längeren Scanzeiten und somit zu Zeitverlust. Liegt die physikalische Auflösung Ihres Scanners beispielsweise bei **2400 dpi**, sind sinnvolle Werte etwa **200, 300, 600** oder **1200 dpi**.
5. Manchmal können Sie Bilder im RGB- wie im CMYK-Modus einlesen. Hierzu ist wichtig zu wissen, dass sich beide Farbräume überschneiden, nicht jedoch identisch sind - im RGB-Modus gibt es Farben, die im CMYK-Modus nicht vorkommen und umgekehrt. Im Zweifel sollten Sie hier den RGB-Modus bevorzugen, da der RGB-Farbraum größer als der CMYK-Farbraum ist, die Gefahr von ungewollten Farbabweichungen ist daher etwas geringer. Zudem arbeiten viele Filter weiterhin nicht im CMYK-Modus, im Bildbearbeitungsprogramm müssen Sie dann ohnehin den Modus wechseln.

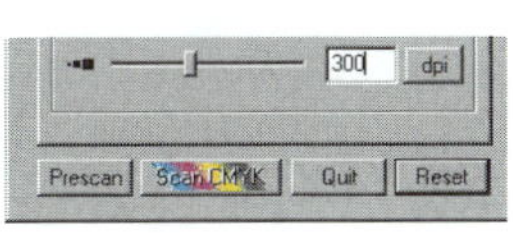

Bessere Scanner bieten die Option, bereits im CMYK-Modus Bilder einzulesen.

Verschmutzte oder korrodierte Kontakte lassen sich etwa mit einem Glasfaserstift säubern.

Rasterweiten

Je kleiner die Rasterweite, desto besser das Bild? So einfach ist das nicht: Die richtige Rasterweite hängt sehr stark von der Beschaffenheit des zu bedruckenden Materials, meist des verwendeten Papiers, ab. (Andere Faktoren sind die verwendete Farbe, das Druckverfahren und die Luftfeuchtigkeit - je geringer diese ist, desto mehr Farbe verkraftet das zu bedruckende Material.) Zeitungspapier beispielsweise hat einen hohen Holzanteil und ist sehr stark saugfähig. Wenn die Druckmaschine nasse Farbe aufs Papier aufträgt, breitet sie sich dabei aus - auf Zeitungspapier viel stärker als auf dickem Kartonpapier. Das Phänomen der sich ausbreitenden Farbkleckse heißt Punktzuwachs. Sie können es deutlich beobachten, wenn Sie Tinte auf Löschpapier tropfen lassen. Bei einem 60er Raster liegen die Bereiche, auf die die Druckmaschine Farbe aufbringt, sehr eng beieinander. Bei Zeitungspapier würden die Farben auf Grund des Punktzuwachses zu einer einzigen Brühe zusammenfließen. Daher ist etwa ein 32er Raster für den Zeitungsdruck sinnvoller.

Druckerauflösung
Ein Drucker mit 2400 dpi Auflösung scheint nur auf den ersten Blick übertrieben: Um ein Bild mit 256 Abstufungen pro Farbkanal (je vier bei CMYK) mit einem 60er Raster drucken zu können, ist ein Drucker dieser Auflösung das Minimum.

Vektor versus Pixel
Paint Shop Pro ist ein Pixelgrafik-Programm, das heißt: Die Datei besteht aus vielen einzelnen Pixeln. Es gibt jedoch auch sehr gute Vektorwerkzeuge. Eine Vektorgrafikdatei, etwa AI (Adobe Illustrator) oder CDR (Corel Draw) enthält eine mathematische Formel, die beispielsweise einen Kreis beschreibt. Vorteile der Vektorgrafik sind: Größenänderungen lassen sich ohne Qualitätsverlust durchführen, die Dateigröße ist meist deutlich niedriger. Bei einer Pixelgrafik besteht ein Kreis dagegen aus einzelnen Pixeln, er kann daher nie so gestochen scharf und glatt verlaufen. Beim Vergrößern müssen fehlende Bildpunkte hinzugerechnet werden, beim Verkleinern entfernt das Programm Bildpunkte. Beides kann zu deutlich sichtbarem Qualitätsverlust führen.

Größenangaben

Wie groß muss ein Bild nun eingescannt werden, damit es ohne Qualitätsverlust gedruckt werden kann? Eine gängige Formel lautet:
`(Gewünschte Größe : Originalgröße) x 2 (Qualitätsfaktor) x Rasterweite = Scanauflösung`
Der Qualitätsfaktor ist wichtig, da es beim Umsetzen des Bildes in Rasterpunkte zu Ungenauigkeiten kommen kann - wenn mehr Bildpunkte als eigentlich nötig vorhanden sind, kommt es kaum zu Fehlern. Bei höheren Auflösungen, etwa ab einem 52er Raster, genügt erfahrungsgemäß ein Qualitätsfaktor von **1,5**.
Beispiel: Sie haben ein Foto mit 10 cm Breite, das Sie auf 20 cm Breite drucken wollen. Die Rasterweite beträgt 60 Linien (pro Zentimeter), Fachleute sprechen von einem 60er Raster, ein gängiger Wert für Zeitschriften.
Die Formel lautet hier also `(20:10) x 2 x 60 = 240`
Sie sollten daher das Foto mindestens mit **240 dpi** scannen, ein sinnvoller Wert, wenn Ihr Scanner eine physikalische Auflösung von **2400 dpi** bietet. Liegt die maximale Auflösung dagegen bei **2000 dpi**, sollten Sie an den geraden Teiler denken und **250 dpi** einstellen.
Wenn Sie dagegen ein Bild ausschließlich für die Bildschirmwiedergabe benötigen, ist die Zahl der dazu nötigen Pixel entscheidend - Sie brauchen an sich keine höhere Auflösung, da Sie auch keinen Qualitätsfaktor brauchen. Hier kommt jedoch ein anderer Gesichtspunkt ins Spiel: Wenn Sie ein Bild in einer deutlich höheren physikalischen Auflösung bearbeiten, müssen Sie nicht ganz so (pixel)genau arbeiten, um beispielsweise Bildfehler wie Kratzer oder Artefakte (Bildstörungen) zu beseitigen.

Auflösungen beim Datei-Import

Paint Shop Pro gestattet Ihnen, wie im vorangegangenen Kapitel beschrieben, in verschiedenen Fällen, die Auflösung einzustellen:
* Einlesen eines Bilds im PCD-Format
* Import einer PostScript-Datei
* Import einer Metadatei

In diesen Fällen geben Sie die nötige Größe entsprechend der Scaneinstellung an. Je nach Größe der Datei und der Leistungsfähigkeit Ihres Systems kann der Import dauern - im Einzelfall durchaus einige Minuten. Wählen Sie trotzdem für den Import einer zu druckenden Datei (zzgl. Vergrößerungsfaktor) keine allzu kleine Auflösung.

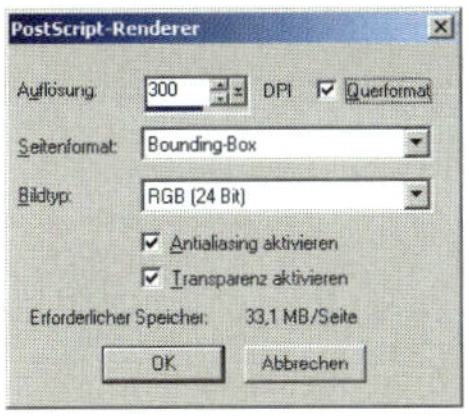

Importeinstellungen einer PostScript-Datei

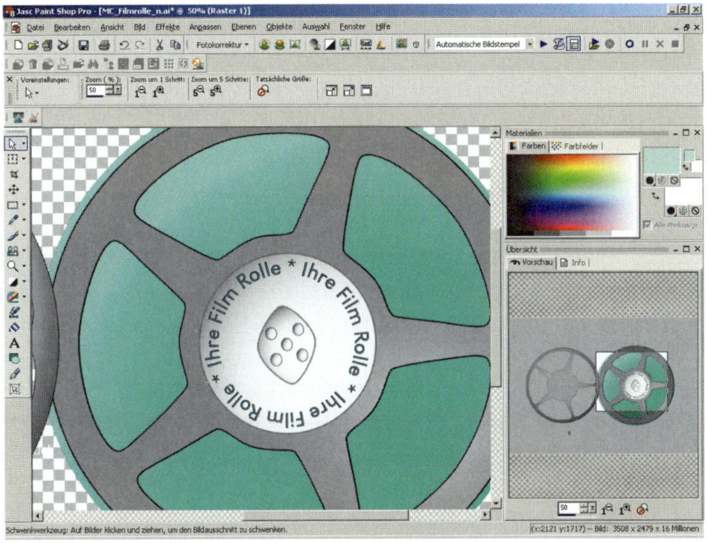

Paint Shop Pro setzt auch PostScript-Vektordaten einwandfrei um.

Manchmal stellt Ihnen die Kamera Bilder im RAW-Modus wie im JPEG-Format bereit. Bevorzugen Sie hier die RAW-Datei, da dieses Format eine bessere Qualität verspricht. Allerdings bedarf es manchmal vieler Versuche, um eine Datei im RAW-Format erfolgreich einzulesen, wenn die dort getroffenen Einstellungen nicht exakt bekannt sind.

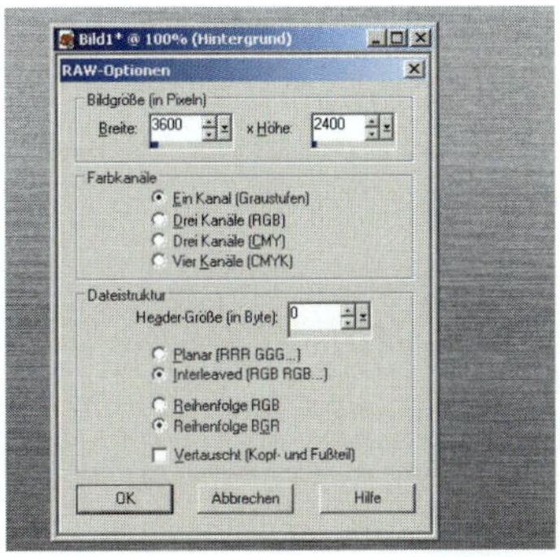

Problematisch: Die Übernahme von Fotos im RAW-Format klappt nicht ohne Weiteres, da das RAW-Format kein definierter Standard ist.

Tipp:

Steht noch nicht genau fest, wie groß das spätere Bild werden soll, scannen Sie es um ca. ein Drittel größer als Sie es später voraussichtlich benötigen werden, also etwa mit 400 statt mit 250 dpi.

Tipp:

Für die Bildschirmausgabe empfehlen wir Ihnen, das Bild in einer mindestens viermal so großen Auflösung wie später nötig einzulesen. Dadurch erleichtern Sie sich Korrekturen erheblich.

RAW-Format

Vor allem höherwertige Digitalkameras bieten die Option, RAW-Dateien zu speichern. Im Vergleich zu JPEG-Dateien werden diese Dateien riesig, bleiben jedoch - wie der Name verspricht - unbearbeitet und erlauben so eine deutlich höhere Qualität. Allerdings können die korrekten Importeinstellungen von RAW-Dateien deutlich von einander abweichen.

Welcher Scanner?
Der meisteingesetzte Scanner ist derzeit der Flachbettscanner. Damit lassen sich für wenig Geld vor allem Aufsicht-Vorlagen gut bearbeiten. Einfache Modelle gibt es teilweise bereits für weniger als 100 Euro. Einzelne Scanner bieten auch eine Durchlicht-Einheit, von der Sie - außer bei Profi-Modellen wie dem HiRes von Linotype - nicht allzu viel erwarten sollten: Bei Kleinbilddias ist meist für den Druck ab einer Größe von DIN A5 nicht mehr viel zu holen. Wer nur gelegentlich einige Dias einlesen will, kann entweder Fotoabzüge davon machen lassen oder die Dias von einem Profiservice scannen lassen. Wer Dias von einem Trommelscanner einlesen lassen will, kann gelegentlich Sonderangebote ab etwa 20 Euro finden und erhält eine superbe Qualität.
Speziell für Anwender mit großem Diaarchiv sind Diascanner wie der Nikon CoolScan 4000 ED eine Überlegung wert. Nicht nur bei Diascannern - aber hier ganz besonders - kommt es beim Kauf auf mehr als die maximale physikalische Auflösung, die Scangeschwindigkeit und die maximale Dichte an: Ein ganz entscheidendes Kaufkriterium ist die mitgelieferte Scansoftware, die etwa im Falle des CoolScan enorm viel Arbeit erspart.

Korrekturen im Scan-Programm

Gute Scan-Programme bieten Ihnen eine ganze Reihe von Eingriffsmöglichkeiten, mit denen Sie Helligkeit und Farbwerte anpassen können. Nutzen Sie diese! Der unschätzbar große Vorteil von Eingriffen vor dem Einlesen der Datei ist folgender: In Paint Shop Pro - wie in jedem anderen gängigen Bildbearbeitungsprogramm - führt jeder bestätigte Eingriff zu Informationsverlusten, das Bild wird ständig schlechter. Angenommen, das Bild hat vor dem ersten Eingriff noch 256 Helligkeitsabstufungen pro Kanal (im 8-Bit-Modus: je 256 pro Kanal, also im RGB-Modus 256 x 256 x 256), dann führt der erste Eingriff bereits zu Verlusten: Das Bild weist zum Beispiel noch 220 Abstufungen auf, die restlichen Abstufungen werden automatisch verteilt. Dazwischen entstehen Lücken. Sie sehen im Histogramm wie kleine Gletscherspalten aus. Eine einzige Korrektur ist selten sichtbar, mehrere Korrekturen können jedoch das Bild zerstören.

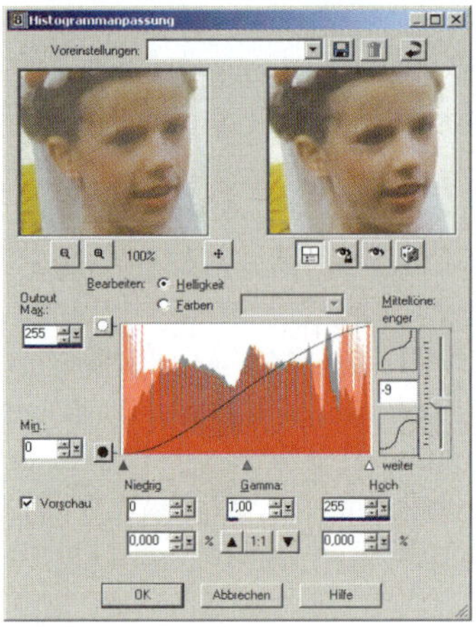

Korrektur in Paint Shop Pro: Während der erste Eingriff wie hier das Bild noch nicht sichtbar verschlechtert, können mehrere Korrekturen hintereinander das Foto unbrauchbar machen.

Besser ist also die Korrektur vor dem Einscannen. Mit dem ersten Scan (Übersichtsscan, er heißt manchmal auch Prescan) lesen Sie die gesamte Übersichtsfläche, danach passen Sie mit der Maus den gewünschten Ausschnittsrahmen an. Scannen Sie nun erneut - hier durch einen Klick auf **Prescan**.

Nehmen Sie nun vor dem endgültigen Scan im Scanprogramm Farb- und/oder Helligkeitskorrekturen vor, lesen Sie mit dem finalen Scan das korrigierte Bild mit dem vollen Informationsumfang ein - der Idealzustand. Die Korrekturen erfolgen beispielsweise im Histogramm oder über die Tonwertkurven, Sie können aber auch den Schwarz- und den Weißpunkt setzen.

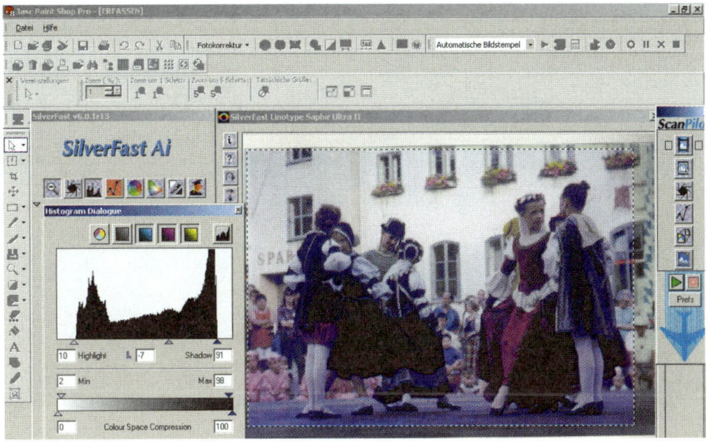

Farb- und Helligkeitskorrekturen sollten Sie am besten bereits beim Scannen durchführen. Solange Sie wie hier alle Kanäle zusammen anpassen wollen, gelingt die Korrektur nicht so leicht.

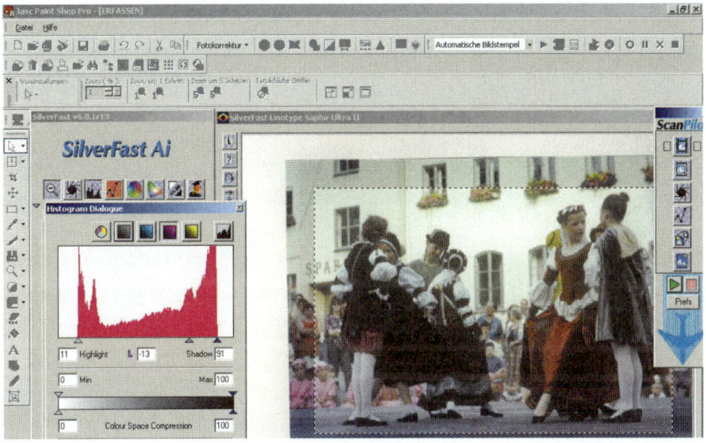

Wenn Sie Korrekturen in jedem Kanal einzeln vornehmen, können Sie präziser eingreifen.

Tipp:

Auch im Scanprogramm können Sie genauer arbeiten, wenn Sie Ihre Korrekturen in jedem Kanal extra einstellen.

Info:

Beachten Sie unsere Informationen in Kapitel 4 – Farbe anpassen. Die dort enthaltenen Hinweise, etwa zu Eingriffen über (Gradations-)Kurven oder zu Histogramm-Korrekturen, gelten entsprechend auch für Scanprogramme.

Tipp:
Wenn das Bild kritische helle und dunkle Bereiche aufweist, scannen Sie es einmal hell und einmal dunkel, sodass Sie jeweils einen Bereich optimal einlesen. Verwenden Sie dazu exakt den selben Ausschnitt, damit die spätere Montage leichter fällt.

Bilder, die kritische dunkle und helle Bereiche enthalten, scannen Sie zur Sicherheit zweimal mit unterschiedlichen Helligkeitseinstellungen.

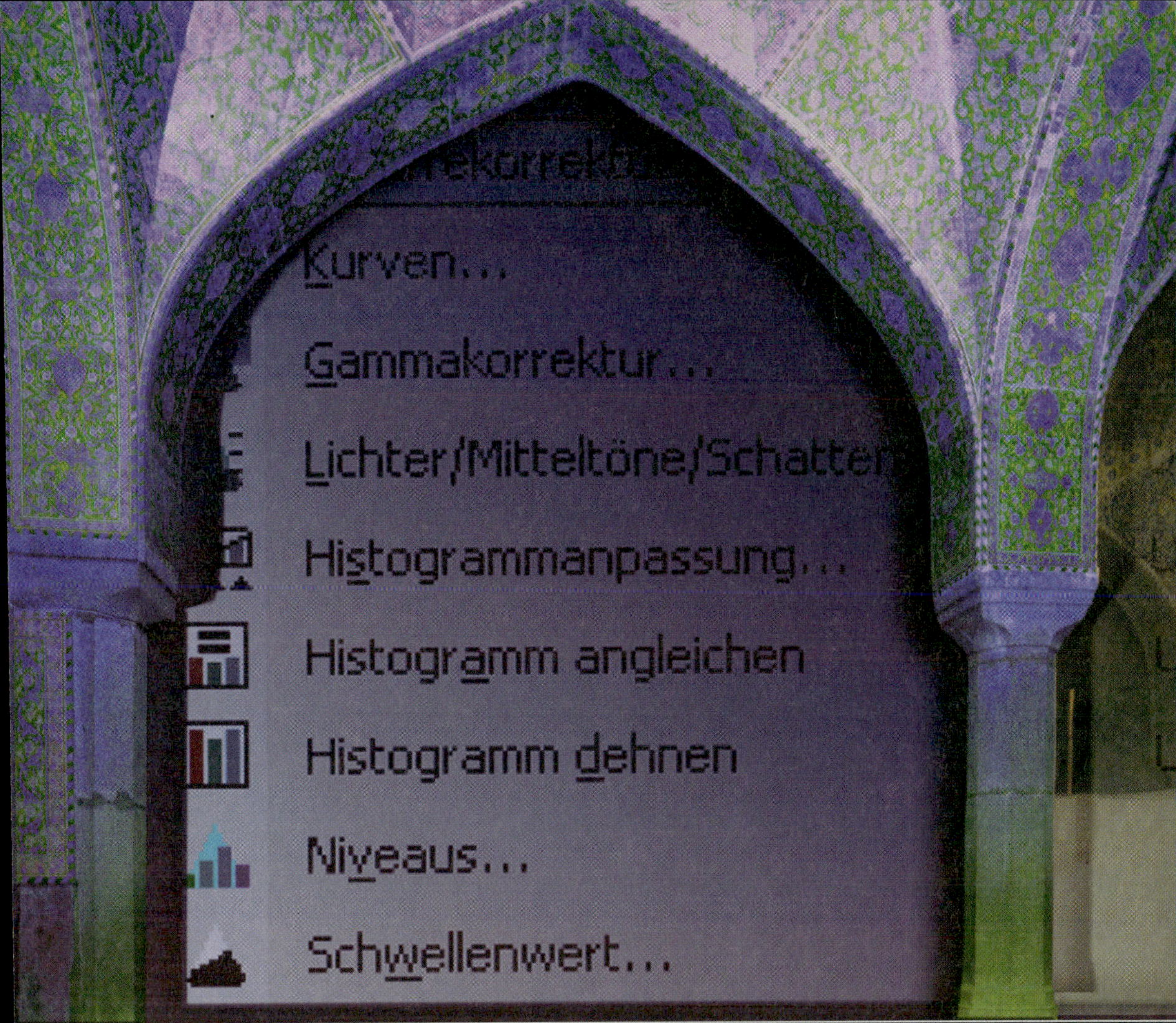

Bilder reparieren

Verwackelte Schnappschüsse aus dem letzten Urlaub, alte Familienfotos mit Staubflusen und Kratzern oder ein schlechter Scan vom gedruckten Bild – oft liegen uns die Bilder besonders am Herzen, die durch so manchen Fehler scheinbar unbrauchbar sind. Doch mit den Korrektur-Werkzeugen in Paint Shop Pro und ein paar Tricks retten Sie so manches Bild vor dem virtuellen Mülleimer.

Scan-Auflösung beachten
Der Kampf gegen Störungen wie Bildrauschen oder Moiré sowie gegen kleinere Staubflecken beginnt bereits beim Scannen. Indem Sie die Vorlage mit einer vier- bis fünfmal höheren Auflösung scannen, erhalten Sie eine wesentlich höhere Datenmenge: Das Bild besteht aus mehr Pixeln als nötig. Bearbeiten Sie größere Unreinheiten und führen Sie andere Korrekturen durch. Zeichnen Sie zum Schluss das Bild leicht weich und rechnen es danach auf die richtige Größe herunter. Ungewollte Muster wie Moiré und andere kleinere Störungen werden mit dieser Methode automatisch abgeschwächt.

Bilder vorbereiten:
*** Sorgen Sie beim Scan für eine saubere Arbeitsfläche. Entfernen Sie Staubkörner und Flusen mit einem weichen Tuch. Befreien Sie ebenfalls das Foto von Staub und Fingerabdrücken.**
*** Scannen Sie das gesamte Bild, auch wenn Sie nur einen Ausschnitt benötigen. Kleinere Details in den Randbereichen sind beim Retuschieren oft sehr nützlich.**
*** Arbeiten Sie bei der Retusche immer auf der Kopie des Bildes. Sie erhalten so die Originaldaten**

Bildstörungen entfernen

Alte Fotos oder Urlaubsbilder und Porträts in schlechter Qualität fordern die ganze Kunst der Retusche. Neben flächendeckenden Bildstörungen wie Bildrauschen, starker Körnung oder überzeichneten Kanten zählen Kratzer, Staubkörner oder andere größere Bildunreinheiten zu den besonders lästigen Fehlern. Mit einigen Filtern gegen Bildrauschen können Sie so manches verstaubte Bild retten; sind die fehlerhaften Stellen jedoch größer, hilft nur gekonnte Handarbeit mit Klonpinsel & Co.

Zuerst die Farbe!
Korrigieren Sie immer erst die Farbe des Bildes. Kleinere Bildunreinheiten und Bildstörungen erkennen Sie häufig erst dann, wenn Ihr Foto in den richtigen Farben erstrahlt. Beseitigen Sie danach die Bildstörungen, die sich oft durch die Farbkorrektur noch verstärken. Zeichnen Sie das Bild erst zum Schluss scharf. Denn: Nicht nur wichtige Details, sondern auch Unreinheiten können scharf gezeichnet werden!

Um flächendeckende Bildunreinheiten wie Bildrauschen oder eine starke Körnung zu entfernen, stehen Ihnen in Paint Shop Pro unter **Anpassen > Bildrauschen hinzufügen/entfernen** einige Filter zur Verfügung. Jeder Filter zeigt andere Stärken; der eine eignet sich besonders gut zum Entfernen von Bildrauschen, andere hingegen beseitigen sogar kleinere Bildfehler. Manche Filter bewirken große Änderungen an Bildern mit einer kleineren Auflösung und zeigen kaum Wirkung bei großformatigen, hoch auflösenden Bilddokumenten. Folgende Übersicht zeigt, zu welchem Zweck Sie die verschiedenen Filter einsetzen können.

Der Filter **Kleine Bildfehler automatisch entfernen** sucht kleine dunkle oder helle Bildfehler und entfernt sie. Unter **Stärke** bestimmen Sie die Größe der Bildfehler, die entfernt werden. Mit den Kontrastgrenzen definieren Sie den Kontrast zwischen den Fehlern und dem Hintergrund. Setzen Sie den Filter jedoch vorsichtig ein: Hat die **Untere Grenze** einen kleinen Wert und gleichzeitig die **Obere Grenze** einen zu hohen Wert, beseitigen Sie zwar viele Störflecken, in Ihrem Bild entstehen jedoch leichte Artefakte. Zudem täuscht das Ergebnis: Größere Fehler werden scheinbar beseitigt, in der Vergrößerung jedoch sind sie nach wie vor etwas verblasst im Bild zu sehen.

*Der Filter **Kleine Bildfehler automatisch entfernen** löscht kleinere Bildfehler, größere hingegen verblassen.*

Mit dem Filter **Rauschunterdrückung** mildern Sie Bildrauschen und entfernen kleine weiße Störpixel, die etwa durch zu starkes Schärfen entstanden sind. Da der Filter nicht einzustellen ist, ist er nur bedingt einsetzbar: Wir machten die Erfahrung, dass er bei den meisten sehr großen Dokumenten keine sichtbare Änderung bewirkt. Etwas kleinere Dokumente hingegen wiesen teilweise ein recht brauchbares Ergebnis auf, an manchen Stellen jedoch retuschiert der Filter feine Bilddetails ebenfalls.

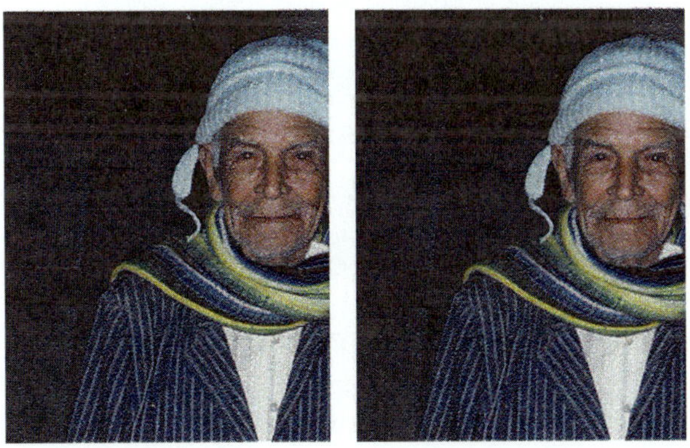

*Links ein Bildausschnitt eines stark geschärften Bildes. Rechts hat der Filter **Rauschunterdrückung** das Bild etwas geglättet und die weißen Störflecken retuschiert.*

Um stärkeres Bildrauschen erfolgreich zu entfernen, sollten Sie sich für den Filter **Rauschen entfernen mit Kantenschutz** entschei-

und können immer darauf zurückgreifen.
*** Die Qualität des Scans ist meist schlechter als die des Originals. So können kleinste Bilddetails nicht mehr deutlich zu sehen sein. Auch sehen die Farben auf dem Monitor anders aus als auf dem Foto. Betrachten Sie beim Retuschieren immer wieder das gesamte Foto, um nicht versehentlich wichtige Bildteile weg zu retuschieren.**

Tipp:

Setzen Sie den Filter Kleine Bildfehler automatisch entfernen nur gegen Bildrauschen und sehr kleine Bildfehler ein. Wählen Sie die Werte der unteren und der oberen Grenze so, dass sie möglichst nah beieinander liegen. Beseitigen Sie größere Fehler, ist die Differenz zwischen beiden Werten größer, wodurch sich die Bildqualität verringert!

Tipp:

Setzen Sie den Filter Rauschunterdrückung auf einer Ebenenkopie ein. Setzen Sie die Deckkraft der gefilterten Ebene etwas herab, um das Original durchscheinen zu lassen. Sie können mit diesem Trick den Filter über den Wert bei Deckkraft etwas steuern.

Tipp:
Arbeiten Sie mit einem möglichst niedrigen Korrekturgrad. Höhere Werte lassen die Flächen innerhalb der Kanten verschwimmen, feine Bild-Nuancen gehen so verloren.

Originaler Farbraum

Gerade bei mangelhaftem Ausgangsmaterial ist es wichtig, alle noch vorhandenen Bildinformationen zu erhalten. Beim Umwandeln von RGB in CMYK etwa kommt es zu Verlusten bei den Bildinformationen. Zusätzlich können Farbverschiebungen auftreten, da die beiden Farbräume nicht deckungsgleich sind. Zudem lassen sich Korrekturen besser im RGB-Farbraum durchführen, da Sie hier im monitoreigenen Farbraum arbeiten. Wandeln Sie Bilder also, wenn nötig, erst zum Schluss in einen anderen Farbraum um.

Tipp:
Bei Dokumenten mit einer geringen Pixelanzahl bewirken schon kleine Werte große Änderungen. Obwohl die Werte-Skala bis zum Wert 31 reicht, sollten Sie sich in diesem Fall mit einem möglichst kleinen Wert begnügen, etwa mit 3.

den. Mit dem Befehl reduzieren Sie die Körnung und erhalten zugleich die Objektkanten.

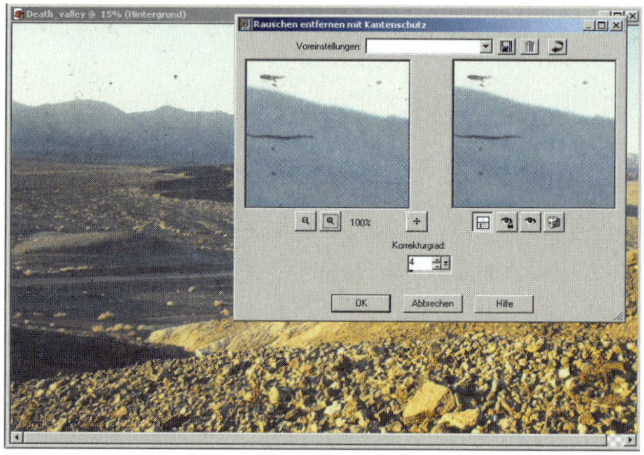

*Der Filter **Rauschen entfernen mit Kantenschutz** rückt Bildrauschen erfolgreich zu Leibe.*

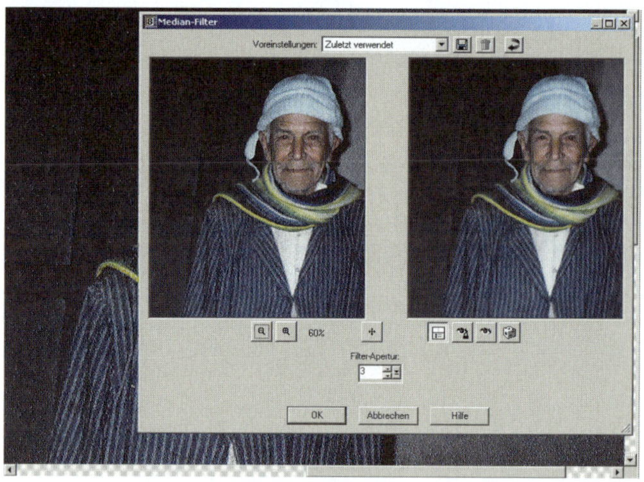

*Letzter Rettungsversuch für schlechte Bilder: Der **Median-Filter**.*

Gut geeignet für Fotos mit besonders schlechter Qualität ist der **Median-Filter**. Er entfernt Bildstörungen, die sich deutlich vom Hintergrund abheben und schont dennoch Bildkanten. Der Filter gleicht ähnliche Pixel an, die nebeneinander liegen. So eignet er sich auch besonders gut zum Aufweichen von störenden Bildmustern wie dem Moiré.

Der Filter **Schwarze und weiße Bildfehler entfernen** beseitigt sehr helle oder schwarze Bildstörungen. Über **Fehlergröße** definieren Sie die maximale Größe der Störflecke, mit **Fehlerempfindlichkeit** bestimmen Sie den Toleranzwert zwischen Fehler und Hintergrund. Eine geschickte Einstellung der **Fehlerempfindlichkeit** entfernt sogar leichtes Bildrauschen. Wählen Sie hierfür zunächst den kleinsten Wert und tasten Sie sich schrittweise an das optimale Ergebnis heran. Bei Bildern mit einer niedrigen Auflösung verschwindet das Rauschen bereits beim Wert **1**! Sollte der Hintergrund viele Flächen mit verschiedenen Helligkeitswerten aufweisen, aktivieren Sie die Option **Alle kleineren Fehler ebenfalls korrigieren**. Nur so erfasst der Filter bei einem geringen Wert bei **Fehlerempfindlichkeit** auch die Fehler, die einen höheren Kontrast zum Hintergrund haben.

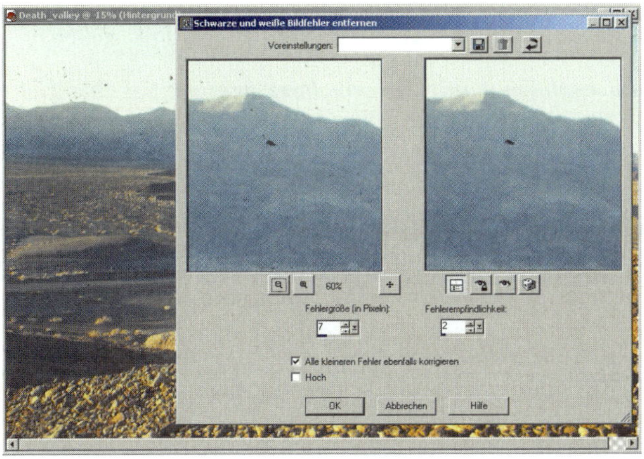

*Sehr gut auf die Größe der Bildfehler lässt sich der Filter **Schwarze und weiße Bildfehler entfernen** einstellen.*

Rauschen entfernen mit Texturschutz sucht Texturen und schützt Details. Glatte Flächen hingegen zeichnet der Filter weich. Nachteil: Bei hohen Werten unter **Korrekturgrad** zeichnet der Filter das Bild lediglich weich - ungeachtet ob es eine Textur oder eine glatte Fläche enthält.

Tipp:
Halten Sie den Wert der Fehlerempfindlichkeit möglichst klein! Höhere Werte können leicht Artefakte an den Bildkanten verursachen.

Tipp:
Um Texturen zu schützen und gleichzeitig Bildrauschen und Fehler zu entfernen, sollten Sie auf einen anderen Filter zugreifen. So hat etwa der Filter Schwarze und weiße Bildfehler entfernen bessere Möglichkeiten zum Einstellen und erzielt deutlich bessere Ergebnisse.

Retuscheverfahren:
Was heute in der digitalen Bildbearbeitung so einfach möglich ist, erforderte früher einen wesentlich größeren Zeitaufwand und viel Fingerspitzengefühl. Mit kleinen Skalpellen wurde die Silber- oder Farbschicht des analogen Bildes vorsichtig abgeschabt um dunkle Flecken zu beseitigen. Die so beschädigte Fläche wurde anschließend mit Eiweißlasurfarben retuschiert.
Auf den Negativen von Fotos erscheinen Staubflusen und Kratzer hell. In diesem Fall wurde direkt mit Eiweißlasurfarben ausgefleckt.

Tipp:
Haben Sie ein Grafiktablett zur Verfügung, kreuzen Sie unter Datei > Einstellungen > Allgemeine Programmeinstellungen im Register Anzeige und Zwischenspeichern die Option Präzisionszeiger verwenden an. Sie sehen so exakt den Mittelpunkt der Werkzeugspitze. Schieben Sie ebenfalls den Regler bei Zoom/ Neuskalierungsqualität ganz nach rechts auf besser.

Rauschen entfernen mit Texturschutz *zeichnet das Bild beim höchsten Wert weich.*

Korrekturwerkzeuge

Größere Bildstörungen wie Flecken, Fingerabdrücke oder Risse im Bild entfernen Sie mit einem Korrekturwerkzeug. Korrekturwerkzeuge setzen Sie gezielt an den schadhaften Bildstellen ein und schützen so die „gesunden“ Bereiche. Um einen Teil des Bildes zu korrigieren, müssen Sie, anders als bei einem Filter, keine Auswahl erstellen. Sie „pinseln“ die Korrektur direkt ins Bild.

Folgende Werkzeuge können Sie für die Retusche einsetzen:

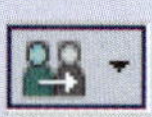

Mit dem Werkzeug **Klonen** fotografieren Sie eine Bildstelle um sie auf eine andere zu übertragen. Klicken Sie mit der rechten Maustaste auf eine Stelle, die Sie auf den Bildfehler kopieren möchten. Alternativ halten Sie beim linken Mausklick die **Umschalt**-Taste gedrückt. Ziehen Sie dann mit gedrückter linker Maustaste über die schadhafte Stelle im Bild.

Beim Aufnehmen bezeichnet Paint Shop Pro die Mitte der Bildstelle, die Sie markieren mit einem umrandeten Kreuz. Beim Kopieren auf eine andere Stelle zeigt ein X die Mitte des Bereiches, den Sie gerade kopieren.

Richtig Klonen

Die Spitze des Werkzeugs **Klonen** können Sie in den Werkzeugoptionen wie einen Pinsel einstellen. So justieren Sie unter anderem die Form der Werkzeugspitze, die Größe und die Deckfähigkeit. Näheres über Pinselspitzen und deren Einstellungen lesen Sie in Kapitel 5 – Maltechniken.

* Stellen Sie die Werkzeugspitze nur wenig größer ein als der Bildfehler ist. Ist die Werkzeugspitze zu klein, müssen Sie mehrmals über den Fehler pinseln, was zu Schmierspuren führen kann. Eine zu große Werkzeugspitze hingegen überdeckt mehr Bereiche im Bild als notwendig.

* Wählen Sie einen geringen Wert bei **Härte**. Sie erzeugen so weiche Kanten an der Pinselspur, die Kopie-Striche fügen sich besser ins Original ein.

* Arbeiten Sie mit kurzen Pinselstrichen um Wischspuren zu vermeiden. Sie kopieren den Bildteil der Stelle, an der Sie rechtsgeklickt haben. Mit langen Pinselstrichen übertragen Sie Bildteile, die etwa farblich nicht an die neue Stelle im Bild passen.

* Arbeiten Sie mit reduzierter Deckkraft. Auch eine scheinbar einfarbige Stelle eines Fotos weist feine Farbnuancen auf!

* Nehmen Sie zwischendurch immer wieder an einer neuen Stelle Bildinformationen zum Kopieren auf. Sie vermeiden dadurch kleinere Bildwiederholungen - selbst kleinste Stellen mehrmals hintereinander kopiert fallen sofort ins Auge.

Tipp:
Bearbeiten Sie mit dem Bildfehlerentfernungswerkzeug hauptsächlich dünnere Fehler oder einfarbige Flächen. Das Werkzeug nimmt die Randpixel um den aufgezogenen Bereich und zieht sie über der gewählten Stelle in die Breite. Ist die Fläche innerhalb der Auswahl stark strukturiert und zusätzlich die Auswahl sehr breit, entsteht eine streifenförmige Struktur durch die Pixel-Wiederholung innerhalb der reparierten Stelle.

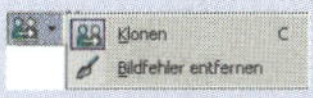

Die Korrekturwerkzeuge

Bildfehlerentfernungswerkzeug: Markieren Sie den schadhaften Bildbereich um die darin enthaltenen Fehler zu entfernen. Justieren Sie das Werkzeug in den Werkzeugoptionen. Hier stellen Sie die Breite des Werkzeugs und die Form der Spitze ein. Besonders geeignet ist das Werkzeug, um größere Bildstörungen oder längliche Risse zu entfernen.

*Ein schönes Erinnerungsbild, jedoch mit Riss. Mit dem **Bildfehlerentfernungswerkzeug** entfernen Sie den Riss mit einem Mausklick.*

*Das **Bildfehlerentfernungswerkzeug** zieht die Randpixel der Auswahl zusammen und füllt mit deren Wiederholung die Bildfehler.*

Tipp:
Bilder, die Sie nicht bei Tageslicht aufnehmen, weisen häufig einen zu hohen oder zu niedrigen Kontrast auf. Dies passiert besonders schnell bei Aufnahmen mit Blitzlicht. So entstehen etwa bei einer Person oder einem Gegenstand im Vordergrund schnell Lichtreflexe, die einen Teil des abgelichteten Objektes verdecken. Der Hintergrund hingegen ist oft vollständig dunkel. Korrigieren Sie bei einem solchen Bild zunächst den Kontrast. Wählen Sie entweder im Menü Anpassen die Funktion Lichter/Mitteltöne/ Schatten oder ebenfalls im Menü Anpassen die Funktion Kurven. Um ein optimales Ergebniss zu erzielen, regeln Sie bei den Kurven die Kanäle RGB getrennt.

Kontrast bearbeiten

Die schönsten Motive bieten sich einem meist unvorbereitet: So befinden Sie sich etwa auf einer Reise, mitten im schlimmsten Stau. Sie sehen im Rückspiegel den genervten Blick der Autofahrer - und plötzlich tauchen daneben Straßenverkäufer auf, die zur Aufbesserung der Stimmung bunte Decken und Gitarren zum Kauf anbieten. Ein kurioser Gegensatz, der es wert ist, festgehalten zu werden. Die Kamera liegt zwar griffbereit auf dem Rücksitz, doch für die richtigen Einstellungen ist keine Zeit.
Das Ergebnis: Ein wahrhaft gelungener Schnappschuss – in dem die Farben jedoch zu flau sind und es an Kontrast fehlt. Neben einem leichten Blau-Stich ist das Bild zusätzlich zu hell. Wie Sie die Farbe anpassen, erfahren Sie im gleichnamigen Kapitel.
Um die Helligkeit und den Kontrast eines Bildes zu verbessern, stellt Paint Shop Pro unter **Anpassen > Helligkeit und Kontrast** einige Filter zur Verfügung:

So korrigieren Sie etwa mit dem Filter **Lichter/Mitteltöne/ Schatten** die Helligkeit für die drei Bereiche Lichter, Mitteltöne und Schatten getrennt voneinander. Möchten Sie jedoch den Kontrast ändern, müssen Sie auf einen weiteren Filter zurückgreifen.

Über den Filter **Helligkeit/Kontrast** können Sie den Kontrast getrennt von der allgemeinen Helligkeit des Bildes regeln. Sie haben jedoch nicht die Möglichkeit, einzeln auf die beleuchteten und die im Schatten liegenden Bereiche Einfluss zu nehmen.

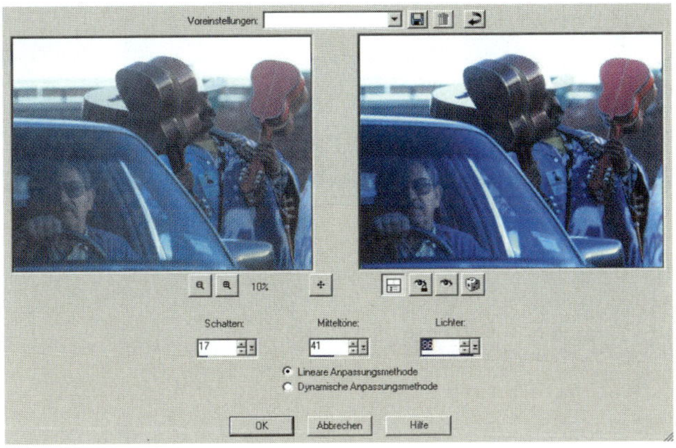

*Mit dem Filter **Lichter/Mitteltöne/Schatten** regeln Sie die einzelnen Bereiche nach Helligkeit.*

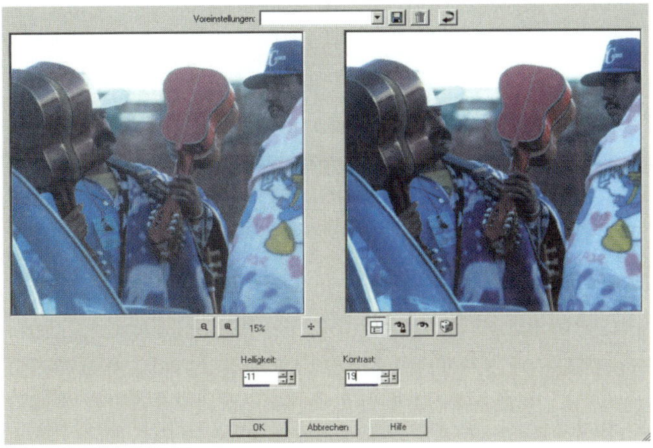

*Der Filter **Helligkeit/Kontrast** regelt zwar den Kontrast, nicht jedoch die Helligkeit in den einzelnen Bereichen.*

Gute Ergebnisse erzielen Sie mit der **Histogrammanpassung**. So bearbeiten Sie neben der **Helligkeit** auch die einzelnen Farb-Kanäle und gleichen zusätzlich die Farben an. Allerdings müssen Sie mit erheblichen Qualitätseinbußen rechnen. Diese sehen Sie auf dem Histogramm: Die graue Kurve zeigt die alten Werte, die rote Kurve die neuen. Jede Lücke in der roten Kurve deutet auf Farbverluste hin!

Tipp:
Befinden sich in einem Bild Ausschitte, die zu dunkel oder zu hell sind, reparieren Sie gezielt diese Partien per Hand.

Wählen Sie hierfür in der Werkzeugleiste das neunte Werkzeug von oben, den Unterbelichtungspinsel. Retuschieren Sie damit die dunklen Bildstellen. Bereiche, die zu hell erscheinen reparieren Sie mit dem Überbelichtungspinsel. Klicken Sie auf das kleine Dreieck neben dem Unterbelichtungspinsel. Wählen Sie im Klappmenü das zweite Werkzeug von oben.

Beide Pinsel können Sie in den Werkzeugoptionen einstellen. So justieren Sie die Größe, die Pinselform, die Deckfähigkeit und die Härte des Pinsels.

Tipp:
Mischmodus, Deckfähigkeit und die **Ebenenverbindung** können Sie ebenfalls in der Ebenenpalette festlegen und verändern!

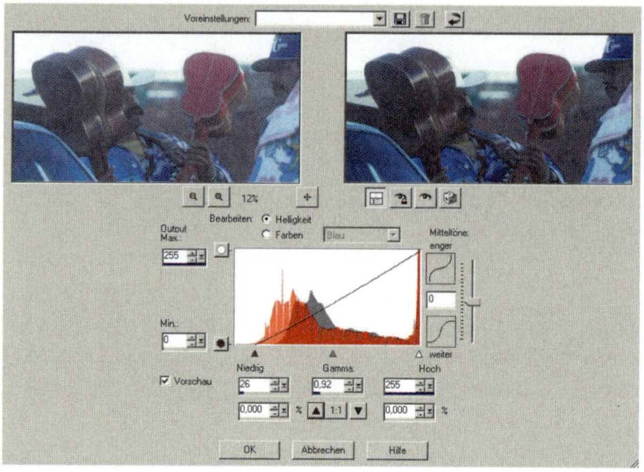

*Mit der **Histogrammanpassung** können Sie zwar neben der Helligkeit auch die Farbe justieren, müssen jedoch mit Qualitätseinbußen rechnen.*

Indem Sie mit **Anpassungsebenen** arbeiten, legen Sie jede Korrektur auf eine extra Ebene und belassen das Bild im Originalzustand. Sie reduzieren so die Gefahr von Qualitätseinbußen. Ein weiterer Vorteil von **Anpassungsebenen** ist, dass Sie beliebig viele übereinander legen und diese in der Ebenenpalette verschieben können.

Wir haben unser Beispielbild zunächst mit der Anpassungsebene **Helligkeit/Kontrast** bearbeitet. Wählen Sie **Ebenen > Neue Anpassungsebene > Helligkeit/Kontrast**. Im Register **Allgemein** geben Sie der Ebene einen eigenen Namen. So können Sie, sollten Sie auf ein Bild zwei Anpassungsebenen des gleichen Typs legen, diese durch die entsprechende Namengebung näher definieren. Weiter bestimmen Sie den **Mischmodus**, die **Deckfähigkeit** und die **Ebenenverbindung**.

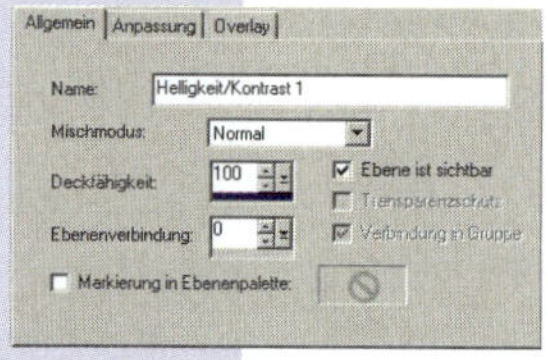

*Im Register **Allgemein** legen Sie die Ebenen-Optionen fest.*

Bearbeiten Sie **Helligkeit** und **Kontrast** im Register **Anpassung**. Wir haben den Kontrast etwas angehoben und ihm den Wert **33** gegeben und die Helligkeit auf den Wert **-10** reduziert. Bestätigen Sie die Änderungen in der **Anpassungsebene** mit **OK**.

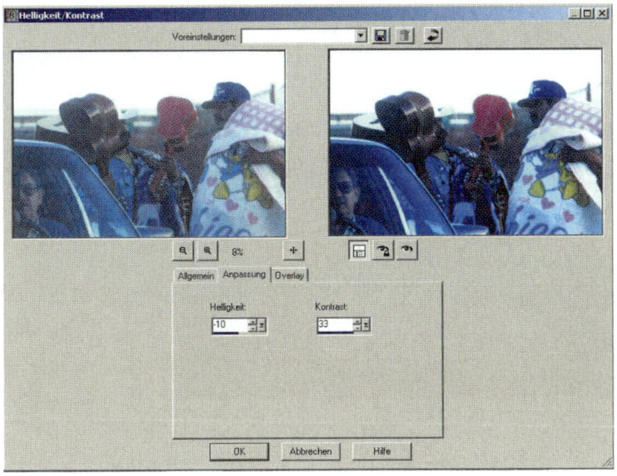

Die einzelnen Parameter einer Anpassungsebene bearbeiten Sie genauso wie im gleichnamigen Fenster über das Menü ***Anpassen****.*

In der Ebenenpalette sehen Sie über der originalen Rasterebene die neue Anpassungsebene **Helligkeit/Kontrast**. Indem Sie auf das kleine Auge klicken, schalten Sie die Sichtbarkeit der Ebene aus und wieder ein. Kontrollieren Sie so die Änderung im Bild.

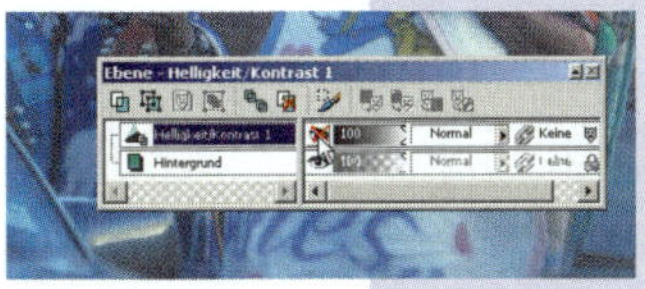

In der Ebenenpalette schalten Sie die Sichtbarkeit der Ebene aus, um die Änderung zu kontrollieren.

Einige Bildstellen sind durch den Filter etwas zu dunkel, etwa das Gesicht des linken Straßenverkäufers. Sie bearbeiten Sie eine Anpassungsebene wie jede andere Ebene auch: Wählen Sie in der **Werkzeugleiste** ein Malwerkzeug, etwa den **Pinsel**, das siebte Werkzeug von oben.

In der Materialpalette sehen Sie lediglich Graustufen. Die Graustufen geben den Grad der Korrektur an: Haben Sie den Filter auf das gesamte Bild angewandt, ist es vollständig mit weißen Pixeln bedeckt. Haben Sie jedoch zuvor eine Auswahl getroffen, sind die Bereiche, die außerhalb der Auswahl liegen, schwarz - auf diese Bildstellen hat sich der Filter nicht ausgewirkt. Malen Sie mit einem Grauwert in die Anpassungsebene, wirkt sich der Filter an dieser Stelle „transparent“ aus. Je dunkler das Grau, desto stärker wirkt der Filter.
Um beim Malen die Maske zu sehen, schalten Sie zunächst das **Overlay** ein. Das Overlay ist eine, zu einem gewissen Teil transparente gefärbte Schicht, die die Auswirkung der Anpassungsebene anzeigt. Wählen Sie **Ebenen > Overlay anzeigen**.

Anpassungsebenen:
Mit Anpassungsebenen können Sie genauso wie mit Raster- oder Vektorebenen arbeiten. So können Sie die Deckfähigkeit stufenlos verändern. Schieben Sie hierzu den Regler rechts neben dem Auge nach links um sie zu verringern, nach rechts um sie zu erhöhen.
Verschiedene Effekte erzielen Sie indem Sie der Korrekturebene einen anderen Modus zuweisen.

Overlay bearbeiten
Sie können dem Overlay einen anderen Farbwert zuweisen oder die Deckkraft verändern. So passen Sie das Overlay entweder bereits beim Erstellen der Anpassungsebene im Register Overlay an oder verändern es nachträglich im Fenster Ebeneneigenschaften. Öffnen Sie das Fenster mit einem Doppelklick auf die Anpassungsebene in der Ebenenpalette. Wählen Sie das Register Overlay. Mit einem Klick auf das Farbfeld öffnen Sie das Fenster Farbe. Wählen Sie hier einen neuen Farbwert und bestätigen mit OK. Weisen Sie der Deckkraft einen Wert zwischen 0 und 100 zu.

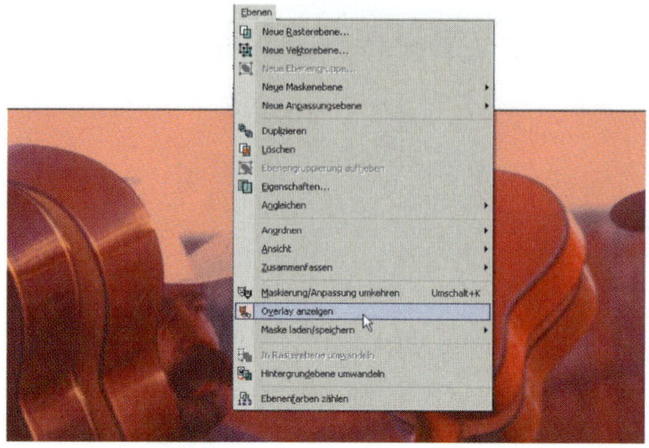

*Zeigen Sie das Overlay an, um die Anpassungsebene mit dem Pinsel gezielt zu bearbeiten. Mit einem weiteren Klick auf **Overlay anzeigen** schalten Sie das Overlay wieder aus.*

Stellen Sie in den Werkzeugoptionen einen geringen Wert bei Härte ein, um einen weichen Übergang zwischen starker und schwacher Filteranwendung zu malen. Möchten Sie einen scharf abgegrenzten Teil des Bildes bearbeiten, wählen Sie einen höheren Härte-Wert. Zoomen Sie an die Stelle heran, an der Sie die Wirkung des Filters abschwächen wollen. Malen Sie in einem dunkleren Grau, um die Filterwirkung stärker abzuschwächen, in einem helleren um sie nur wenig zu löschen. Mit Schwarz löschen Sie die Filterwirkung ganz. An diesen Stellen ist der originale Zustand des Bildes zu sehen.

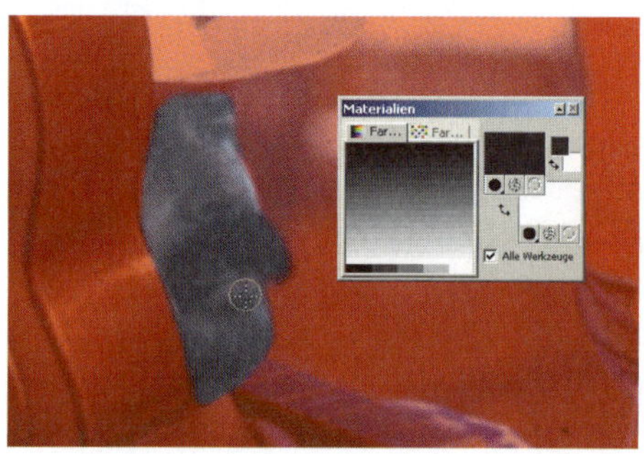

Im Bereich des Kopfes haben wir mit Schwarz die Filterwirkung gelöscht.

Legen Sie eine weitere Anpassungsebene auf das Bild. Wählen Sie **Ebenen > Neue Anpassungsebene > Farbton/Sättigung/Helligkeit**. Ändern Sie die Werte bei **Sättigung** und **Helligkeit**.
In der Ebenenpalette befinden sich neben der Rasterebene des Fotos zwei Anpassungsebenen. Verschieben Sie eine Anpassungsebene indem Sie sie mit gedrückter linker Maustaste über oder unter die andere ziehen um die unterschiedliche Wirkung zu überprüfen.

Artefakte beseitigen

Artefakte, kleine, oft quadratische Bildfehler, entstehen bei der Komprimierung von Bildern. Je stärker die Komprimierung desto häufiger treten diese Fehler auf. Aber auch bei der Bearbeitung von Bildern können Artefakte entstehen: So kann etwa zu starkes Schärfen die Kanten weiß hervorheben.

Typische Artefakte bei Bildern sind:

* **Unsaubere Abstufungen bei Farbverläufen**; entstehen oft durch verlustbehaftete Komprimierung, etwa bei JPEGs
* **Bildkachelung**; entsteht durch den JPEG-Algorithmus
* **Störende Pixel**; bei kontrastreichen Stellen
* **Helle Kanten**; bei zu starkem Scharfzeichnen

Artefakte verhindern

Bilder für's Web speichern Sie in der Regel als **JPEG** (**JPEG** ist die Abkürzung für **J**oint **P**hotographic **E**xperts **G**roup). Das Format ist ein verlustbehaftetes Kompressionsverfahren für Bilder. So wird die Größe der Datei bei der Komprimierung durch das Aussondern von Daten reduziert. Je höher der Komprimierungswert, desto kleiner ist die Datei - allerdings müssen Sie bei einer hohen Kompression auch mit mehr Artefakten rechnen.

Mehr zur JPEG-Komprimierung und welches Unterformat sich wann empfiehlt, erfahren Sie im Kapitel Web-Optimierung.

Möchten Sie bei einem JPEG den Komprimierungswert einstellen, wählen Sie **Datei > Exportieren > JPEG-Optimierung**.

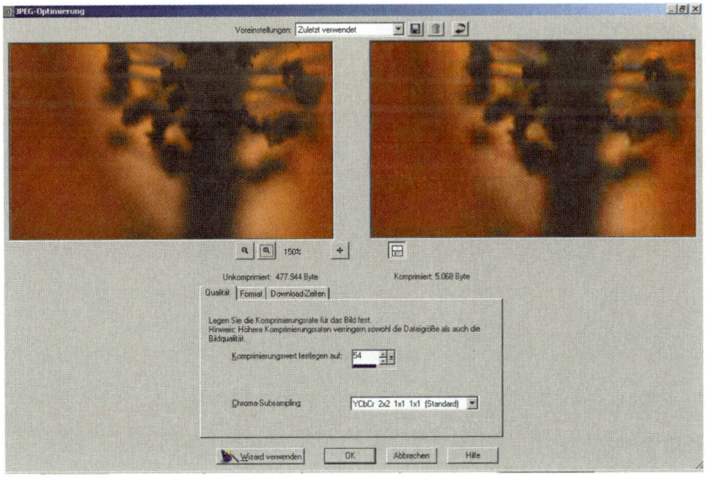

*Die **JPEG-Optimierung** legen Sie im Fenster Komprimierungswert fest.*

Helle Kanten:
Vermeiden Sie generell zu starkes Schärfen um hellen Kanten vorzubeugen. Arbeiten Sie nur in Ausnahmefällen mit den Filtern Scharfzeichnen oder Stark scharfzeichnen unter Anpassen > Bildschärfe. Greifen Sie lieber auf den Filter Unscharf maskieren zurück. Im gleichnahmigen Dialog regeln sie hier mit den Parametern Radius, Stärke und Differenzwert gezielt die Filterstärke und kontrollieren das Ergebnis im Vorschaufenster.

Haben Sie Bildmaterial mit hellen Kanten, weichen Sie diese zunächst mit einem Weichzeichner auf. Die Kanten schärfen Sie mit Filter Unscharf maskieren nach. Rechnen Sie, wenn möglich das Bild zum Schluss auf eine kleinere Größe herunter.

Tipp:
Bearbeiten Sie mehrmals ein Bild im JPEG-Format, kann es zu stärkeren Artefakten kommen wenn Sie das Dokument zwischendurch speichern. Um diesen Effekt zu vermeiden, speichern Sie es während der Bearbeitung in einem verlustfreien Format wie TIFF.

Tipp:
Bei manchen Bildern können Sie Artefakte ebenfalls mit dem Filter Manuell weichzeichnen entfernen. Damit kein Lichtschein um die Kanten im Bild entsteht, wählen Sie links unter Korona für Grad, Koronagröße und Koronasichtbarkeit den Wert 0.

Bei leichten Artefakten eignen sich ebenfalls die Filter Weichzeichnen und Stark weichzeichnen. Alle Weichzeichner finden Sie unter Anpassen > Weichzeichnen.

Besonders elegant lösen Sie das Problem der Komprimierung, indem Sie den **Wizard** verwenden. Dieser kleine „Zauberer" führt Sie schrittweise durch die einzelnen Schritte beim Erstellen des JPEGs. So legen Sie zunächst den Komprimierungswert fest, dann das Chroma-Subsampling. Zu den einzelnen Schritten werden Ihnen kurze Erklärungen angezeigt. Auf der letzten Seite sehen Sie das Ergebnis mit der dazugehörigen Dateigröße. Sind Sie zufrieden, klicken Sie auf **Fertig stellen**. Wenn nicht: Mit einem Klick auf **Zurück** können Sie die Werte erneut anpassen.

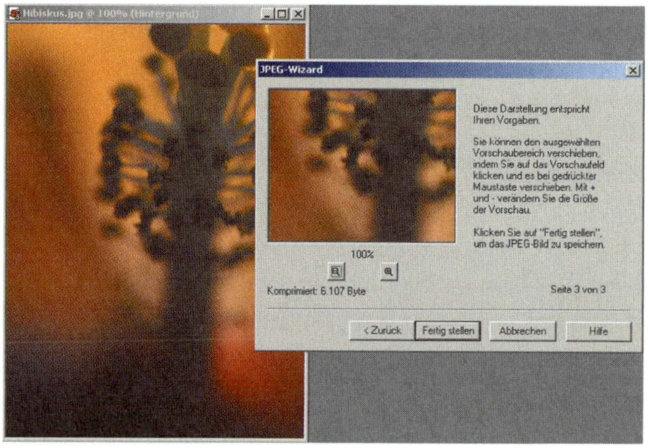

*Der **Wizard** erläutert die einzelnen Schritte bei der Komprimierung.*

Haben Sie ein Bild, das bereits Artefakte aufweist, bietet Paint Shop Pro einen Filter, um sie zu entfernen. Wählen Sie **Anpassen > Bildrauschen hinzufügen/entfernen > JPEG-Artefakte entfernen**.

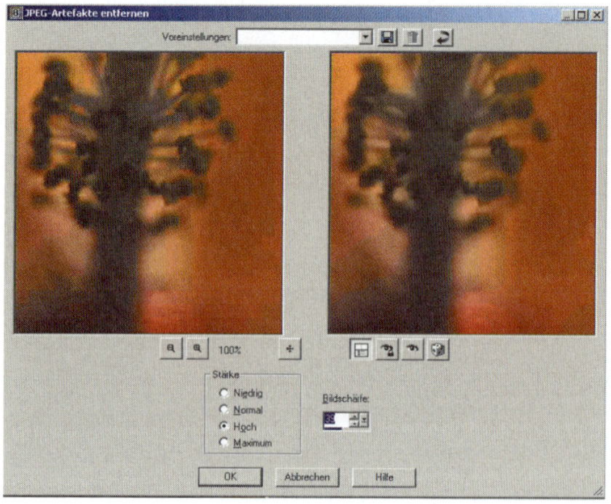

*Mit dem Filter **JPEG-Artefakte entfernen** verwischen Sie die störenden Bildfehler.*

Weichzeichnen

Weichzeichnen ist bereits vor über hundert Jahren in der Fotografie eine beliebte Methode gewesen, bestimmte Details auf Fotos zu verändern. Das Ziel dabei war schon immer, gewisse Dinge zu verbergen: So fallen bei weich gezeichneten Bildern oder Bildteilen störende Details, etwa Hautunreinheiten bei Porträts, nicht mehr so stark ins Auge. Zudem können Sie durchs Weichzeichnen Ihren Bilder einen romantischen Look verpassen.
Einen Filter zum Weichzeichnen können Sie auch gegen Bildrauschen einsetzen. Wenden Sie jedoch den Filter auf das gesamte Bild an, verschwindet zwar weitgehend das Bildrauschen – jedoch teilweise, trotz eingebautem Kantenschutz, auch die Bildkanten.

Eine bessere Methode ist es, gezielt einzelne Bereiche weich zu zeichnen. So können Sie den Weichzeichner anwenden auf:
* eine Auswahl oder
* einen Kanal.

Arbeiten Sie an einer Auswahl, gilt es Folgendes zu beachten:
* Ungeeignet sind Bilder mit starker Körnung. Sobald Sie einen Bildausschnitt weich zeichnen, glätten Sie nicht nur die Fehler, sondern auch die Körnung im gewählten Bildbereich. So hat die bearbeitete Auswahl eine andere Struktur als das restliche Bild. Um dieses Problem zu vermeiden, gibt es zwei Möglichkeiten:
o Nachträglich der Auswahl eine Körnung hinzufügen. Wählen Sie nach dem Weichzeichnen **Anpassen > Bildrauschen hinzufügen/entfernen > Bildrauschen hinzufügen**.
o Das Bild vorher vom Bildrauschen befreien. Wählen Sie hierzu einen der oben beschriebenen Filter unter **Anpassen > Bildrauschen hinzufügen/entfernen**.

Im blauen Hemd des Mädchens haben wir den oberen Teil weich gezeichnet. Da das Foto eine starke Körnung aufweist, hebt sich der bearbeitete Bereich störend vom Rest des Bildes ab.

ASA:
Die Stärke der Körnung in einem analog aufgenommenen Bild ist abhängig von der Empfindlichkeit des Filmes: So ist die Körnung im Bild bei einem empfindlicheren Film größer als bei einem unempfindlicheren. Die Empfindlichkeit wird in ASA (American Standard Association) gemessen. Fotos, die Sie mit einem geringen ASA-Wert von etwa 50 aufnehmen, weisen kaum Körnung auf. Versuchen Sie jedoch ohne Blitz Ihre(n) Liebste(n) im Schummerlicht mit einem geringen ASA-Wert aufzunehmen, werden Sie kaum brauchbares Material erhalten – je niedriger der ASA-Wert, desto helleres Licht erfordert die Aufnahme.
Verwenden Sie hingegen in einem dunkleren Raum einen Film mit dem ASA Wert von 400, können Sie auch ohne Blitz gute Ergebnisse erzielen, müssen allerdings eine grobere Körnung in Kauf nehmen.

Tipp:
Um die Bildkanten zu schonen, wenden Sie einen Weichzeichner nur im Notfall auf das gesamte Bild an.

* Sorgen Sie vor dem Anwenden des Weichzeichners für eine weiche Auswahlkante! Harte Übergänge zeigen nur allzu deutlich den Unterschied zwischen bearbeiteten und unbearbeiteten Stellen. Wählen Sie **Auswahl > Ändern > Randschärfe** und geben der **Pixelanzahl** einen Wert, der die Ränder deutlich verschwimmen lässt.

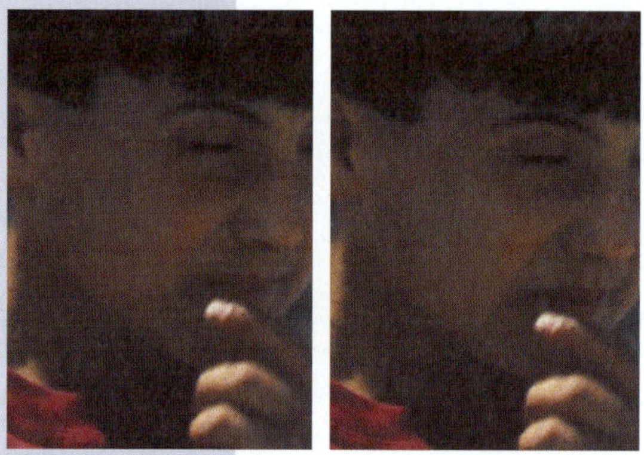

Eine Auswahl der Kinder-Backe ist weichgezeichnet: Im linken Bild ist die Auswahlkante pixelgenau, im rechten Bild ist die Randschärfe stark verringert.

Korona steuern:
Mit einem zusätzlichen Lichteffekt können Sie den Korona-Effekt beeinflussen. Wählen Sie unter Effekte > Lichteffekte die Lichter. Richten Sie die fünf Lichtquellen auf die Bildstellen aus, die Sie ins Rampenlicht setzen möchten.

* Wählen Sie zum Weichzeichnen einer Auswahl entweder **Anpassen > Weichzeichnen > Manuell weichzeichnen** oder besser noch unter **Anpassen > Bildunschärfe > Gaußscher Weichzeichner**. Die Filter **Weichzeichnen** und **Stark weichzeichnen** unter **Anpassen > Weichzeichnen** können Sie in der Stärke nicht einstellen. Wählen Sie deshalb **Anpassen > Weichzeichnen > Manuell weichzeichnen**. Nur so können Sie den Grad des Weichzeichnens exakt bestimmen.

Romantische Effekte

Mit dem Filter **Manuell weichzeichnen** zeichnen Sie das Bild weich und erhalten die Bildkanten. Unter **Unschärfe** bestimmen Sie die Stärke der Unschärfe, die Kanten erhalten Sie mit einem hohen Wert bei **Kantenschärfe**. Niedrige Werte lassen ebenfalls die Kanten verschwimmen.

Neben den Funktionen zum Weichzeichnen bietet der Filter zusätzliche Parameter, mit denen Sie Bildern eine Korona hinzufügen und sie in ein romantisches Licht tauchen. Ist die Option **Streulicht** aktiviert, werden die hellen Hintergrundbereiche ebenfalls weich gezeichnet. Unter **Grad** legen Sie fest, wie hell die Bereiche sein müssen, um mit der Korona umgeben zu sein. Die **Koronagröße** bestimmt die Größe der Korona. So dehnt sich der Lichtschein bei höheren Werten stärker aus. Wie stark die Korona zu sehen ist, regeln Sie mit der **Koronasichtbarkeit**.

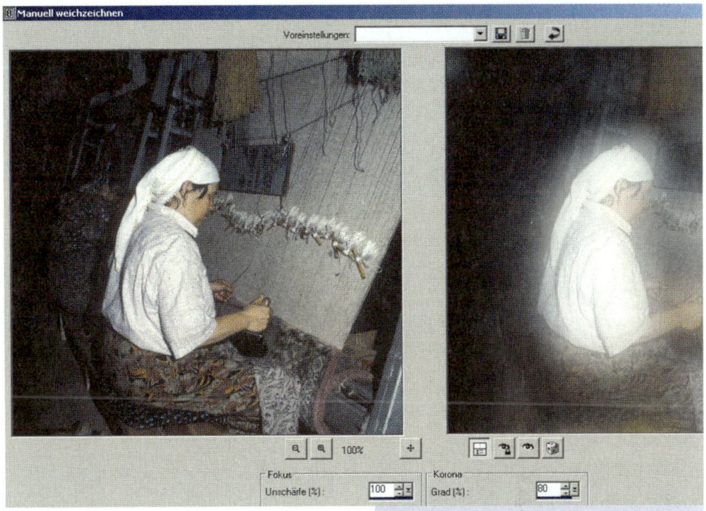

Ein romantisches Licht erzeugen Sie mit dem Koronaeffekt.

Übung: Kanalarbeiten

Oft sind Störungen wie Bildrauschen nicht auf alle Kanäle gleich verteilt. So weist bei vielen Bildern der Blaukanal die meisten Störungen auf. Indem Sie nur den betroffenen Kanal bearbeiten, erhalten Sie weitgehend die Konturen und schonen so das Bild.
In der folgenden Übung reparieren Sie die Bildfehler des Fotos **Honduras** in den einzelnen Kanälen.
Um einen Kanal einzeln zu bearbeiten, trennen Sie zunächst die Kanäle. Wählen Sie **Kanäle trennen > RGB-Trennung**. Paint Shop Pro fertigt drei neue Bilddokumente an, für jeden Kanal eines.

Tipp:
Setzen Sie beim Filter Manuell weichzeichnen alle Werte unter Korona auf 0, damit kein weißer Bildschimmer um die hellen Bildbereiche entsteht.

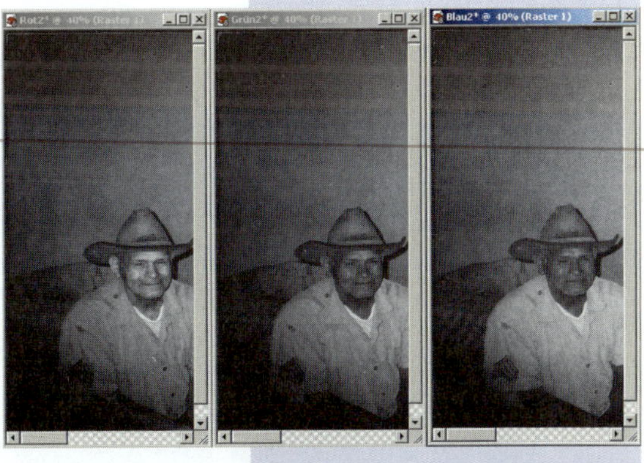

Nach der Trennung der Kanäle zeigt der Blau-Kanal die deutlichsten Störungen.

Bearbeiten Sie zuerst den Kanal **Blau**:
* Wählen Sie **Anpassen > Weichzeichnen > Manuell weichzeichnen**. Schieben Sie unter **Korona** alle Regler auf **0**, damit um helle Bildbereiche kein Koronaeffekt entsteht. Deaktivieren Sie die

Tipp:
Am besten kommt der Weichzeichnen-Effekt zur Wirkung, wenn nur die Person oder der Gegenstand, der sich im Vordergrund befindet, mit dem Lichtschein umgeben ist. Befinden sich im Hintergrund des Bildes Gegenstände, dunkeln Sie diese ab oder wenden Sie den Effekt nur auf die Auswahl des zu beleuchtenden Gegenstandes an. Deaktivieren Sie in diesem Fall die Option Streulicht!

Option **Streulicht hinzufügen**. Diese Option **Streulicht hinzufügen** senkt bei Schwarz/Weiß Bildern den Kontrast!
* Ist das Bildrauschen immer noch vorhanden, schärfen Sie nach. Wählen Sie entweder die Funktion **Weichzeichnen** oder bei Bildern in besonders schlechter Qualität die Funktion **Stark weichzeichnen**.

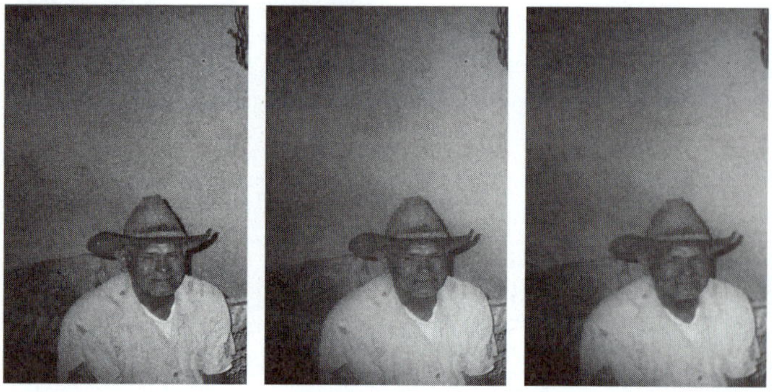

Von links nach rechts: Der unbearbeitete Blau-Kanal, der Kanal nach dem manuellen Weichzeichnen, zum Schluss die Funktion ***Stark weichzeichnen****.*

Entfernen Sie aus den Kanälen **Grün** und **Rot** die Fehler. Wählen Sie etwa unter **Anpassen > Bildrauschen hinzufügen/entfernen > Rauschunterdrückung**.
Lassen Sie die einzelnen Bilder geöffnet.
Fügen Sie die Kanäle wieder zusammen. Wählen Sie **Bild > Kanäle kombinieren > RGB-Kombination**.

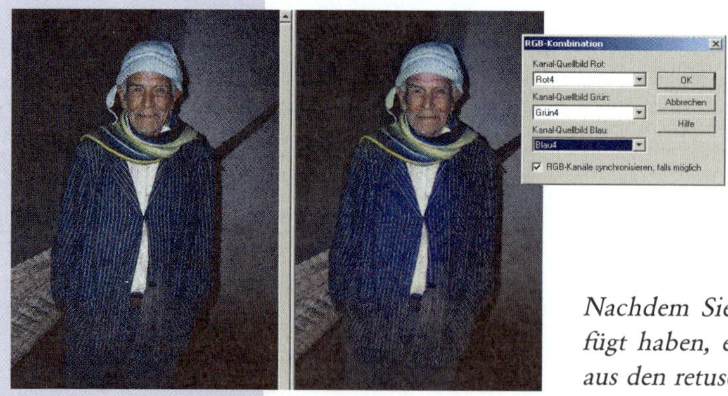

Nachdem Sie die Kanäle zusammengefügt haben, erhalten Sie ein neues Bild aus den retuschierten Kanälen.

Weichzeichner ohne Kantenschutz

Ebenfalls im Menü **Anpassen** unter **Bildunschärfe** finden Sie weitere Weichzeichner, die jedoch auch die Kanten aufweichen. Folgende Unschärfe-Effekte stehen Ihnen zur Verfügung:

* Die Filter **Durchschnitt**, **Bildschärfe verringern** oder **Bildschärfe stark verringern** eignen sich zur Bearbeitung, wenn Sie das Bild stärker weichzeichnen wollen als es mit einem der drei Effekte unter **Weichzeichnen** möglich ist und Sie die Kanten nicht schützen müssen.

* Mit dem **Gaußschen Weichzeichner** fügen Sie etwa in einem gestochen scharfen Foto auf eine Auswahl nachträglich Tiefenunschärfe ein. Der **Gaußsche Weichzeichner** arbeitet nach dem Prinzip der glockenförmigen gaußschen Normalverteilung: Nebeneinanderliegende Pixel werden schrittweise überblendet. Im Fenster **Gaußscher Weichzeichner** geben Sie dem Radius einen Wert zwischen **0** und **100**. Je größer der Wert, desto unschärfer wird das Bild.

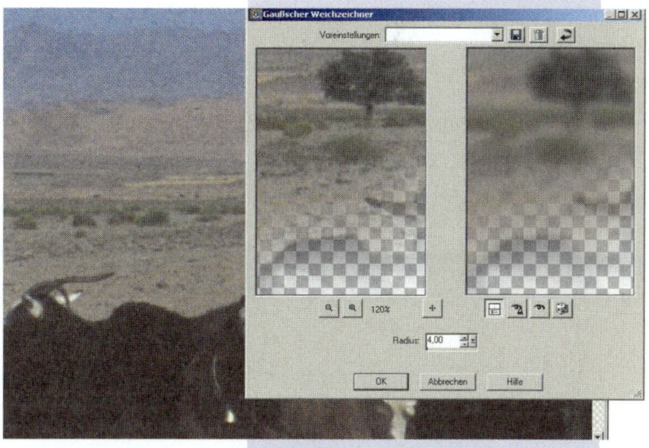

*Mit dem **Gaußschen Weichzeichner** fügen Sie dem Bild Tiefenunschärfe hinzu.*

* Der Effekt **Bewegungsunschärfe** zieht die Pixel entlang eines Winkels unscharf. Sie simulieren so eine Aufnahme von einem sich bewegenden Gegenstand, der mit einer kurzen Belichtungszeit aufgenommen wurde.

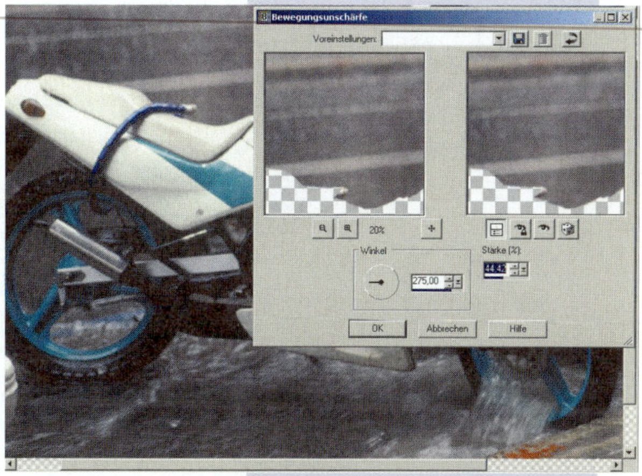

*Schnelle Motorräder oder die am Fenster vorbeiziehende Landschaft im Zug simulieren Sie mit dem Filter **Bewegungsunschärfe**.*

Richtig nachschärfen

Haben Sie bereits das Bildrauschen entfernt und kleinere Bildstörungen mit einem Filter beseitigt, ist am Schluss der Bildbearbeitung fast immer das Schärfen des Bildes nötig.

Zum Schärfen der Bilder stehen Ihnen drei Filter zur Verfügung: So finden Sie zunächst unter **Anpassen > Helligkeit/Kontrast** die **Schärfekorrektur**. Im Fenster **Schärfekorrektur** stellen Sie die Stärke des Effektes auf der Skala von **1** bis **5** ein und vergleichen das Ergebnis mit dem Original. Sie schärfen jedoch Kanten und die restlichen Bild-Unreinheiten im gleichen Maß. So eignet sich der Filter nur für Bilder, die nur noch den letzten Schliff brauchen und sonst keine Mängel mehr aufweisen. Alte Fotos, schlechte Scans und schon stark bearbeitete Bilder benötigen ein etwas feinfühligeres und vielseitigeres Schärfe-Tool.

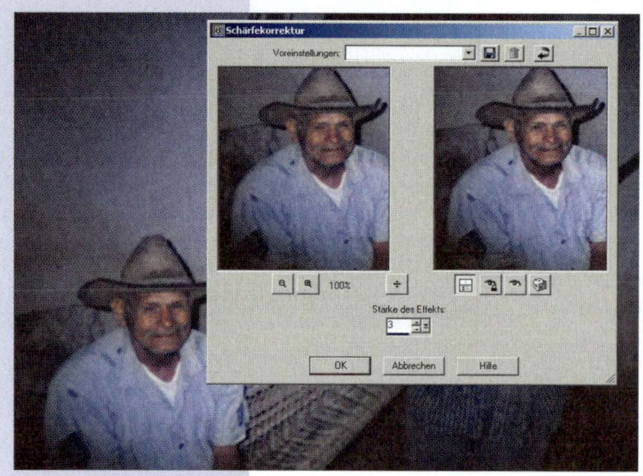

*Mit der **Schärfekorrektur** verpassen Sie Ihren Bildern den letzten Schliff.*

Sie erhalten zudem im Menü **Anpassen** unter **Bildschärfe** weitere Tools: Hier finden Sie zunächst die Filter **Scharfzeichnen** und **Stark scharfzeichnen**. Beide Filter arbeiten genauso wie die **Schärfekorrektur**, sind jedoch nicht einzustellen.

Bleibt der Filter **Unscharf maskieren**: Der Filter simuliert ein Verfahren, das aus der Reprotechnik stammt. Eine noch unschärfere Kopie des Bildes wurde mit dem unscharfen Bild kombiniert. Durch diesen Vorgang haben sich die Konturen überhöht, sind also geschärft worden. **Unscharf maskieren** ändert die Farb- und Helligkeitswerte abhängig von den umliegenden Pixeln und verstärkt somit den Kontrast an den Kanten.

Zum Einstellen des Effektes bietet Ihnen der Filter drei Parameter:

* **Radius**: Der Parameter definiert die Anzahl der Pixel um die Kanten, die verändert werden. Der optimale Wert hängt von der

Größe und der Auflösung des Bildes ab. Hoch auflösende Bilder vertragen einen höheren Wert. Generell sollten Sie jedoch einen möglichst niedrigen Wert wählen, um die glatten Flächen zu schützen. Achtung: Zu hohe Werte verursachen Artefakte!

* **Stärke**: Dieser Parameter bestimmt, wie stark der Schärfe-Effekt angewendet wird.
* **Differenzwert**: Der Differenzwert bestimmt den Unterschied der Helligkeit zwischen den aneinander grenzenden Pixeln, die angepasst werden. Je kleiner der **Differenzwert**, desto größer ist die geschärfte Fläche.

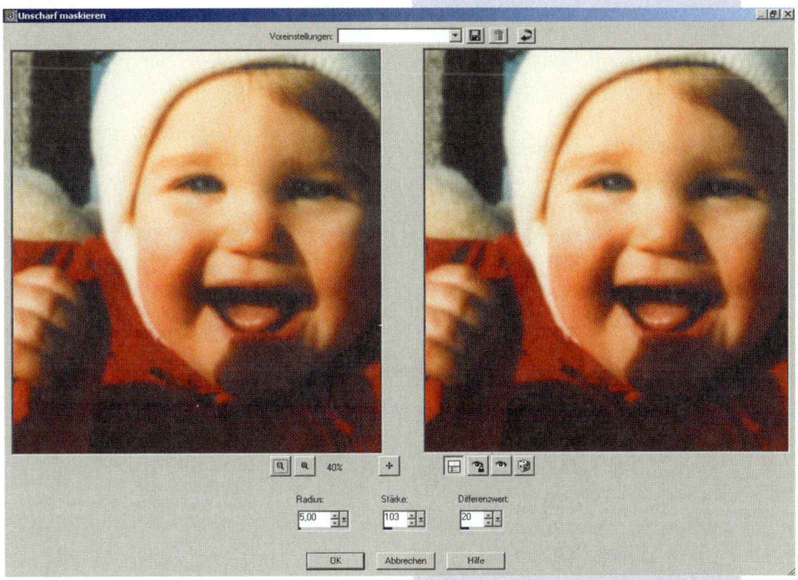

*Mit dem Effekt **Unscharf maskieren** schärfen Sie die Kanten.*

Schärfen mit Maske

Wer kennt das Problem beim Schärfen nicht: Ein entsprechend hoher Wert schärft die Kanten ideal, verursacht jedoch bei den glatten Flächen unschöne Effekte. So bekommt etwa auf dem Urlaubsbild die Tochter bei 45 Grad im Schatten eine unglaubwürdige Gänsehaut oder der kaum sichtbare Pickel im Gesicht wird plötzlich zum Blickfang. Umgehen Sie dieses Problem, indem Sie die Schärfe-Korrektur lediglich auf eine Auswahl anwenden.

Im folgenden Beispiel wenden wir verschiedene Effekte und Filter auf einen Kanal des Bildes an, um ihn dann als Maske für die Schärfe-Korrektur einzusetzen.

Eine Maske besteht aus einem Graustufenbild und legt fest, welche Bildbereiche maskiert (also geschützt) sind und welche nicht. Je heller der Gauwert, desto schwächer ist das Bild an dieser Stelle maskiert, schwarze Pixel maskieren den Bildbereich vollständig. Indem Sie die Maske zu einer Auswahl umwandeln, können Sie gezielt nur die gewählten Bildbereiche bearbeiten.

Unscharfe Bilder scannen

Manche Scan-Software bietet bereits gute Funktionen zum Schärfen. Nutzen Sie diese, um Qualitätsverlusten vorzubeugen!
Denn: Schärfen Sie am PC, reduzieren Sie bei jedem Korrekturschritt die Bildinformationen, da die Schärfe-Funktionen Farbnuancen entfernen und die verbleibenden Farbwerte (auseinander) dehnen. Die Folge sind hässliche Farbsprünge, besonders in feinen Verläufen. Schärfen Sie bereits beim Scannen, bleibt der gesamte Farbumfang erhalten.
Scannen Sie unscharfe Bilder in einer möglichst großen Farbtiefe. Je mehr Farben Sie beim Bearbeiten zur Verfügung haben, desto weniger fallen später Korrekturen auf.
Scannen Sie die Bilder immer größer als voraussichtlich notwendig. Faustregel: 30 Prozent mehr Pixel als Sie vermutlich benötigen. Vergrößerungen in Paint Shop Pro bis ungefähr 25 Prozent sind in der Regel ohne sichtbaren Qualitätsverlust möglich.

1. Als Grundlage für die Maske dient der Kanal des Bildes, der die meisten Details zeigt. Wählen Sie **Bild > Kanäle trennen**. Probieren Sie neben der **RGB-Trennung** auch die **CMYK-Trennung** oder die **HSL-Trennung**. Bei unterschiedlichen Bildern finden Sie oft den Detailreichtum in verschiedenen Kanälen. In unserem Beispielbild wählen wir den Kanal **Grün**.

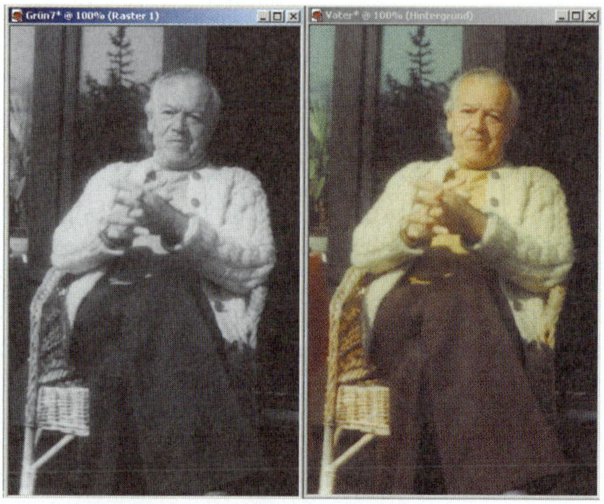

*Der Kanal **Grün** dient als Masken-Grundlage.*

2. Damit die Kanten deutlicher erscheinen, erhöhen Sie zunächst den Kontrast. Der Kontrast in den einzelnen Bereichen ist am besten zu justieren über **Anpassen > Helligkeit und Kontrast > Lichter/Mitteltöne/Schatten**.

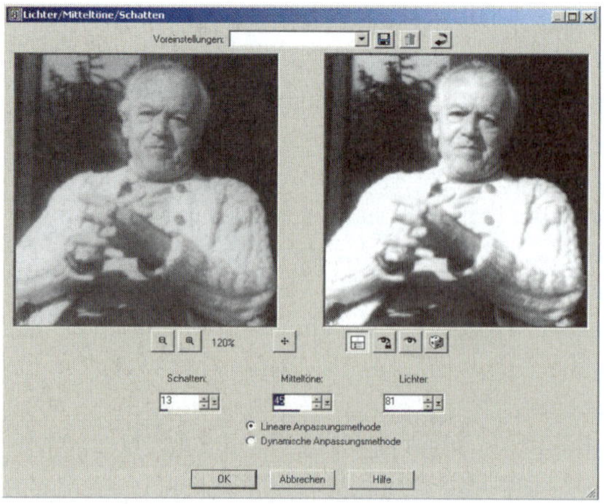

*Mit dem Filter **Lichter/Mitteltöne/Schatten** erhöhen Sie den Kontrast des Kanals.*

3. Überzeichnen Sie die Kanten. Wählen Sie **Effekte > Kunsteffekte > Kanten kolorieren**. Wählen Sie die Werte bei **Helligkeit**, **Unschärfe** und **Intensität** so, dass die einfarbigen Bildstellen ohne Konturen bleiben, an den Rändern hingegen dicke Kanten entstehen.

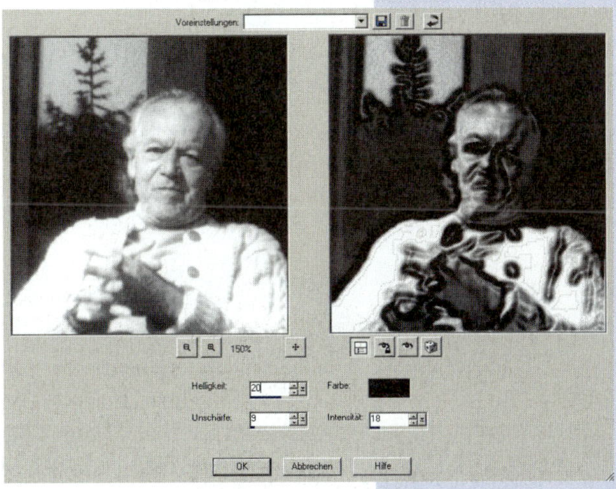

*Der Effekt **Kanten kolorieren** schafft prägnante und weiche Kanten.*

4. Um lediglich die Kanten hell zu färben, wählen Sie unter **Effekte > Kanteneffekte > Alle Kanten suchen**. Zeichnen Sie das Ergebnis weich. Verwenden Sie hierfür den **Gaußschen Weichzeichner** unter **Anpassen > Bildunschärfe**. Wählen Sie bei **Radius** einen Wert von **2**. Um die Kanten nicht zu maskieren, müssen diese weiß sein. Unter **Anpassen > Farbbalance > Schwarz- und Weißpunkt** ändern Sie das Grau der Kanten in Weiß um.

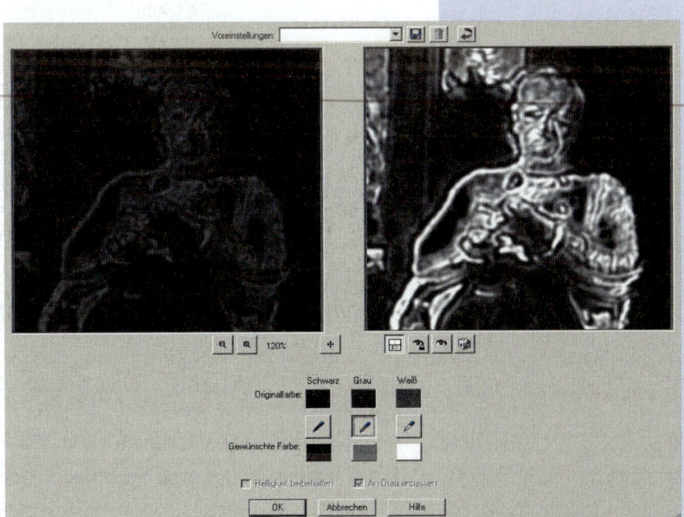

*Mit dem **Schwarz- und Weißpunkt** hellen Sie die Kanten auf.*

Tipp:
Duplizieren Sie die Hintergrundebene und arbeiten Sie am Duplikat! Um eine Ebene zu duplizieren, klicken Sie in der Ebenenpalette auf die fünfte Schaltfläche von links, Ebene duplizieren.

5. Um das Maskenbild fertig zu stellen, zeichnen Sie das Bild noch einmal mit dem **Gaußschen Weichzeichner** weich, diesmal mit einem Wert von **3**.

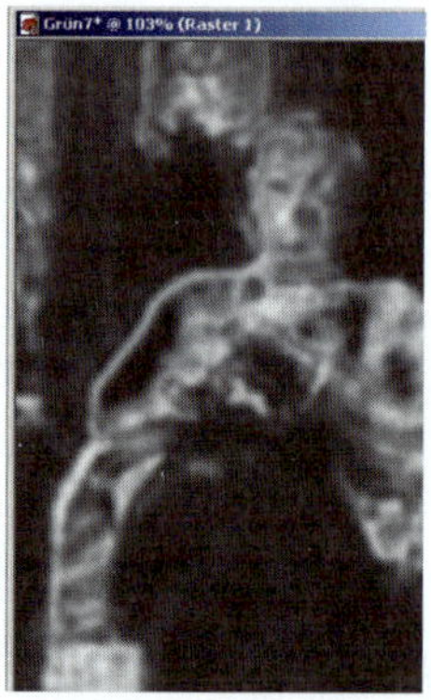

Die fertige Maske nach dem Weichzeichnen.

6. Laden Sie den bearbeiteten Kanal als Maske in das Original-Bild. Öffnen Sie dazu beide Bilder, das Original und den Kanal. Aktivieren Sie das Original. Wählen Sie im Menü **Ebenen Neue Maske > Aus Bild**. Arbeiten Sie mit der Ebene **Hintergrund**, fordert Sie ein Dialog dazu auf, das Bild (**Ziel**) in eine normale Ebene umzuwandeln. Bestätigen Sie mit **OK**. Im Fenster **Maske aus Bild hinzufügen** sehen Sie im Klappmenü **Quellfenster** alle geöffneten Bilddateien. Wählen Sie den bearbeiteten Kanal.

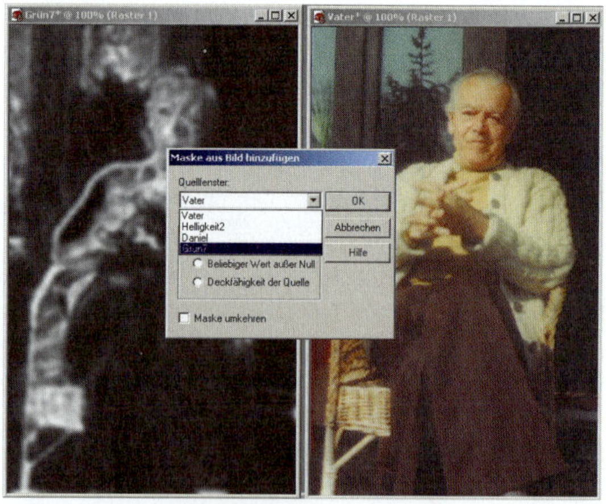

Maskiert: Sie haben den bearbeiteten Kanal dem Original als Maske hinzugefügt.

7. Um die nicht maskierten Bereiche zu bearbeiten, wählen Sie **Auswahl > Aus Maske** (Tastenkürzel: **Strg + Umschalt + 5**). Blenden Sie unter **Auswahl > Laufrahmen ausblenden** den Laufrahmen aus, damit Sie eine bessere Kontrolle über die Korrekturen haben. Aktivieren Sie zum Schärfen die Ebene unter der Maske.

Arbeiten Sie nicht auf der Maske, sondern auf der Rasterebene darunter.

8. Da Sie bereits mit der Auswahl die flächigen Bereiche schützen, schärfen Sie die Kanten mit dem Filter **Schärfekorrektur** unter **Anpassen > Helligkeit und Kontrast**.

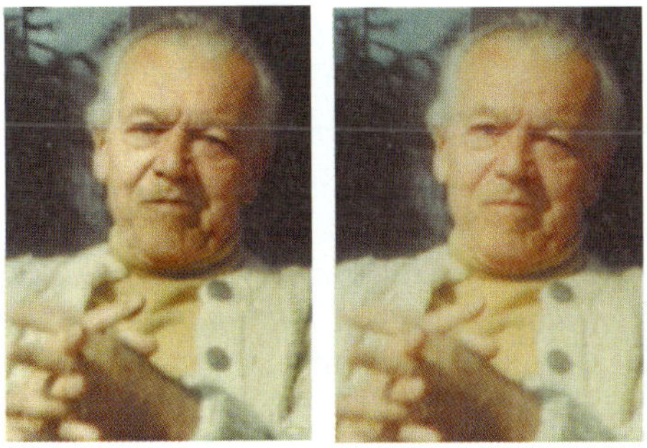

Links das Ergebnis nach dem sanften Schärfen der Konturen, rechts das Original.

Kampf dem Moiré

Oft entstehen beim Scannen von gedruckten Bildern unerwünschte Muster, genannt Moiré. Derartige ungewollte Strukturen entstehen durch die Rasterstruktur des Bildes und einer Überlagerung der Eingabeauflösung.

Auf dem gescannten Ausschnitt eines Buches ist der Moiré-Effekt zu sehen. In der Vergrößerung erkennen Sie deutlich die Überlagerung der einzelnen Rasterpunkte.

Tipp

Wenden Sie den Filter Rauschen entfernen mit Kantenschutz statt einmal mit hohen Werten lieber mehrmals hintereinander mit kleinen Werten an! Denn: Größere Werte greifen das Bildmaterial mehr an als kleinere Werte, mehrmals hintereinander angewandt. Dieser Tipp gilt grundsätzlich für alle Filter.

Manche Scan-Software bietet eine Entrasterungsfunktion an. So lösen einige Scanner die Rasterstruktur mit einem elektronischen Schleierfilter auf, andere lesen die Vorlage unscharf ein. Scanner gehobenerer Preisklasse mit hochwertiger Scansoftware wie SilverFast ermöglichen es, genaue Einstellungen der Rasterweite der Vorlagen vorzunehmen.

Oft jedoch arbeitet die Software ungenau oder es fehlt eine Funktion zum Entrastern. Mit einer Kombination von mehreren Filtern können Sie derart gemusterte Bilder dennoch retten. Anhand des oben abgebildeten Scans zeigen wir Ihnen, wie Sie dem Moiré den Kampf erklären.

1. Glätten Sie zunächst das Bild. Wählen Sie **Anpassen > Bildrauschen hinzufügen/entfernen > Rauschen entfernen mit Kantenschutz**. Der Filter erkennt die Bildkanten, schützt sie und verringert den Kontrast ähnlicher Pixel. Wählen Sie einen sehr kleinen Wert für den **Korrekturgrad**. Höhere Werte glätten zwar das Moiré, zerstören jedoch auch andere Bildinformationen.

*Mit dem Filter **Rauschen entfernen mit Kantenschutz** weichen Sie das Moiré auf.*

2. Oft liefern die einzelnen Effekte gegen Bildrauschen bei verschiedenen Bildern sehr unterschiedliche Ergebnisse. Da jeder Filter etwas anders arbeitet, ist es ratsam, mehrere Filter auszuprobieren. Eventuell erzielen Sie das beste Ergebnis mit einer Kombination. Doch Vorsicht: Jeder Bearbeitungsschritt verringert die Bildqualität, besonders bei hohen Werten! Verwenden Sie daher für Korrekturen grundsätzlich eine eigene, zusätzliche Ebene, die Sie teilweise transparent stellen, um

Retusche durch Skalieren

Auch durch das Skalieren eines Bildes können Sie Bildrauschen oder Moiré abschwächen. Führen Sie zunächst am Original die verschiedenen Korrekturen durch. Zeichnen Sie das Bild etwas weich, um kleinste Bildstörungen ebenfalls zu reduzieren. Rechnen Sie es erst zum Schluss auf die benötigte Größe. Das Verkleinern verringert nicht nur flächige Bildunreinheiten, sondern hebt auch teilweise die Wirkung des Weichzeichners an den Kanten auf.

Skalieren Sie ein Bild nicht mit dem Verformungswerkzeug, da diese Methode häufig die Kanten wieder etwas verwischt. Geben Sie dem Bild über **Bild > Größe ändern** die richtige Auflösung.

Unter **Resampling mit** stehen Ihnen einige Möglichkeiten zur Verfügung. Die Qual der Wahl nimmt Ihnen der Typ **Smart Size** ab. Er wählt, abhängig von der neuen Größe, die richtige Methode.

Bilinear, Gewichteter Durchschnitt und **Bikubisch** sind verschiedene Schätzmethoden, die mit Hilfe einer Mittelwertberechnung die neuen Pixel berechnen. Wählen Sie für detailreiche Fotos **Bikubisch**.

Vermeiden Sie den Typ **Anpassung der Pixelgröße**. Er dupliziert bei einer einen Großteil der Bildinformationen zu retten. Beachten Sie hierzu die entsprechenden Hinweise im folgenden Kapitel.

3. Wir haben das Bild zusätzlich mit dem Median-Filter bearbeitet. Der **Median-Filter** vergleicht nebeneinanderliegende Pixel und gleicht ähnliche aneinander an. Wählen Sie **Anpassen > Bildrauschen hinzufügen/entfernen > Median-Filter**.

Vergrößerung oder entfernt beim Verkleinern die Pixel bis zur neuen Größe.

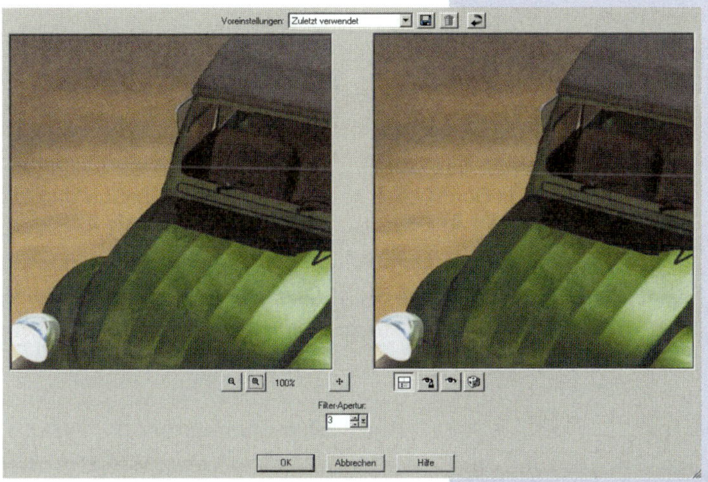

*Mit dem **Median-Filter** verschwindet das restliche Moiré weitgehend.*

4. Zeichnen Sie das Bild mit dem **Gaußschen Weichzeichner** unter **Anpassen > Bildunschärfe > Gaußscher Weichzeichner** leicht weich. Wählen Sie einen sehr niedrigen Wert, etwa **0,8** bei **Radius**. Geben Sie den Wert direkt als Zahl ein. Skalieren Sie das Bild kleiner. Wählen Sie **Bild > Größe ändern** (Tastenkombination **Umschalt + S**). Wählen Sie im Fenster **Größe ändern** die Werte, welche Sie benötigen. Lassen Sie für das **Resampling** die vorgegebene Einstellung **Bikubisch**. Diese Methode ist zwar die langsamste, aber auch die genaueste.

Links zeigt das Original ein deutliches Moiré. Im bearbeiteten Bild rechts konnten wir das Moiré erfolgreich bekämpfen.

Perspektive korrigieren

Die Perspektive (Lat. Perspicere, genau betrachten, durchschauen) täuscht einen dreidimensionalen Raum auf einer Fläche vor. Mathematisch gesehen ist ein Raum definiert durch drei Achsen: die Höhe, die Breite und die Tiefe. Eine Fläche hingegen basiert auf nur zwei Achsen, die Höhe und die Breite. Auf einer Fläche täuscht die dritte Achse durch Verzerrungen der Strecken, die in die Tiefe gehen, die Perspektive vor.

Perspektivische Verzerrungen sind besonders deutlich bei geraden, geometrischen Körpern zu sehen. Je größer die Entfernung des weitesten Punktes zum Betrachter ist, desto stärker ist die Verzerrung. So ist es kaum möglich, einen Wolkenkratzer mit hundert Stockwerken ohne perspektivische Verzerrungen zu fotografieren.

In Paint Shop Pro finden Sie ein Werkzeug, mit dem Sie perspektivische Verzerrungen einfach und professionell beheben.

Auf unserem Beispielbild, dem Inneren einer Moschee, sehen sie deutliche perspektivische Verzerrungen. Um diese Verzerrungen zu beheben, wählen Sie in der **Werkzeugleiste** das Werkzeug **Perspektivenkorrektur**. Es befindet sich an zweiter Stelle von oben, unter dem Werkzeug **Verformen**.

*Klicken Sie auf das Werkzeug **Perspektivenkorrektur**, erscheint ein dünner Rahmen mit Anfassern an jeder Ecke auf dem Bild.*

Fahren Sie mit dem Cursor (Mauszeiger) über den Rahmen und in dessen Mitte. Der Cursor wandelt sich zu einem Pfeilkreuz mit einem Trapez. Das Trapez über dem Pfeilkreuz kann drei verschiedene Symbole beinhalten:

* Ziehen Sie den Cursor in den Rahmen hinein, erscheint im Trapez ein kleines Kreuz: Sie verschieben den gesamten Rahmen.

* Ziehen Sie den Cursor auf eine Linie des Rahmens, ist das Trapez durch eine horizontale Linie geteilt: Sie verschieben eine horizontale oder vertikale Linie des Rahmens.

* Ziehen Sie den Cursor auf einen Anfasser, befindet sich unter dem Trapez ein gestricheltes Dreieck: Sie verschieben einen Punkt des Rahmens.

Suchen Sie im Bild zwei vertikale Kanten, die perspektivische Verzerrungen aufweisen. Ziehen Sie die Anfasser des Rahmens jeweils an das obere und das untere Ende der Bildkanten. Beachten Sie dabei die Höhe der Kanten: Je exakter Sie die gedachte Horizontale des Bildes in die Platzierung der Anfasser mit einbeziehen, desto genauer wird das Ergebnis. Haben Sie alle Anfasser platziert, wenden Sie die Perspektivänderung durch einen Doppelklick in das Bild an.
Bei den meisten Bildern ergeben sich unterschiedliche Möglichkeiten, den Rahmen aufzuziehen. Ziehen Sie den Rahmen breit auf, verzerren Sie das Bild mehr in der Horizontalen. Ist der neue Rahmen höher, stauchen Sie das Bild in die vertikale Richtung. Oft ist das Ergebnis besser, wenn sie den Rahmen höher aufziehen, da Sie so eine größere Fläche als Korrekturbasis schaffen.

Geht der angepasste Rahmen zu wenig in die Höhe, kann es sein, dass die Verzerrung nicht komplett korrigiert wird.

Sobald der Rahmen höher ist, sind alle perspektivischen Verzerrungen beseitigt.

Paint Shop Pro zieht das Bild auf einem schwarzen Hintergrund in Form. Wählen Sie das dritte Werkzeug in der Werkzeugleiste, das **Beschnittwerkzeug**. Wählen Sie einen günstigen Bildausschnitt, sodass kein Hintergrund mehr zu sehen ist.

Nach der Korrektur der Perspektive

Farbe anpassen

4

Farbe ist ein Sinnesreiz, ausgelöst durch Licht. Am Computer lassen sich Farben nur eingeschränkt wiedergeben. In diesem Kapitel erfahren Sie, worauf es bei der Farbkorrektur zu achten gilt und lernen effiziente Methoden kennen, mit denen Sie farbstichige Bilder aufpolieren.

Auf der Buch-CD
Die für dieses Kapitel verwendeten Beispiele finden Sie auf der Buch-CD im Ordner Farbe anpassen.

Was ist Licht?
Licht ist eine Energieform und breitet sich in Form von elektromagnetischen Wellen aus – die Wellenlängen liegen etwa zwischen 400 und 750 Nanometer.
Die Lichtgeschwindigkeit (= Ausbreitungsgeschwindigkeit) beträgt rund 300 000 Kilometer pro Sekunde.

Wie sehen wir Farbe?

Warum sieht das Bild am Computerbildschirm oft ganz anders aus als später auf bedrucktem Papier? Wer Farbkorrekturen sinnvoll durchführen will, kommt ohne Grundkenntnisse über Farben, ihre Wirkung und die unterschiedliche Wiedergabe am Computerbildschirm und im Druck nicht aus. Zunächst: Was ist Farbe? Farbe ist einerseits der äußerliche Zustand, in dem wir unsere Umwelt wahrnehmen - also eine Sinneswahrnehmung. Andererseits ist Farbe auch ein Werkstoff, der andere Stoffe einfärbt, beispielsweise färbt Druckertinte ein Blatt Papier.

Um Farbe zu sehen, ist Licht nötig. Erst wenn es auf einen Gegenstand trifft, können wir die Farbe des Gegenstands auch wahrnehmen - sofern es sich in einem Wellenbereich befindet, den das menschliche Auge sieht. Der Gegenstand wirft Licht zurück und dieses gelangt ins Auge des Betrachters. Das Auge leitet das empfangene Licht wiederum als Nervenreiz ans Gehirn weiter, das dort eine Farbempfindung zusammensetzt.
Halten wir also fest: Die Farbe, die wir sehen, ist ein Sinnesreiz.

Einflüsse auf das Farbempfinden

Wie jeder andere Sinnesreiz ist wahrgenommene Farbe keine feste Größe. Das Farbempfinden unterscheidet sich von Mensch zu Mensch. Mehr noch: Es schwankt je nach Gemütszustand – ist der Betrachter „gut drauf", empfindet er Farben anders als wenn er müde, genervt oder verärgert ist!
Auch die Umgebung spielt beim Farbempfinden eine große Rolle. Betrachten Sie beispielsweise die folgenden Bilder. Wie unterscheiden sich die Farben des Fotos in der Mitte?

Nebenwirkungen: Umgebende Farben beeinflussen das Farbempfinden.

Die Motive in der Bildmitte unterscheiden sich überhaupt nicht – sie sind absolut identisch. Dennoch wirken die Bilder aufgrund des unterschiedlichen Rahmens deutlich anders: Das umgebende Schwarz lässt das Bild heller erscheinen, Weiß dunkler, Rot kühler, Blau im Hintergrund wärmer. Die natürlichste Farbwiedergabe erhalten Sie mit dem graugerahmten Foto.

Konsequenzen für die Arbeitsumgebung

Für die Beurteilung von Farben ergeben sich aus diesen Erkenntnissen einschneidende Konsequenzen.

Verwenden Sie für die Menüs, den Desktop-Hintergrund etc. möglichst neutralgraue Farbe: Die knallblaue Voreinstellung von Windows XP sollten Sie zumindest für die Bildbearbeitung umstellen. Gehen Sie dazu unter **Start > Systemsteuerung > Anzeige**. Im Reiter **Einstellungen** muss die Farbqualität auf **Höchste** stehen.

Tipp:
Wenn Sie einen Spitzenbildschirm besitzen, den richtigen Treiber für die Grafikkarte installiert haben, dieser aber nicht erscheint, liegt dies häufig an den BIOS-Einstellungen. Hierzu müssen Sie die VGA-Einstellungen überprüfen (siehe Handbuch; dieses steht oft als PDF im Internet auf der Hersteller-Website).
Beachten Sie zudem, dass Treiber nicht gleich Treiber ist: Ein Treiber für Windows 98 funktioniert oft nicht unter NT, ein Treiber für Windows 2000 kann auch unter Windows XP funktionieren, in einigen Fällen ist das aber nicht der Fall – ein unpassender Treiber kann das System instabil machen.

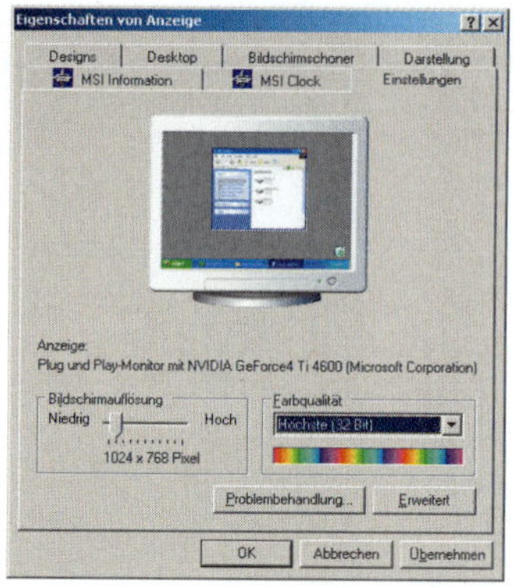

Bildbearbeitung macht nur mit ausreichender Farbtiefe des Monitors Sinn.

Wechseln Sie zum Reiter **Darstellung**. Wechseln Sie im Klappmenü **Fenster und Darstellung** in die Einstellung **Windows – klassisch**. Wechseln Sie auch das Farbschema aus: **Windows – klassisch** ist hier ebenfalls empfehlenswert. Klicken Sie auf die Schaltfläche **Übernehmen**.

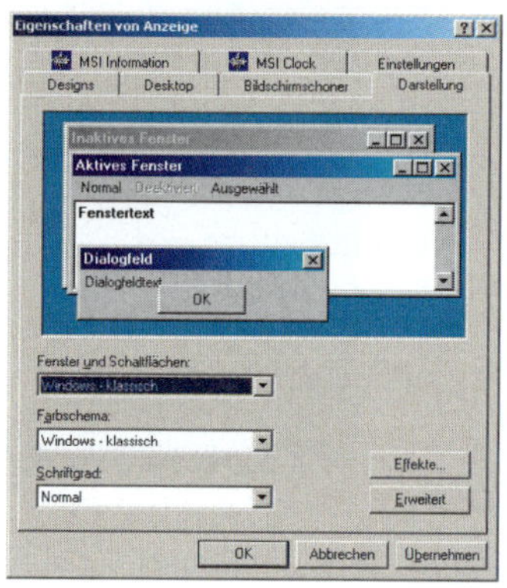

Die Einstellungen für ***Windows – klassisch*** *eignen sich besser als die XP-Voreinstellungen für die Bildbearbeitung.*

Klicken Sie auf den Reiter **Desktop**, um die Desktop-Oberfläche von Blau auf ein neutrales Grau umzustellen. Klicken Sie auf die (blaue) Schaltfläche **Farbe** (rechts unten).

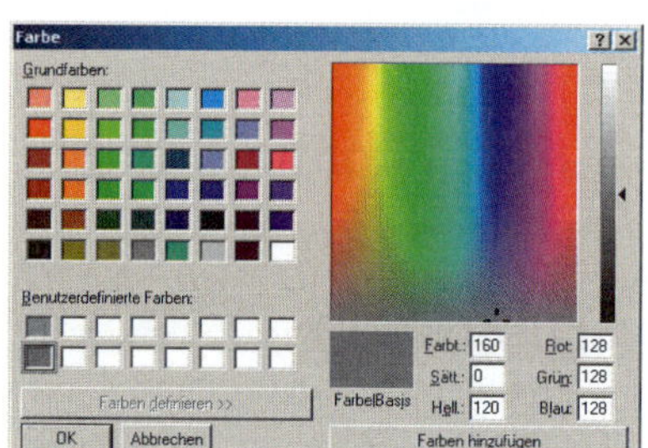

Farbwahl: Neutralgrau

Im Klappmenü wählen Sie **Andere**. Der Dialog **Andere** erscheint. Stellen Sie Rot, Grün und Blau jeweils auf **127**. Klicken Sie auf die

Schaltfläche **Farben hinzufügen**. Verlassen Sie den Dialog mit **OK** und klicken Sie im Dialog **Eigenschaften von Anzeige** auf **Übernehmen**.

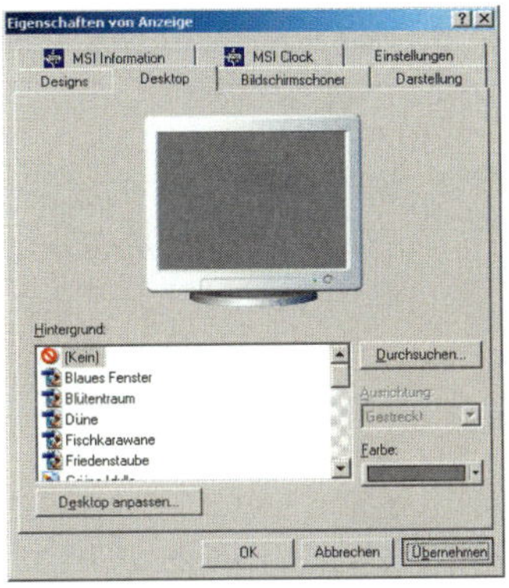

Übernahme des grauen Hintergrunds

Wichtig ist zudem, Bilder möglichst in ausgeruhtem Zustand zu bearbeiten. Da das Umgebungslicht bei Sonnenschein ständig wechselt, bearbeiten viele Retusche-Spezialisten ihre Fotos bei Kunstlicht, also unter kontrollierten Bedingungen.

Tipp:
Sie sollten für die Bildbearbeitung am Monitor am wenigsten sparen – Ihre Augen werden es Ihnen danken. Wirklich Spaß macht die Bildbearbeitung erst ab 19 Zoll Bilddiagonale und einer Bildschirmaktualisierungsrate ab 85 Hertz aufwärts. Diese Bildaktualisierungsrate muss bei Ihren Arbeitseinstellungen erreicht werden: Die Bildschirmauflösung muss dabei mindestens 1024 x 768 Pixel betragen, üblich sind heute längst höhere Auflösungen — ein gängiger Wert ist 1280 x 1024. Achten Sie beim Kauf genau auf die Schärfe in den Randbereichen. Pixelfehler, häufig bei LCD-Monitor-„Schnäppchen", Randverzerrungen und Moiré dürfen keinesfalls auftreten. Nach wie vor gilt: Erst anschauen, dann kaufen.

Farbwiedergabe am PC-Bildschirm

Vor der Ausgabe bearbeiten Sie Bilder mit Bildbearbeitungsprogrammen stets am Bildschirm. Um die Farben auch nur einigermaßen beurteilen zu können, muss der Bildschirm, genauer: die Kombination aus Grafikkarte, Grafikkartentreiber, Betriebssystem und Monitor, eine ausreichend große Farbtiefe aufweisen – 16,78 Millionen Farben sind Pflicht.

Jeder etwas bessere Monitor bietet mehrere Farbtemperaturen an. Für die Bildbearbeitung sind Farbtemperaturen zwischen 5500 und 6500 Grad Kelvin empfehlenswert, da diese am ehesten Tageslicht entsprechen. Deutlich höhere Farbtemperaturen (etwa 9300 Grad) sind für die Augen anstrengend, niedrigere Farbtemperaturen auf dem Monitor des Betrachters führen häufig zu überbelichteten Bildern.

Farbmodell: Additive Farben

Die Bildschirmfarben beruhen auf den Gesetzmäßigkeiten der *additiven Farbmischung*: Die Grundfarben sind Rot, Grün und Blau –

Bildschirm-Reflexe vermeiden

Auf den Monitor sollte das Licht im Idealfall seitlich auftreffen – Gegenlicht ist ebenso anstrengend wie die Beleuchtung im Rücken, die zudem spiegelt.
Auch die Reflexion durch sehr helle Wände ist nicht glücklich.

daher spricht man auch von RGB-Farben oder dem RGB-Farbmodell. Alle Grundfarben zusammen in gleichen Anteilen ergeben zusammen Weiß. Additiv heißt: Die Wellenlängen zusammen addiert ergeben eine andere Farbe. Auch unser Sehen vollzieht sich nach der additiven Farbmischung, da die Netzhaut für die Wellenlängenbereiche Rot, Grün und Blau empfindlich ist.

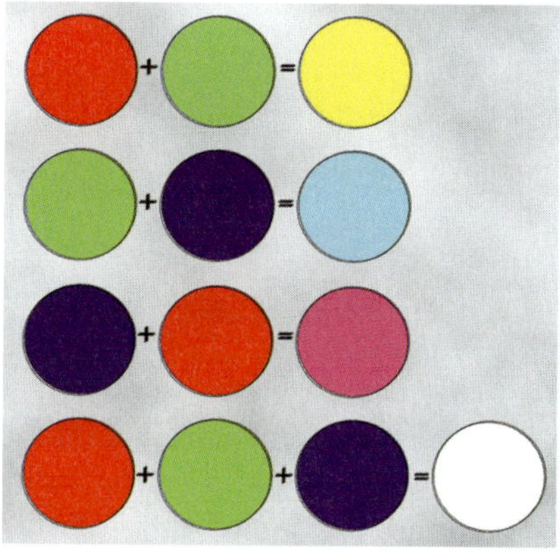

Wellenaddition: Die additive Farbmischung führt bei der Mischung aller Grundfarben zu reinem Weiß. Öffnen Sie die Datei ***RGB_Modell.ai*** *von der Buch-CD und vergleichen Sie diese Datei mit der Abbildung. Sie sehen, dass die Farben am Monitor deutlich leuchtender erscheinen.*

Farbwiedergabe im Druck

Für den Druck müssen die RGB-Farben umgewandelt werden. Am heimischen Tintenstrahldrucker erledigt dies der Druckertreiber automatisch - inzwischen meist sogar ausgesprochen gut. Wie im RGB-Farbraum am Monitor lassen sich im Farbdruck bei weitem nicht alle sichtbaren Farben wiedergeben. Bei der Farbmischung entstehen zudem völlig andere Ergebnisse wie als bei den additiven Farben.

Farbmodell: Subtraktive Farben = Körperfarben

Der Drucker - egal ob Heimanwender-Tintenstrahler oder Offset-Druckmaschine - arbeitet mit *Körperfarben*, also stofflichen Farben, die Licht schlucken. Daher heißen sie auch *subtraktive Farben*. Stoffe erscheinen farbig, weil Sie einen Teil des weißen Lichts schlucken und den Rest abstrahlen.
In der Regel kommt der Drucker mit den Grundfarben CMYK aus, also Cyan, Magenta, Gelb (= Yellow) und Schwarz. Das gedruckte Bild besteht aus winzigen, vom Auge selten unterscheidbaren einzelnen Rasterpunkten in diesen Farben. Um drucken zu können, muss das Bild also in diese Farben zerlegt werden! Dazu erzeugt entweder bereits die Bildbearbeitungssoftware, ein DTP-Programm, der Druckertreiber oder der RIP (Raster Image Processor) der Belichtungsmaschine Farbauszüge.

Diese Auszüge werden beim CMYK-Druck übereinander gedruckt: Beim Tintenstrahldrucker trägt der Drucker die Farben der Auszüge als winzige Tröpfchen nebeneinander auf, die im Auge des Betrachters zu einem Bild verschmelzen. Im Offstdruck macht der Drucker – oder ein Dienstleister – entweder bereits direkt eine Druckplatte pro separierte Farbe oder erst einen Film, von dem wiederum eine Druckplatte gemacht wird. Wenn Sie versehentlich ein farbiges RGB-Bild unsepariert belichten, wird daraus ein Schwarzweißbild.
Die Farbe Schwarz erfüllt im CMYK-Druck vor allem zwei Zwecke: Farbe sparen und für sattere Tiefen (dunkle Bereiche) sorgen. Wenn Sie Cyan, Magenta und Gelb zu gleichen Teilen mischen, erhalten Sie in der Theorie Schwarz.
Das Ersetzen durch die Druckfarbe Schwarz ist sinnvoll, da Bedruckstoffe wie Papier nicht uneingeschränkt viel Farbe verkraften können. Je weniger Farbe benötigt wird, desto schneller trocknet der bedruckte Stoff.
Auf Grund des *Farbannahmeverhaltens* ist es außerdem allerdings so, dass die Mischung kein wirklich sauberes, reines Schwarz ergibt, sondern meist ein „schlammiges" Graubraun.

Körperfarben: Die subtraktive Farbmischung führt theoretisch zu reinem Schwarz, wenn Sie alle Grundfarben mischen.

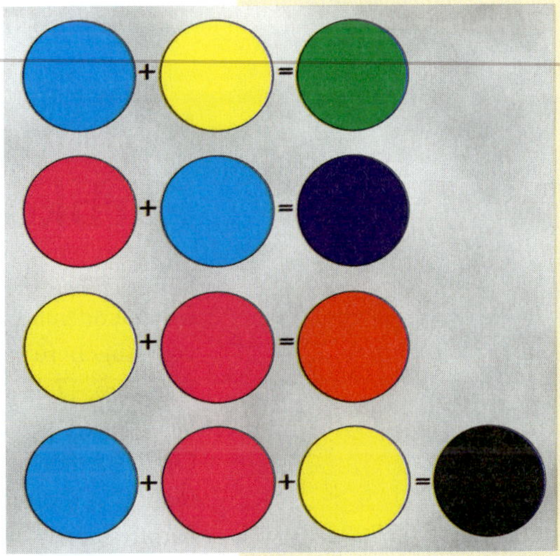

Die CMYK-Farbmischung im Modell.

Tipp:
Es muss keineswegs zwangsläufig immer das Papier oder die Patronen des Druckerherstellers sein: Wir haben ausgezeichnete Erfahrungen mit den hochwertigen Papieren von TDK gemacht. Eine preiswerte Alternative sind etwa Spezialpapiere oder Nachfüllpatronen von Data Becker.

Prozess- und Volltonfarben

Neben den CMYK-Farben, die auch *Prozessfarben* heißen, da Sie hintereinander gedruckt werden, gibt es sogenannte *Volltonfarben*. Diese Volltonfarben sind bereits vom Farbhersteller gemischt und sind leuchtender und reiner als CMYK-Farben, die gegenüber der Monitordarstellung immer etwas gedämpft wirken. Volltonfarben sind in mehreren Fällen empfehlenswert:

1. Sie benötigen Farben, die sich im CMYK-Farbraum nicht darstellen lassen, beispielsweise Metallfarben wie Gold oder Silber.
2. Sie müssen etwa das Logo der Firma farblich ganz exakt wiedergeben.
3. In Spezialfällen, wie hochwertigen Visitenkarten mit feinen Umrandungen der Schrift, bieten sie bessere Qualität.
4. Manchmal macht der Einsatz einer einzigen Sonderfarbe statt mehrerer CMYK-Farben auch aus Kostengründen Sinn.

Für eine Volltonfarbe erstellen Sie in Paint Shop Pro ganz normal einen Farbauszug, den Drucker informieren Sie jedoch unmissverständlich darüber, welcher Auszug als Volltonfarbe zu drucken ist.

Einflüsse auf das Druckergebnis

Neben dem Bedruckstoff, vor allem Papier (in unterschiedlicher Dicke, Holzhaltigkeit, Verarbeitung etc.), spielen die verwendeten Druckfarben, aber auch die Luftfeuchtigkeit eine Rolle für das Druckergebnis.

Konsequenzen

Um das Druckergebnis vorhersehbar zu machen, sorgen Sie, wo immer möglich, für gleich bleibende Bedingungen: Verwenden Sie beispielsweise möglichst die selbe Papiersorte, die Druckerpatronen eines Herstellers und sorgen Sie für eine einigermaßen gleich bleibende Luftfeuchtigkeit in Ihren Arbeitsräumen.

Was passiert bei der Farbkorrektur?

Um zu verstehen, was bei der Farbkorrektur in Paint Shop Pro (oder einem anderen Bildbearbeitungsprogramm) passiert, sollten Sie sich vor Augen führen, wie die Bildbearbeitungsprogramme Farben erzeugen: Die Farbinformationen (Helligkeit, Farbwert und Deckkraft) speichern die Programme in Kanälen. Kanäle sind die Orte, in denen die Programme die Farb- und Helligkeitsinformationen (Luminanz, Farbwert und Sättigung) speichern. Bei 8 Bit Farbtiefe pro Kanal (RGB: 256 x 256 x 256 Farben) gibt es somit

jeweils 256 Abstufungen (0 bis 255). Ein Alphakanal ist ein zusätzlicher Kanal, etwa für eine Auswahl.
Bei jeder bestätigten Farbkorrektur in einem Bildbearbeitungsprogramm wie Paint Shop Pro - das gilt auch für eine Helligkeitsänderung - legen Sie den verwendeten Farbbereich neu fest. Dadurch entfernen Sie, meist ohne es gleich zu merken, Farbinformationen: Nach der ersten Korrektur sind von den ursprünglich 256 Abstufungen, die häufig in einem 8-Bit-Bild pro Kanal vorhanden sind, beispielsweise nur noch 220, bei der übernächsten vielleicht nur noch 200 Abstufungen übrig.
Die restlichen Informationen verteilt eine Bildbearbeitung wie Paint Shop Pro möglichst gleichmäßig, dazwischen entstehen mehr oder weniger große Lücken. Dieses *Gap-Problem* teilt Paint Shop Pro mit fast allen gängigen Bildbearbeitungsprogrammen. Die Folge zeigt sich nicht immer bereits auf dem Bildschirm. Dies gilt vor allem bei Fotos mit feinen Farbnuancen, besonders in feinen Farbverläufen oder in den Gesichtern von Menschen.

Ausfall-Erscheinung: Bei mehreren bestätigten Farb- und Helligkeitsanpassungen in Folge treten hässliche Farbsprünge auf.

Korrektur-Strategie

Paint Shop Pro bietet zahlreiche Korrekturwerkzeuge für Farb- und Helligkeitsanpassungen, die jedoch ausnahmslos keine völlig verlustfreie Arbeitsweise an den Tag legen. Dennoch lässt sich mit der richtigen Strategie der Verlust an Bildqualität begrenzen oder sogar völlig vermeiden.
Um das Problem der Bildinformationsverluste einigermaßen in den Griff zu bekommen, schlagen wir folgende Vorgehensweise vor:

1. Nehmen Sie Farb- und Helligkeitskorrekturen wo immer möglich bereits im Scanprogramm vor. Dadurch bleiben sämtliche Bildinformationen von vornherein erhalten.

2. Wenn Sie ein Programm wie das Highend-Scanprogramm Binuscan Pro besitzen, das Informationsverluste dank eines hervorragenden Verfahrens sehr weitgehend vermeiden kann, sollten Sie Ihre Bilder dort korrigieren.

3. Wechseln Sie, wo immer dies möglich ist, für Korrekturen in einen Modus mit größerer Farbtiefe. Wandeln Sie beispielsweise ein Graustufenbild mit 256 Farben in ein RGB-Bild um, das maximal 16,78 Millionen Farben kennt. Dadurch kommt es zwar ebenfalls zu Verlusten, diese fallen jedoch kaum ins Gewicht, da vor der Umrechnung noch ausreichend viele Werte zur Verfügung stehen.

4. Beschränken Sie sich bei den Korrekturen auf möglichst wenige Werkzeuge, die Sie dafür in einiger Zeit besser beherrschen.

5. Um zumindest nicht alle Farbinformationen zu verlieren, hilft Ihnen die Ebenentechnik. Verwenden Sie **Ebenen > Duplizieren**, um das Ursprungsbild zu verdoppeln. Um noch präziser eingreifen zu können, verwenden wir für diese Technik gerne zwei Korrekturebenen über dem ursprünglichen Bild.

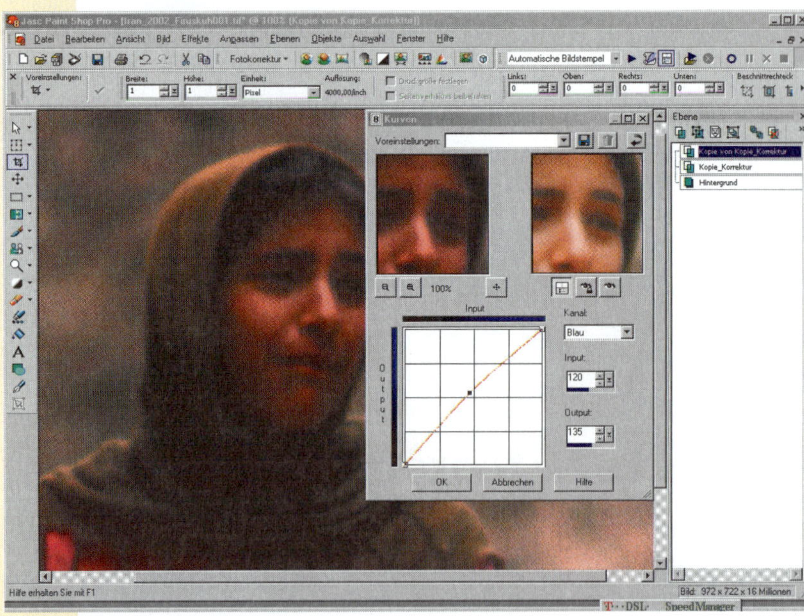

Korrektur auf einer eigenen Ebene. Wenn Sie die Korrekturen Kanal für Kanal vornehmen, können Sie präziser eingreifen.

Klicken Sie doppelt auf die oberste Ebenenkopie im **Ebene**-Fenster. Der Dialog **Ebeneneigenschaften** erscheint. Verschieben Sie mit gedrückt gehaltener Maustaste den Bildausschnitt in den kritischsten Bereich, bei Aufnahmen von Menschen sind dies meist die Augenpartien. Über die Schaltflächen **Vergrößern** oder **Verkleinern** optimieren Sie die Wiedergabegröße in der Vorschau.

Im Reiter **Allgemein** muss die Option **Ebene ist sichtbar** eingestellt sein.

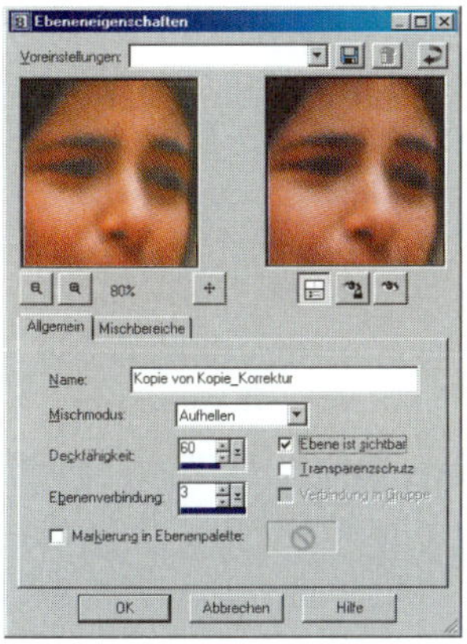

Mit verminderter Deckfähigkeit lassen Sie die untere Ebene durchscheinen.

Der Dialog **Ebeneneigenschaften** bietet im Klappmenü neben Mischmodus unterschiedliche Optionen, beispielsweise bietet sich **Aufhellen** für die Korrektur zu dunkler Augenpartien an. Um versehentliches Verschieben von Ebenen o.ä. zu verhindern, empfehlen wir, die Ebenen zu verbinden. Bei insgesamt drei Ebenen geben Sie die Zahl **3** ein.

Wechseln Sie zum Reiter **Mischbereiche**. Hier nehmen Sie das Feintuning vor, um nur die nötigen Bereiche einzusetzen. Führen Sie Farbanpassungen am besten nicht im **Grau-Kanal** durch (der die Informationen der übrigen Kanäle zusammenfasst), sondern Farbkanal für Farbkanal. Nur so können Sie feine Nuancen herausarbeiten.

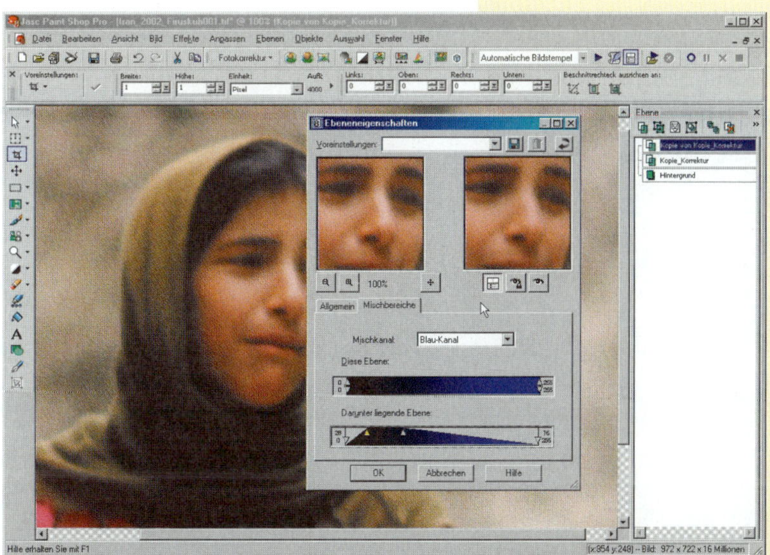

Per Schieberegler optimieren Sie die Einstellungen in den Kanälen. Hier dunkeln Sie den nach der Helligkeitskorrektur auf der obersten Ebene zu hellen Nasenrücken nach.

Tipp:
Vermeiden Sie wenn möglich das Hin- und Herkonvertieren in unterschiedliche Farbräume. Speichern Sie stets eine Kopie im RGB-Format, bevor Sie den Farbraum verlassen.

Verwenden Sie dazu stets den Schieberegler unter **Darunter liegende Ebene**, mit dem Sie die Bereiche der unteren Ebene durchscheinen lassen.

6. Ideal etwa für Helligkeitsanpassungen wäre es, wenn Sie ein Bild zweimal eingesannt hätten. Öffnen Sie das erste Bild. Öffnen Sie das zweite Bild und markieren Sie es über **Strg + A** und **Strg + C**. Schließen Sie das zweite Bild, es benötigt nur noch unnötigen Speicherplatz, da Sie die Kopie bereits in der Zwischenablage gespeichert haben. Aktivieren Sie Ihr Ursprungsbild. Wählen Sie **Bearbeiten > Einfügen als neue Ebene (Strg + L)**.

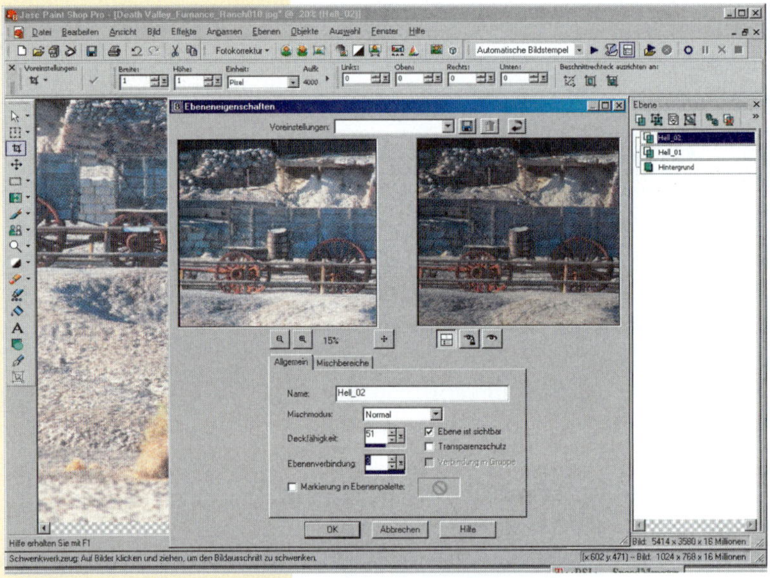

Sandwich-Nachbelichtung: Mit zwei Fotos mit identischen Abmessungen erreichen Sie eine verlustfreie Nachbelichtung...

... die Sie mit unterschiedlichen Mischmodi verwenden können. Hier: ***Unterbelichten***

***Dunklere Farbe** bietet sich an, um gezielt einzelne Bereiche abzudunkeln, die sonst zu hell werden.*

Tipp:
Sprechen Sie sich in jedem Fall frühzeitig mit Ihrer Druckerei bzw. der Druckerei Ihres Auftraggebers ab. Die Weiterverarbeitung separierter PostScript-Dateien dürfte zwar immer noch die weitaus häufigste Methode sein, manche Druckereien (oder deren Druckvorstufenbetrieb) bevorzugen inzwischen jedoch PDF-Daten im RGB-Format, die diese dann durch ihren RIP (Raster Image Processor) separieren lassen.

Wechsel des Farbraums

Wie Sie gesehen haben, unterscheiden sich RGB- und CMYK-Farben grundsätzlich. Es ist daher zwingend nötig, dass ein Bildbearbeitungsprogramm, das ernst genommen werden will, beide Farbmodelle oder Farbräume unterstützt - Paint Shop Pro erfüllt diese Anforderung bereits seit Version 5. Ein grundsätzliches Problem, für das es keine perfekte Lösung gibt, ist damit aber nicht gelöst: Beide Farbräume sind nicht deckungsgleich - beim Umwandeln von RGB zu CMYK treten zwangsläufig Verluste auf. Das gilt auch für den umgekehrten Weg.

Wenn es sich schon nicht vermeiden lässt - etwa dann, wenn Sie Bilder sowohl in einer Präsentation/im Internet wie für den Druck einer Firmenbroschüre benötigen - sollten Sie zunächst in den etwas größeren RGB-Farbraum gehen und das Bild erst zuletzt separieren (= in die vier CMYK-Bestandteile zerlegen).

Korrekturmethoden

Paint Shop Pro bietet eine ganze Palette an Werkzeugen für Farb- und Helligkeitskorrekturen. Wir verwenden in diesem Programm fast ausschließlich **Schwarz- und Weißpunkt**, die **Kurven** (=

Gradationskurven) und die **Histogramm-Anpassung**. Für alle Eingriffe gilt: Wenn Sie die Korrektur nur auf einen Teilbereich anwenden möchten, erstellen Sie zuvor eine Auswahl.

Automatik-Optionen

Vor allem, aber keineswegs nur für Einsteiger in die Bildbearbeitung hält Paint Shop Pro einige automatische Helligkeits- und Farbkorrektur-Optionen bereit. Wir stellen die wichtigsten Optionen vor, weitere Hinweise finden Sie stets in der Online-Hilfe zu den jeweiligen Werkzeugen.

In der Symbolleiste **Foto**, unter **Fotokorrektur > Fotokorrektur in einem Schritt** (in der Menüleiste), laufen die Automatik-Korrekturen von der Farbbalance, der Kontrastkorrektur bis zur Schärfe- und Sättigungskorrektur, Helligkeitsanpassungen, Rauschen entfernen mit Kantenschutz und Scharfzeichnen ab.

Aufpoliert: Die ***Fotokorrektur in einem Schritt*** *verbindet die wichtigsten Aktionen von der Farbbalance-Anpassung bis zum Nachschärfen.*

Vielfältigere Eingriffe gestatten dagegen die einzelnen Automatik-Optionen. Farbstichigen Bildern rücken Sie mit der mächtigen Option **Automatische Farbbalance-Korrektur** zu Leibe: Klicken Sie auf die Option **Farbstich entfernen**.
Eine tolle Möglichkeit ist die Vorgabe der Farbtemperatur: Hier können Sie den warmen Ton einer Glühlampe ebenso auf das Kelvin genau einstellen wie Sonnenlicht. Über die Farbtemperatur ändern Sie beispielsweise die Gesamtstimmung eines Bildes: Nehmen Sie eine zur Mittagszeit entstandene Innenaufnahme bei Tageslicht und regeln Sie die Farbtemperatur, indem Sie den Regler ganz nach links ziehen - schon wird eine romantische Aufnahme mit „Kerzenlicht-Ambiente" daraus. Ein anderes Anwendungsbeispiel sind Außenaufnahmen, die auf diese Weise rasch eine Abenddämmerungsstimmung erhalten.

Tipp

Um die Auswirkungen der Änderungen zu überprüfen, sollten Sie entweder auf die Vollbildansicht (die Maximieren-Schaltfläche rechts oben im Fenster) oder auf die rechte untere Ecke der jeweiligen Vorschau klicken und das Fenster größer ziehen. Die voreingestellte Vorschaugröße reicht selten für eine sichere Beurteilung aus.

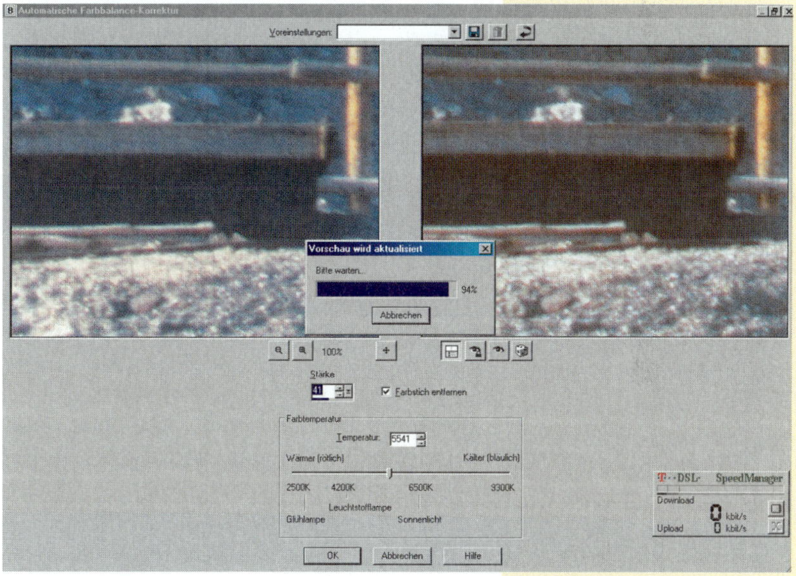

*Stimmungs-Kanone: Um die gesamte Farbstimmung zu ändern, bietet sich die **Automatische Farbbalance-Korrektur** an.*

Für die Bereiche **Farbton und Sättigung** liefert Paint Shop Pro eine **Automatische Sättigungskorrektur**. Auch hier lassen sich meist verblüffende Ergebnisse per Mausklick erzielen.

Greifen Sie in die Farbsättigung ein, sollten Sie daher vor der Korrektur von Gesichtstönen unbedingt die Option **Vorhandene Hauttöne** anklicken. Sonst besteht die Gefahr, dass die Korrektur unnatürliche Farben provoziert. Sie haben drei Wirkungsgrade für unterschiedliche Bereiche – **Gering, Normal, Hoch** – und entscheiden zwischen **Schwache Farben**, **Normal** und **Starke Farben**.

Tipp:

Einsteigern empfehlen wir, sich an Hand der Fotokorrektur in einem Schritt einen Überblick über die Funktionsweise der wichtigsten Korrektur-Optionen zu verschaffen.

Vorsicht bei Hauttönen!
Wenn Sie die Sättigung erhöhen, wirkt sich dieser Eingriff oft bei Landschaftsaufnahmen sehr positiv, manchmal jedoch verheerend auf die feinen Nuancen von Hauttönen aus.

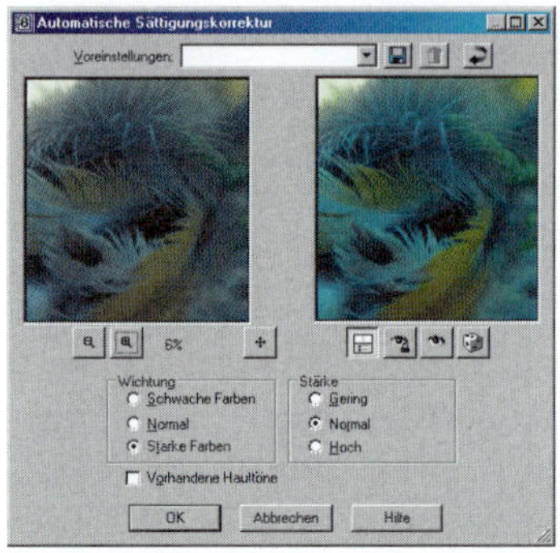

*Fröhliche Farben: Dank **Sättigungskorrektur** gewinnt die Vogelfeder durch leuchtendere Farben.*

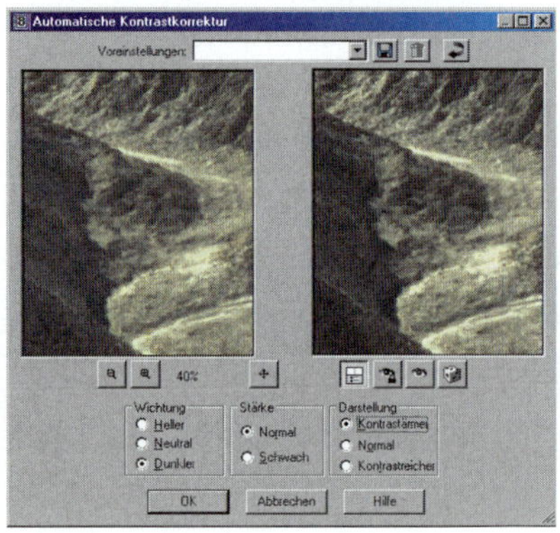

*Kontrastprogramm: Die **Automatische Kontrastkorrektur** möbelt flaue Fotos auf.*

Schwarz- und Weißpunkt setzen

Mit dem Setzen des **Schwarz- und Weißpunktes** sind mit zwei Klicks bereits zahlreiche farbstichige Bilder angepasst. Viele Profis beginnen die Bildkorrektur regelmäßig mit dem Setzen des Schwarz- und Weißpunkts. Voraussetzung für die sinnvolle Anwendung dieser elementaren Korrektur-Werkzeuge ist ein Foto, das mindestens einen Bereich aufweist, der eindeutig eine weiße oder schwarze Fläche enthält. Für dieses Werkzeug stellt Paint Shop Pro keine Korrekturebene (= Anpassungsebene) bereit. Starten Sie das Tool via **Anpassen > Farbbalance > Schwarz- und Weißpunkt**. Sie sehen drei Pipetten für die Bereiche **Schwarz**, **Grau** und **Weiß**. Die Grau-Pipette können Sie normalerweise nicht gebrauchen, da Sie selten einen definierten Bereich haben werden, der exakt diesem Wert entspricht.

Aktivieren Sie die Optionen **Helligkeit beibehalten** und **An Grau anpassen**. Klicken Sie auf den jeweiligen Schalter für die Pipette, beispielsweise **Weiß**. Klicken Sie dann auf die Farbfläche für das Original, rechts neben Originalfarbe. Führen Sie die Pipette im linken Vorschaufenster auf eine passende Fläche, für den Weißpunkt auf den hellsten Bereich im Bild - mit Ausnahme der Spitzlichter. Im rechten Vorschaufenster passen Sie den Vorschauausschnitt an.

Beobachten Sie im Vorschaufenster die Farbwerte, die im RGB-Modus jeweils **255** für Rot, Grün und Blau betragen.

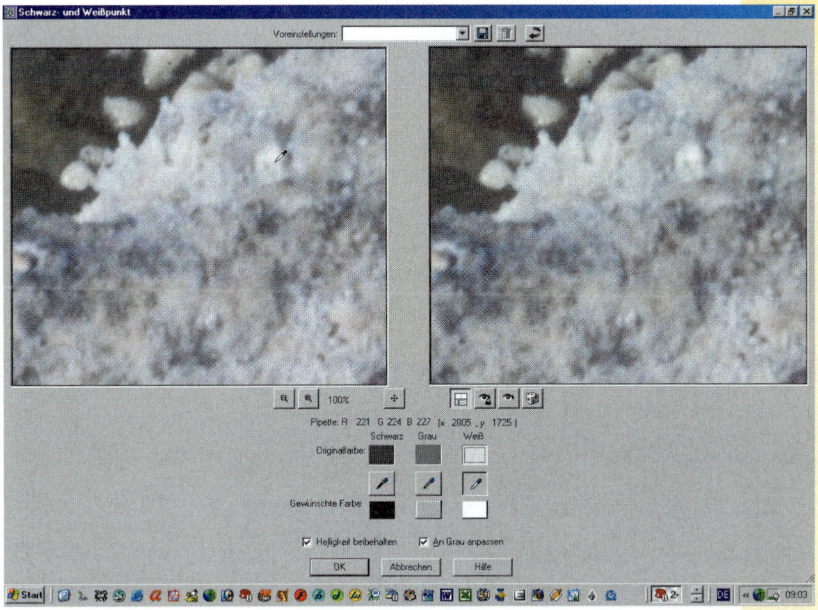

Punktlandung: Mit Schwarz- und Weißpunkten gelingt die Farbanpassung der meisten Fotos im Handumdrehen.

Paint Shop Pro merkt sich die letzten eingestellten Werte. Angenommen, Sie benötigen im nächsten Bild nur den Weißpunkt, nicht jedoch eine Schwarz- und eine Grauanpassung. In diesem Fall müssen Sie **alle (!)** nicht ohnehin neu eingestellten Schaltflächen wieder auf die Ursprungswerte zurücksetzen.

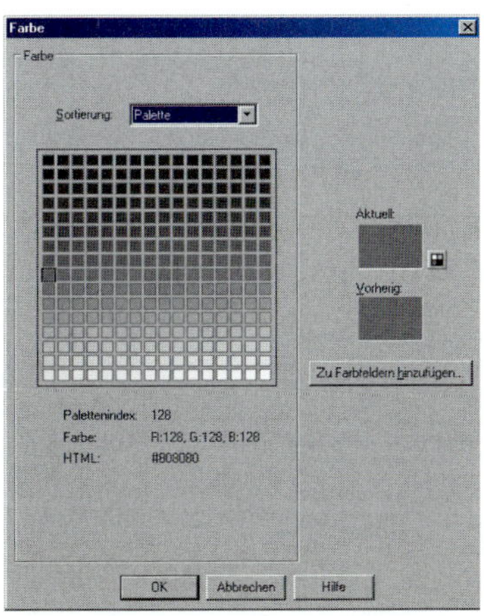

*In der Farbpalette stellen Sie die korrekten Farbwerte ein. Für Grau beträgt der Standard-RGB-Wert je **128**.*

Tipp:

Entscheiden Sie sich im Zweifel für einen Bereich der Originalfarbe, der von den Zielwerten nicht allzu sehr abweicht – beispielsweise je 255 für den Weißpunkt.

Irritation durch Spitzlichter

Sogenannte Spitzlichter können heller als Weiß sein. Beispiel: gleißende Metallreflexe im Sonnenlicht. Klicken Sie nicht auf diese Bereiche, um den Weißpunkt zu setzen!

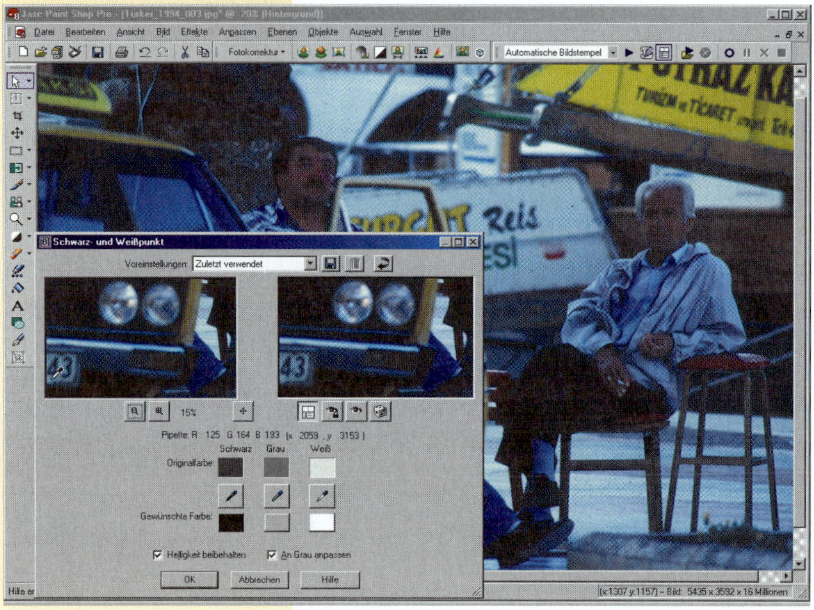

Ablenkungsmanöver: Spitzlichter, hier die Reflexe in den Scheinwerfern und an der Stoßstange, eignen sich nicht als Weißpunkt.

Bessere Ergebnisse gelingen im Beispielfoto etwa mit dem weißen, nicht spiegelnden Bereich des Nummernschildes. Ein Klick auf die Socken des Taxifahrers würde hier zu einem Rotstich führen.
Als Schwarzpunkt bieten sich im Bild zum Beispiel die dunkelsten Bereiche der Schuhe an.

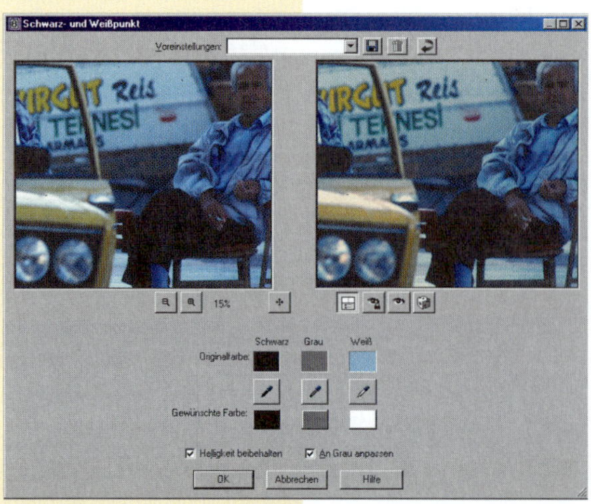

Wärmezufuhr: Nach der Korrektur von Schwarz- und Weißpunkt ist der ursprüngliche Blaustich beseitigt.

Histogramm

Das Histogramm ist das wohl mächtigste Tool für Farb- und Helligkeitsanpassungen. Es zeigt die Verteilung der Farbinformationen, auch in den einzelnen Kanälen. Der Profi beurteilt die Bildqualität stets auch an Hand des Histogramms - ein Foto mit allzu großen Lücken im Histogramm dürfte spätestens im Druck nicht gut werden.

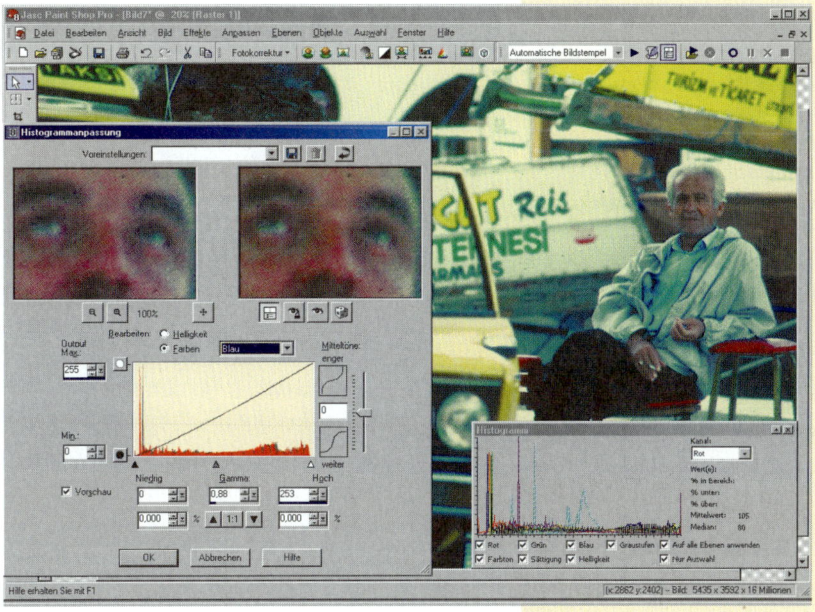

Aufschlussreich: Die (noch) vorhandenen Farbwerte im Bild zeigt das Histogramm auf einen Blick.

Histogramme beurteilen

Das Histogramm blenden Sie über **Ansicht > Paletten > Histogramm** oder die Funktionstaste **F7** ein. Im Histogramm sehen Sie die Werte der einzelnen Pixel. Das Histogramm enthält in der Voreinstellung geballt alle Informationen. Dies trägt nicht unbedingt zur Übersichtlichkeit bei. Um beispielsweise lediglich die Graustufen zu beurteilen, schalten Sie die übrigen Optionen aus.

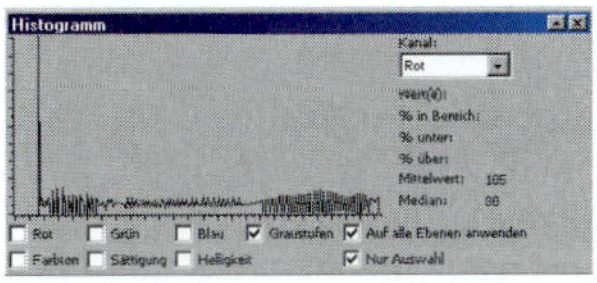

Informationsflut reduzieren: Das Histogramm wird durch das Ausschalten von Anzeigeoptionen übersichtlicher.

Folgende Grundsätze sollten Sie kennen, um Histogramme zu beurteilen:

Rote Augen entfernen
Paint Shop Pro bietet eine eigene, leistungsfähige Funktion, um den Rote-Augen-Effekt zu entfernen. Sie finden ihn unter Anpassen. Es gibt mehrere Methoden, einschließlich Automatikfunktionen für menschliche Augen sowie für Tieraugen. (Rote Augen entstehen meist beim Fotografieren mit in die Kamera eingebauten Blitzlicht.) Eine Alternative ist das Entfärben des Rotanteils – markieren Sie die rotgeblitzte Pupille und reduzieren Sie die Sättigung.

* Je höher die Spitze einer senkrechten Linie ist, desto mehr Pixel gibt es mit diesem Wert.
* Fehlt eine senkrechte Linie an der horizontalen Achse, gibt es auch keine Pixel mit diesem Wert. Gibt es viele Bereiche, an denen es keine Pixel gibt, können Farbsprünge in Verläufen auftreten. Fehlende Farbwerte sehen Sie noch genauer im Dialog **Histogrammanpassung**.
* Sind die Pixel im Diagramm über einen großen Bereich verteilt, sind die Bildwerte ausgeglichen und das Bild enthält genügend Details für eine Korrektur.
* Ein Bild mit schwach gesättigten Farben zeigt die höchsten Linien für Sättigung auf der linken Seite – bei den niedrigen Werten. In stark gesättigten Bildern sehen Sie rechts die höchsten Linien.
* Besonders hohe Werte für Graustufen auf der linken Seite sind ein Indiz für ein zu dunkles Bild.
* Wenn das Histogramm für die Graustufen besonders hohe Werte auf der rechten Seite aufweist, ist das Bild vermutlich zu hell.
* Wenn die Linien für die Graustufen nicht hinreichend weit verteilt sind, deutet das auf zu geringe Kontrastverhältnisse hin - erhöhen Sie den Kontrast.

Die **Histogrammanpassung** ist das Werkzeug der Wahl, mit dem Sie den Kontrast und die Farbbalance von Bildern korrigieren. Im Dialog sehen Sie immer nur einen Farbkanal, anders als im **Histogrammfenster**, welches das sämtliche Werte enthält. Es ist daher grundsätzlich sinnvoll, erst das Histogrammfenster anzuzeigen (**Ansicht > Paletten > Histogramm**). Um alle Änderungen sofort im Histogrammfenster zu sehen, wählen Sie die automatische Aktualisierungsfunktion **Automatische Prüfung**: Das linke Augensymbol mit dem Vorhängeschloss im Dialog **Histogrammanpassung**, unter der rechten Vorschau. Auf diese Weise werden die Änderungen im **Histogrammfenster** sichtbar.
Der Befehl **Histogrammanpassung** steht nur für Graustufen- und Bilder mit Millionen Farben (24 oder 32 Bit, RGB- und CMYK-Modus) zur Verfügung.

Wenn Sie den Mauszeiger im Histogramm platzieren, erscheinen automatisch die folgenden Informationen:
* **Input** ist der Wert auf der horizontalen Achse,
* **Zähler** nennt die Zahl der Pixel mit diesem Wert,
* **Integral** ist der Prozentanteil der Pixel mit diesem Wert und
* **Output** zeigt den angepassten Wert.

Das Diagramm im Dialogfeld **Histogrammanpassung** zeigt, wie viele Pixel mit den jeweiligen Werten für die ausgewählten Kanäle

vorhanden sind. Die Anzahl der Pixel wird entlang der vertikalen Achse angezeigt und liegt zwischen **0** und der maximalen Anzahl der Pixel im Diagramm - **255** im 8-Bit-Kanal. Entlang der horizontalen Achse sehen Sie die Werte von **0** bis **255** für den ausgewählten Kanal.
Änderungen am Histogramm führen dazu, dass Paint Shop Pro das korrigierte Histogramm in Rot und das ursprüngliche in Grau zeigt. Um das rote Vorschau-Overlay auszublenden möchten, deaktivieren Sie das Kontrollkästchen **Vorschau** links unten im Dialog **Histogrammanpassung**.
Im Dialogfeld **Histogrammanpassung** können Sie die Helligkeit und den Kontrast des Bilds sowie die Farbkanäle Rot, Grün und Blau bearbeiten. Im **Histogrammfenster** erscheinen zudem die Werte für den Farbton, die Sättigung und die Graustufen.

Histogrammanpassung vornehmen

Das Tool **Histogrammanpassung** verwenden Sie für Helligkeits-, Kontrast- und für Farbkorrekturen. Um den Kontrast wie die Helligkeitswerte des Bilds anzupassen, klicken Sie auf das Feld zwischen **Bearbeiten** und **Helligkeit**.
Mit dem vertikalen Schieberegler können Sie die Mitteltöne enger (positive Werte, Regler nach oben) oder weiter ziehen (negative Werte). Ziehen Sie den Regler nach unten, erhöhen Sie den Kontrast. Dabei gehen viele Bildinformationen verloren. Den Mitteltonbereich erweitern Sie dann, wenn das Diagramm eine Spitze in der Mitte aufweist, rechts und links dagegen nur wenige Pixel enthält. Wenn das Diagramm rechts und links große Spitzen, in der Mitte dagegen niedrige Werte aufweist, ist es eventuell ratsam, den Mitteltonbereich zu verengen und die dunklen und hellen Bereiche zu erweitern, damit die darin enthaltenen Bildinformationen deutlicher zu sehen sind. Ziehen Sie den Schieberegler **Mitteltöne** dazu nach oben.
Unter der **Histogrammanzeige** sehen Sie drei Schieberegler in Form von kleinen Dreiecken. Sie entsprechen den Optionen für Schwarz-, Grau- und Weißpunkt im **Kurven**-Werkzeug. Wenn Sie beispielsweise den schwarz gefärbten Regler nach rechts ziehen, wird das Bild dunkler.

Tipp:

Ist das Bild insgesamt zu hell oder zu dunkel, passen Sie den Gammawert mit dem grauen Schieberegler an. Wenn das Bild zu dunkel ist, ziehen Sie den grauen Schieberegler Gamma nach rechts, ist das Bild zu hell, schieben Sie ihn nach links.

Dunkle Augenringe

Bei Portraitaufnahmen fallen dunkle Augenpartien oft negativ auf. Um dieses Problem zu beseitigen, verwenden Profis oft spezielle Aufhellschirme oder setzen einen Aufhellblitz ein.
Für den Hausgebrauch hilft auch ein Stück Pappe, das Sie in Alufolie einwickeln und Ihrem Assistenten in die Hand drücken.

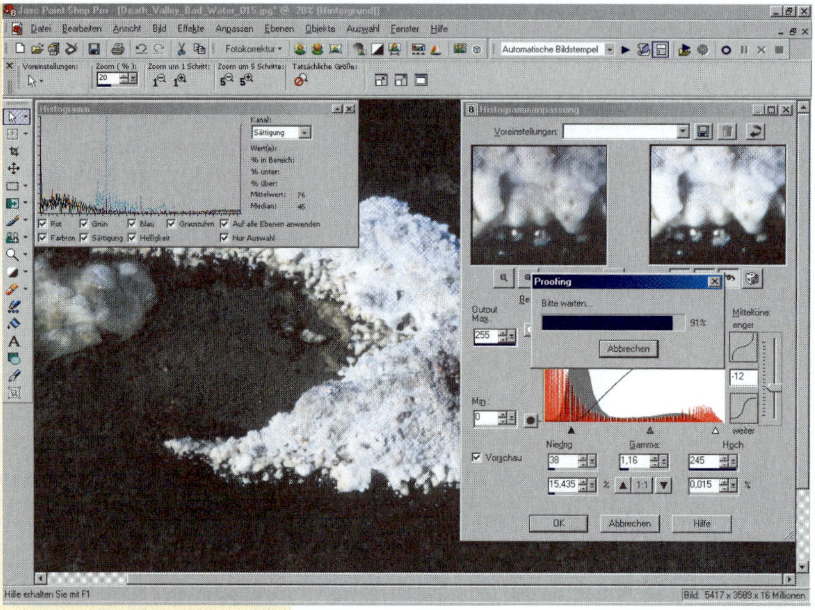

Dunkelkammer: Wenn Sie den schwarzen Regler nach rechts ziehen, dunkeln Sie das Bild in den dunkleren Bereichen ab. Minuswerte für ***Mitteltöne enger*** *erhöhen den Kontrast.*

Wählen Sie einen Farbkanal aus dem Klappmenü: Rot, Grün oder Blau.

Prüfen Sie, ob zwischen dem linken Rand des Histogramms und der Stelle, an der die im Diagramm angezeigten Werte anzusteigen beginnen, eine Lücke zu erkennen ist. Ist dies der Fall, sind die dunkelsten Pixel im Bild nicht völlig schwarz. Klicken Sie auf den linken, schwarzen Schieberegler und ziehen Sie ihn an die Stelle, an der das Diagramm anzusteigen beginnt. Das obere der beiden Textfelder unter **Niedrig** zeigt die Position der unteren Grenze an (Werte zwischen 0 und 255).

Im unteren Feld erscheint der Prozentsatz der Pixel, deren Werte zwischen Null und dem unteren Grenzwert liegen. Der in diesen Pixeln enthaltene Kontrast geht verloren. Der prozentuale Anteil dieser abgeschnittenen Bildinformationen sollte möglichst unter 0,1 Prozent liegen – es sei denn, Sie verwenden, wie von uns empfohlen, eine eigene Korrekturebene.

Wenn am rechten Rand des Histogramms eine Lücke klafft, ziehen Sie den rechten, weißen Schieberegler an die Stelle im Diagramm, an der die Linie wieder die Horizontallinie schneidet. Dadurch korrigieren Sie die hellsten Pixel des Bilds in Weiß. Wie bei den Änderungen beim Schwarzpunkt sollten die Änderungen in der Regel maximal 0,1 Prozent betragen.

Kurven

Eines der wichtigsten Tools für Farb- und Helligkeitsanpassungen ist **Kurven**. Hier sollten Sie die Anpassungen nicht global, sondern

unbedingt in den einzelnen Kanälen gesondert vornehmen. Die Kanäle finden Sie unter dem Klappmenü **Kanal**. Im Reiter **Anpassung** erscheint eine gestrichelte Linie, die von links unten nach rechts oben verläuft. Interessant für Sie sind meist die mittleren Bereiche.
Um Korrekturen über das **Kurvenwerkzeug** vorzunehmen, können Sie die Regler von **Input** und **Output** ändern. Intuitiver ist es jedoch meistens, die Kurve mit der Maus zu verschieben. Dazu müssen Sie erst mit dem Mauszeiger exakt auf die gestrichelte rote Linie der Kurve klicken.

Tipp:
Sie könnten zwar auch mehrere Punkte setzen, dadurch leidet aber rasch die harmonische Farbkorrektur – mehrere Anfasser auf der Kurve sind daher in erster Linie für „abgedrehte" Verfremdungen ratsam.

Wenn Sie versehentlich zu viele Anfasser erzeugt haben, entfernen Sie diese, indem Sie sie mit gedrückter Maustaste außerhalb des Kurvenverlaufs ziehen.
Für möglichst wirklichkeitsnahe Korrekturen klicken Sie erst in die Mitte der Kurve (Mitteltöne). Ziehen Sie die Kurve mit gedrückter Maustaste sanft herauf oder herunter in Richtung der gegenüber liegenden Ecke, etwa im 90-Grad Winkel von der gestrichelten Linie weg. Vor allem dann, wenn die Fotos in schattigen Bereichen „absaufen" würden, wirkt das Heraufziehen der Gradationskurven oft Wunder.

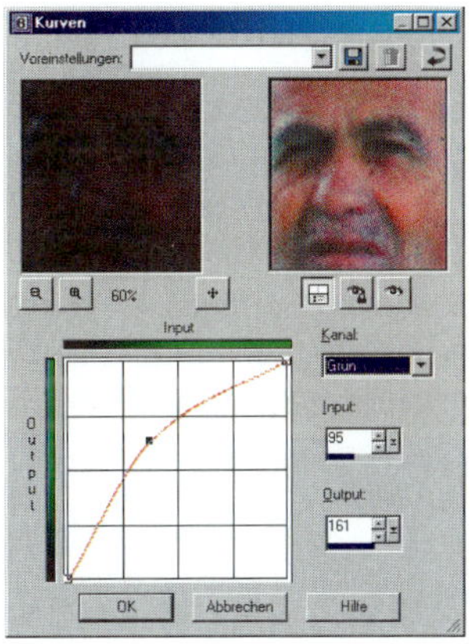

Durch das Anheben der Gradationskurve lässt sich das zuvor kaum noch sichtbare Gesicht wieder erkennen.

Gerätebeschreibungen einsetzen

In erster Linie für den professionellen Druck haben sich in den vergangenen Jahren sogenannte ICC-Profile durchgesetzt. ICC steht für International Color Consortium, ein Zusammenschluss von Firmen wie Apple oder Kodak. Paint Shop Pro unterstützt ICC-

Profile. Mit ICC-Profilen lassen sich unliebsame Farbabweichungen in der Regel in den Griff bekommen. Wer dabei jedoch Fehler begeht, erzielt jedoch oft schlechtere statt bessere Ergebnisse.

Was sind ICC-Profile?

ICC-Profile sind nichts anderes als Gerätebeschreibungen an Hand von Farbinformationen, die entweder bereits der Hersteller mitliefert oder die Sie auch selbst erzeugen können. Wenn Sie diese Informationen in eine Datei speichern, besteht eine sehr viel höhere Chance, dass Sie genau die Farben gedruckt bekommen, die Sie sich wünschen.

Alle aktuellen Windows-Betriebssysteme, darunter Windows XP oder 2000, unterstützen bereits auf Betriebssystemebene ICC-Profile – vor einigen Jahren noch ein besonderer Vorteil der Apple-Gemeinde. Ob ein ICC-Profil aktiviert ist, erkennen Sie dran, dass das entsprechende Icon weiß hinterlegt ist; grau hinterlegte Profile müssen Sie erst aktivieren: Klicken Sie auf das Profil mit der rechten Maustaste und aktivieren Sie es im Kontextmenü.

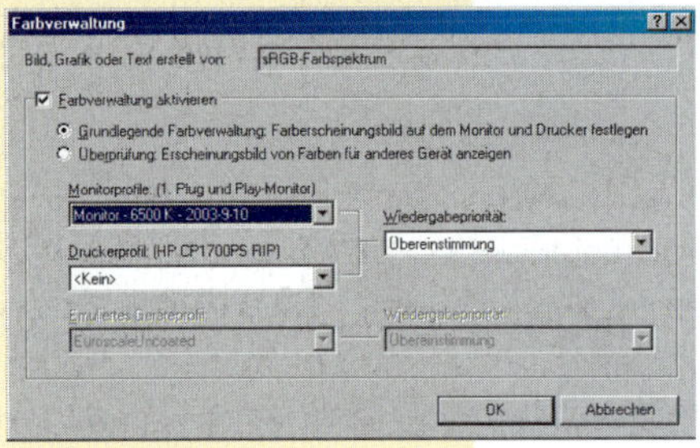

ICC-Profile verwenden

Wenn Sie mit ICC-Profilen in Paint Shop Pro arbeiten wollen, müssen Sie diese Unterstützung erst aktivieren. Den Dialog dazu finden Sie unter **Datei > Einstellungen > Farbverwaltung**.

Einschaltsache: Gerätebeschreibungen sind erst zu aktivieren.

Im RGB-Modus macht vor allem das Einschalten eines Monitorprofils Sinn. Bei Druckern schalten wir nur dann ein RGB-Profil ein, wenn es kein CMYK-Profil gibt.

ICC-Profile für den Heimgebrauch

Für viele Anwender ist folgender Kompromiss überlegenswert:

1. Vergessen Sie alle „Lösungen“, die sich auf rein Software-basierte Messungen stützen. Das Ergebnis wird zwangsläufig zu ungenau.
2. Installieren Sie das Monitorprofil Ihres Herstellers.
3. Prüfen Sie, ob sich diese Datei (in der Regel mit der Endung **.icm** oder **.icc**) im richtigen Verzeichnis Ihres jeweiligen Betriebssystems befindet, unter Windows XP Professional ist das meist **C:\WINDOWS\system32\Color**.

4. Aktivieren Sie dieses Monitorprofil.
5. Wenn Sie für Ihren heimischen Drucker ein Druckerprofil haben, verfahren Sie entsprechend dem Monitorprofil.
6. Bevor Sie Drucksachen an Ihre Druckerei liefern, erkundigen Sie sich dort nach den Separationseinstellungen oder lassen Sie diese von vornherein von einem Druckvorstufenbetrieb vornehmen. Stellen Sie die passenden Einstellungen unter **Datei > Einstellungen > CMYK-Konvertierungseinstellungen** ein.

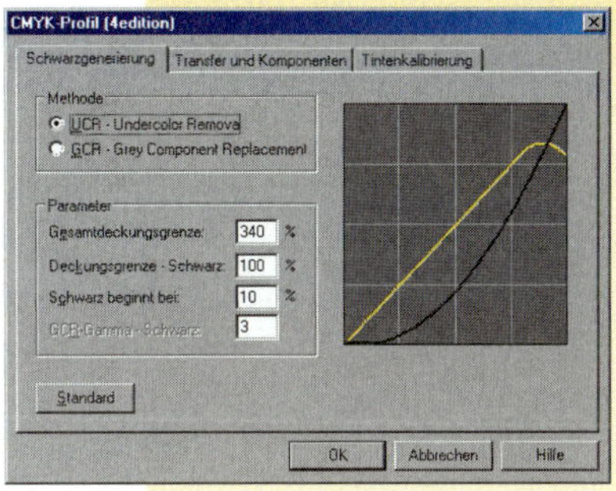

Eine Sache der Einstellung: Für die Farbseparation halten Sie sich an die Vorgaben der Druckerei.

Speichern Sie das Bild erst im RGB-Modus mit einem eindeutigen Namen, zum Beispiel Taxi_2004_RGB_201204.tif. Gehen Sie auf **Bild > Kanäle trennen > CMYK-Trennung**. Paint Shop Pro zeigt Ihnen vier einzelne Graustufen-Dateien, die entsprechend dem Farbauszug zum Beispiel **Schwarz1** für den Schwarzkanal heißen; **Magenta1** steht für den Magenta-Auszug usw.
Um das Bild beurteilen zu können, fügen Sie es wieder über **Bild > Kanäle kombinieren > CMYK-Kombination** zusammen.

(Um einen ersten Eindruck zu erhalten können Sie auch mit den Standardeinstellungen arbeiten. Die voreingestellte Gesamtdeckungsgrenze, also der maximale Farbauftrag, ist jedoch für gestrichenes 200-Gramm-Papier etwas wenig, für Zeitungspapier zu viel.)

Sicherheit geht vor: Die CMYK-Vorschau schützt vor unliebsamen Überraschungen.

Tipp:
Preiswerte ICC-Geräte-profil-Targets gemäß ISO 12641 (= IT 8.7/2 und 8.7/1) für unterschiedliche Betriebssysteme erhalten Sie unter:
www.targets.coloraid.de

ICC-Profile für Profis

Die oben beschriebene Verwendung der ICC-Profile ist ein pragmatischer Kompromiss, der Profis mit höchsten Qualitätsansprüchen kaum zufrieden stellen dürfte. Folgende Tipps sollten Profi-Anwendern als Checkliste dienen.

1. Vergessen Sie alle „Lösungen“, die sich auf rein Software-basierte Messungen stützen - schade um Ihre Zeit.
2. Vergessen Sie alle ICC-Profile, die der Hersteller ausliefert. Monitore zum Beispiel unterscheiden sich bereits innerhalb ein und derselben Baureihe!
3. Beauftragen Sie entweder eine Spezialfirma mit der Kalibrierung aller Geräte Ihrer digitalen Kette (z.B. Scanner, Monitor und Drucker). Alternativ gibt es eigene Messgeräte, die die Farbcharakteristik der Geräte Hardware-gestützt berechnen und dann per Software in eine exakte (!) Gerätebeschreibung ausgeben.
4. Da sich die Farbcharakteristik von Ausgabegeräten im Lauf der Zeit ändern kann, sollten Sie sich angewöhnen, die Gerätekalibrierung mindestens einmal pro Halbjahr durchführen zu lassen oder selbst durchzuführen.
5. Verwenden Sie exakt die Einstellungen, die Ihnen Ihre Druckerei für den Druck nennt.
6. Prüfen Sie die mit diesen Einstellungen erzeugte PostScript-Datei, indem Sie daraus eine PDF-Datei erzeugen und etwa in Acrobat betrachten - bei separierten Dateien die einzelnen Auszüge.
7. Bei kritischen Werken sollten Sie auf Nummer sicher gehen und Analogproofs machen lassen. Bei größeren Werken wäre ein Andruck auf dem verwendeten Material ideal.

Geräte selbst kalibrieren

Die Hardware-gestützte Erzeugung von Geräteprofilen verläuft im Prinzip so: Sie lesen eine Vorlage ein, die eine zuvor zu installierende Kalibrierungssoftware mit digital gespeicherten Werten für diese Vorlage vergleicht. Die Software vergleicht die Ist- mit den Sollwerten, berechnet die Abweichungen und speichert sie in einem Profil, das in der Regel automatisch in den entsprechenden Systemordner geschrieben wird.

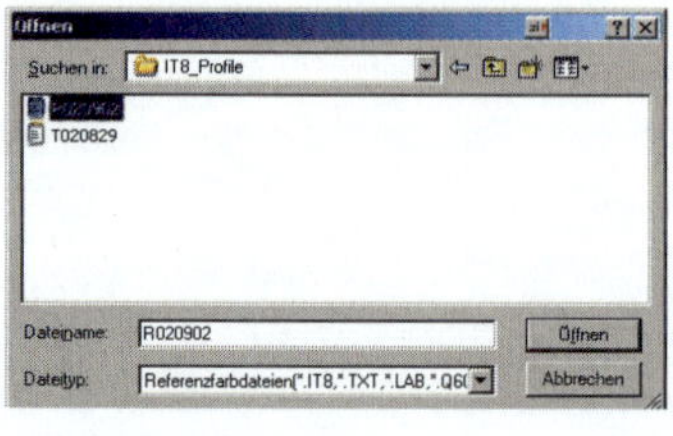

Eine Referenzdatei mit den Soll-Daten muss zum Abgleich mit den Ist-Werten vorliegen.

Für die Flachbettscanner-Kalibrierung benötigen Sie dazu mindestens eine genormte Vorlage – je eine IT-8-Aufsichtvorlage (Papierabzug) und eine Durchlichtvorlage (Dia), wenn der Scanner beides unterstützt.

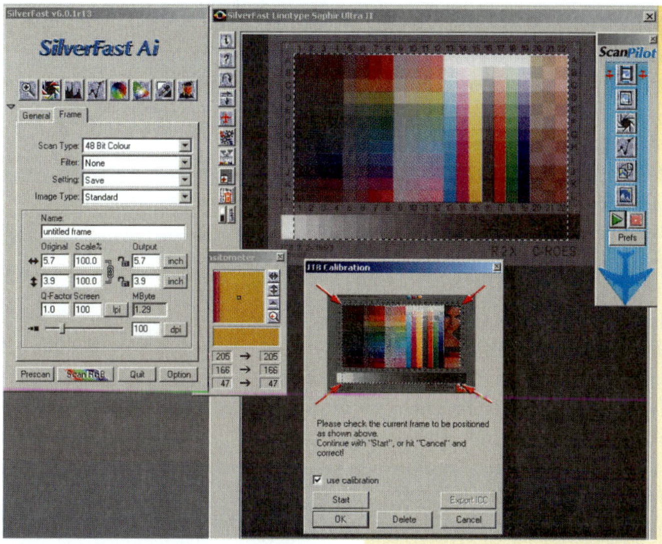

Eine gescannte IT-8-Vorlage dient dem Abgleich mit den Referenzdaten.

Diese Vorlage lesen Sie mit dem Scanner ein, die Software errechnet damit das Profil.

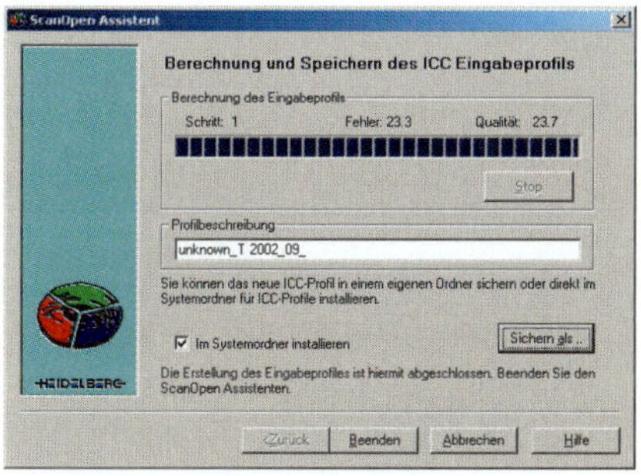

Das errechnete Profil sollten Sie sich aufschreiben. Der Name lässt sich oft noch ändern.

Für die Monitorkalibrierung schließen Sie das Messgerät erst an den Computer an. Danach stellen Sie Ihren Monitor erst auf maximale Helligkeit und Kontrast und passen eventuell die Farbtemperatur an.

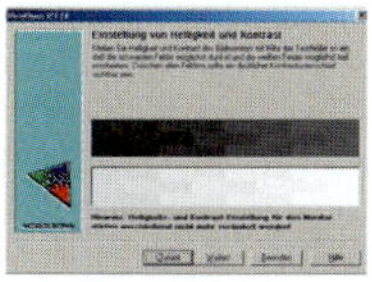

*Vor der eigentlichen Monitorkalibrierung stellen Sie **Helligkeit und Kontrast** in Ihren Monitoreinstellungen ein.*

Der Software-Assistent führt Sie dann durch den Kalibrierungsvorgang, in dessen Verlauf Sie das Maus-ähnliche Messgerät auf die Monitoroberfläche halten, damit es die Istwerte messen kann.

Knackige Schwarzweißbilder

Der einfachster Weg, um ein RGB- in ein Graustufenbild zu wandeln führt über Bild > Graustufen. Das Problem dabei: Paint Shop Pro verwendet dazu ein festes Umrechnungsverhältnis. Dieses kann, muss aber keineswegs, zum bestmöglichen Ergebnis führen. Wesentlich besser fahren Sie, wenn Sie selbst Hand anlegen. Rufen Sie Anpassen > Farbbalance > Kanäle mischen auf und aktivieren Sie die Option Monochrom. Klicken Sie auf Maximieren, damit Sie das Ergebnis in einem ausreichend großen Vorschaufenster sehen können und stellen Sie die Schieberegler so ein, dass Sie die ideale Mischung für die Graustufenumwandlung finden.

Farbfeldermessung bei der Monitorkalibrierung

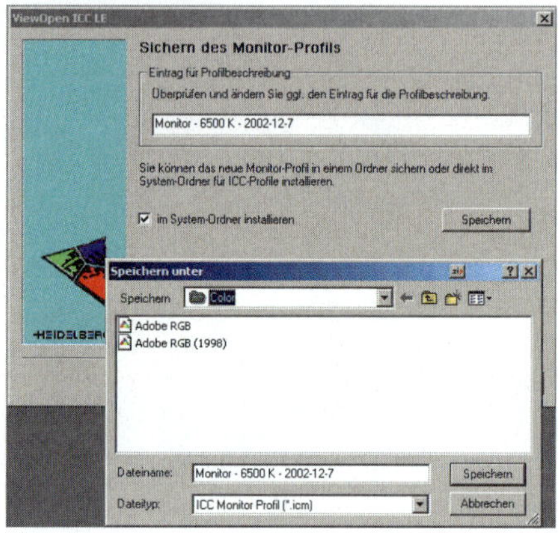

Aktivierte Profile erscheinen als weiß hinterlegte Icons. Damit Paint Shop Pro die Profile finden kann, sind sie im Systemordner zu installieren.

Um ein ICC-Profil für einen Drucker zu erzeugen, drucken Sie eine Vorlage, die Sie mit einem Messgerät messen. Der Vorgang ähnelt weitgehend der Monitorkalibrierung.

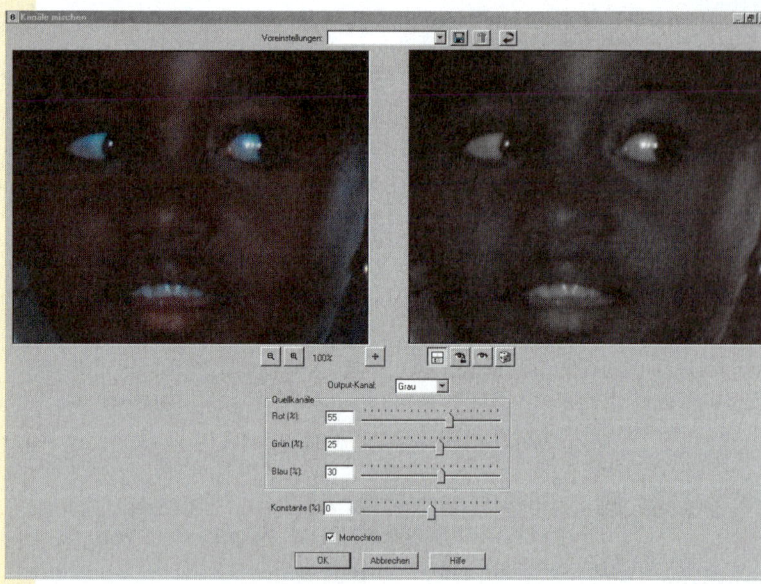

Präzisionswerkzeug: Durch gezieltes Zuweisen der Farbanteile wandeln Sie ein Farbfoto optimal in ein Graustufenbild um.

Maltechniken

Paint Shop Pro bietet neben den starken Tools zur Bildbearbeitung auch eine umfangreiche Mal-Engine. Mit den vordefinierten oder eigenen Pinseln verändern Sie Ihre Fotos oder erstellen virtuelle Kunstwerke.

5

Auf der Buch-CD
Die Beispiele für dieses Kapitel finden Sie auf der Buch-CD im Ordner Malen.

Pinselspitzen justieren

In Paint Shop Pro finden Sie eine Vielzahl von vordefinierten Pinselspitzen. Mit eigenen Pinseln erweitern Sie die bereits vorhandene Auswahl. Hierzu ändern Sie die Parameter der aktuellen Pinsel oder definieren neue Pinselspitzen aus eigenen Formen und speichern diese.
Alle Pinselvarianten verbergen sich hinter dem **Standardpinsel**. Um ihn zu wählen, klicken Sie in der **Werkzeugleiste** auf das siebte Symbol von oben, den Pinsel mit der blauen Spitze.

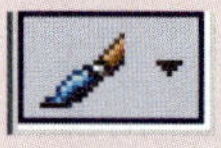

In der Leiste **Werkzeugoptionen** befinden sich alle Parameter, mit denen Sie den Pinsel justieren. Ein Klick auf das kleine Dreieck der Schaltfläche rechts neben den **Voreinstellungen** öffnet das Klappmenü, das die voreingestellten Pinselspitzen zeigt.

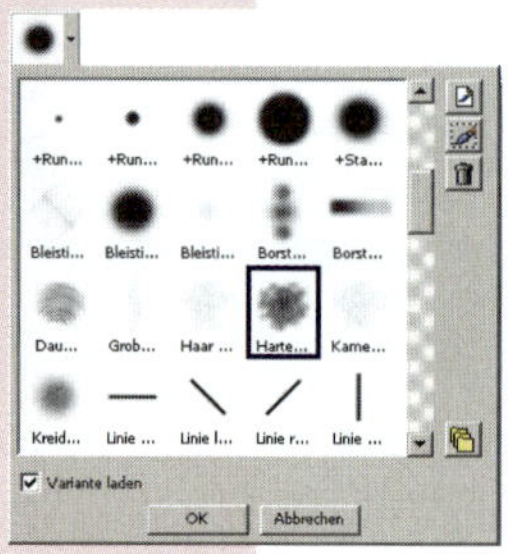

Die verschiedenen Pinselspitzen bestehen aus kleinen Schwarzweiß-Bildern.

Ein Pinsel besteht aus einer Reihe unterschiedlicher Informationen. Neben der Form der Pinselspitze sind für das eigentliche Aussehen eines gemalten Strichs weitere Einstellungen Ausschlag gebend. So stellen Sie in den **Werkzeugoptionen** zum Beispiel auch die **Größe**, die **Härte** oder die **Deckfähigkeit** ein.
Steht Ihnen ein Zeichenbrett zur Verfügung, beeinflussen Sie zusätzlich das Aussehen der gemalten Linie durch **Druck**, **Neigung** oder **Richtung**. Öffnen Sie unter **Ansicht > Paletten** die **Pinselvarianten** oder drücken Sie die Funktionstaste **F11**.

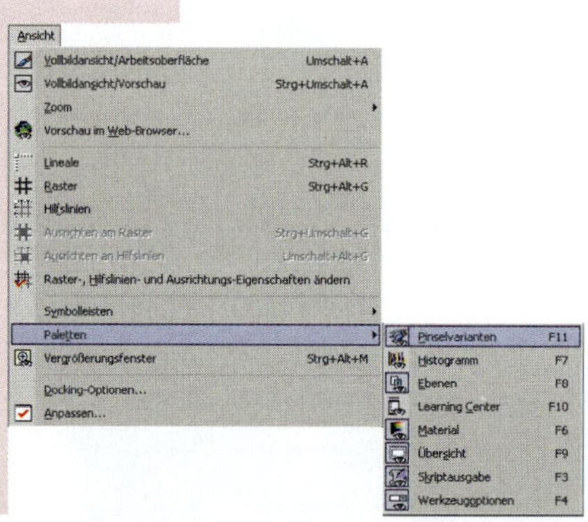

*Die **Pinselvarianten** öffnen Sie unter **Ansicht > Paletten**.*

In der Palette **Pinselvariante** erscheinen unter **Option** alle einstellbaren Parameter der gewählten Pinselspitze. Parameter, die bei der gewählten Pinselspitze nicht einzustellen sind, sind hellgrau hinterlegt. Mit einem Klick auf das Dreieck bei **Einstellung** öffnet sich ein Klappmenü. Treffen Sie hier die gewünschten Einstellungen zu den einzelnen Parametern.

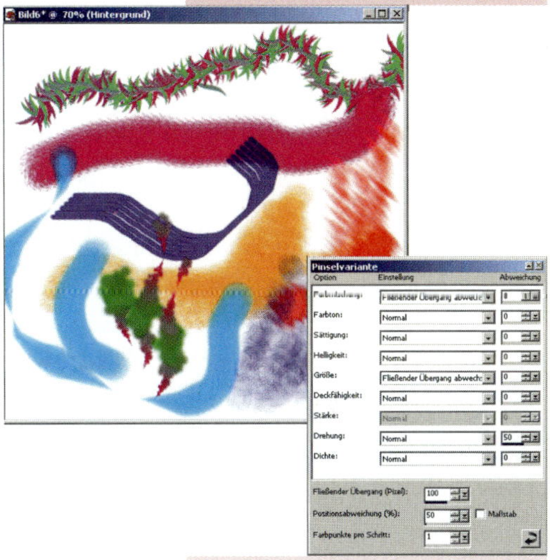

Links oben: Verschiedene Pinselspitzen. Rechts unten: In den Pinselvarianten ordnen Sie Druck oder Neigung verschiedenen Pinsel-Optionen zu.

Zu den verschiedenen einstellbaren Optionen in den Pinselvarianten gehören unter anderem **Farbfluss**, **Strichstärke**, **Größe**, **Helligkeit** oder **Mischverhältnis**. Haben Sie bei einer dieser Optionen eine Einstellung wie **Druck** oder **Neigung** gewählt, bestimmen Sie den Grad der Abweichung. Unter **Abweichung** wählen Sie einen Wert zwischen **0** und **1000**. Mit kleineren Werten ist die Abweichung nur gering, große Werte erzeugen eine hohe Abweichung.

Wählen Sie etwa bei **Farbmischung** die Einstellung **Fließender Übergang (ein)**, mischen Sie zu der Vordergrundfarbe am Anfang des Strichs die aktuell eingestellte Hintergrundfarbe. Ein höherer Wert bei Abweichung lässt die Hintergrundfarbe über eine längere Strecke durchscheinen.

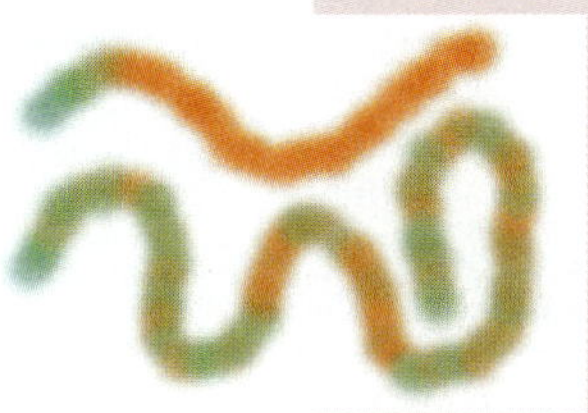

*Bei beiden Linien ist die Einstellung **Fließender Übergang (ein)** aktiv. Die obere Kreide-Linie hat einen Wert unter **Abweichung** von **2**, die untere von **60**. Oben ist die Hintergrundfarbe nur zu Beginn beigemischt, unten hingegen scheint sie die gesamte Strichlänge durch.*

Einstellungen, die sich auf den gesamten Pinsel beziehen, wie **Größe**, **Härte** oder **Transparenz**, nehmen Sie direkt in der Leiste **Werkzeugoptionen** vor. Es bestehen drei verschiedene Möglichkeiten, den jeweiligen Parameter zu justieren:

* Die **gezielte Eingabe** einer Zahl über das Eingabe-Feld. Markieren Sie die Zahl und geben Sie den neuen Wert ein. Alternativ wählen Sie per Pfeiltasten rechts neben dem Eingabe-Feld die gewünschte Zahl.
* **Stufenlose Eingabe** per Schieberegler. Unterhalb des Zahlen-Eingabefelds befindet sich ein schmaler blauer Balken. Sie verschieben ihn mit gedrückter linker Maustaste.
* Eine **vordefinierte Einstellung** wählen. Klicken Sie hierzu auf den Pfeil am rechten Ende des Eingabe-Feldes. In einem Klappmenü sehen Sie die verschiedenen Einstellungen.

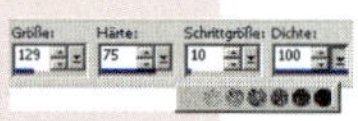

Die Pinseleinstellungen regeln Sie per Zahleneingabe, über Schieberegler oder Sie wählen einen vorgegebenen Wert.

Interessante Effekte erzielen Sie, indem Sie verschiedene Mischmodi wählen. Diese zeigen sich besonders beim Bemalen von bereits gefärbten Flächen. So verändern Sie etwa auf einem Foto gezielt bestimmte Bildteile, indem Sie einen anderen Modus wählen. Ein Mischmodus erhält das eigentliche Motiv und verändert beim Malen lediglich die Farbgebung.

Pinseltest rechts: Per Mischmodus ***Sättigung*** *erstrahlen Nest, Steine und Himmel in leuchtenden Farben.*

Arbeiten mit Pinsel, Materialien und Mustern

Neben den verschiedenen Pinselspitzen stehen Ihnen unterschiedliche Muster und Texturen zur Gestaltung Ihrer Kunstwerke zur Verfügung. So erzeugen Sie Strukturen im Pinselstrich nicht nur über die Pinselspitze, sondern auch durch eine **Textur**. Eine Textur bestimmt, in welchem Bereich die gewählte Farbe erscheint. Das Muster ersetzt die Farbe durch ein Bild.

Beim Programmstart befindet sich die **Materialpalette** am rechten Rand der Bedienungsoberfläche. Klicken Sie in der **Materialpalette** auf ein Farbfeld der **Vordergrundfarbe** um das Fenster **Materialeinstellungen** zu öffnen. Auf drei Registerkarten regeln Sie **Farbe**, **Farbübergang** und **Muster**.

Info:
Beim Malen mit Texturen ist nur die Vordergrundfarbe ausschlaggebend. Das schwarzweiße Textur-Bild sorgt für transparente Bereiche innerhalb des Pinselstrichs. An den transparenten Stellen scheint der im Hintergrund vorhandene Bildausschnitt durch.

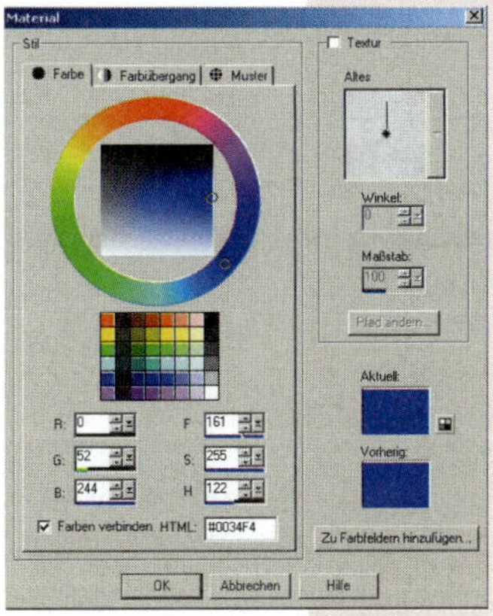

*Das Material zum Malen definieren Sie in den **Materialeinstellungen** aus **Farbe**, **Farbübergängen** und **Mustern**.*

Die Textur legen Sie auf der rechten Seite in den **Materialeinstellungen** fest. Aktivieren Sie die Option **Textur** und wählen Sie in dem Klappmenü eine Textur. Einer Textur liegt ein Schwarzweiß-Bild zugrunde, welches die transparenten, bzw. opaken (opak = deckend) Teile der Linienführung definiert. Bemalen Sie etwa die Fläche mit einem Pinsel, dem Sie die Textur **Äste 01** zuweisen, erhalten Sie an den bemalten Stellen eine Struktur, die auf dem Boden liegenden Geäst ähnelt.

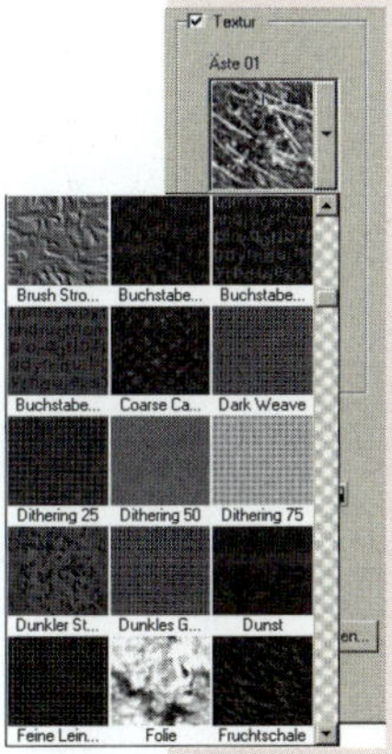

*Um mit Strukturen zu malen, aktivieren Sie in den **Materialeinstellungen** die **Textur**.*

Info:
Wenden Sie die Funktion Negativbild ein zweites Mal an, erhalten Sie wieder das Original.

Info:
Damit Paint Shop Pro ein Bild als Textur erkennt, muss die Datei im richtigen Dateiformat vorliegen, andere Formate erkennt die Software nicht als Textur. Auch ist es nötig, das Bild im richtigen Ordner zu speichern.

Info:
Indem Sie mit einem Duplikat der Hintergrundebene arbeiten, können Sie jederzeit auf das Original zurückgreifen. Nähere Informationen zu den Ebenen finden Sie in Kapitel 8, Bilder montieren.

Fläche mit eigener Textur füllen

Die Palette der vorhandenen Texturen erweitern Sie durch eigene und gewinnen so weitere Gestaltungsmöglichkeiten.
Im folgenden Beispiel erzeugen Sie einen Pinsel, dem als Textur ein Ballon zugrunde liegt.
Wählen Sie von der Buch-CD, im Ordner **Malen**, das Bild **Ballon**. Es zeigt einen gelbblauen Fesselballon auf weißem Hintergrund. Sie benötigen das Bild für die Pinseltextur in Graustufen. Wählen Sie im Menü **Bild > Graustufen**.

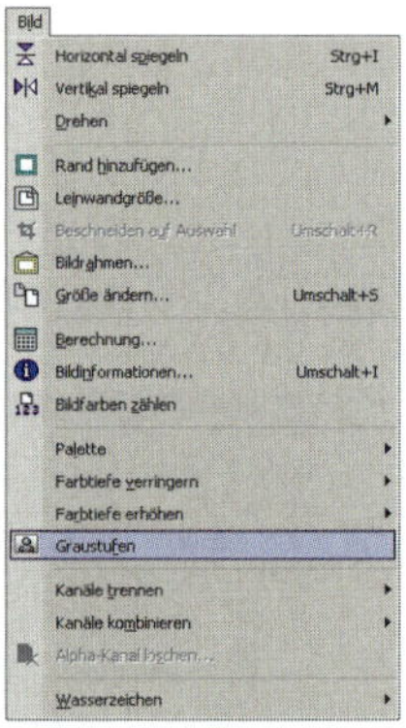

Ein Graustufenbild dient als neue Pinseltextur.

Eine Pinseltextur definiert Weiß als deckend, Flächen in Schwarz hingegen erscheinen transparent. Es gibt zwei Möglichkeiten, den Hintergrund schwarz zu färben:
* Den Hintergrund auswählen, etwa mit dem Zauberstab, und schwarz füllen
* Ein Negativ erstellen
Ein Schwarzweiß-Negativ wandelt Hell zu Dunkel und umgekehrt. Bei manchen Bildern ist diese Methode nicht ratsam, da sie zu unerwünschten Ergebnissen führen kann. So wirkt etwa das Negativ eines Gesichtes mit schwarzen Zähnen und weißen Haaren eher gespenstisch als natürlich. Bei einem Ballon ist die Hell-Dunkel-Verteilung unproblematisch. Wählen Sie **Anpassen > Negativbild**.

Als Negativ erhält der Ballon einen schwarzen Hintergrund, der so in der Textur den Hintergrund durchscheinen lässt.

Speichern Sie das Negativ im Texturen-Ordner. Wählen Sie unter **Datei > Speichern unter**. Suchen Sie im Ordner **Jasc Software Inc > Paint Shop Pro 8** den Unterordner **Texturen**. Wählen Sie als Dateityp **Windows oder OS/2 Bitmap (bmp)**.

Öffnen Sie mit einem rechten Mausklick auf die Vordergrundfarbe das Fenster **Material**. Aktivieren Sie die Option **Textur**. Mit einem Mausklick auf das Dreieck neben der Textur-Vorschau öffnen Sie das Klappmenü, das die verschiedenen Texturbilder enthält. Wählen Sie den **Ballon**.

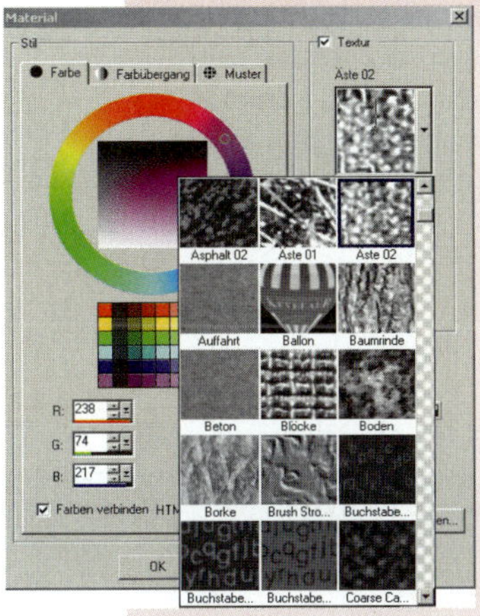

*Haben Sie ein Bitmap im Ordner **Texturen** gespeichert, steht Ihnen das Bild als Textur zur Verfügung.*

Füllen Sie nun den Himmel eines weiteren Bilds mit mehreren Fesselballons. Wählen Sie etwa von der Buch-CD, im Ordner **Malen**, das Bild **Leuchtturm.tif**. Duplizieren Sie die Ebene. Klicken Sie in der Ebenen-Palette auf die zweite Schaltfläche von rechts.

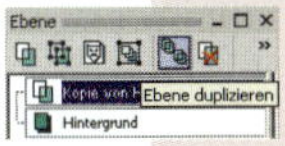

Arbeiten Sie möglichst auf einer Kopie des Hintergrundes, um das Original zu schützen.

Die Ballons können Sie auf zwei verschiedene Arten steigen lassen:
* Eine Auswahl des Himmels mit dem erstellten Material füllen
* Den Himmel mit dem Standardpinsel bemalen

Erstellen Sie für beide Varianten mit dem **Zauberstab** eine Auswahl des Himmels. Den **Zauberstab** finden Sie in der **Werkzeugleiste** an vierter Stelle von oben. Wählen Sie eine **Toleranz** von etwa **15**. Mit gedrückter **Shift**-Taste fügen Sie der Auswahl weitere Bereiche hinzu.

Mit dem Zauberstab wählen Sie Flächen der gleichen Farbe.

Tipp:
Wandeln Sie die Auswahl unter Auswahl > Umwandeln in Ebene in eine eigene Ebene um. Sie haben so den Himmel getrennt vom Boden und Leuchtturm und können ihn nach Belieben weiter gestalten.

* Eine Auswahl des Himmels mit dem erstellten Material füllen: Um den Himmel gleichmäßig mit Ballons zu füllen, wählen Sie das **Füllwerkzeug**. Es befindet sich in der **Werkzeugleiste**, direkt über dem **Textwerkzeug**.

Bearbeiten Sie das Material der Ballons. Öffnen Sie in der **Materialpalette** mit einem Klick auf die Vordergrundfarbe das Fenster **Material**. Vergewissern Sie sich, dass die Textur aktiv und die Textur **Ballon** gewählt ist. Belassen Sie den Wert bei Winkel bei **0**. Geben Sie bei **Maßstab** einen Wert von etwa **80** ein.

Wählen Sie unter **Stil** das Register **Farbübergang**. Suchen Sie den Übergang **Mehrfach gelb**. Wählen Sie als **Stil linear**. Bei **Winkel** und **Wiederholungen** bleibt der Wert bei **0**.

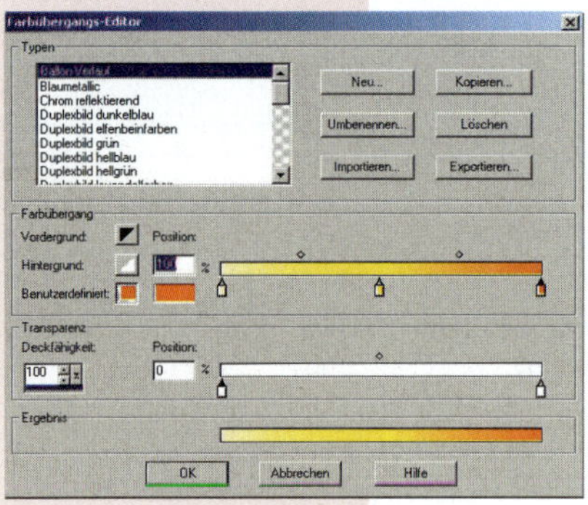

Raffinierte Ergebnisse erzielen Sie der Kombination von Verlauf und Textur.

Bearbeiten Sie den Verlauf. Öffnen Sie den **Farbübergangs-Editor** mit einem Klick auf die Schaltfläche **Bearbeiten** unter der Verlaufsvorschau. Klicken Sie unter **Typen** auf **Kopieren**. Geben Sie der Verlaufs-Kopie den Namen **Ballon-Verlauf**. Wählen Sie unter **Farbübergang** die rechte Farbe, das schmutzige Gelb. Wählen Sie bei **Benutzerdefiniert** das zweite, etwas größere Feld. Beim Darüberfahren mit der Maus wandelt sich der Cursor zu einer Pipette. Öffnen Sie per rechten Mausklick das Fenster **Farbe**. Stellen Sie ein sattes Orange ein.

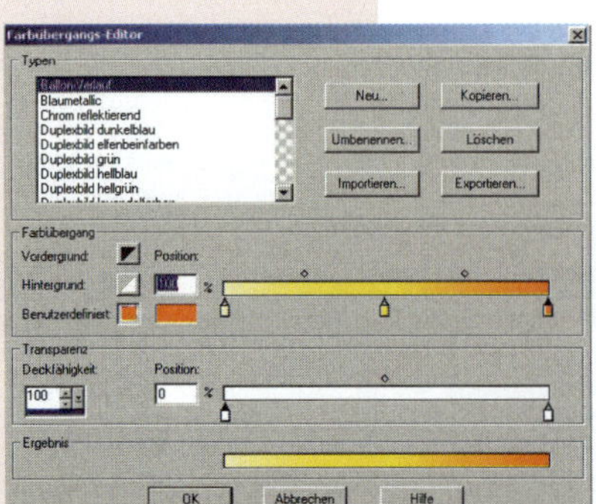

*Vorgegebene Verläufe ändern Sie im **Farbübergangs-Editor**.*

Schließen Sie den **Farbübergangs-Editor** sowie das Fenster **Material** mit einem Klick auf **OK**. Klicken Sie mit dem **Farbfüllungswerkzeug** in die Auswahl des Bilds. Am Himmel erscheinen in zwei Reihen bunte Ballons.

Das Ballon-Muster bedeckt gleichmäßig die Auswahl des Himmels.

* Den Himmel mit dem **Standardpinsel** bemalen:
Interessante Effekte erzielen sie mit verschiedenen Textur-Variationen, die Sie mit dem **Standardpinsel** direkt in den Himmel malen. Ändern Sie im Fenster **Material** den Winkel und den Maßstab der Textur. Wählen Sie in den **Werkzeugoptionen** verschiedene Mischmodi.

Malen Sie mit dem Pinsel das Muster direkt in die Auswahl, erzielen Sie interessantere Effekte.

Eigene Musterpinsel definieren

Neben dem Malen mit Texturen können Sie Bilder auch als Muster definieren. Anders als beim Malen mit Texturen, bleiben beim Malen mit dem Muster alle Farbinformationen erhalten.
Öffnen Sie das Bild **Ballon** von der Buch-CD, im Ordner **Malen**. Öffnen Sie das Fenster **Material** Register **Muster**. In der Liste **Aktuelles Muster** sehen Sie neben den fertigen Mustern den Ballon.

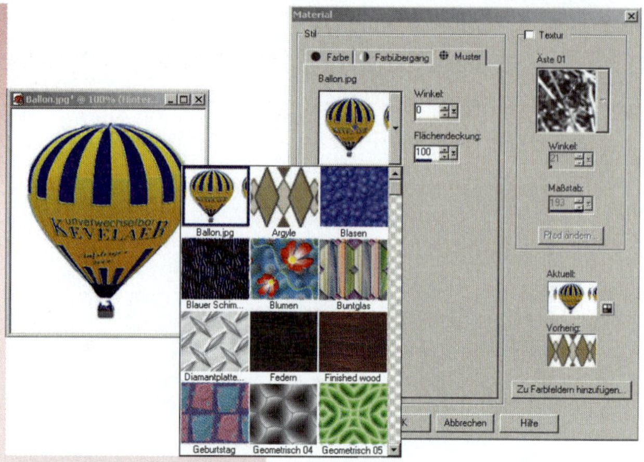

*Jedes aktuelle Bild steht im Fenster **Material**, Register **Muster**, als Muster zur Verfügung.*

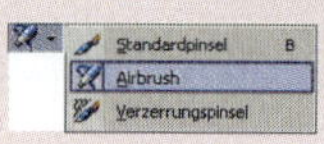

Aktivieren Sie das Muster **Ballon**. Öffnen Sie zum Testen des Musterpinsels ein weiteres Bild. Malen Sie mit dem **Standardpinsel** oder **Airbrush** auf das zweite Bild. Der **Airbrush** befindet sich hinter dem **Standardpinsel**. Um ihn zu benutzen, klicken Sie in der **Werkzeugleiste** auf das kleine Dreieck neben dem **Standardpinsel**.

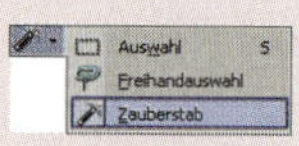

Sie übertragen beim Malen nicht nur den Ballon, sondern auch den weißen Hintergrund. Um nur den Ballon als Muster zu definieren, muss er sich auf einem transparenten Hintergrund befinden.
Wählen Sie in der **Werkzeugleiste** den **Zauberstab**.

Klicken Sie mit dem **Zauberstab** in die weiße Fläche des Bilds **Ballon**. Kehren Sie die Auswahl um.

*Den Ballon wählen Sie mit dem Befehl **Auswahl > Umkehren**.*

Kopieren Sie die Auswahl in die Zwischenablage (Tastaturkürzel: **Strg + C**). Indem Sie die Auswahl mit **Strg + V** wieder einfügen, platzieren Sie sie in einem neuen Dokument. Speichern Sie das neue Dokument unter dem Namen **Ballon_freist** im Ordner **Paint Shop Pro 8 > Muster als Paint Shop Pro Image (pspimage)**.

Ein neues Dokument zeigt den Ballon auf transparentem Hintergrund.

Im Fenster **Material** Register **Muster** steht Ihnen nun der Ballon mit transparentem Hintergrund zur Verfügung.

Bilder stempeln

Gegenstände als Muster auf ein Bild zu stempeln, ist oft eine mühsame Angelegenheit - besonders, wenn die Objekte im Ganzen auf der Bildfläche erscheinen sollen. Viel einfacher erweist sich in solchen Fällen der **Bildstempel**.
Den **Bildstempel** finden Sie in der **Werkzeugleiste**, direkt unter dem **Löschwerkzeug**.

In den **Werkzeugoptionen** finden Sie eine große Auswahl an fertigen Bildstempeln. So malen Sie etwa eine Reihe zusammengehöriger Objekte auf die Bildfläche oder erstellen dreidimensionale Röhrengebilde. Sie schmücken die Geburtstagstorte zusätzlich mit vielen bunten Smarties, beleben die Sommerwiese mit Käfern und Spinnen oder fügen dem bewölkten Nachthimmel einen eindrucksvollen Blitz hinzu.

Surreal: Flammen lodern in einem Blütenkelch.

Sollten Sie zwischen Feuer, Blitz und Insekten nicht Ihr gewünschtes Motiv finden, bauen Sie eigene Bildstempel.

Bei einem Bildstempel setzen Sie jedes Stempelelement in eine eigene Zelle. Sie können beliebig viele Zellen nebeneinander stellen und diese mit unterschiedlichen Objekten füllen. Als Begrenzung der Zellen dient ein Raster, welches Sie individuell an die Größe der Objekte anpassen.

In der folgenden Übung bauen Sie aus dem Ballon einen Bildstempel.

1. Legen sie unter **Datei > Neu** ein neues Dokument an. Wählen Sie im Fenster **Neues Bild** bei Bildabmessungen als Einheit **Pixel**. Geben Sie bei **Breite** den Wert **400**, bei **Höhe** den Wert **480** ein. Es ist jeweils doppelt so groß, wie das Original des Ballons, sodass der Stempel aus insgesamt vier Ballon-Varianten besteht. Wählen Sie eine **Auflösung** von **72 Pixel/Zoll**. Unter **Bildeigenschaften** aktivieren Sie den **Rasterhintergrund** und eine **Farbtiefe** von **16 Millionen Farben (24Bit)**. Aktivieren Sie das Kontrollkästchen **Transparent**.

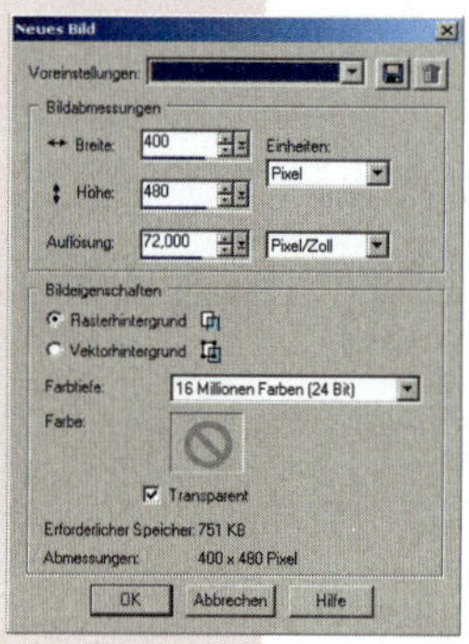

Für den eigenen Bildstempel benötigen Sie ein neues Dokument.

2. Ändern Sie die Zellengröße. Wählen Sie **Ansicht > Raster > Hilfslinien und Ausrichtungseigenschaften ändern**, Register **Raster**. Geben Sie bei den aktuellen Bildeinstellungen unter **Position** dem **Horizontalen Raster** einen Wert von **200** Pixeln, dem **Vertikalen Raster** einen Wert von **240**. Blenden Sie, falls nicht sichtbar, unter **Ansicht > Raster** das Raster ein.

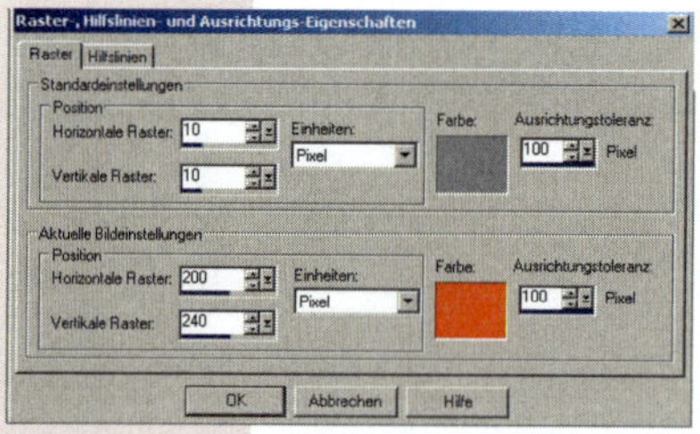

Die Größe der Zelle richtet sich nach der Bildgröße des Stempelelements.

3. Öffnen Sie von der Buch-CD das Dokument **Ballon_Stempel**. Wählen Sie das gesamte Bild (Tastaturkürzel **Strg + A**) und kopieren Sie es in die Zwischenablage (**Strg + C**). Fügen Sie den Ballon unter **Bearbeiten > Einfügen > Einfügen als neue Auswahl** in das neue Bild mit den vier Zellen ein (**Strg + E**). Schieben Sie den Ballon in die erste Zelle links oben.

Der gelb-blaue Ballon füllt die erste Zelle.

4. Verändern Sie die Farbe des Ballons im Bild **Ballon_Stempel**. Unter **Anpassen > Farbton und Sättigung > Farbton/Sättigung/Helligkeit** ändern Sie die Farbe der Ballonhülle per Schieberegler. Stellen Sie eine neue Farbkombination mit dem oberen horizontalen Schieberegler ein. Fügen Sie den Ballon als neue Auswahl in die nächste Zelle ein.

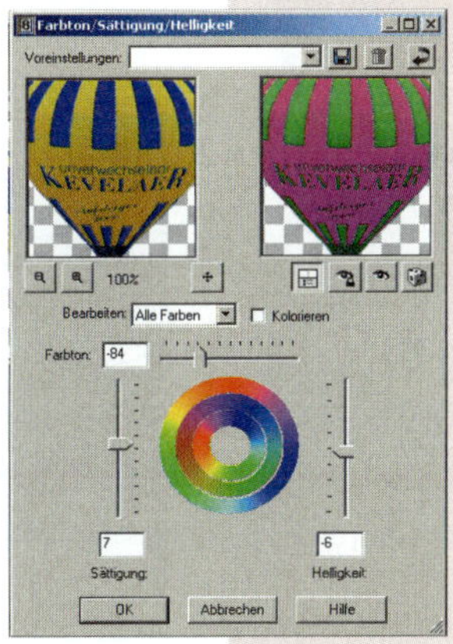

*Per **Farbton/Sättigung/Helligkeit** färben Sie weitere Ballons.*

5. Färben Sie zwei weitere Ballons für die leeren Zellen.

Vier bunte Ballons zum Stempeln

6. Exportieren Sie die Ballons. Wählen Sie **Datei > Exportieren > Bildstempel**. Geben Sie bei **Zellenanordnung** unter **Horizontal** und **Vertikal** jeweils den Wert **2** ein. Belassen Sie die Werte der **Platzierungsoptionen**. Sobald sie den Stempel anwenden, können Sie die Werte individuell in der Leiste **Werkzeugoptionen** einstellen.

Schatten werfen

Viele der fertigen Bildstempel haben einen Schlagschatten. Sie können auch die Ballons mit einem Schatten versehen. Wählen Sie hierzu unter Effekte > 3-D-Effekte > Schlagschatten

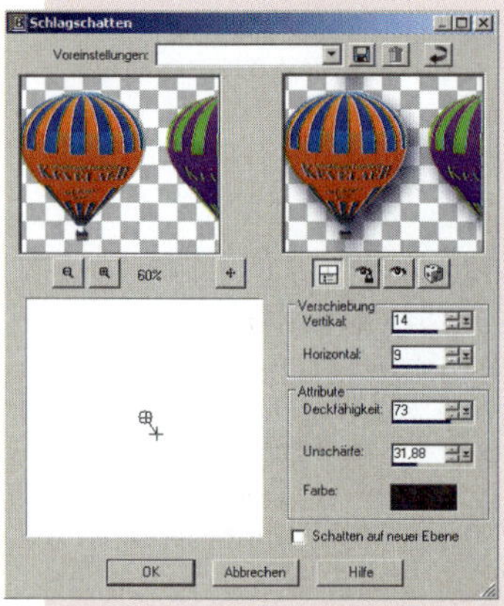

Realistisch kann dieser Schatten bei einem Motiv mit dem Himmel im Hintergrund jedoch nicht wirken: Der Schatten eines Fesselballons ist je nach Sonnenstand perspektivisch verzerrt auf dem Boden zu sehen, nicht aber am Himmel. Schöne Effekte jedoch erzielen Sie mit einem Schlagschatten, der auf einen senkrechten Gegenstand fällt.

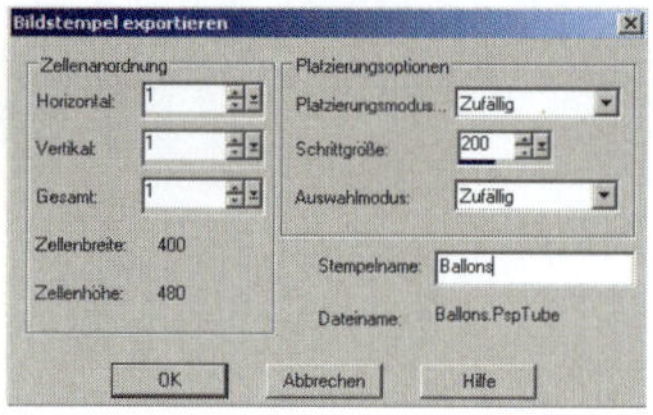

*Die **Platzierungsoptionen** legen Sie beim Stempeln in den Werkzeugoptionen fest.*

7. Öffnen Sie ein Bild, dessen Himmel Sie mit Ballons schmücken möchten, etwa das Bild **Leuchtturm** von der Buch-CD im Ordner **Malen**. Wählen Sie das **Bildstempel-Werkzeug**. Justieren Sie **Maßstab**, **Schrittgröße** und **Platzierungsmodus**. Malen Sie die Ballons in den Himmel.

Der Szene verleihen Sie mehr Tiefe, indem Sie die Ballons am Horizont mit einem kleineren Maßstab malen.

Praxistipps für's Malen am PC

1. Monitor

Arbeiten Sie möglichst an einem großen Monitor, etwa 19 Zoll, besser noch größer. Steht Ihnen nur ein kleiner Monitor zur Verfügung, betrachten Sie das Bild öfters in der Vollbildansicht. (Kürzel: **Strg + Umschalttaste + A**). Sie sehen so Ihr Werk ohne störende Paletten und Leisten.

Ideal zum Arbeiten sind zwei Monitore. Schieben Sie alle Paletten auf einen Monitor. Der zweite größere Bildschirm dient allein der Arbeitsfläche.

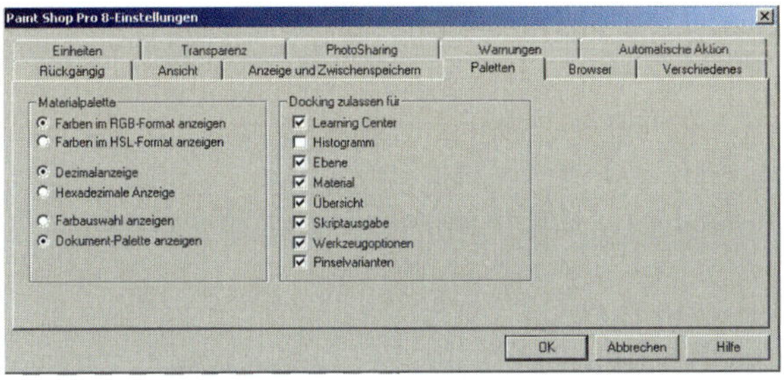

In den Voreinstellungen eisten Sie Leisten und Paletten von der Arbeitsfläche frei.

2. Grafiktablett

Möchten Sie sich als echter Künstler betätigen, erzielen Sie die besten Ergebnisse mit einem Grafik-Tablett. Gerade Optionen wie Drucksensitivität, Neigung oder Richtung unterstützt Paint Shop Pro 8 zuverlässig.

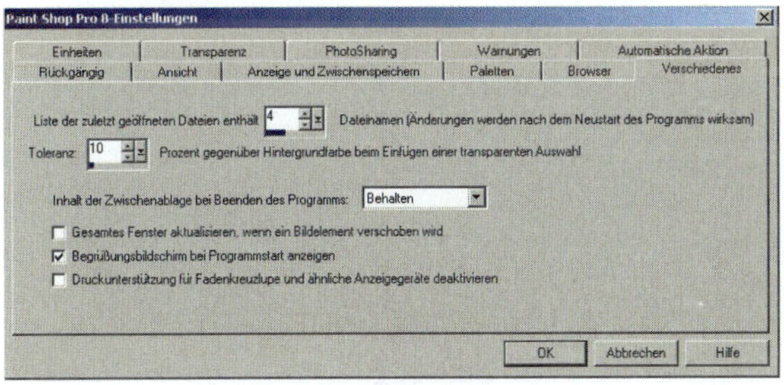

3. Bildgröße richtig wählen

Die Anzahl der Bildpunkte (am Monitor Pixel, im Druck Dots) bestimmen die Auflösung des Bildes und damit auch die Dateigröße: Je feiner die Auflösung, desto größer die Datei.

Info:

Angedockte Paletten und Leisten entdocken Sie, indem Sie sie aus der Arbeitsoberfläche herausziehen. Klicken Sie mit der linken Maustaste in das obere Feld der Paletten. Bei horizontalen Leisten befindet sich die Fläche zum Ziehen an der Seite. Sie erkennen die Fläche zum Ziehen an den drei grauen parallelen Linien. Möchten Sie die Paletten immer freistehend haben, etwa bei der Arbeit an zwei Monitoren, wählen Sie Ansicht > Docking-Optionen. Es öffnet sich das Fenster mit den Voreinstellungen. Wählen Sie das Register Paletten. Löschen Sie die Aktivierung für die Paletten, die immer frei stehen sollen unter Docking zulassen für.

Tipp:

Um auch mit dem Stift am Grafiktablett die Anzeigegeräte verwenden zu können, deaktivieren Sie unter Datei > Einstellungen > Allgemeine Programmeinstellungen, Register Verschiedenes die Option Druckunterstützung für Fadenkreuzlupe und ähnliche Anzeigegeräte deaktivieren.

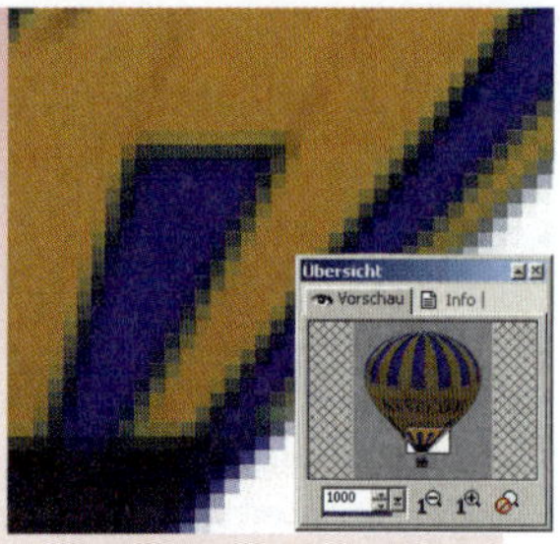

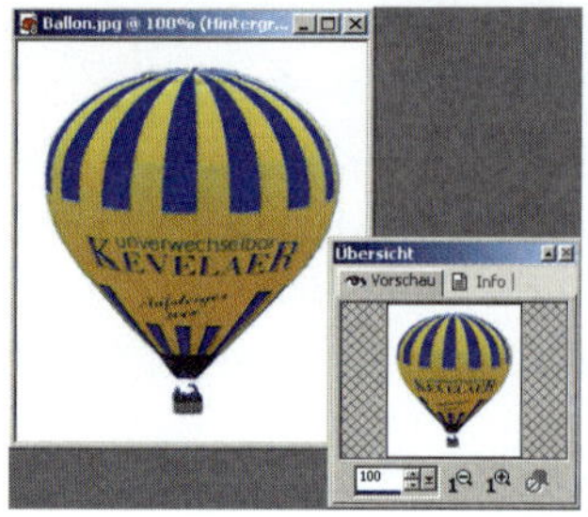

*Zoomen Sie in das Bild hinein, sehen Sie die einzelnen Bildpunkte in Form von kleinen Quadraten. In der Palette **Übersicht** sehen Sie den jeweiligen Ausschnitt des Bilds.*

Die Auflösung ist abhängig vom gewählten Medium. Soll Ihr Kunstwerk etwa eine Web-Site schmücken, wählen Sie in der Regel eine Auflösung von 96 dpi. Im Print-Bereich bestimmt die Größe des zu bedruckenden Materials sowie der Verwendungszweck die Auflösung. Für hochwertige Kunstdrucke etwa brauchen Sie (einschließlich Qualitätsfaktor) eine Auflösung von mindestens 300 dpi, Plakate kommen mit einer weit geringeren Auflösung aus.

4. Hoch- oder Querformat?

Wählen Sie das Verhältnis von Breite zu Länge Ihrem Motiv entsprechend. Querformate eignen sich gut für Landschaftsaufnahmen die eine große Weite vermitteln. So ist unser Auge an die Lese-Richtung gewöhnt: der Blick geht automatisch von links nach rechts und erfasst zunächst alle Details, die auf einer horizontalen Linie in der Bildmitte liegen. Anders beim Hochformat: Hier geht der Blick in der Mitte des Bildes von oben nach unten. Auch ein quadratisches Format hat durchaus seinen Reiz, da der Blick sich auf einen einzigen Punkt in der Mitte konzentriert.

Das oben verwendete Querformat eignet sich gut für Panorama-Aufnahmen.

Das Hochformat im linken Bild steuert die Blickführung von oben nach unten. Der Betrachter konzentriert sich so auf den Baum und den Zaun im Vordergrund.

Wirkungsvoll bei Detailaufnahmen: Bei dem quadratischen Bild rechts konzentriert sich das Auge auf die Mitte.

5. Proportionen

Bilder leben von Details und deren Zusammenspiel. Besonders die Anordnung der, in der Größe verschiedenen, Flächen auf dem Bild ist ausschlaggebend dafür, ob das Werk interessant wirkt oder nicht. Flächen, in der selben Größe oder Linien in der selben Länge nebeneinander wirken langweilig. Erst durch den Unterschied entsteht eine Spannung im Bildaufbau.

Mit unterschiedlich großen Flächen in einem Bild lenken Sie die Aufmerksamkeit des Betrachters, gewichten Objekte und gestalten so die Fläche interessant.

6. Gegensätze einsetzen

Ein Feld mit vielen gelben Blumen der gleichen Größe mag durchaus seinen Reiz haben - ist jedoch ein einziger anderer Gegenstand, etwa ein roter Ball, mit auf dem Bild wirkt das Feld interessanter. Ein weiteres Beispiel: Eine einzelne Blume in eine Ecke des Bildes wirkt spannender als eine, in der Mitte platzierte. Der Grund für dieses Phänomen liegt an der Hintergrundfläche: Ist die Fläche an allen Rändern gleich groß und entspricht insgesamt in etwa der Größe der Blume, hebt sich kein Gegenstand deutlich vom anderen ab. Der Betrachter hat es mit gleichwertigen Flächen zu tun, für's Auge langweilig.

Im linken Bild sitzt die Blume in einer Ecke - der weite Himmel daneben lässt die Blüte stärker in den Vordergrund treten.

Proportionen

Viele Maße basieren auf geometrischen Gesetzen, etwa das DIN-Format. Beim DIN-Format verhält sich die Länge zur Breite wie 5:7. Die Konstruktion ist denkbar einfach: Die Diagonale eines Quadrates ist die neue Höhe der Fläche. Auch der Goldene Schnitt ist eine Methode, ein harmonisches Verhältnis mittels Geometrie zu konstruieren. Beim Goldenen Schnitt handelt es sich um die Teilung in zwei ungleiche Abschnitte im Verhältnis von 5:8. Der kleinere Abschnitt heißt Minor, der größere Major. Der Goldene Schnitt ist bereits in der Antike in der Architektur zu finden. Bekannt wurde die geometrische Teilungs-Methode durch Leonardo da Vinci im 15. Jahrhundert. Er richtete sich beim Malen von Körpern nach der Aufteilung des Goldenen Schnittes.

Mit dem Gegensatz große Fläche zu kleiner Fläche erzielen Sie eine spannende Wirkung. Auch andere Gegensätze lassen Ihr Werk interessanter wirken. Als Gegensätze in einem Bild kommen ebenfalls in Frage:
kurz - lang
dick - dünn
wenig - viel
blass - kräftig
bunt - Schwarzweiß

7. Farbe gezielt einsetzen

Jede Farbe wirkt anders. Farben üben bestimmte Reize aus, die wir mit verschiedenen Dingen assoziieren. So wirken Rot- und Gelbtöne warm (Sonne, Feuer), signalisieren jedoch auch Gefahr (rote Ampel, Feuer). Blau- und Grüntöne hingegen wirken kühl und frisch.
In vielen Bereichen finden diese so genannten Signalfarben einen gezielten Einsatz. Besonders die Werbung baut auf die psychologische Wirkung von Farben: die Farbe Grün vermittelt etwa Frische (Verpackung von Obst, Gemüse), Natur (Web-Site von den Ferien auf dem Bauernhof) und Umwelt-Bewusstsein (Grüner Punkt).

Setzen Sie Farbe gezielt ein, um die Wirkung des Bildes zu unterstützen oder eine neue Wirkung zu erzielen.

Beide Bilder zeigen eine Pflanze - rechts ein vereister Apfelzweig, links das Innere einer Blüte. Die Farben unterstützen jeweils das Gefühl, das das Bild vermittelt: Der blaue Himmel und das in kalten Farben glitzernde Eis wirken kalt, die warmen Rot- und Orangetöne der Blüte rechts vermitteln Sonne und Wärme.

8. Erst skizzieren, dann die Feinheiten ausarbeiten!

Arbeiten Sie besonders zu Beginn auf der gesamten Leinwand. Sie haben so einen Überblick über das ganze Bild und behalten die Proportionen im Auge. Skizzieren Sie auf einer extra Ebene (Siehe Tipp 9) grob den gesamten Bildaufbau. Sobald das Konzept steht, arbeiten sie sich zum Detail vor, zoomen heran und kümmern sich erst zum Schluss um die kleinsten Feinheiten.

Links: Beim Malen legen Sie zunächst den gesamten Bildaufbau an. Mitte: Das fertige Bild weist viele kleine Einzelheiten auf, die jedoch in einem Zusammenhang zueinander stehen. Rechts: Details, wie etwa den kleinen Molch in der Mitte, arbeiten Sie in der Vergrößerung Stück für Stück aus.

9. Ebenen verwenden

Jedes Bild besteht aus verschiedenen Objekten, zumindest aus dem Hintergrund und dem abgebildeten Gegenstand. Sollten Sie in ein vorhandenes Bild etwas hineinmalen, ist es oft hilfreich das Gemalte auf eine neue Ebene zu legen. Ebenso Ausschnitte aus anderen Bildern kopieren Sie auf eine neue Ebene in Ihr Dokument. Sie können so die einzelnen Objekte nachträglich bearbeiten ohne die Bildteile dahinter zu beschädigen, etwa verschieben, skalieren, drehen oder einen besonderen Mischmodus wählen. Eine neue Rasterebene bilden Sie mit einem Klick auf die erste Schaltfläche oben links.

Info:

Ebenen sind vielseitig: So gibt es Rasterebenen, Vektorebenen oder Maskenebenen. Auch können Sie Ebenen kopieren oder in Gruppen zusammenfassen. Zum Malen benötigen Sie eine Rasterebene, da dieser Vorgang pixelorientiert ist. Näheres zu den Ebenen lesen Sie in Kapitel 8.

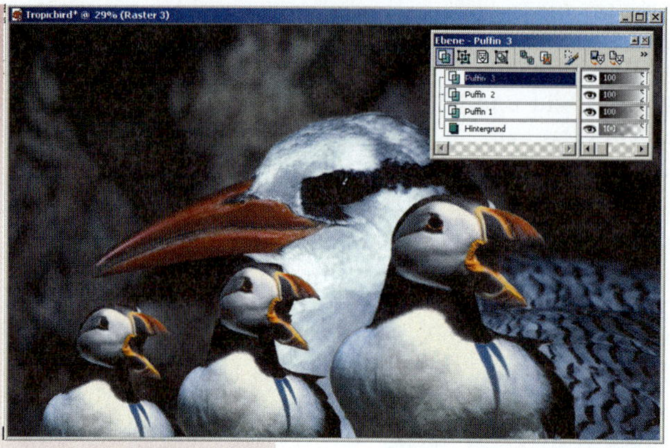

Indem jeder Vogel auf einer eigenen Ebene liegt, können Sie ihn nachträglich bearbeiten ohne den Hintergrund zu verletzen.

10. Bild betrachten
Betrachten Sie das Bild in regelmäßigen Abständen im Ganzen. Stehen Sie hierzu auf und entfernen Sie sich etwas (so weit es Ihre Monitor-Größe erlaubt) vom Arbeitsplatz. Sicherlich kennen Sie diesen Effekt auch aus Kunstausstellungen: Bilder wirken in verschiedenen Entfernungen unterschiedlich. Besonders abstrakte Werke zeigen Bildzusammenhänge erst in einiger Entfernung, Details hingegen erkennt das Auge nur durch näheres Herantreten an das Bild.

Info:
Beim Speichern zeigt Paint Shop Pro im Fenster nur die Bilder, die das gewählte Speicherformat haben!

11. Zwischenergebnis speichern
Speichern Sie bei aufwändigeren Projekten das Bild öfters unter einem anderen Namen, etwa **Vogel_001**, **Vogel_002**, **Vogel_003** ... Sie können so jederzeit auf ein früheres Ergebnis zurückgreifen. Legen Sie einen eigenen Ordner an und wählen Sie **Datei > Speichern unter ...**

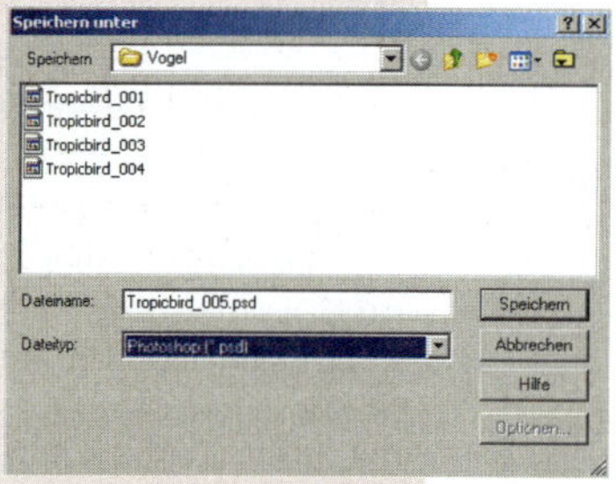

Speichern Sie nach jedem wichtigen Arbeitsschritt das Bild in einen extra Ordner unter einem neuem Namen.

12. Zwischenergebnis drucken
Drucken Sie öfters das Zwischenergebnis. Sie haben so die Möglichkeit, es mit früheren Resultaten zu vergleichen und sehen die Entwicklung Ihres Kunstwerkes.

Vektorzeichnen

Neben Pixelgrafiken können Sie mit Paint Shop Pro auch Vektorgrafiken erstellen. Zu den typischen Anwendungsfällen für Vektorgrafiken gehören neben gestochen scharfer Schrift auch verschiedene geometrische Formen und frei skalierbare Zeichnungen.

Auf der Buch-CD
Die für dieses Kapitel verwendeten Beispiele finden Sie auf der Buch-CD im Ordner Zeichnen.

Zeichnen & Schrifteffekte

Arbeiten Sie mit **Schrift**, **geometrischen Formen** oder dem **Zeichenstift**, erstellen Sie eine Vektorgrafik. Alle vier Werkzeuge für Vektoren finden Sie in der unteren Hälfte der Werkzeugleiste:

1. Das **Textwerkzeug**: Mit dem Textwerkzeug erstellen Sie Texte.

2. Das **Formenwerkzeug**: Außer den geometrischen Gundformen stellt Ihnen das **Formenwerkzeug** zusätzlich eine Reihe von anderen vordefinierten Objekten bereit.

3. Der **Zeichenstift**: Mit dem **Zeichenstift** erstellen Sie eigene Linien und Objekte.

4. Das **Objektauswahl-Werkzeug**: Mit dem **Objektauswahl-Werkzeug** wählen Sie Vektorobjekte und bearbeiten sie.

In Paint Shop Pro können Sie Raster- und Vektorgrafiken kombinieren. Indem Sie mit verschiedenen Ebenen arbeiten, fügen Sie Rasterbilder und Vektorobjekte zu einem Bild-Dokument zusammen. Es gibt mehrere Möglichkeiten, ein Vektorobjekt anzufertigen:

· Ein neues Bild erstellen mit einem Vektorhintergrund. Wählen Sie **Datei > Neu** oder drücken Sie **Strg + N**. Wählen Sie die Bildabmessungen und aktivieren Sie unter **Bildeigenschaften** den **Vektorhintergrund**.

Hintergrund bei Vektorbildern:
Ein neues Vektorbild stellt immer eine transparente Fläche zur Verfügung! Die erstellten Texte und Objekte fügen Sie später in andere Dokumente ein oder hinterlegen die Vektorebene mit einer Pixelgrafik.

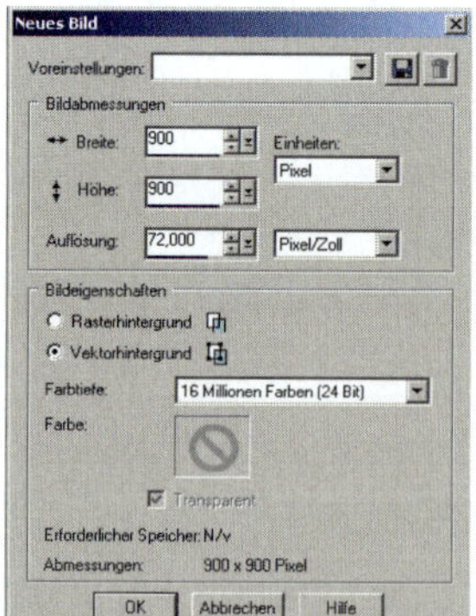

Um mit Vektoren zu arbeiten, wählen Sie den ***Vektorhintergrund****.*

* Auf ein bereits vorhandenes Raster-Bild eine neue Vektorebene legen: Klicken Sie in der Ebenenpalette in der oberen Leiste auf die Schaltfläche **Neue Vektorebene,** die zweite Schaltfläche von links.

Es öffnet sich das Fenster **Neue Vektorebene**, in dem Sie unter anderem die Ebene benennen, den Mischmodus wählen und die Deckfähigkeit einstellen.

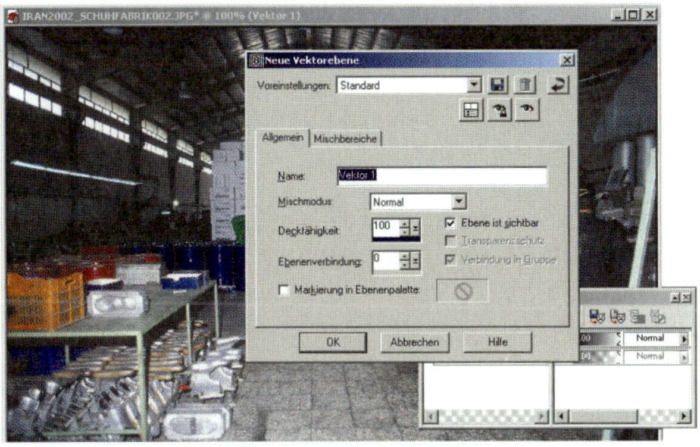

Vektorobjekte fügen Sie einem Bild auf einer neuen Vektorebene hinzu.

· Hinzufügen von Objekten oder Schrift: Sobald sie ein Vektorobjekt auf eine Rasterebene zeichnen oder dem Bild Text hinzufügen, erstellt Paint Shop Pro automatisch eine neue Vektorebene.

Zeichentechniken

Vektorobjekte erstellen Sie entweder mit dem **Formenwerkzeug** oder mit dem **Zeichenstift**. Mit dem **Formenwerkzeug** ziehen Sie das fertige Objekt auf der Bildfläche auf und verändern es. Der **Zeichenstift** hingegen ermöglicht es Ihnen, freie Formen zu zeichnen. Mit dem **Objektauswahl-Werkzeug** skalieren und stauchen Sie die erstellten Objekte.

Eine Form aufziehen

Einfache Objekte erstellen Sie mit dem Formenwerkzeug. Sobald Sie es in der Werkzeugleiste aktivieren, stehen Ihnen in den Werkzeugoptionen die verschiedenen geometrischen Formen und vorgefertigten Objekte zur Verfügung. Alle Objekte befinden sich im Unterordner **Formen** unter **Standardformen**, **Pfeile**, **Schaltflächen** und **Sprechblasen** des Programmordners von Paint Shop Pro. Um die Vorschaubilder der einzelnen Formen zu sehen, klicken Sie auf den kleinen Pfeil neben dem Objekt-Vorschaubild, beim ersten Programmstart den Kreis.

Ein Computerbild kann auf zweierlei Art entstehen:

*** Als Rastergrafik: Bei der Rastergrafik besteht das Bild aus vielen kleinen Bildpunkten, den Pixeln. Alle Pixel sind in einem rechteckigen Raster angeordnet. Das Bild entsteht durch die Anordnung der verschiedenfarbigen Pixel. Zu den Rastergrafiken zählen alle Fotos, ob digital oder gescannt, sowie alle Bilder, die Sie mit den verschiedenen Pinseln in Paint Shop Pro erstellen. Rastergrafiken haben den Nachteil, in ihrer Größe festgelegt zu sein. Vergrößern Sie ein Rasterbild, erkennen Sie die einzelnen Bildpunkte in der Form von kleinen viereckigen Farbflächen.**

*** Als Vektorgrafik: Die Vektorgrafik beschreibt das Bild mathematisch. So setzen sich die Objekte und Schriftzeichen im Bild aus Linien, Kurven und Flächen zusammen, durch die die Vektoren genau definiert sind. Eine Vektorgrafik können Sie ohne Qualitätsverlust beliebig vergrößern, verzerren oder stauchen.**

Stil beibehalten:
Kontrollieren Sie vor dem Aufziehen des Objekts in den Werkzeugoptionen die Option Stil beibehalten. Ist sie aktiv, übernimmt die Form den Stil der Vorlage und berücksichtigt die gewählte Vorder- und Hintergrundfarbe nicht.
Aktivieren Sie die Option, wenn Sie eine Schaltfläche aufziehen. Möchten Sie ein Objekt, zum Beispiel eine geometrische Form, mit den eigenen Farben füllen, deaktivieren Sie die Option Stil beibehalten.

Seitenverhältnis:
Mit gedrückter Umschalt-Taste erhalten Sie das Seitenverhältnis des gewählten Objektes, etwa eines Kreises oder Quadrats.

Objekt löschen:
Ein aktives Objekt löschen Sie, indem Sie die Taste Entf drücken.

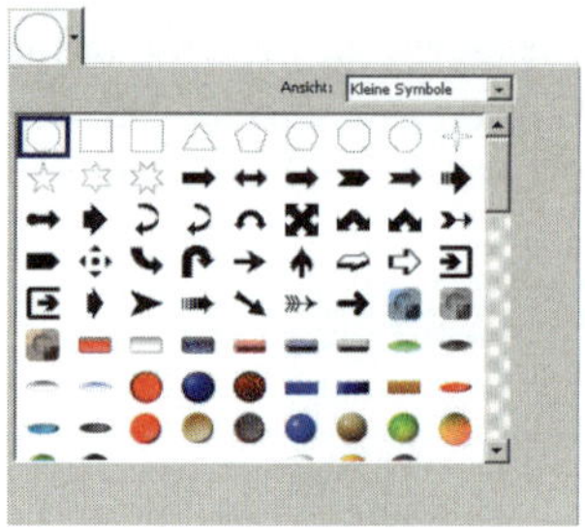

Neben geometrischen Formen finden Sie fertige Vektorobjekte wie verschiedene Pfeile oder fertige Schaltflächen.

Gehen Sie wie folgt vor, um ein Objekt auf einer Fläche aufzuziehen:
· Öffnen Sie ein Bild, dem Sie das Objekt hinzufügen möchten, erstellen Sie ein neues Bild oder eine Vektorebene.
· Aktivieren Sie in den **Werkzeugoptionen** das gewählte Objekt.
· Wählen Sie eine Hintergrundfarbe als Objektfarbe, die Vordergrundfarbe für die Umrisslinie.
· Klicken Sie mit der linken Maustaste in das Bild, halten Sie sie gedrückt und ziehen Sie in einer diagonalen Richtung, bis das Objekt die gewünschte Größe hat. Beim Aufziehen des Objekts sehen Sie lediglich dessen Umriss. Sobald Sie die Maustaste loslassen, ist die Farbe und, wenn vorhanden, die Umrisslinie des Objekts zu sehen.

Formen mit dem Formenwerkzeug verändern

Ein Objekt ist aktiv, wenn der dunkelrote Greifrahmen mit den Anfassern an jeder Ecke und in der Mitte zu sehen ist. Sie können das Objekt mit aktivem Formwerkzeug verändern:

· **Stauchen und skalieren**: Fahren Sie mit dem Cursor über einen Greifer an der Ecke, wandelt sich der Cursor zu einem vierfachen Pfeil mit einem kleinen Viereck darüber. Bei einem Greifer auf einer Linie des Rahmens wird er zu einem Doppelpfeil. Ziehen Sie mit gedrückter Maustaste den Greifer an eine neue Position.

* **Kippen**: Führen Sie den Cursor auf einen Greifer. Drücken Sie die **Umschalt**-Taste, bevor Sie ebenfalls die linke Maustaste drücken. Das kleine Viereck über den Pfeilen wandelt sich zum Parallelogramm. Ziehen Sie mit gedrückter linker Maus- und gedrückter **Umschalt**-Taste am Greifer.

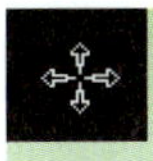

* **Bewegen**: Führen Sie den Cursor an eine beliebige Stelle innerhalb des Objekts. Das kleine Viereck über den Pfeilen ist nicht mehr sichtbar. Ziehen Sie mit gedrückter linker Maustaste das Objekt an einen anderen Platz.

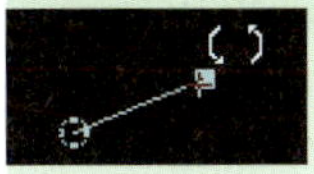

* **Drehen**: Bewegen Sie den Cursor über den Endpunkt der Linie, die vom Objektmittelpunkt nach außen geht. Der Cursor wandelt sich zu einem kleinen Kreuz mit dem Symbol für Drehen darüber. Drehen Sie mit gedrückter linker Maustaste das Objekt.

Formen mit dem Objektauswahl-Werkzeug verändern

Sobald Sie eine zweite Form aufziehen, ist die erste nicht mehr aktiv. Um Sie zu aktivieren, wählen Sie das **Objektauswahl**-Werkzeug. Klicken Sie damit in eine nicht aktive Form um sie auszuwählen. Sie können sie dann auf die gleiche Art und Weise stauchen, kippen, bewegen und drehen.

Ecken formen:
Mit der Gehrungsgrenze justieren Sie die Gehrungsverbindung. Geben Sie etwa bei einem hohen Wert der Strichstärke einen niedrigen Wert bei Gehrungsgrenze ein, ist die Ecke stumpf.

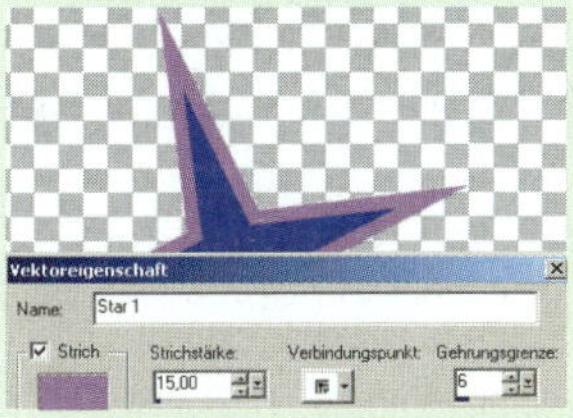

Linienform und Füllfarbe ändern

Haben Sie eine Form aufgezogen, können Sie die Linienfarbe und -Stärke sowie die Füllung nachträglich nicht mehr über die **Materialpalette**, sondern nur noch im Fenster **Vektoreigenschaft** ändern. Die Vektoreigenschaften öffnen Sie mit einem Doppelklick auf das Objekt oder über das Menü **Objekte > Eigenschaften**.

*Im Fenster **Vektoreigenschaften** ändern Sie Linien und Füllung.*

Folgende Optionen stehen Ihnen hier zur Verfügung:
* Im Feld **Name** ändern Sie den Objektnamen.
* Unter **Strich und Füllung** ändern Sie die Farbe oder deaktivieren sie.
* Sie verändern die **Strichstärke** der Linie und wählen einen Verbindungspunkt. Mit dem **Verbindungspunkt** legen Sie fest, wie die Ecke aussehen soll. Es gibt drei verschiedene Verbindungspunkte: die **Gehrungsverbindung** (spitz), die **Rundverbindung** (rund) und die **Fasenverbindung** (angeschnitten). Bei der Gehrungsverbindung bestimmen Sie zusätzlich die **Gehrungsgrenze**.

Tipp:
Linienstil, Verbindungspunkt und Gehrungsgrenze stellen Sie auch vor dem Aufziehen des Objektes in den Werkzeugoptionen ein.

· Unter **Linienstil** suchen Sie im Klappmenü eine der vielen vordefinierten Linien aus.

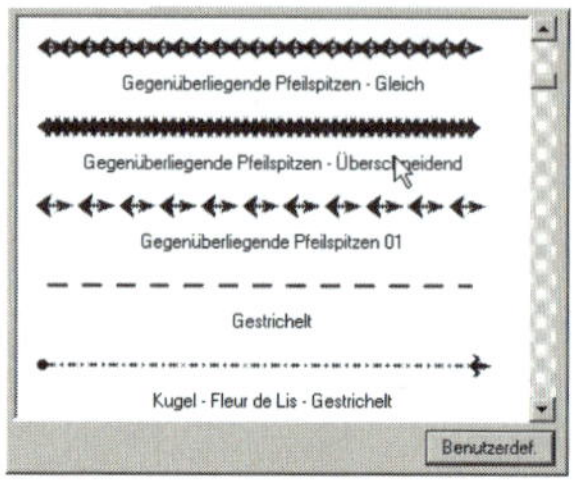

*Unter **Linienstil** wählen Sie das Umrissdesign Ihres Objekts.*

Übung: Eigene Schaltflächen entwickeln und platzieren

Auch die Füllung von vordefinierten Schaltflächen ändern Sie über das Fenster **Vektoreigenschaften**. Sie erstellen eigene mit einer fertigen Schaltfläche als Basis, die Sie dann, etwa für eine Web-Site oder in eine Slide-Show, mit den Werkzeugen in der Leiste **Werkzeugoptionen** im Bild bequem in der Größe anpassen und exakt platzieren.

1. Öffnen Sie ein Bild, dem Sie Schaltflächen hinzufügen möchten. Das Bild, das wir in dieser Übung verwenden, finden Sie auf der Buch-CD im Ordner **Zeichnen** unter dem Namen **Schuhfabrik**.
2. Aktivieren Sie in der Werkzeugleiste das **Formenwerkzeug**. Suchen Sie in den Werkzeugoptionen eine runde Schaltfläche, deren Lichtreflexe zum Bild passen und deren Oberfläche eine Textur (Muster) aufweist. Die Art der Textur spielt keine Rolle, Sie tauschen die Textur im nächsten Schritt aus. Wir haben uns für die Schaltfläche **Button 037** entschieden. Ziehen Sie die Schaltfläche im Bild auf.

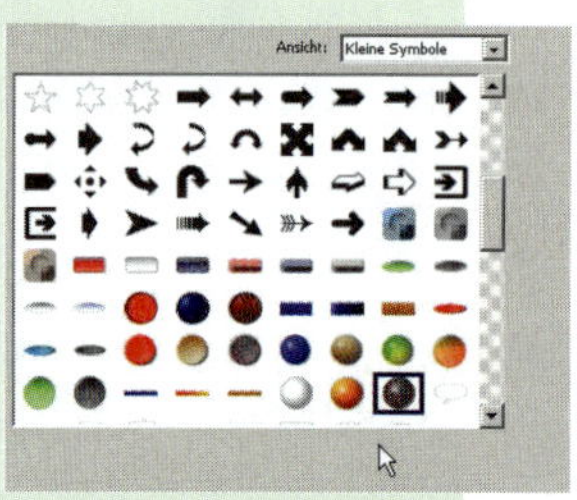

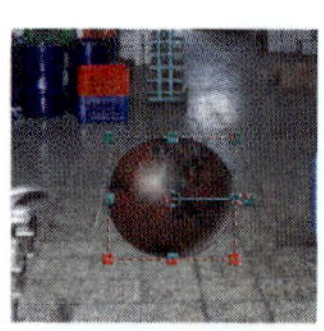

Als Grundlage für die eigene Schaltfläche haben wir den edlen Marmor-Schaltknopf gewählt.

3. Betrachten Sie die Ebenenhierarchie in der Palette **Ebene**. Die Ebenenpalette befindet sich am rechten Rand der Oberfläche. Sollte sie nicht geöffnet sein, wählen Sie **Ansicht > Paletten > Ebenen** oder drücken Sie **F8**. In der Palette **Ebene** sehen Sie über dem Hintergrund die Ebene **Vektor 1**. Links neben der Ebene

befindet sich ein kleines +, das Zeichen dafür, dass sich in der Ebene weitere Unterebenen befinden. Klicken Sie auf das +. In der Ebene **Vektor 1** befindet sich die untergeordnete Ebene **Button 037**, ebenfalls mit einem Plus versehen. Ein weiterer Klick auf das Symbol für weitere Unterebenen zeigt die Struktur der Schaltfläche. Sie besteht aus:
o dem gezeichneten Licht (**Shadow/Light**),
o dem Material (**Pattern**) und
o der Umrisslinie (**Outline**)

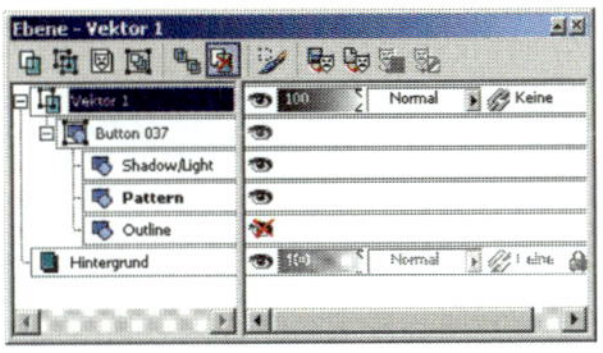

Die Schaltfläche besteht aus mehreren Ebenen, die miteinander gruppiert sind.

4. Verändern Sie das **Material**. Der Marmor der Schaltfläche befindet sich auf der Ebene **Pattern**. Die Vektoreigenschaften einer Unterebene öffnen Sie mit einem Doppelklick auf den Namen der Ebene. Im Feld **Füllung** sehen Sie den Marmor. Öffnen Sie mit einem linken Mausklick darauf das Fenster **Material**. Im Register **Muster** sehen Sie im Feld **Aktuelles Muster** wiederum den Marmor. Klicken Sie auf den Pfeil, um das Klappmenü mit den verschiedenen Mustern zu öffnen. Blättern Sie in der Liste nach unten und wählen das Muster **Zebra**.

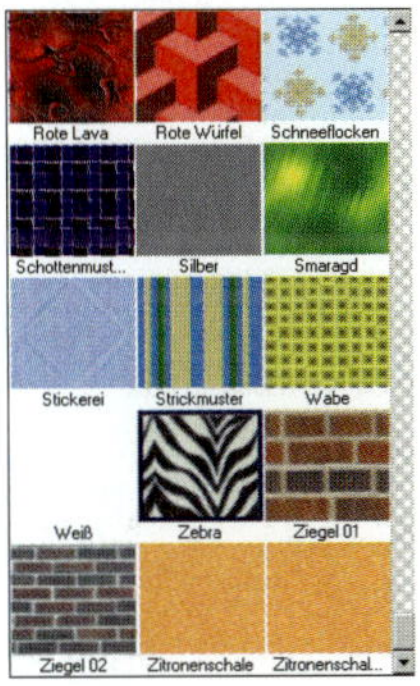

*Im Register **Muster** finden Sie eine große Auswahl an Mustern und Materialien.*

5. Passen Sie die **Größe des Musters** an. Setzen Sie hierzu die **Flächendeckung** auf den Wert **50** herab.

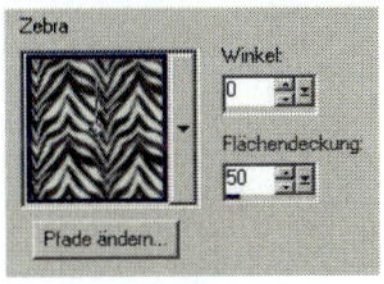

*Um das Muster an die Größe der Schaltfläche anzupassen, ändern Sie die **Flächendeckung**.*

Tipp:

Um den Hintergrund der Schaltflächenleiste etwas vom Bild abzuheben, legen Sie eine neue Rasterebene zwischen den Hintergrund und der Ebene Vektor 1. Wählen Sie mit dem Auswahlwerkzeug, Auswahltyp Rechteck, den unteren Bildbereich aus. Füllen Sie die Auswahl in einer passenden dezenten Farbe mit dem Farbfüllungswerkzeug (in der Werkzeugleiste über dem Textwerkzeug). Verringern Sie die Deckfähigkeit der Ebene auf etwa 80 Prozent, um das Bild durchscheinen zu lassen.
Um die Fläche weiter zu strukturieren, können Sie weitere Ebenen mit Linien oder anders gefärbten Flächen hinzufügen.

6. **Speichern** Sie die neue Schaltfläche in der **Formenbibliothek**. Geben Sie zunächst der Schaltfläche einen neuen Namen, etwa **Zebra**. Klicken Sie hierzu in der **Ebene**-Palette mit der rechten Maustaste auf die übergeordnete Ebene **Button 037** und wählen Sie **Umbenennen**. Aktivieren Sie mit dem **Objektauswahl-Werkzeug** im Bild die Schaltfläche. Wählen Sie **Datei > Exportieren > Form** oder wählen Sie im Kontextmenü (rechter Mausklick auf das Objekt) **Exportieren > Form**. Geben Sie in der Dialogbox **Exportieren der Formenbibliothek** ein weiteres Mal den neuen Namen der Schaltfläche ein und bestätigen Sie mit **OK**. Aktivieren Sie das **Formenwerkzeug**. In den Werkzeugoptionen finden Sie nun in der Auswahlliste der Formen an oberster Stelle die Schaltfläche **Zebra**.

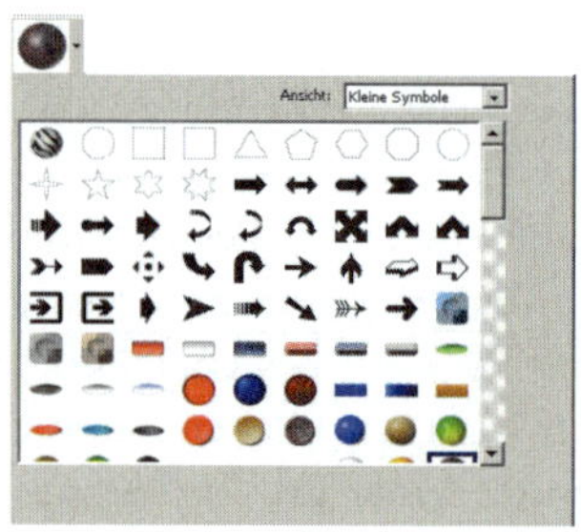

*Um die veränderte Schaltfläche weiterhin zur Verfügung zu haben, speichern Sie sie im Programmordner **Formen**.*

7. Erzeugen Sie **zusätzliche Schaltflächen**. Ziehen Sie mit dem **Formenwerkzeug** vier weitere Schaltflächen im Bild auf. Halten Sie die Umschalt-Taste gedrückt, damit die Schaltflächen rund sind. In der Ebenenpalette sehen Sie unter der Ebene **Vektor 1** die fünf Unterebenen **Zebra**.

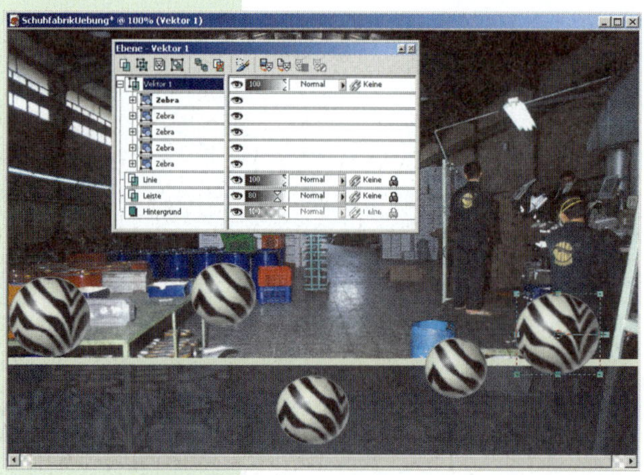

Auf der Bildfläche befinden sich jetzt fünf Schaltflächen.

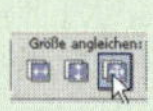

8. Passen Sie die **Größe der Schaltflächen** an. Ziehen Sie mit dem **Objektauswahl-Werkzeug** eine Auswahl über alle Schaltflächen. Klicken Sie in den Werkzeugoptionen auf die Schaltfläche **Breite**

und Höhe angleichen. Paint Shop Pro skaliert alle Schalter auf die Durchschnittsgröße.

9. Setzen Sie die Schaltflächen auf die gleiche **Höhe**. Klicken Sie in den Werkzeugoptionen unter **Objektausrichtung** auf die Schaltfläche **Unten ausrichten**.

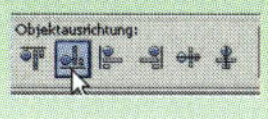

10. Regulieren Sie den **Abstand der Schaltflächen** zueinander. Wählen Sie in den Werkzeugoptionen unter **Objektverteilung** die Option **Horizontal zentriert verteilen**.

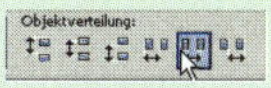

11. Schieben Sie die Schaltflächen gemeinsam in die Mitte der Leiste.

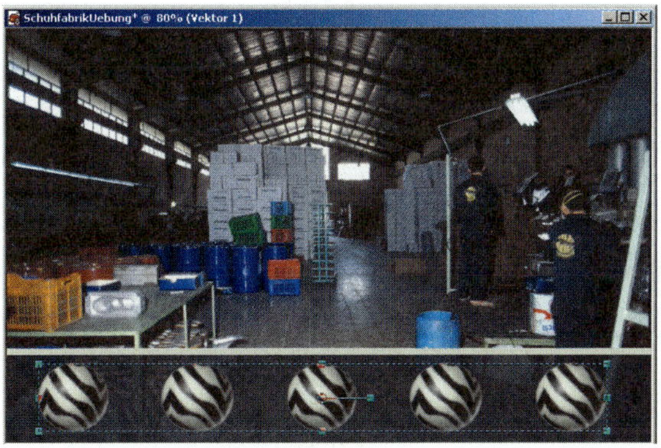

Die fertige Schaltflächenleiste

Tipp:
Alle Funktionen zum Ausrichten, Verteilen, Größe angleichen und Anordnen finden Sie ebenfalls im Menü Objekte.

Vektorobjekte mit Schatten versehen

Gerade dreidimensionale Schaltflächen wirken mit einem Schatten oft noch plastischer. Einen Schatten fügen Sie den Objekten einer Ebene über **Effekte > 3D-Effekte > Schlagschatten** hinzu. (Nähere Informationen über die Effekte finden Sie in Kapitel 9, Effekte.) Es ist jedoch nicht möglich den Schatteneffekt auf eine Vektorebene anzuwenden. Paint Shop Pro wandelt, nach Abfrage, die Vektorebene in eine Rasterebene um.

Möchten Sie die Vektordaten erhalten, gibt es einen Trick:

12. Wandeln Sie zunächst die Vektoren in eine Auswahl um. Wählen Sie hierzu auf der Ebene 1 mit dem **Objektauswahl-Werkzeug** die Schaltflächen und wählen Sie **Auswahl > Aus Vektorobjekt** (Kürzel: **Strg + Umschalt + B**). Es erscheint ein Laufrahmen um die Schaltflächen.

13. Setzen Sie die Auswahl auf eine neue Ebene. Wählen Sie hierzu **Auswahl > Umwandeln in Ebene**.

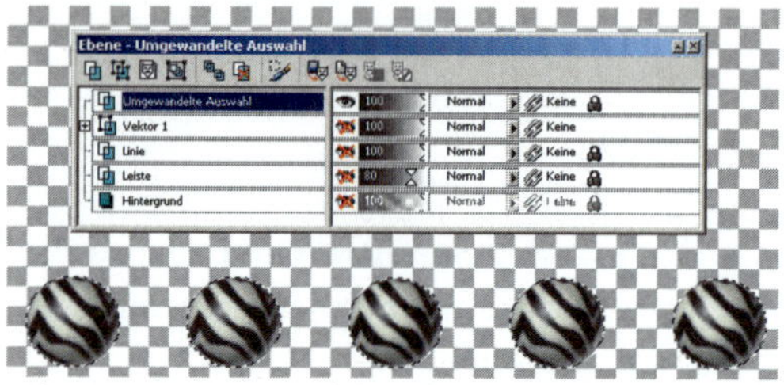

Ein gerastertes Duplikat der Schaltflächen befindet sich auf der neuen Ebene ***Umgewandelte Auswahl****.*

14. Speichern Sie die Auswahl. Wählen Sie **Auswahl > Auswahl laden/speichern > Auswahl in Alpha-Kanal speichern**.

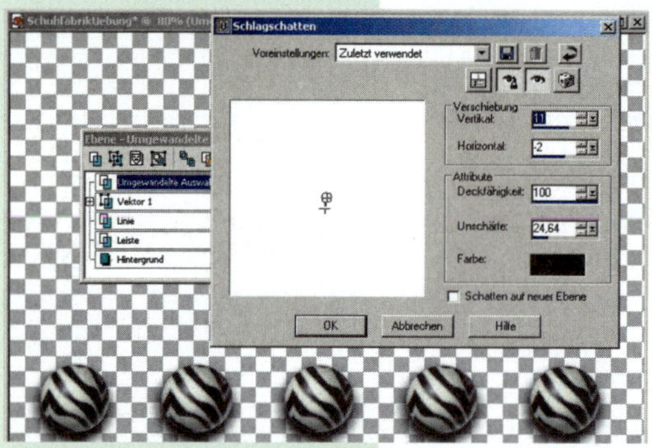

15. Heben Sie die Auswahl auf (Kürzel: **Strg + D**) und wenden Sie den Effekt **Schlagschatten** unter **Effekte > 3D-Effekte** auf die Ebene **Umgewandelte Auswahl** an.

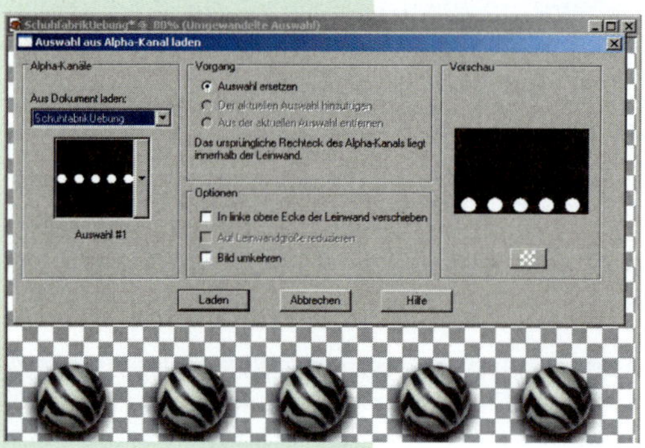

16. Löschen Sie auf der Ebene **Umgewandelte Auswahl** die Schaltflächen, sodass nur noch der Schatten bleibt. Wählen Sie **Auswahl > Auswahl laden/speichern > Auswahl aus Alpha-Kanal laden**. Da das Bild nur einen Alpha-Kanal hat, bietet Ihnen Paint Shop Pro bereits den richtigen Kanal an.

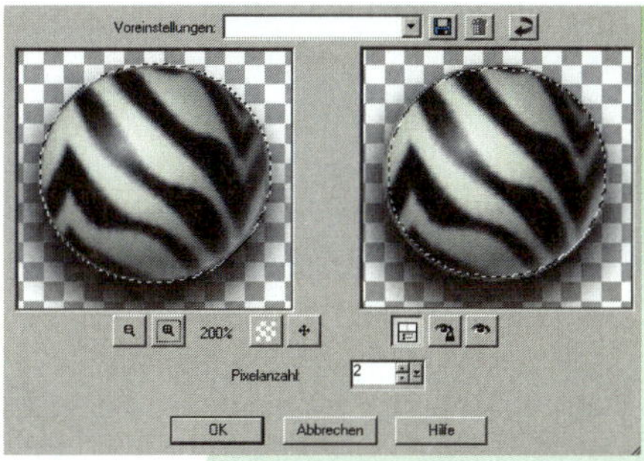

17. Damit später Schaltfläche und Schatten ohne Rand ineinander übergehen, verkleinern Sie die Auswahl. Wählen Sie **Auswahl > Ändern > Verkleinern**. Geben Sie bei **Pixelanzahl** den Wert **2** ein und bestätigen die Änderung mit **OK**.

18. Mit einem Klick auf **Entf** löschen Sie die ausgewählten Flächen.

Eine eigene Rasterebene beinhaltet den Schatten.

19. Heben Sie die Auswahl auf (Kürzel: **Strg + D**). Ziehen Sie mit gedrückter linker Maustaste in der Ebenenpalette die Ebene **Umgewandelte Auswahl** unter die Ebene **Vektor 1** damit sich der Schatten unterhalb der Schaltflächen befindet.

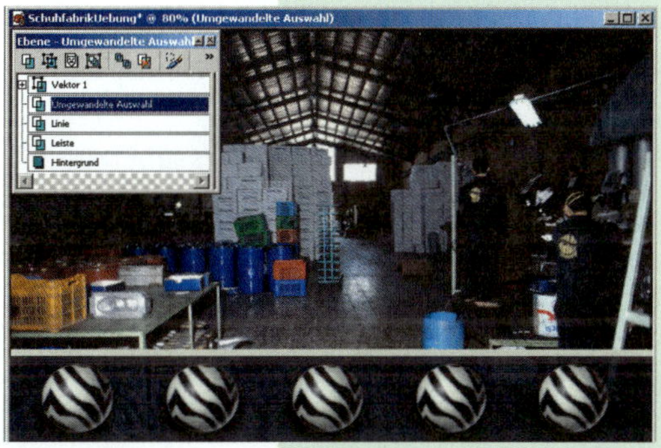

Unter den Vektorschaltflächen befindet sich nun der Pixelschatten.

Mit dem Zeichenstift zeichnen

Mit dem **Formenwerkzeug** ziehen Sie eine geometrische Form, einen Pfeil oder eine vordefinierte Schaltfläche auf. Mit dem **Objektauswahl-Werkzeug** ziehen, stauchen oder skalieren Sie die gesamte Form. Deren Umrisslinie können Sie jedoch nicht weiter verändern.
Um die Umrisslinie einer vordefinierten Form zu verändern oder eigene Objekte zu zeichnen, wählen Sie den **Zeichenstift**.

Formen umwandeln

Ein Vektorobjekt besteht aus mindestens zwei Ankerpunkten, die mit Linien verbunden sind und so eine Kontur bilden oder

eine Fläche umschließen. So ist jedes Objekt, das Sie mit dem **Formwerkzeug** aufziehen, durch **Ankerpunkte** und **Linien** definiert.
Um die Ankerpunkte zu bearbeiten, aktivieren Sie zunächst ein Vektorobjekt mit dem **Objektauswahl-Werkzeug** und wählen dann den **Zeichenstift**.

Ein Hexagon ist definiert aus sechs Ankerpunkten, die mit Linien verbunden sind.

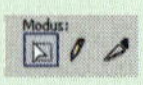

Damit Sie mit dem **Zeichenstift** die Ankerpunkte eines vorhandenen Objekts bearbeiten können, aktivieren Sie in den Werkzeugoptionen den **Bearbeitungsmodus**. Drei Modi stehen bereit:
* **Bearbeitungsmodus** (linke Schaltfläche): verändert und verschiebt Ankerpunkte.
* **Zeichenmodus** (mittlere Schaltfläche): erstellt neue Vektorobjekte.
* **Messermodus** (rechte Schaltfläche): fügt Vektor-Flächen an den Schnittpunkten neue Ankerpunkte hinzu.

Es gibt verschiedene Ankerpunkt-Typen. So kann ein Ankerpunkt wie im oben abgebildeten Hexagon eine Ecke bilden. Bei einem Kreis bestimmt der Ankerpunkt jedoch den Verlauf der Kurvenlinie vor und hinter ihm. Ein Kurven-Ankerpunkt besitzt eine Steuerlinie in Form eines Pfeils.

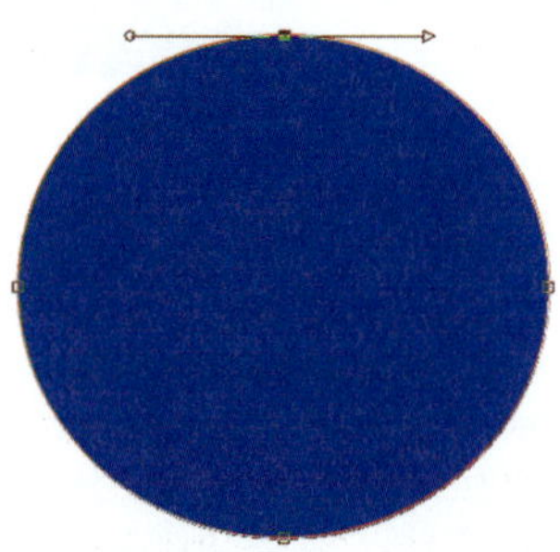

Ein Ankerpnkt an einer Kurve besitzt eine Pfeil-förmige Steuerlinie.

Insgesamt gibt es vier Ankerpunkt-Typen:

* **Ecke**: Richtung und Länge der Steuerlinien sind nicht aneinander gekoppelt. Mit diesem Typ erzeugen Sie spitze Kanten.

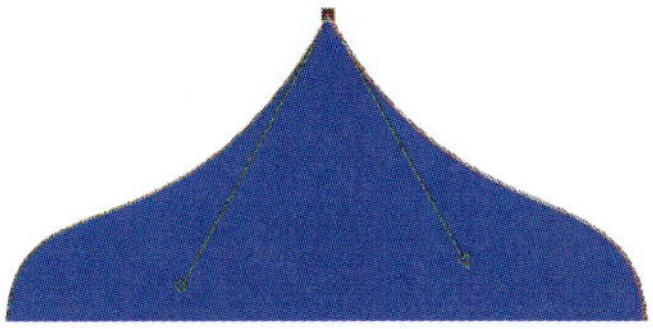

* **Symmetrisch**: Richtung und Länge der Steuerlinien sind aneinander gekoppelt. Die Kurve ist in der Rundung gleichmäßig.

* **Asymmetrisch**: Die Richtung der beiden Steuerlinien ist aneinander gekoppelt. Sie erzeugen Kurven, die steil beginnen oder enden.

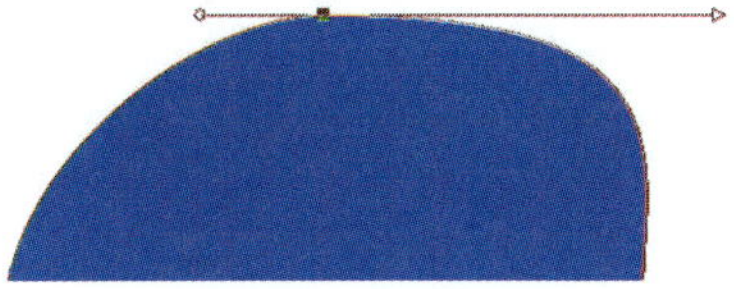

* **Tangente**: Rundet den Übergang zwischen Geraden und Kurven ab. Der Ankerpunkt-Typ **Tangente** rundet Ecken und bewirkt ein ähnliches Ergebnis wie der Typ **Asymmetrisch**.

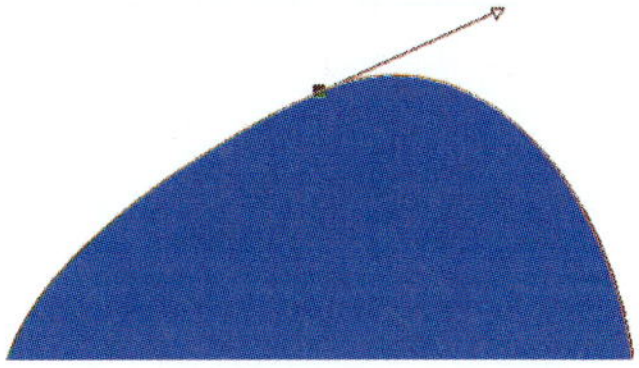

Über das Kontextmenü (rechter Mausklick bei aktivem Zeichenstift) können Sie Kurven in Linien umwandeln und umgekehrt. Wandeln Sie ein Liniensegment, wandelt sich der begrenzende Ankerpunkt automatisch mit um. Fügen Sie etwa vor oder nach einer symmetrischen Kurve eine gerade Linie hinzu, ändern sich die Ankerpunkte in asymmetrische Ankerpunkte.

Aktivieren Sie ein- oder mehrere Punkte, die das Liniensegment begrenzen. Wählen Sie im Kontextmenü (rechter Mausklick) unter **Ankerpunkt** die entsprechende Funktion, um ein Liniensegment zu wandeln:

* **Umwandeln in Linie**: Wandelt die Kurven vor und nach dem Ankerpunkt zu einem geraden Linienabschnitt um. Der Ankerpunkt bildet eine Ecke.

* **Linie vor**: Nur die Kurve vor dem Ankerpunkt wird in einen geraden Linienabschnitt gewandelt. Die Rundung beim Ankerpunkt bleibt jedoch erhalten. Die Funktion **Linie vor** löscht den Arm vor dem Ankerpunkt und fixiert den anderen in seiner Richtung. Somit verhindert die Funktion eine Eckenbildung trotz der geraden Strecke vor dem Ankerpunkt.

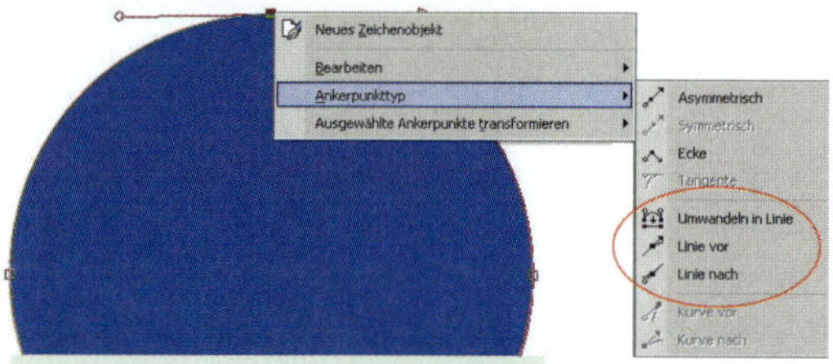

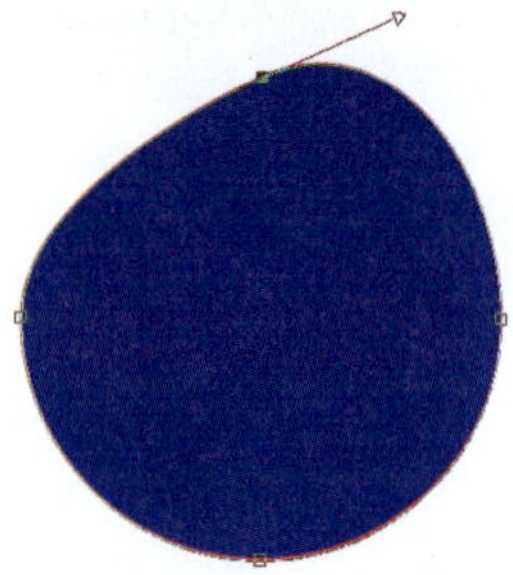

*Die Funktion **Linie vor** biegt den Abschnitt des Pfades vor dem aktiven Ankerpunkt gerade und verhindert eine Eckenbildung.*

* **Linie nach**: Nur die Kurve nach dem Ankerpunkt wird zu einem geraden Linienabschnitt.
* **Kurve vor**: Nur die Linie vor dem Ankerpunkt wird in eine Kurve gewandelt.
* **Kurve nach**: Nur die Linie nach dem Ankerpunkt wird zu einer Kurve.

Sie können den Ankerpunkt-Typ oder Liniensegmente auch bei mehreren oder allen Ankerpunkten durchführen. Ziehen Sie mit dem Zeichenstift einen Auswahlrahmen über alle Ankerpunkte, deren Typ oder Liniensegmente Sie ändern möchten. Um weitere Punkte der Selektion hinzuzufügen, drücken Sie die **Umschalt**-Taste.

Steuerlinien an Ecken: Beschreibt der Ankerpunkt eine Ecke, sind eventuell keine Steuerlinien vorhanden.

Je länger die Steuerlinie ist, desto weiter ist die Kurve. Eine kurze Steuerlinie rundet Ecken ab. Indem Sie an der Steuerlinie ziehen, ändern Sie diese und damit die Form der Kurve.
Führen Sie den Cursor über einen Steuerungsziehpunkt, bis er sich in zwei kreisförmig verlaufende Pfeile verwandelt. Halten Sie die linke Maustaste gedrückt und ziehen Sie an einem Ende der Steuerlinie.

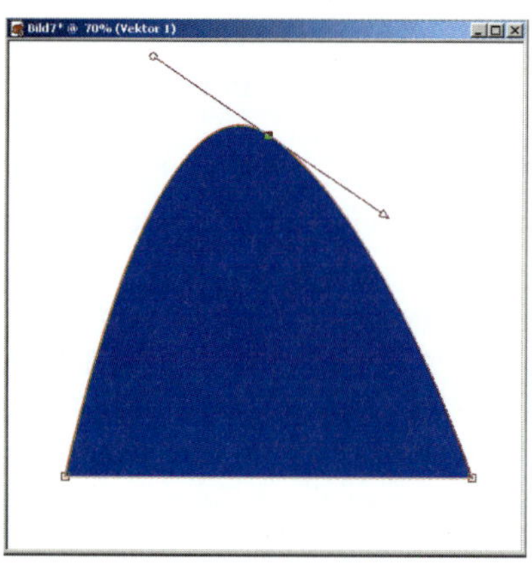

Die Form der Kurve bestimmen Sie durch die Länge und den Winkel der Steuerlinie.

Formen verändern Sie auch, indem Sie neue Ankerpunkte hinzufügen oder vorhandene löschen. Um einen Ankerpunkt hinzuzufügen, gibt es zwei Möglichkeiten:

* Mit dem **Zeichenstift** im Bearbeitungsmodus:
* Aktivieren Sie das Objekt, dem Sie einen Punkt hinzufügen möchten. Vergewissern Sie sich, dass in den Werkzeugoptionen der Modus **Bearbeiten** aktiv ist.
* Führen Sie den Cursor auf die Stelle der Linie, auf der der neue Punkt liegen soll. Sobald sich der Cursor auf der Umrisslinie des Objekts befindet, zeigt er unterhalb des Pfeils eine Kurve.
* Drücken Sie die **Strg**-Taste. An Stelle der Kurve erscheint **+ Add**.
* Klicken Sie mit gedrückter **Strg**-Taste auf die Linie, um einen symmetrischen Ankerpunkt hinzuzufügen.

* Im Modus **Messer**: Mit dem Messer schneiden Sie entweder ein Objekt in zwei Teile oder fügen neue Punkte hinzu. Welche Funktion das Messer ausführt, erkennen Sie am Cursor-Symbol: Steht unterhalb des Messers **Cut**, zerschneiden Sie das Objekt. Um einen Ankerpunkt hinzuzufügen, drücken Sie die **Strg**-Taste: Der Cursor zeigt unter dem Messer **Add** an. Halten Sie die **Strg**-Taste gedrückt und fügen Sie mit einem Klick den neuen Punkt hinzu.

Bei der zerschnittenen Form liegen links Anfangs- und Endpunkt der neuen Formen noch übereinander. Rechts hingegen liegen die Punkte auseinander, beide Punkte sind zu sehen.

Um zwei übereinander liegende Punkte zu einem zu verbinden, gehen Sie wie folgt vor:

* Ziehen Sie mit aktiviertem **Zeichenstift** im Bearbeitungsmodus eine Auswahl um den Doppelpunkt.
* Wählen Sie im Kontextmenü (rechter Mausklick) **Bearbeiten > Verbinden.**
* Der doppelte Ankerpunkt wird zu einem einzelnen Ankerpunkt und verbindet die zwei getrennten Objekte wieder miteinander.

Tipp:

Halten Sie beim Ziehen die Umschalt-Taste gedrückt um die Steuerlinie um 45 Grad zu bewegen.

Messerarbeiten

Haben Sie mit dem Messer ein Objekt zerschnitten, erkennen Sie es an der Form der Ankerpunkte. Statt der kleinen Quadrate sehen Sie an den Schnittstellen zwei ineinander liegende Kreise, das Symbol für zwei aufeinanderliegende Punkte: den Anfangspunkt des einen und den Endpunkt des anderen Objektes. Ziehen Sie mit gedrückter Maustaste einen dieser Punkte im Modus Bearbeiten etwas beiseite, sehen Sie beide Punkte mit den gewohnten Symbolen.

Tipp:
Sollten sich, wenn Sie ein neues Objekt zeichnen möchten, bereits Vektorobjekte auf der Arbeitsfläche befinden, klicken Sie in den Werkzeugoptionen auf die Schaltfläche Neu. Ist die Option nicht aktiviert, ordnet Paint Shop Pro die neue Linie dem vorhandenen Vektorobjekt zu oder verbindet den ersten neuen Punkt mit dem Endpunkt des aktiven Vektorobjekts.

Eigene Formen zeichnen

Mit dem **Zeichenstift** erstellen Sie im **Zeichenmodus** eigene Objekte. Sie beginnen mit einem Anfangspunkt (START) und setzen beliebig viele weitere Punkte. Den letzten Punkt definiert Paint Shop Pro als Endpunkt (END). Mit einem Klick auf die Schaltfläche **Ausgewählte offene Konturen schließen** schließen Sie die Umrisslinie, den Pfad des Objekts.

Es gibt drei verschiedene Möglichkeiten Linien oder Objekte zu erstellen:
* **Liniensegmente**: Mit dem Segmenttyp **Liniensegmente** erstellen Sie eckige Objekte. Die einzelnen Ankerpunkte haben keine Steuerlinie. Um die Punkte miteinander zu verbinden, aktivieren Sie in den Werkzeugoptionen **Zusammenhängend**. Ist diese Option nicht aktiv, erhalten Sie mit einem Mausklick einen einzelnen Punkt. Ziehen Sie die Maus mit gedrückter linker Maustaste an eine andere Stelle, entsteht eine Linie, die von zwei Ankerpunkten begrenzt ist.

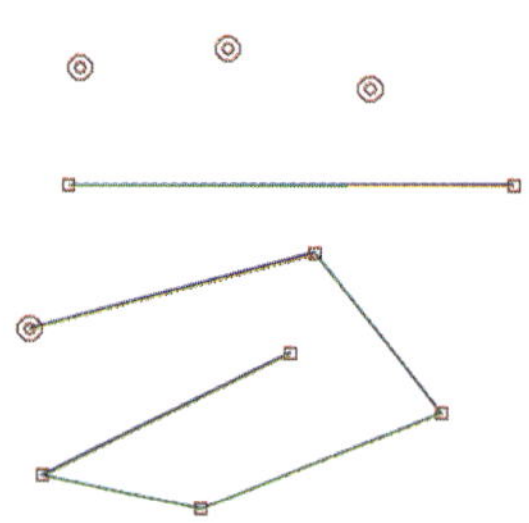

*Eckige Linien erzeugen Sie mit dem Segmenttyp **Liniensegmente**.*

Eck- zu Kurvenpunkten

Einen Eckpunkt wandeln Sie auch nachträglich in einen Kurvenpunkt um. Wählen Sie im Kontextmenü **Ankerpunkttyp > Asymmetrisch** oder **Symmetrisch**.
Auch während des Zeichnens können Sie den Segmenttyp wechseln. Klicken Sie, bevor Sie den nächsten Punkt setzen, in den Werkzeugoptionen auf den entsprechenden Segmenttyp.

* **Punkt-zu-Punkt**: Mit dem Segmenttyp **Punkt-zu-Punkt** erstellen Sie Objekte und Linien mit Rundungen und Kurven und geraden Teilstücken. Um eine Rundung zu erzeugen, setzen Sie einen Ankerpunkt, halten die linke Maustaste gedrückt und ziehen die Steuerlinie an die gewünschte Position. Soll der Punkt ein Eckpunkt sein, klicken Sie nur einmal und lassen die Maustaste wieder los.

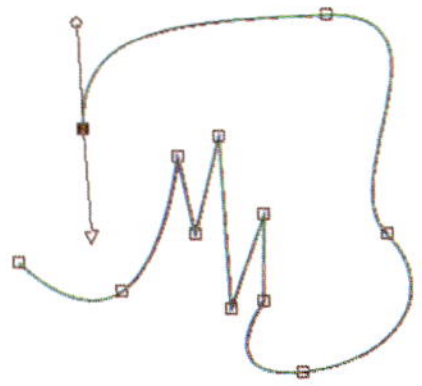

*Der Segmenttyp **Punkt-zu-Punkt** erzeugt Kurven und Ecken.*

* **Freihand**: Freie Linien zeichnen Sie mit dem Segmenttyp **Freihand**. Ziehen Sie mit gedrückter linker Maustaste eine Linie. Die einzelnen Ankerpunkte setzt Paint Shop Pro entlang des von Ihnen gezeichneten Pfades. Wie genau der Pfad ist, bestimmen Sie mit dem Wert **Verlauf** in den Werkzeugoptionen. Mit höheren Werten setzen Sie nur wenige Ankerpunkte und erhalten eine geglättete Kontur. Je niedriger der Wert, desto mehr Ankerpunkte liegen auf der Linie.

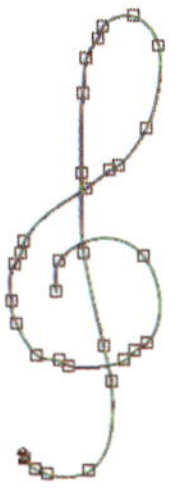

Bei Freihand-Linien bestimmt der Verlaufs-Wert den Grad der Genauigkeit.

Übung: Vogel zeichnen

Oft ist es hilfreich, ein Foto als Vorlage für eine Vektorzeichnung zu nehmen. Mit der Möglichkeit, Raster- und Vektorebenen miteinander zu kombinieren, zeichnen Sie direkt auf dem Motiv. Erstellen Sie einen Puffin (Papageitaucher) aus mehreren Vektorobjekten.

* **Grundform erstellen:** Öffnen Sie von der Buch-CD das Bild **Puffin2**. Legen Sie über den Hintergrund eine neue Vektor-Ebene. Nennen Sie die Ebene **Puffin**. Klicken Sie hierzu in der Palette **Ebenen** auf die zweite Schaltfläche von links. Wählen Sie den **Zeichenstift**, in den Optionen den **Zeichenmodus** und als Segmenttyp **Punkt-zu-Punkt**. Geben Sie der Linie eine kräftige Vordergrundfarbe bei einer Linienstärke von **2,00**. Stellen Sie als Hintergrundfarbe zuerst **Transparent** ein (Klick auf den diagonal durchgestrichenen Kreis unter dem Farbfeld rechts). Sie zeichnen so nur die Linie, ohne Inhalt. Erstellen Sie eine **Neue Form** mit einem Klick auf die Schaltfläche rechts neben den **Voreinstellungen**. Beginnen Sie mit einem Eckpunkt an der Schnabelspitze.

Tipp:
Zeichnen Sie Freihandlinien am Grafik-Tablett! Sie haben so mehr Gefühl für den Linienverlauf und vermeiden Zitterpartien!

Tipp:
Sobald Sie auf eine Vektorebene ein Objekt zeichnen, legt Paint Shop Pro eine Unterebene an. Benennen Sie die Unterebene (wir haben sie Grundform genannt) um einen Überblick über die einzelnen Ebenen zu behalten.

Geschlossene Kurven:
Die Option Zusammenhängend ist beim Segmenttyp Punkt-zu-Punkt immer aktiv.

Zeichnen Sie Punkt für Punkt den Umriss des Vogels ohne die Füße nach. Folgende Tipps sollen Ihnen beim Zeichnen helfen:

* Zoomen Sie an die Stelle heran, die Sie gerade bearbeiten und betrachten Sie zwischendurch das Bild im Ganzen.

* Setzen Sie auf jeden Scheitel und in jedes Tal der Umriss-Vorlage einer Rundung einen Ankerpunkt.

* Sparen Sie an den Stellen, an denen sich die Richtung häufig ändert, nicht mit Punkten. Bei weiten Kurven hingegen reicht ein Punkt am Scheitelpunkt.

* Haben Sie einen Punkt falsch gesetzt, löschen Sie ihn entweder mit der Tastenkombination **Strg + Z** oder mit einem Klick auf die Schaltfläche **Letzten Befehl rückgängig machen** in der Standard-Symbolleiste.

*Mit dem **Zeichenstift** zeichnen Sie den Umriss des Vogels.*

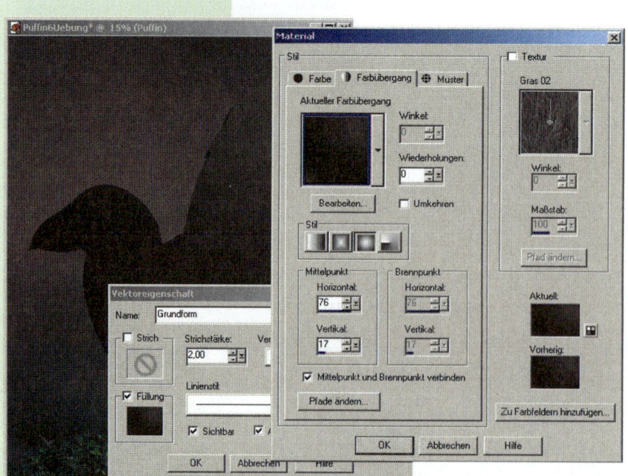

* **Vogel färben**: Öffnen Sie das Fenster **Eigenschaften entweder über Objekte > Eigenschaften** oder durch einen Doppelklick auf die Unterebene. Deaktivieren Sie jetzt die Farbe bei **Strich** und geben der **Füllung** einen kreisförmigen Verlauf in dunklen Grautönen.

Sobald die Form fertig ist, färben Sie die Fläche.

* **Gesicht maskieren**: Für die weiße Gesichtsmaske des Puffins erstellen Sie auf der Ebene **Puffin** eine neue Form. Schalten Sie zunächst die Grundform unsichtbar, um das Gesicht zu sehen. Klicken Sie hierzu in der Ebenenpalette auf das Auge der Unterebene **Grundform**. Aktivieren Sie in den Werkzeugoptionen die Option **Neu**. Bauen Sie zunächst die weiße Gesichtsmaske. Schalten Sie die Hintergrundfarbe wieder transparent, um die Linien im Foto zu sehen. Schneiden Sie ein Loch für das Auge in die Maske. Um das Loch in die selbe Form zu schneiden, aktivieren Sie in den Werkzeugoptionen die Funktion **Neue Kontur**. Malen Sie mit dem Zeichenstift das Auge in die Maske. Schneiden Sie die Augenöffnung aus. Wählen Sie hierzu mit dem **Objektauswahl-Werkzeug** einen Ankerpunkt der Augenkontur. Öffnen Sie mit einem rechten Mausklick das Kontextmenü und wählen Sie **Bearbeiten > Kontur umkehren**. Färben Sie das Gesicht mit einem hellgrau-weißen kreisförmigen Verlauf.

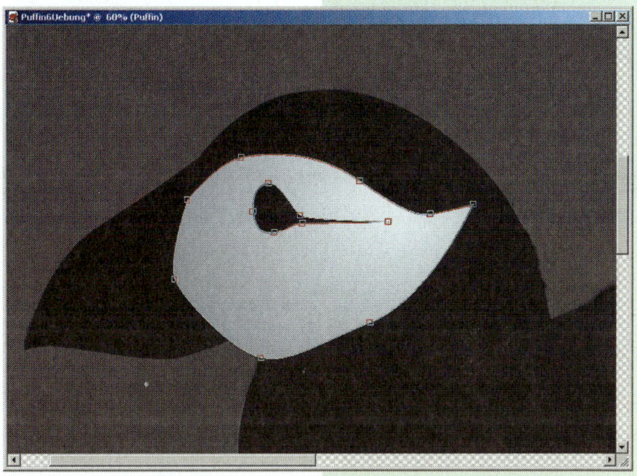

Auf die Grundform setzen Sie eine neue Form als Gesichtsmaske.

* **Bauch pinseln**: Färben Sie ebenfalls den Puffin-Bauch weiß. Schalten Sie die Sichtbarkeit der Ebene **Grundform** aus und zeichnen die weiße Fläche am Bauch nach. Färben Sie das neue Objekt **Bauch** mit dem selben Verlauf, den Sie für das Gesicht erstellt haben.

Mit Gesichtsmaske und weißem Bauch hat unser Vogel schon den unverkennbaren Puffin-Charakter.

Ebenenverwaltung bei Vektoren:

Jede neue Form, die Sie erstellen, landet auf einer eigenen Unterebene. Ein Vektorobjekt, das auf der obersten Unterebene liegt, überdeckt alle Formen der darunter liegenden Ebenen. Um ein Objekt in den Vordergrund zu setzen, ziehen Sie dessen Ebene mit gedrückter linker Maus an eine höhere Stelle in der Ebenenpalette.

* **Schnabel schminken**: Fügen Sie dem Puffin noch sein Haupterkennungs-Merkmal hinzu, den bunten Schnabel. Färben Sie die Schabelform mit einem bunten kreisförmigen Verlauf von Rot zu Weiß, Orange bis hin zu einem dunklen Grau. Setzen Sie über den Schabel eine weitere Form, die beide Schnabelhälften voneinander trennt und am Schnabel-Beginn die typische gelbe Hautfalte bildet.

Ein bunter Verlauf in den charakteristischen Farben dient als Lippenstift für den Schnabel.

* **Fuß formen**: Da die Füße des Vogels auf dem Bild leider zum Teil vom Gras verdeckt sind, müssen Sie die Form frei zeichnen. Nennen Sie die neue Form **Fuss**. Wählen Sie zwei Orange-Töne, um den Fuß mit einem kreisförmigen Verlauf zu färben.

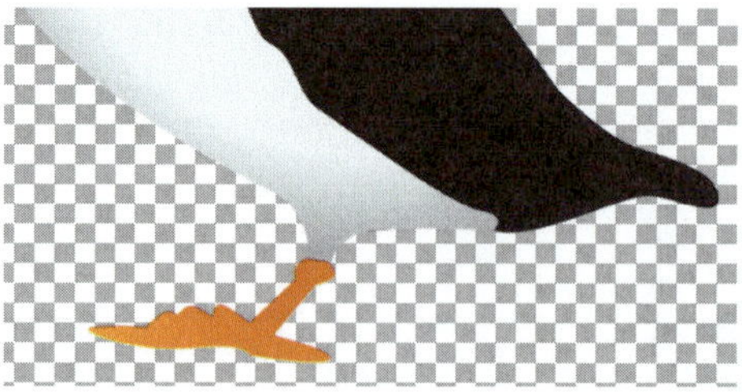

Den ersten Fuß zeichnen Sie aus der Fantasie.

* **Fuß duplizieren**: Aktivieren Sie mit dem **Objektauswahl-Werkzeug** den **Fuss** und kopieren Sie ihn in die Zwischenablage (Tastaturkürzel: **Strg + C**). Wählen Sie **Bearbeiten > Einfügen > Einfügen als neue Vektorauswahl**. Der Umriss einer Kopie des Fußes erscheint neben dem Mauszeiger. Schieben Sie den Fuß auf die gleiche Höhe, auf der sich der erste befindet und etwas nach

rechts. Legen Sie die Position des Fußes mit einem Mausklick fest. Drehen Sie den Fuß wenig gegen den Uhrzeigersinn, damit sein Aussehen sich etwas von dem des Ersten unterscheidet. Färben Sie eine Kopie des Verlaufes etwas dunkler, damit sich der zweite Fuß vom ersten abhebt. Ziehen Sie in der Ebenenpalette den **Fuss2** unter den ersten **Fuss**.

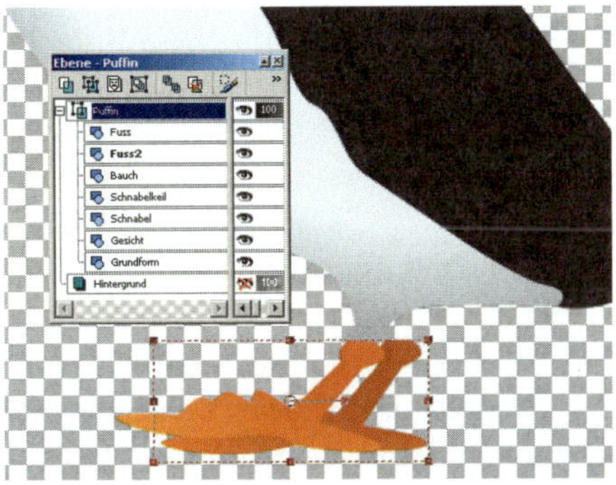

Der zweite Fuß ist eine leicht veränderte Kopie des ersten.

* **Bauch anpassen**: Der zweite Fuß hängt als einzelnes Objekt noch etwas in der Luft. Verändern Sie das Federkleid des Bauches um den hinteren Fuß mit dem Körper zu verbinden. Aktivieren Sie in der Ebenenpalette die Unterebene **Bauch**. Wählen Sie mit dem **Objektauswahl-Werkzeug** das Bauch-Objekt und machen Sie dann mit dem **Zeichenstift** die Steuerpunkte sichtbar. Verschieben Sie die Steuerpunkte über dem zweiten Bein so weit nach unten, dass das Bein mit dem Bauch verbunden ist. Gruppieren Sie zum Schluss noch die Einzelteile des Puffins. Aktivieren Sie mit gedrückter **Umschalt**-Taste alle Unterebenen und wählen Sie **Objekte > Gruppieren**.

Der fertige Vektor-Puffin vor der neuen Rasterebene ***Blau*** *– diese dient als Hintergrund.*

Tipp:
Speichern Sie jeden neuen Verlauf unter einem aussagekräftigen Namen. Um einen neuen Verlauf zu erstellen, klicken Sie im Fenster Material, Register Farbübergang auf Bearbeiten. Wählen Sie im Farbübergangs-Editor Neu.... Geben Sie den Verlaufs-Namen ein und stellen Sie die Farben unter Farbübergang ein. Um dem Verlauf eine neue Farbe hinzuzufügen, klicken Sie direkt unter den Farbbalken.

Texteffekte

Mit Texten fügen Sie Ihren Bildern weitere Informationen hinzu. Auch als zusätzliches Gestaltungsmittel können Sie Text einsetzen. Mit dem **Textwerkzeug** arbeiten Sie genauso wie einem Vektorobjekt, das Sie mit dem **Formenwerkzeug** oder dem **Zeichenstift** erstellt haben. Sie können den Text mit der Hintergrundfarbe färben, ihn skalieren, stauchen oder drehen.

Um dem Bild einen Text hinzuzufügen, führen Sie folgende Arbeitsschritte aus:

* Wählen Sie in der Werkzeugleiste das **Textwerkzeug** oder drücken Sie die Taste **T**.
* In den Werkzeugoptionen treffen Sie die **Formatierungen**
* Führen Sie die Maus über das Dokument, der Cursor wandelt sich zu einem **A** mit einem Kreuz darüber.
* Klicken Sie etwa auf die Stelle der Bildfläche an der der Text erscheinen soll; es öffnet sich das Fenster **Texteingabe**.
* Geben Sie in das Textfeld den Text ein.
* Der Text erscheint bereits beim Schreiben mit den gewählten Formatierungen auf der Bildfläche. Er beginnt an der Stelle, die Sie zu Beginn mit einem Mausklick festgelegt haben.

*Den Text sehen Sie bereits beim Schreiben auf der Bildfläche und im Fenster **Texteingabe** mit der neuen Formatierung.*

Textart wählen

Bevor Sie einen Text formatieren, wählen Sie in den Werkzeugoptionen, ob der Text als Objekt auf Vektorbasis oder als Auswahl erscheinen soll. Sie haben drei Möglichkeiten:

* **Vektor**: Der Text erscheint mit den gewählten Formatierungen auf einer neuen Vektorebene. Sie bearbeiten ihn nachträglich wie ein anderes Vektorobjekt mit dem **Objektauswahl**-Werkzeug. So können Sie ihn verschieben, skalieren oder drehen.
* **Auswahl**: Wählen Sie die Option **Auswahl**, erhalten Sie eine ungefärbte Auswahl in der Form des geschriebenen Textes. Paint Shop Pro legt keine neue Ebene an. Die Auswahl können Sie mit

allen Funktionen aus dem Menü **Auswahl** bearbeiten. Nähere Informationen über die Bearbeitung einer Auswahl finden Sie im Montieren-Kapitel.
* **Frei:** Der Text erscheint als freie Pixel-Auswahl auf dem Bild. Achtung: Wählen Sie diese Option ist der Text kein Vektorobjekt! Er ist mit der gewählten Hintergrundfarbe gefüllt und ist, wie jede freie Auswahl, zu bearbeiten. So lange die Auswahl frei ist, liegt sie auf einer eigenen Ebene. Informationen über freie Auswahlen finden Sie ebenfalls im Kapitel Montieren.

Text formatieren

Rechts neben der Option **Erstellen als** in den Werkzeugoptionen befinden sich die Optionen zum Formatieren des Textes: So wählen Sie:

* **Schriftart**: Im Klappmenü **Schriftart** stehen Ihnen die unterschiedlichen Schriftarten zur Verfügung.

* **Schriftgrad**: Mit dem **Schriftgrad** bestimmen Sie die Größe der Buchstaben. Wie groß der Text erscheint ist abhängig von der Bildgröße: Der selbe Text erscheint in einem Dokument mit hoher Auflösung klein, in einem Dokument mit niedriger Auflösung größer.

* **Strichstärke**: Möchten Sie dem Text eine Umrisslinie hinzufügen, geben Sie der **Strichstärke** einen höheren Wert als **0**. Den Umriss färben Sie mit der Vordergrundfarbe. Etwas weiter rechts, unter **Linienstil**, weisen Sie den Buchstaben eine besondere Linienform zu.

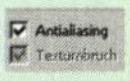

* **Antialiasing**: Verwenden Sie diese Option, um die Kanten zu glätten.

* **Ausrichtung:** Unter **Ausrichtung** wählen Sie ob der Text linksbündig, rechtsbündig oder mittig ausgerichtet wird. Er beginnt immer an der Stelle, in die Sie mit dem Textwerkzeug ins Bild geklickt haben.

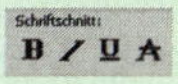

* **Schriftschnitt:** Wählen Sie zwischen fett, kursiv, unterstrichen oder durchgestrichen.
* Über **Verbindungspunkt** und **Gehrungsgrenze** erhalten Sie zu Beginn des Kapitels unter **Linienform und Füllfarbe ändern** nähere Informationen.

* Mit **Kerning** stellen Sie den horizontalen Abstand zwischen den einzelnen Buchstaben und Zeichen ein.

* Der **Zeilenabstand** legt den Abstand zwischen den Zeilen fest.

Angeschnittene Formen:
Geometrische Vektorobjekte müssen nicht ganz auf der Bildfläche zu sehen sein. Gerade für Pfade benötigen Sie oft nur einen Teil der Form.

Text auf Pfad

Möchten Sie Bild und Text miteinander kombinieren, ist es besonders reizvoll, den Text entlang eines Pfads laufen zu lassen. In folgender Übung fügen Sie dem Vektor-Puffin einen Schriftzug hinzu.

* Um etwas mehr Platz um den Puffin zu schaffen, vergrößern Sie die Leinwand. Wählen Sie **Bild > Leinwandgröße.** Aktivieren Sie das Feld bei **Seitenverhältnis beibehalten von:** und geben Sie der Breite den Wert **750**. Belassen Sie die **Platzierung** in der Mitte. Bestätigen Sie die Vergrößerung mit **OK**.

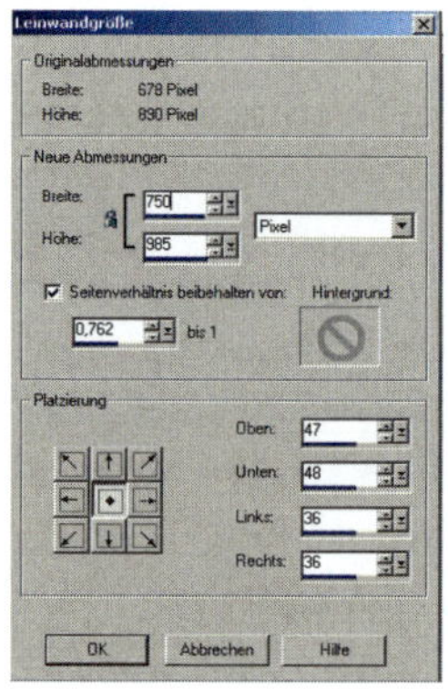

Indem Sie die Leinwand vergrößern, schaffen Sie Platz für den Text.

* Löschen Sie in der Ebenenpalette die Rasterebene **Blau**.

* Ziehen Sie mit dem **Formenwerkzeug** eine **Ellipse** auf, die als Pfad für den Text dienen soll. Justieren Sie die Göße und den Platz der Ellipse. Sie soll etwa die Bauch-Kurve des Puffins nachbilden und durch die Knötchen zu Beginn der Füße gehen. Im oberen Bereich schneidet die Form etwa in der Mitte den Schnabel.

Eine Ellipse bildet den Pfad, an dem der Text entlang läuft.

* Wählen Sie die Einstellungen für den Text:
* Geben Sie der Schrift ein warmes Rot, das mit den Schnabel-Farben harmonisiert.
* Erstellen Sie den Text als **Vektor**.
* Wählen Sie eine serifenlose Schrift, etwa **Impact**.
* Der Schriftgrad soll in einer Größe sein, dass er im Bild deutlich lesbar ist. Wir haben einen Wert von **48** gewählt.
* Belassen Sie alle weiteren Einstellungen.

· Schreiben Sie den Text, etwa **ALASKA AIRLINES** auf den Pfad. Aktivieren Sie die Ellipse. Wählen Sie das Textwerkzeug und führen Sie den Cursor über den Ellipsen-Umriss, etwas oberhalb der Füße, bis der Mauszeiger unter dem **A** eine Kurve zeigt. Klicken Sie auf den Pfad. Tippen Sie den Text in das Texteingabe-Feld.

Der Text läuft den Pfad entlang.

* Schalten Sie den Pfad unsichtbar. Hierfür haben Sie zwei Möglichkeiten:
* Wählen Sie in der Ebenenpalette die **Ellipse**. Öffnen Sie mit einem Doppelklick auf die Ebene das Fenster **Vektoreigenschaft**. Schalten Sie bei **Strich** die Farbe transparent. Geben Sie hierzu der **Strichstärke** den Wert **0** oder deaktivieren Sie die Option **Sichtbar**.

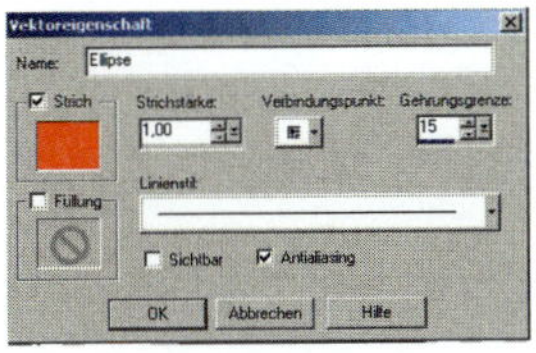

*Im Fenster **Vektoreigenschaft** machen Sie den Pfad unsichtbar.*

* Alternativ dazu schalten Sie in der Ebenenpalette die Sichtbarkeit der **Ellipse** direkt aus. Klicken Sie auf das kleine Auge bei der Ebene, sodass es rot durchgestrichen ist.

Tipp:
Möchten Sie die Formatierung des Textes ändern, öffnen Sie per Doppelklick auf den aktiven Text das Fenster Texteingabe. Nehmen Sie nun alle Änderungen vor und bestätigen Sie mit Übernehmen.

7 Bilder montieren

Der hässliche Telefonmast nervt, der Ex-Freund stört auf dem Familienfoto? Weg mit ihnen! Steigen Sie ein in die hohe Schule der Bildbearbeitung - die Fotomontage. Damit bauen Sie aus verschiedenen Bildelementen ein komplett neues Bild.

Auf der Buch-CD
Die für dieses Kapitel verwendeten Beispiele finden Sie auf der Buch-CD im Ordner Montieren.

Auswahlen
Viele Projekte erfordern eine Auswahl bestimmter Bildteile. So bauen Sie etwa Bildcollagen, wenden auf einen Bereich Ihres Bildes Filter oder Effekte an, um künstlerische Verfremdungen zu erzielen oder führen partielle Farbkorrekturen durch.
Um Auswahlen richtig zu erstellen und sie sinnvoll einzusetzen, gilt es, einige grundlegende Dinge zu beachten:

Licht- und Schattenwirkung bei Collagen
Besonders bei Foto-Collagen spielen Auswahlen und deren Bearbeitung eine wesentliche Rolle: Wie mit einer Schere schneiden Sie aus einem Bild einen Ausschnitt heraus, um ihn dann in ein anderes quasi hineinzukleben. Solche Bildmontagen erzielen unterschiedliche Wirkungen und erfordern einige Grundüberlegungen. Bauen Sie etwa einen Gegenstand in der passenden Größe in ein anderes Bild, so muss es noch lange nicht realistisch wirken: Zu beachten ist hierbei besonders die entsprechende Beleuchtung und, damit verbunden, der richtige Schattenwurf. Beispiel: Sie setzen Ihren Wagen in die

Montagewerkzeuge

Mit einer virtuellen Schere, der **Auswahl**, schneiden Sie verschiedene Elemente aus Bildern, um sie auf einen anderen Hintergrund zu setzen. Sie ordnen die einzelnen Bildteile auf verschiedenen Ebenen, um sie später einzeln zu bearbeiten oder zu verschieben. Mit **Masken** schützen Sie das Original und malen neue Auswahlflächen hinzu.

In Paint Shop Pro 8 finden Sie alle Werkzeuge, die Sie für eine anspruchsvolle Bildmontage benötigen. Hierzu zählen im Einzelnen:

* Verschiedene **Auswahlwerkzeuge**
* **Ebenen**
* **Masken**

Folgendes Kapitel zeigt Schritt für Schritt, welche Werkzeuge Ihnen zur Verfügung stehen und wie Sie sie für Bildmontagen richtig einsetzen.

Die ins Bild montierten Katzenaugen wirken verblüffend echt, da die Lichtreflexe in den Augen zu der Beleuchtung des Gesichts passen.

Ein ruhiger Hintergrund und die Beschränkung auf eine Farbgruppe unterstützen die Wirkung des Bildes.

Auswahlwerkzeuge und -funktionen

Die Auswahl-Werkzeuge befinden sich in der **Werkzeugpalette** an fünfter Stelle von oben. Zuoberst befindet sich das Standard-**Auswahlwerkzeug**. Mit ihm erstellen Sie eine geometrische Auswahl. Klicken Sie auf den kleinen Pfeil neben dem Auswahl-Symbol, erscheinen zusätzlich die **Freihandauswahl** und der **Zauberstab**. Um eines der drei Werkzeuge zu wählen, ziehen Sie den Cursor auf das entsprechende Icon oder dessen Benennung. Wählen Sie das Werkzeug mit einem linken Mausklick sobald die Schrift hellblau hinterlegt ist.

Hinter dem Auswahl-Werkzeug, das Sie in der ***Werkzeugleiste*** *sehen, verbergen sich zwei weitere Auswahl-Werkzeuge.*

Wüstenszene eines Urlaubsbildes. Ist die Wüsten-Aufnahme am späten Vormittag entstanden, die Aufnahme des PKWs jedoch am Nachmittag, stimmen Beleuchtung und Schatten der beiden Bilder nicht überein. Selbst bei winzigen Einzelheiten fallen Unstimmigkeiten sofort auf.

Weniger wirkt mehr

Die Versuchung ist groß: Auswahlen ermöglichen es, alle denkbaren irrealen Szenen zu bauen. So lassen Sie Ihren Nachwuchs auf der Riesenblume Platz nehmen, bauen ihr Haus in die Öffnung eines morschen Baumstammes oder reiten auf einer Ameise durch den Gräserdschungel — der Fantasie sind keine Grenzen gesetzt. So reizvoll verschiedene Kombinationen auch sind, sollten Sie Collagen nicht überladen. Setzen Sie zu viele verschiedene Dinge zusammen, wirkt das Bild nur irritierend, da sich die einzelnen Objekte gegenseitig erschlagen. Besonders bei irrealen Collagen sollten Sie einige Punkte beachten:

- **In der Regel reicht ein Gegensatz pro Bild. Zu viele verschiedene Objekte stehlen sich gegenseitig die Wirkung.**
- **Sorgen Sie für größere, ruhige Flächen. Ist das gesamte Bild mit kleinen Details zugepflastert, kann sich das Auge an keinem Bildmittelpunkt orientieren.**

- **Kombinieren Sie Farben mit Bedacht.** Kräftige Farben ziehen den Blick an und lenken von Details ab. Setzen Sie leuchtende Farben gezielt ein, möglichst nicht im Hintergrund.

Randschärfe beachten
Bei einer Auswahl bestimmen Sie, ob der Rand der Auswahl gestochen scharf ist oder weich in den Hintergrund übergeht. Die Randschärfe der Auswahl hängt davon ab, was Sie mit dem ausgewählten Bereich vorhaben:
— Bei einer **Collage** sollten Sie einen relativ niedrigen Wert für die Randschärfe festlegen, da bei höheren Werten der „falsche" Hintergrund an den Rändern durchscheint. Eine Randschärfe mit dem Wert **0** ist jedoch nicht zu empfehlen, da die Kante so unnatürlich hart wirkt - wie mit der Schere ausgeschnitten. Arbeiten Sie mit einem Wert von etwa **1 - 2**. Dokumente mit einer hohen Auflösung vertragen etwas höhere Werte, niedrige Auflösungen, etwa Bilder fürs Web, kommen mit einem Wert von **1** aus.
— Treffen Sie eine Auswahl, um **Korrekturen** daran vorzunehmen, sollten Sie einen höheren Wert - beispielsweise **5** wählen. Je höher der Wert, desto fließender ist die Grenze vom korrigierten zum nicht korrigierten Bereich. Die Korrekturen sind somit am Rand abgeschwächt, wodurch sie sich nahtlos

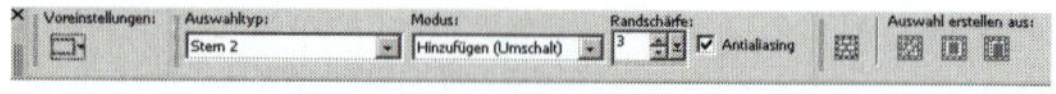

*Sobald Sie ein Auswahl-Werkzeug gewählt haben, treffen Sie in den **Werkzeugoptionen** die Feineinstellungen.*

Unter **Voreinstellungen** speichern Sie eigene Auswahl-Einstellungen. Treffen Sie individuelle Einstellungen für **Modus**, **Auswahlmodus** und **Randschärfe**. Klicken Sie auf die Schaltfläche unter **Voreinstellungen**. Mit einem Klick auf das Disketten-Symbol im Klappmenü **Voreinstellungen** öffnen Sie das Fenster **Voreinstellungen speichern**. Geben Sie hier die notwendigen Daten zur Auswahl ein. Informationen zur Auswahl erhalten Sie, indem Sie auf die Schaltfläche **Optionen** klicken.

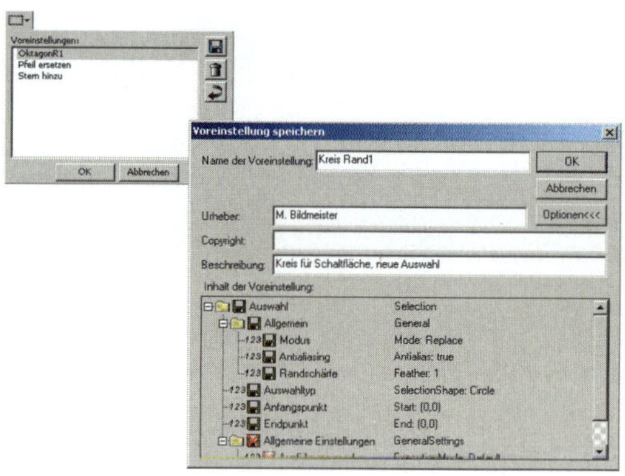

*Auswahl-Einstellungen speichern Sie in den **Voreinstellungen**.*

Im Menü **Auswahl** finden Sie alle Funktionen, die etwas mit Auswählen zu tun haben. So löschen Sie etwa die Auswahl mit dem Befehl **Auswahl aufheben**, mit **Umkehren** wählen Sie das Gegenteil aus, Sie gleichen die Auswahl an oder wandeln sie in eine eigene Ebene um. Damit die bewegte gestrichelte Linie, der Laufrahmen, beim Arbeiten nicht stört, wählen Sie die Funktion **Laufrahmen ausblenden**. Unter **Auswahl laden > speichern** sichern Sie die neue Auswahl oder wenden bereits erstellte auf ein neues Dokument an.

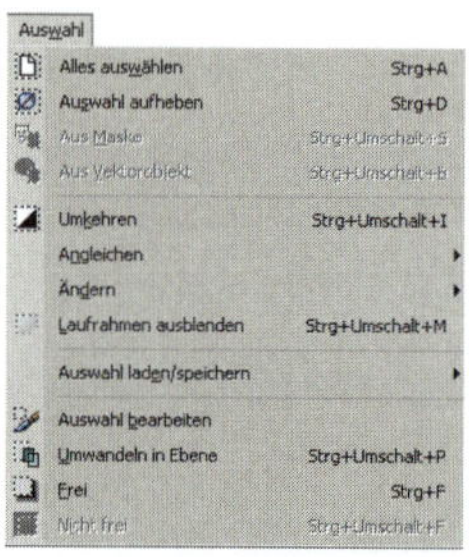

*Im Menü **Auswahl** finden Sie alle Funktionen zum Bearbeiten des gewählten Bereichs.*

Um eine erstellte Auswahl zu bearbeiten, wählen Sie im Menü **Auswahl** unter **Ändern** die entsprechende Funktion. Alle Funktionen besitzen eigene Vorschau-Fenster, in denen Sie die jeweiligen Parameter genau justieren. In der Vorschau sehen Sie die Auswahl oder einen Teil davon links im Original, auf der rechten Seite mit den Einstellungen, die sie vornehmen. Mit den **Zoom-Werkzeugen** verändern Sie die Ansichtsgröße, sodass Sie einerseits das gesamte ausgewählte Objekt überprüfen, andererseits nah an einen kleinen Ausschnitt heranzoomen. Bewegen Sie den Cursor über die Vorschau, wandelt er sich zur Hand. Ziehen Sie mit gedrückter linker Maustaste das Bild an die gewünschte Stelle.

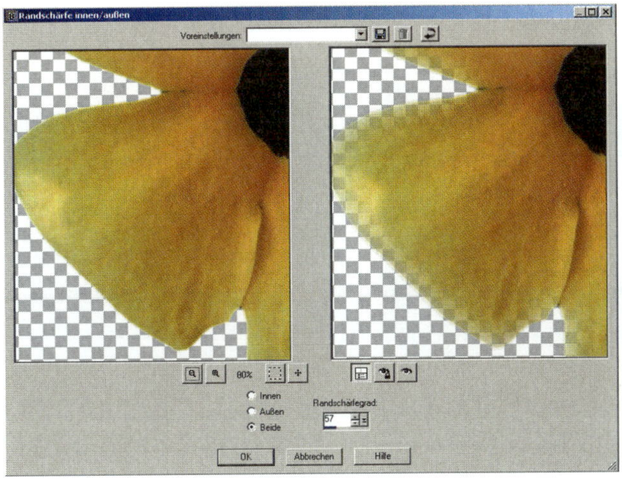

*Bearbeiten Sie eine Auswahl, sehen Sie im jeweiligen **Bearbeitungsfenster** links das Original, rechts eine Vorschau mit den Änderungen.*

Geometrische Formen wählen: das Auswahlwerkzeug

Geometrische Formen wählen Sie mit dem Werkzeug **Auswahl** (Symbol: viereckiger Laufrahmen). Neben der rechteckigen Auswahl bekommen Sie unter **Auswahltyp** eine Liste weiterer geometrischer Formen. Um die Form festzulegen, wählen Sie den **Auswahltyp** und ziehen die Auswahl in der gewünschten Größe mit gedrückter linker Maustaste auf.

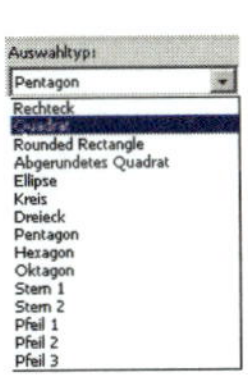

*Neben **Rechteck**, **Quadrat** und **Kreis** stehen weitere Auswahlformen wie **Stern** und **Pfeil** zur Verfügung.*

in das restliche Bild einfügen.

Das passende Werkzeug wählen

Zur Auswahl eines Bildteiles stellt Ihnen Paint Shop Pro drei verschiedene Werkzeuge bereit:

* **Auswahl:** Geometrische Formen
* **Freihandauswahl:** zeichnen einer Begrenzungslinie
* **Zauberstab:** per Mausklick ähnliche Pixel wählen

Jedes der drei Werkzeuge eignet sich für eine spezielle Form der Auswahl. Indem Sie das richtige Werkzeug verwenden, sparen Sie sich unter Umständen viel Arbeit. Angenommen, Sie wählen ein Gesicht, das vor einem unruhigen, farblich ähnlichen Hintergrund abgebildet ist — mit dem **Zauberstab** oder der **Freihandauswahl** allein eine mühsame Kleinarbeit. Hier bietet es sich an zunächst mit dem Werkzeug **Auswahl** eine **Ovale Auswahl** zu erstellen, die Sie dann entweder mit der Werkzeug **Auswahl** bearbeiten oder mit dem **Zauberstab** manuell erweitern.

Mit Ebenen arbeiten

Eine **Ebene** ist wie eine transparente Folie auf dem Bild. Indem Sie einen ausgewählten Bildbereich auf eine neue Ebene legen, können Sie damit arbeiten, ohne das Original zu ändern. Auch bei Collagen arbeiten Sie leichter mit Ebenen. Sie können so die

Objekte, die auf eigenen Ebenen liegen, nachträglich verschieben, transformieren oder in ihrer Farbe anpassen. Sie bearbeiten eine Auswahl entweder im selben Bild oder setzen sie als Collage in ein zweites Bild. Um jeweils die Auswahl als eigene Ebene zur Verfügung zu haben, wählen Sie:

* **Bei einer Auswahl, die im selben Bild bleibt: Auswahl > Umwandeln in Ebene**
* **Eine Auswahl in ein anderes Bild einfügen: Bearbeiten > Kopieren, dann: Bearbeiten > Einfügen > Einfügen als neue Ebene**

Nähere Informationen zu dem Arbeiten mit Ebenen finden Sie im Abschnitt Ebenen verwenden.

Tipp:

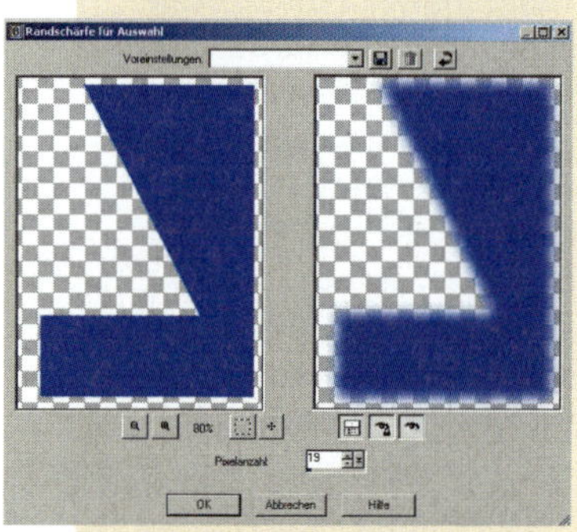

Justieren Sie die Randschärfe gezielt über das Menü Auswahl > Ändern > Randschärfe.

Unter **Modus** bestimmen Sie, in welcher Weise sich die Auswahl auf bereits vorhandene Auswahlen auswirkt:
* Im Modus **Hinzufügen** bleiben neben der neuen Auswahl bereits vorhandene Auswahlen erhalten.
* Im Modus **Entfernen** schneiden Sie mit der neuen Auswahl Stücke aus der vorhandenen heraus.
* Eine Auswahl mit Modus **Ersetzen** löscht alle bereits vorhandenen Auswahlen.

Um im Modus **Ersetzen** schnell auf die beiden anderen Modi zuzugreifen, stehen folgende Tastatur-Kombinationen bereit:
Von der Auswahl abziehen: **Ziehen + Strg**
Zur Auswahl hinzufügen: **Ziehen + Umschalt**

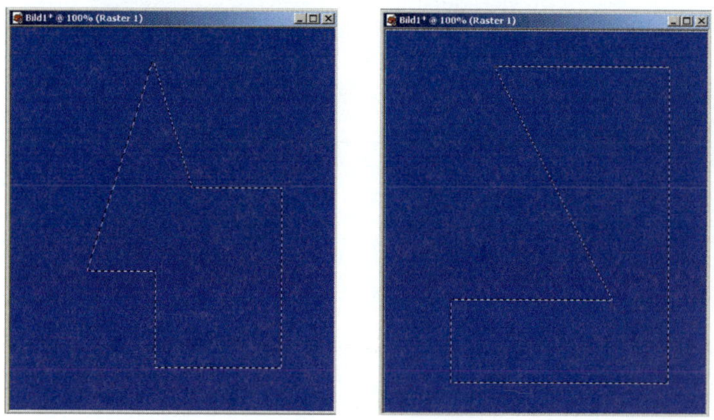

*Mit verschiedenen Modi lassen sich komplexere Auswahlen erstellen: Links: Rechtecks-Auswahl, dazu eine Dreiecks-Auswahl im Modus **Hinzufügen**. Rechts: Die Dreiecks-Auswahl im Modus **Entfernen** schneidet eine Ecke aus dem Rechteck.*

Mit der Option **Randschärfe** legen Sie den Übergang vom Gewählten zum nicht Gewählten fest. Die Breite des Übergangs kann zwischen **0** bis **200** Pixeln (Bildpunkten) liegen. Ein größerer Randschärfe-Wert erzeugt einen weicheren Übergang: Die Bildpunkte zum Rand der Auswahl nehmen an Deckkraft ab und werden immer transparenter, bis sie nicht mehr zu sehen sind.

Virtuelle Schere: Das Freihandauswahl-Werkzeug

Komplexe nichtgeometrische Formen wählen Sie mit der **Freihandauswahl** (Symbol: Lasso). Sobald Sie das Werkzeug aktivieren, wandelt sich der Cursor in ein Lasso mit einem Kreuz links darüber. Ihnen stehen drei Auswahltypen zur Verfügung:

* **Freihand:** Ziehen Sie mit gedrückter linker Maustaste, um die Auswahl zu zeichnen. Sobald Sie die Maustaste loslassen, schließt sich die gestrichelte Auswahllinie, der Laufrahmen. Am besten gelingt das mit einem Zeichenbrett!
* **Kontrastgrenze:** Per Mausklick an markanten Punkten definieren Sie die Kontrastgrenze zwischen dem freizustellenden Bildbereich und dem Hintergrund. Paint Shop Pro fügt die restlichen Punkte der Auswahlgrenze selbst hinzu und erkennt selbst geringe Farb- und Helligkeitsunterschiede. Nur bei diesem Auswahltyp können Sie die Größe des Bereiches definieren, in dem das Programm die Kanten sucht. Im Gegensatz zu dem Auswahltyp **Punkt zu Punkt** berücksichtigt der Typ **Kontrastgrenze** auch Rundungen und Kurven.

Auswählen von Farbflächen: Der Zauberstab

Anders als beim **Freihandauswahl**-Werkzeug wählen Sie mit dem **Zauberstab** zusammenhängende Farbflächen. Klicken Sie mit der linken Maustaste auf eine Stelle im Bild, dessen Farb- oder Helligkeitswert sich in der Auswahl befinden soll. Bildstellen mit den gleichen Auswahlkriterien, die jedoch nicht mit der gewählten Fläche zusammenhängen, wählen Sie mit einem zusätzlichen Mausklick und gedrückter **Umschalt**-Taste. Beim **Zauberstab** stehen Ihnen verschiedene Auswahlmodi zur Verfügung:

* **Kein**: Alle Pixel sind gewählt.
* **RGB-Wert, Farbe, Farbton**: Diese drei Modi wählen Pixel aufgrund ihrer Farbwerte aus:

Bei **RGB-Wert** muss die Zusammensetzung der Rot- Grün- und Blau-Werte genau übereinstimmen. Die Helligkeit spielt bei diesem Modus keine Rolle. Abweichungen zu einer anderen Farbgruppe hingegen klammert der Modus, je nach Toleranzgrenze mehr oder weniger streng aus der Auswahl aus.

Tipp:
Mit Antialiasing vermeiden Sie unschöne Treppchenbildung an den Auswahlkanten. Paint Shop Pro rechnet an den Rändern halbtransparente Pixel hinzu und glättet so die Kanten. Setzen Sie jedoch eine Bild-Auswahl mit Antialiasing auf einen anderen Hintergrund, kann es passieren, dass einige Pixel des ursprünglichen Hintergrundes der ausgewählten Fläche durchscheinen.

Tipp:
Um einen falsch gesetzen Punkt zu löschen, drücken Sie die Taste Entf.

* **Punkt zu Punkt: Mit jedem Mausklick legen Sie einen neuen Eckpunkt der Auswahl fest. Die Punkte verbindet Paint Shop Pro mit geraden Linien. Da dieser Typ keine Rundungen berücksichtigt, ist er nur bei geraden Kanten einzusetzen.**
* **Smart Edge: Der Auswahltyp Smart Edge funktioniert ähnlich wie der Typ Kontrastgrenze, die Farb- und Helligkeitsunterschiede müssen jedoch deutlicher sein. Die Auswahlkante sollte sich immer in dem Kasten befinden, der beim Ziehen von einem Punkt zum nächsten zu sehen ist.**

Freihandauswahl
Beim Zeichnen der Auswahl oder Festlegen der Auswahlpunkte definiert die Mitte des Kreuzes über dem Lasso die Linienführung oder den Punkt!

Freie Auswahl
Mit allen Auswahlwerkzeugen erstellen sie eine Standard-Auswahl. Eine Standard-Auswahl ist ein Teil des Bildes, beziehungsweise ein Teil der Ebene, auf der Sie die Auswahl treffen. Alle Anpassungen, die Sie innerhalb der Auswahl vornehmen, ändern den jeweiligen Bildteil. Eine freie Auswahl ist immer eine Kopie der gewählten Fläche des Bildes und liegt während der Bearbeitung über dem Bild. In der Palette Ebenen sehen Sie die freie Auswahl über der aktiven Ebene.

*Auswahl mit dem **Zauberstab** mit einer Toleranz von **35** und dem Auswahlmodus **RGB-Wert**.*

Der Modus **Farbe** wählt Pixel der selben Farbe mit dem gleichen Helligkeitswert.

*Die gleiche Auswahl nur im Modus **Farbe** zeigt eine deutlich kleinere Fläche. Hier muss nicht nur die Farbe stimmen, sondern auch die Helligkeit!*

Besonders große Bereiche wählt der Modus **Farbton**. Er bezieht sich auf die Lage der Farbe im Farbkreis und lässt hierbei alle Helligkeitsnuancen zu. So liegt etwa im Farbkreis neben Grün die Farbe Gelb. Obwohl Gelb wesentlich heller als Grün ist, sind gelbe Flächen bei entsprechend hoher Toleranz mit in der Auswahl enthalten.

*Die größte Auswahl beim gleichen Toleranzwert liefert der Modus **Farbton**.*

* **Helligkeit:** Mit dem Modus **Helligkeit** wählen Sie Flächen der selben Helligkeit unabhängig von den Farbwerten.
* **Deckende Bereiche, Deckfähigkeit:**
Diese Modi richten sich nur nach der Transparenz der Pixel.
* **Deckende Bereiche:** Unterscheidet, ob vorhanden oder nicht. Nur Bildteile, die Pixel enthalten, sind gewählt.
* **Deckfähigkeit:** Wählt die Pixel nach ihrer Transparenz.

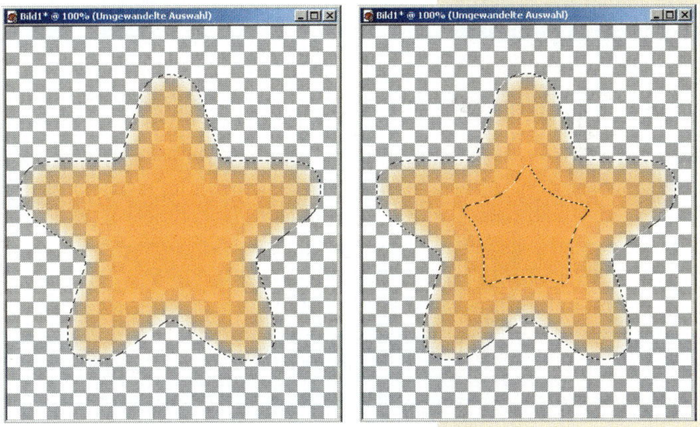

*Links: Modus **Deckende Bereiche**, rechts Modus **Deckfähigkeit***

Eine freie Auswahl entsteht durch:
* **Verschieben** der Auswahl mit aktivem Auswahlwerkzeug.
* **Umwandeln** einer Standardauswahl durch den Menübefehl **Auswahl > Frei**, Tastaturkürzel: **Strg + F**
* **Einfügen** der Standardauswahl durch den Menübefehl **Bearbeiten > Einfügen > Als neue Auswahl**
Die freie Auswahl verschwindet, sobald Sie die Auswahl aufheben (**Auswahl > Auswahl aufheben**) oder indem Sie eine neue Auswahl erstellen. Eine Standardauswahl wandeln Sie mit dem Menübefehl **Auswahl > Nicht frei** (Tastaturkürzel: **Strg + Shift + F**) in eine freie Auswahl.

Eine Auswahl verfeinern und anpassen

Perfekte Auswahlen erhalten Sie nicht mit einem Mausklick. Egal, welches Werkzeug Sie wählen und wie genau Sie arbeiten - die meisten Auswahlen erfordern einige Nacharbeit. Folgende Liste zeigt die häufigsten Auswahl-Fehler und deren Behebung.

Zu viel oder zu wenig Pixel an den Auswahlkanten: Oft stimmen die Auswahlränder nicht überall exakt, häufig bei einer **Freihand**-Auswahl. Das passiert, wenn Sie etwa im Modus **Kontrastgrenze** oder im Modus **Smart Edge** zu wenig Punkte definieren oder einen Punkt falsch gesetzt haben.

*Die Auswahl der Blume haben wir mit der **Freihand-Auswahl**, Modus **Smart Edge** erstellt. Zum Teil befinden sich noch Hintergrund-Pixel an den Rändern, besonders in den Ecken der Blätter.*

Sollten, wie im vorliegenden Beispiel, die Hintergrund-Pixel am Rand gleichmäßig zu sehen sein, verkleinern Sie die Auswahl. Wählen Sie im Menü **Auswahl > Ändern** die Option **Verkleinern**.

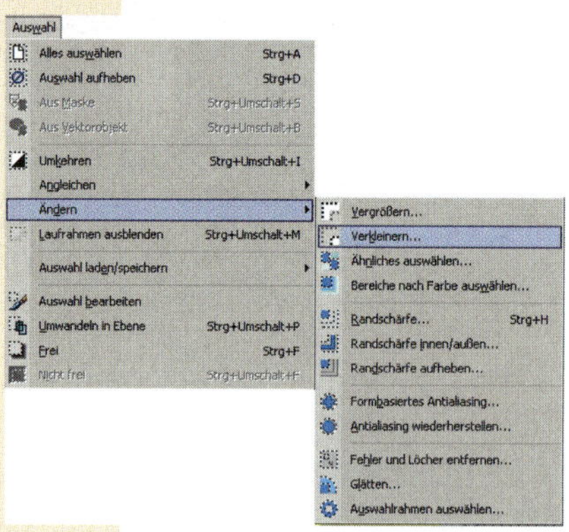

*Mit der Funktion **Auswahl verkleinern** entfernen Sie Hintergrundpixel an den Rändern.*

Im Fenster **Auswahl verkleinern** sehen Sie links die Originalauswahl, rechts eine Vorschau der Auswahl mit den geänderten Werten. Geben Sie bei Pixelzahl einen Wert ein, zu Beginn etwa **2**. Zoomen Sie (Mausklick auf die Schaltflächen links unten mit der Lupe) in das Bild hinein oder heraus, um Details zu überprüfen und das Ergebnis im Ganzen zu betrachten. Verschieben Sie in der

großen Ansicht das Bild: Sobald Sie die Maus über ein Vorschaubild bewegen, wandelt sich Cursor zur Hand, dem Symbol für Bewegen.

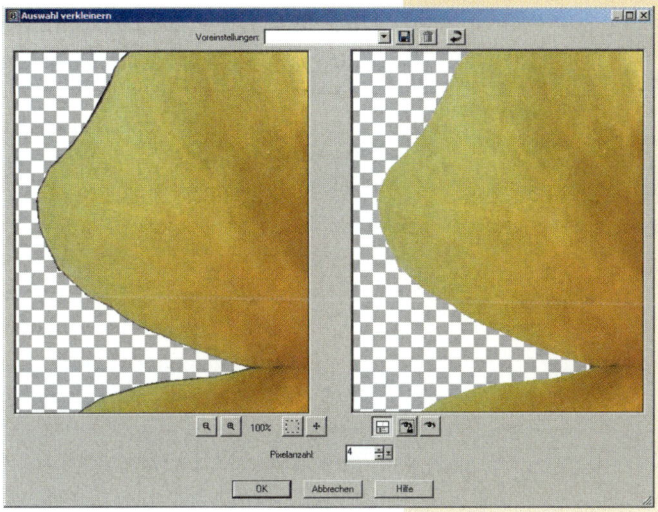

*Das Fenster **Auswahl** verkleinern*

In unserem Beispiel reicht ein Wert von **3** bis **4**, um die Restpixel des Hintergrunds am Rand zu entfernen.
Wie der Laufrahmen zeigt, befinden sich weitere Randpixel zwischen den einzelnen Blütenblättern.

In einer starken Vergrößerung erkennen Sie weitere Auswahlfehler.

Um einzelne kleine Stellen aus der Auswahl auszuschließen, gibt es mehrere Möglichkeiten:
* Mit dem **Zauberstab**, Modus **Entfernen** und einem passenden Auswahlmodus.
* Mit einer **Freihandauswahl**, Modus **Entfernen** und dem Auswahltyp **Freihand**.
* Mit dem Befehl **Auswahl bearbeiten**.
Die kleinen Ecken entfernen Sie am schnellsten mit der Funktion **Auswahl bearbeiten** im Menü **Auswahl**. Um die Auswahl zu korrigieren, färbt Paint Shop Pro alle ausgewählten Bereiche in einem transparenten Rot. Radieren Sie die störenden Hintergrundreste aus der Auswahl heraus:

Tipp:
Überprüfen Sie, wie weit die Auswahl mit der veränderten Randschärfe in den Hintergrund hineinreicht, indem Sie auf die Schaltfläche Auswahl ein/aus klicken. Sie sehen so in beiden Vorschau-Fenstern Hintergrund und Laufrahmen.

1. Wählen Sie das **Löschwerkzeug** und stellen in den Werkzeugoptionen die entsprechenden Werte ein. Wählen Sie eine runde Werkzeugspitze in einer Größe, mit der Sie auch in die kleinsten Ecken des zu entfernenden Bereichs kommen. Passen Sie die Härte der Randschärfe der Auswahl an, damit die **Randschärfe** an allen Stellen gleich ist. Hat Ihre Auswahl eine Randschärfe von **1**, so sollte der **Härte-Wert** des Löschwerkzeugs etwa **95** betragen. Bei einer Randschärfe von **0** stellen Sie einen Härte-Wert von **100** ein.

2. Wählen Sie in der Palette **Materialien** als Hintergrundfarbe **Schwarz**, als Vordergrundfarbe **Weiß**. Sie bearbeiten die Auswahl mit Schwarz, Weiß und allen Graustufen dazwischen. Haben Sie das **Löschwerkzeug** gewählt, nimmt Weiß alle Pixel aus der Auswahl komplett heraus. Mit Schwarz hingegen zeichnen Sie weitere Bereiche in die Auswahl herein. „Radieren" Sie mit einem Grauton, sind die hineinradierten Bereiche je nach Grauwert mehr oder weniger transparent in der Auswahl enthalten.

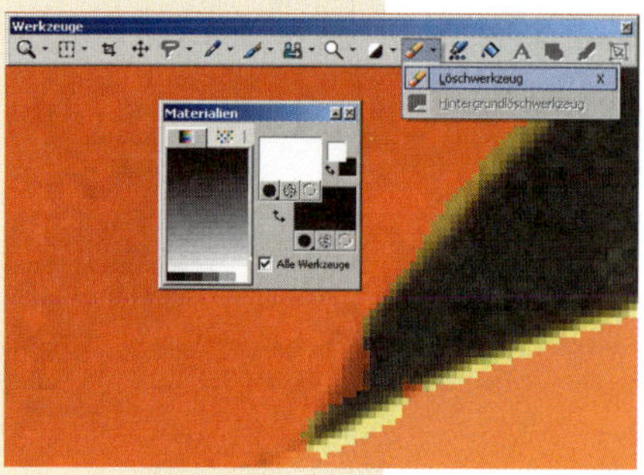

*Mit dem **Löschwerkzeug** radieren Sie Bereiche aus der Auswahl.*

3. Radieren Sie in der Vergrößerung die störenden Pixel aus der Auswahl heraus. Um den Bearbeitungsmodus der Auswahl zu beenden, wählen Sie ein weiteres Mal **Auswahl > Auswahl bearbeiten**. Sie sehen wieder den Laufrahmen und können den Auswahlbereich gegebenenfalls erneut korrigieren.

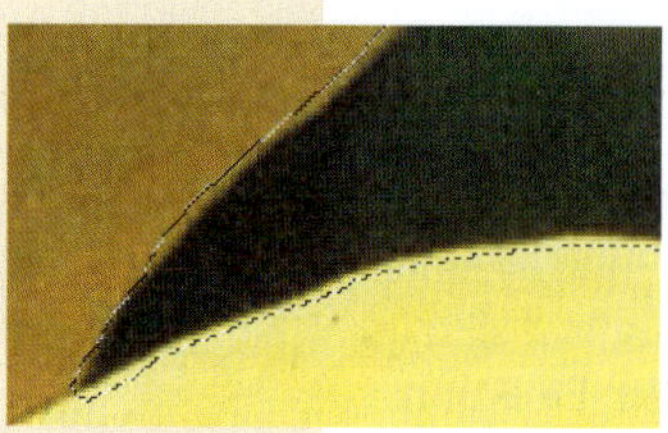

Nach der Korrektur schließt der Laufrahmen keine Hintergrundpixel mehr in die Auswahl ein.

Unpassende Randschärfe

Auch die beim Auswählen eingestellte Randschärfe kann zu fehlerhaften Ergebnissen führen. Ob die Randschärfe korrekt gewählt ist, hängt stark vom Verwendungszweck des ausgewählten Ausschnitts ab. Setzen Sie den gewählten Bildteil auf einen neuen, anders gefärbten Hintergrund, scheint der alte Hintergrund bei einem zu hohen Wert der Randschärfe durch. Führen Sie bei einer Auswahl **Korrekturen** durch, ist der Übergang vom korrigierten zum restlichen Bild bei einer zu kleinen Randschärfe deutlich zu sehen.

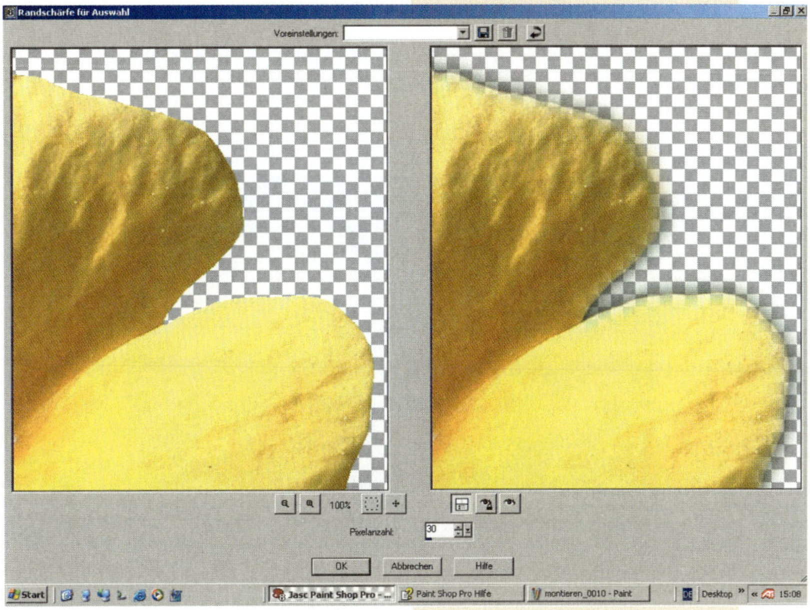

*Die Blumenauswahl links mit einem Wert bei **Randschärfe** von **0**, rechts mit einem unpassenden Wert von **30**: Wie ein dunkler Schatten sind die Pixel des Hintergrundes am Rand zu erkennen. Zusätzlich ist der Blätterrand leicht transparent.*

Um die Randschärfe zu ändern, bietet Paint Shop Pro mehrere Funktionen: **Randschärfe**, **Randschärfe innen/außen**, **Randschärfe aufheben**. Alle Funktionen finden Sie im Menü **Auswahl** im Klappmenü **Ändern**.

* **Randschärfe:** Um die Randschärfe gleichmäßig zu ändern, wählen Sie die Funktion **Randschärfe**. In den beiden Vorschau-Fenstern vergleichen Sie das Original mit der neu eingestellten Auswahl.

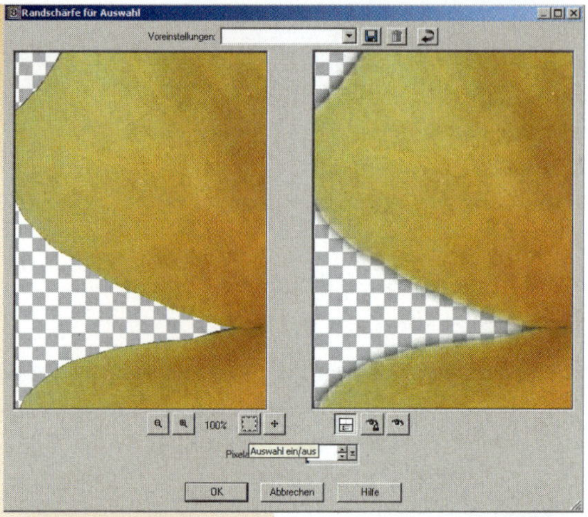

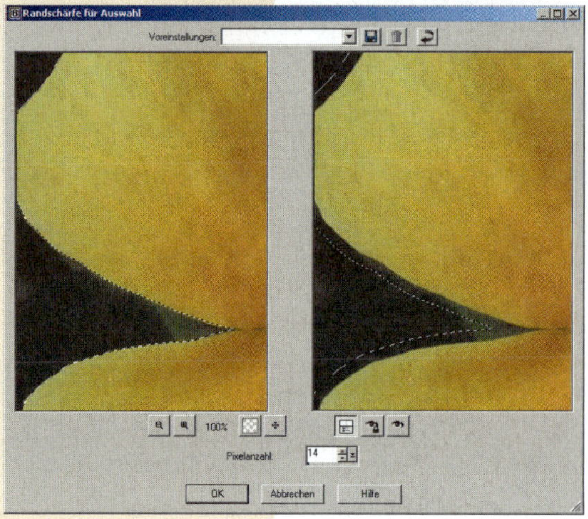

*Mit einem Klick auf die Schaltfläche **Auswahl ein/aus** kontrollieren Sie den Auswahl-Bereich der Randschärfe entweder mit dem transparenten oder dem originalen Hintergrund.*

* **Randschärfe innen/außen:** Im Fenster **Randschärfe innen/außen** legen Sie die Grenze von noch sichtbaren transparenten Pixeln zum nicht ausgewählten Bereich fest. Aktivieren Sie **Innen**, bleibt die Auswahlgrenze erhalten. Der Hintergrund scheint nicht durch, die transparenten Bereiche befinden sich innerhalb der Auswahl. Bei der Option **Außen** ist die gesamte Auswahl deckend. Der transparente Bereich befindet sich nur in den angrenzenden Bereichen des Hintergrundes. Wählen Sie **Beide**, verteilt sich die Transparenz auf den Auswahlrand und die benachbarten Pixel des Hintergrundes.

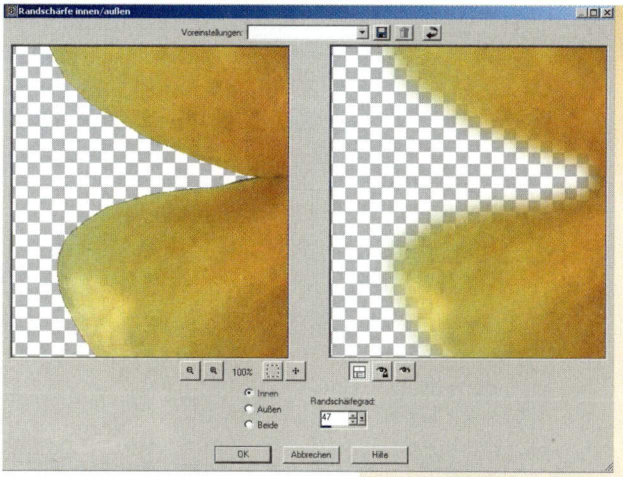

*Die Option **Randschärfe innen***

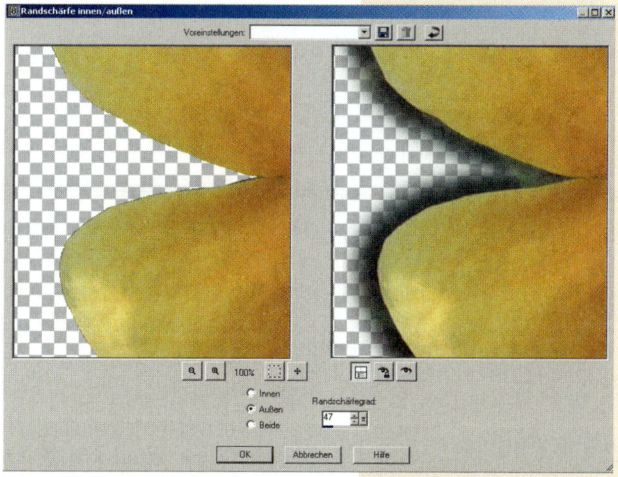

*Die Option **Randschärfe außen***

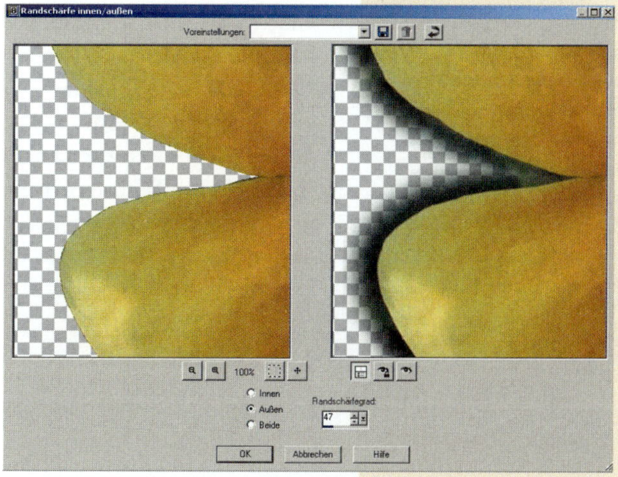

*Die Option **Randschärfe innen/außen***

* **Randschärfe aufheben:** Sollten Sie beim Erstellen der Auswahl einen zu hohen Wert für die Randschärfe gewählt haben, schärfen Sie die **Auswahlkante** im Fenster **Randschärfe aufheben**. Mit dem **Schwellenwert** regeln Sie die Größe des Bereiches, der sich weiter in der Auswahl befindet.

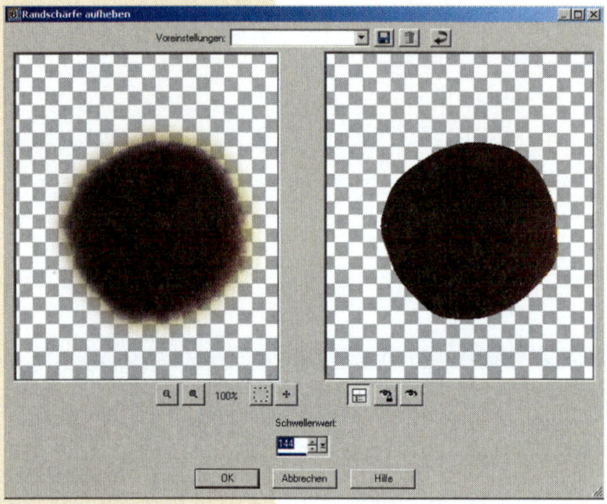

*Bei zu unscharfen Rändern hilft die Funktion **Randschärfe aufheben**.*

Blitzende Kanten

Antialiasing und **Kantenschärfe** glätten zwar die Auswahlkanten, verursachen jedoch häufig einen unangenehmem Nebeneffekt: Bei beiden Funktionen werden die Pixel an den Auswahl-Rändern transparent und beziehen, je nach Einstellung der Werkzeugoptionen, auch Hintergrundpixel mit ein. Setzen Sie eine solche Auswahl auf einen neuen Hintergrund oder verschieben Sie sie, „blitzt" die alte Hintergrundfarbe durch.

Die Funktion **Auswahl > Angleichen** entfernt die überflüssigen Randpixel und glättet zugleich die neue Kante. Unter Angleichen stehen Ihnen drei Optionen zur Verfügung:

* **Randübergang**
* **Angleichen - Schwarz**
* **Angleichen - Weiß**

Angleichen - Schwarz entfernt alle schwarzen Hintergrundreste, **Angleichen - Weiß** die weißen. Die Option **Randübergang** entfernt alle farbigen Randpixel. In der Dialogbox **Randübergang** für Auswahl geben Sie die Anzahl der Pixel ein, die die Funktion von Rand entfernt.

Tipp:

Um das Ergebnis besser zu überprüfen, wählen Sie Im Menü Auswahl die Funktion Laufrahmen ausblenden (Kürzel: Strg + Umschalt + M). Sie sehen so die Auswahlkante ohne Laufrahmen und können den Wert bei Randübergang besser angleichen.

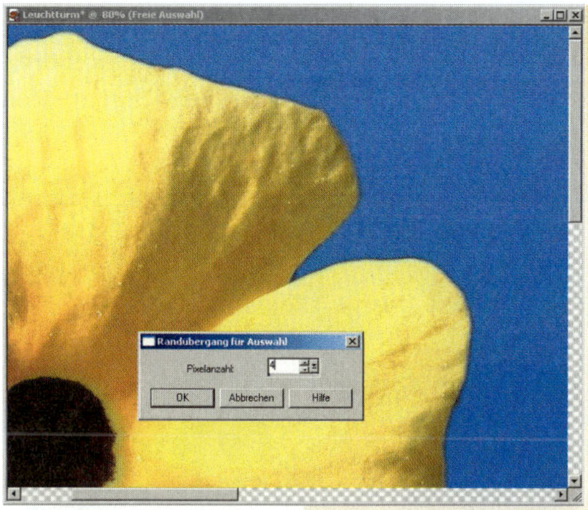

*Mit einer Pixelanzahl von **4** entfernen Sie die störenden Restpixel des alten Hintergrundes.*

Löcher in der Auswahl

Die Werkzeuge **Auswahl** und **Freihandauswahl** definieren die genauen Grenzen der ausgewählten Fläche. Mit dem **Zauberstab** hingegen wählen Sie die Fläche direkt, indem Sie per Auswahlmodus festlegen, welche Pixel sich innerhalb der Auswahl befinden sollen. Pixel mit anderen Werten bleiben außerhalb der Auswahl - es entstehen ungewollte Löcher.

Es gibt mehrere Möglichkeiten, Löcher in der Auswahl zu vermeiden und notfalls zu beseitigen:

* Den passenden **Auswahlmodus** wählen: Ist etwa der zu wählende Hintergrund vorwiegend in dunklen Farben, das Objekt im Vordergrund eher hell, eignet sich der Auswahlmodus **Helligkeit**. Handelt es sich jedoch um Flächen mit ähnlichen Helligkeitswerten aber konträren RGB-Werten, etwa einer gelben Blume in einer grünen Wiese, sollten Sie auf den Auswahlmodus **RGB-Wert** zurückgreifen.

* Der richtige Wert bei **Toleranz**: Mit der Toleranz regeln Sie, wie sehr die ausgewählten Pixel vom aufgenommenen Wert abweichen dürfen. Je höher der Wert, desto größer die gewählte Fläche.

*Eine Toleranz von **10** wählt einen zu kleinen Bereich.*

*Ein Wert von **100** wählt den gesamten Hintergrund, leider auch einige Bereiche innerhalb der Blume. Schon bei einem geringfügig kleineren Wert hingegen ist nur der Hintergrund gewählt. Die wenigen Ecken, die in der Auswahl fehlen, lassen sich leicht mit der Funktion **Auswahl bearbeiten** herausradieren.*

* Befinden sich trotz der richtigen Einstellungen noch Löcher in der Auswahl, wählen Sie unter **Auswahl > Ändern > Fehler und Löcher entfernen**. Im Fenster Fehler und Löcher entfernen definieren Sie die Größe der Löcher als eine quadratische Fläche von Pixeln über die unten stehenden Eingabefelder. Geben Sie etwa die Werte 25 x 100 Pixel ein, so entfernen Sie alle Löcher, die kleiner als eine quadratische Fläche von insgesamt 2500 Pixel sind, also niedriger und kürzer sind als 50 Pixel.

Achtung:
Zu hohe Toleranz-Werte schließen auch Bereiche, die außerhalb der Auswahl liegen sollen, mit in die Auswahl ein!

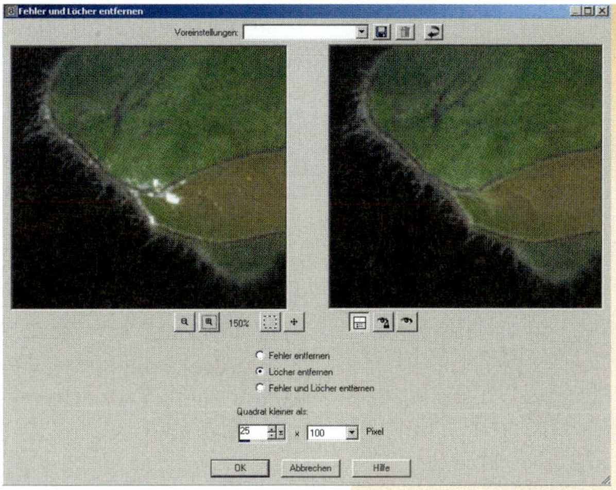

Mit der Funktion ***Fehler und Löcher entfernen*** *flicken Sie Löcher in der Auswahl.*

Übung: Komplexe Auswahl erstellen

In folgender Übung erstellen Sie eine Auswahl von einem Vogel um ihn später vor einen anderen Hintergrund zu stellen.
Öffnen Sie von der Buch-CD im Ordner **Montieren** das Bild **Puffin**.
Das Bild zeigt einen Papageitaucher (Puffin), den Nationalvogel der Isländer, auf einer Wiese. Um ihn etwa zu einem Bad ins frostige Eismeer zu schicken, befreien Sie ihn zunächst von seinem Hintergrund.

Vorüberlegung zur Auswahl:

Besonders im Schnabelbereich hat der Puffin eine differenzierte Farb- und Formgebung, auch das Federkleid und die Beine und Füße sind unterschiedlich gefärbt. Die Kante zwischen dem Vogel und dem Hintergrund ist zwar in den oberen zwei Dritteln deutlich, wird jedoch ab dem Beinansatz etwas unscharf. Besonders problematisch ist der Teil der Beine, der sich vor dem Puffin-Schatten befindet. Eine direkte Auswahl des Vogels ist somit nicht mit einem Werkzeug allein zu bewerkstelligen.
Eine andere Möglichkeit, den Vogel auszuwählen, ihn also freizustellen, besteht darin, den Hintergrund zu wählen und diese Auswahl umzukehren. Die Wiese ist im oberen Bild-Bereich unscharf und dadurch relativ einfach mit dem **Zauberstab** zu wählen. Auch hier ist jedoch das untere Drittel der Auswahl problematisch, da kleine Blätter und Grashalme keine einheitliche Fläche bilden und somit schlecht als Ganzes zu wählen sind.
Um eine möglichst genaue Auswahl zu erstellen, kombinieren Sie beide Methoden:

1. Wählen Sie als Werkzeug den **Zauberstab**. Treffen Sie in den Werkzeugoptionen folgende Einstellungen:

o **Modus**: **Ersetzen**. Sollten durch Ausprobieren bereits Pixel gewählt sein, ersetzt die neue Auswahl in diesem Modus die alte.

o **Auswahlmodus**: **RGB-Wert**, da die Zusammensetzung von Rot, Grün und Blau in dem Bereich einheitlich ist und sich deutlich vom freizustellenden Objekt abhebt.

o **Toleranz**: etwa **10**. Stellen Sie den Wert so ein, dass keine Pixel des Vogels gewählt sind und der ausgewählte Hintergrund-Bereich möglichst groß ist.

o **Randschärfe**: **1**. Mit dem Wert **1** glätten Sie die Kanten etwas. Sollten Sie eine weichere Auswahlkante benötigen, stellen Sie den Wert zum Schluss über **Auswahl > Ändern > Randschärfe** ein.

o **Antialiasing**: **Innen**, damit möglichst keine Pixel des Hintergrunds in der Auswahl verbleiben.

2. Treffen Sie mit einem linken Mausklick in den Hintergrund rechts oben den ersten Teil der Auswahl. Die ausgewählten Bereiche sind durch einen Laufrahmen gekennzeichnet.

Den oberen Teil des Hintergrundes wählen Sie mit dem Zauberstab.

3. Fügen Sie der Auswahl weitere Bereiche hinzu. Klicken Sie mit gedrückter **Umschalt**-Taste in alle noch nicht gewählten Hintergrundbereiche bis etwa zur Bildmitte. Vermeiden Sie es, in bereits gewählte Bereiche zu klicken, da sich sonst die Auswahl in eine freie Auswahl wandelt.

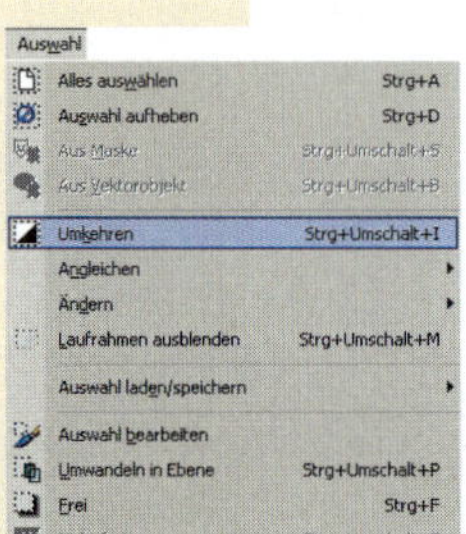

*Das Gegenteil wählen Sie über **Auswahl > Umkehren**.*

4. Da der Hintergrund im unteren Bereich zu unruhig ist, lässt er sich nur schwer mit dem Zauberstab wählen. Hier ist es einfacher, den Vogelkörper direkt zu wählen. Wählen Sie **Auswahl > Umkehren**.

5. Oft erscheinen Fehler in der Auswahl erst nach dem Umkehren. Öffnen Sie unter **Auswahl > Ändern** das Fenster **Fehler und Löcher entfernen**. Aktivieren Sie die Option **Fehler entfernen**. Wählen Sie bei **Quadrat kleiner als** die Werte so, dass die restlichen gewählten Hintergrundpixel im oberen Bild-Bereich im rechten Vorschau-Bild verschwinden. Bestätigen Sie die Änderung mit **OK**.

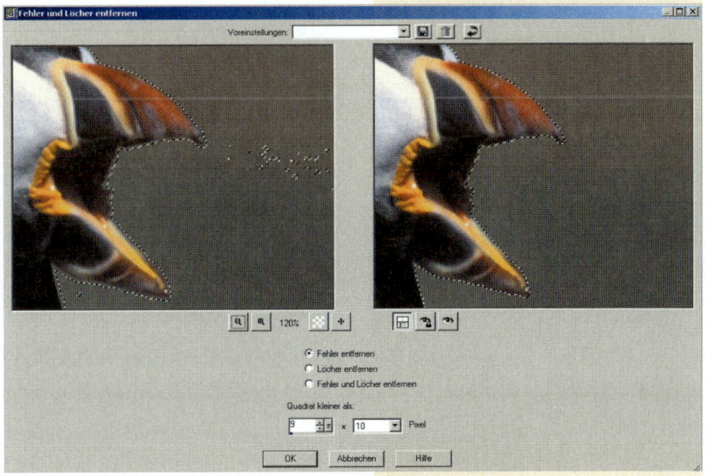

6. In der Auswahl befindet sich nun der Puffin und der untere Teil des Hintergrundes. Um nur den Vogel freizustellen, ziehen Sie den unteren Teil des Hintergrundes von der Auswahl ab. Wählen Sie die **Freihandauswahl**. Stellen Sie in den Werkzeugoptionen folgende Werte ein:

o **Auswahltyp**: **Kontrastgrenze**, da die Farbunterschiede nur gering sind. Bei höheren Kontrasten wählen Sie **Smart Edge**.

o **Modus**: **Entfernen**, um die Auswahl weiter einzugrenzen.

o **Randschärfe**: **1**, damit die Auswahlkanten an allen Stellen die gleiche Schärfe haben.

o **Bereich**: **15**. Da die Kanten etwas verschwommen sind, benötigen Sie den höchsten Wert. Der Bereich definiert die Entfernung, in der Paint Shop Pro vom angeklickten Punkt ausgehend nach Kanten sucht.

o **Glätten**: **2**, höhere Werte verschlucken eventuell Feinheiten in der Auswahlkante.

7. Entfernen Sie mit dem **Freihandauswahl-Werkzeug** Stück für Stück den unteren Hintergrund. Zoomen Sie auf den Bildausschnitt, an dem Sie gerade arbeiten. Je genauer Sie die Auswahl-Punkte setzen, desto weniger Nacharbeit am Freisteller entsteht. Beginnen Sie auf der rechten Seite. Ziehen Sie Punkt für Punkt die

Kante vom Flügel bis zum rechten Fuß nach. Beginnen Sie im Bild so weit oben, dass die neue Auswahlkante alte Teil-Auswahlränder mit einschließt. Eine dünne Linie zeigt Ihnen den Verlauf der Auswahl. Haben Sie einen Punkt falsch gesetzt, drücken Sie auf **Entf**. Mit einem Doppelklick schließen Sie die Auswahl, die dünne Linie wird zum Laufrahmen.

Links: Eine blaue Linie zeigt beim Arbeiten den Verlauf der Freihandauswahl. Rechts: Bis auf wenige Reste am Bildrand ist die Auswahl des Puffins fertig.

8. Das **Freihandauswahl-Werkzeug** sucht durch die hohe Einstellung des Bereiches am Bildrand eigene Grenzen. So sind dort einige Randpixel des Hintergrunds mit in der Auswahl. Ziehen Sie über die fehlerhaften Randbereiche mit dem Werkzeug **Auswahl**, **Auswahltyp Rechteck**, einen viereckigen Auswahlrahmen. Belassen Sie den Modus bei **Entfernen**. Führen Sie diesen Arbeitsschritt dreimal aus; einmal am rechten Rand, dann am linken und zuletzt am unteren Bildrand.

*Mit dem Werkzeug **Auswahl** entfernen Sie überflüssige Pixel am Rand, bis sich keine Rand-Pixel mehr in der Auswahl befinden.*

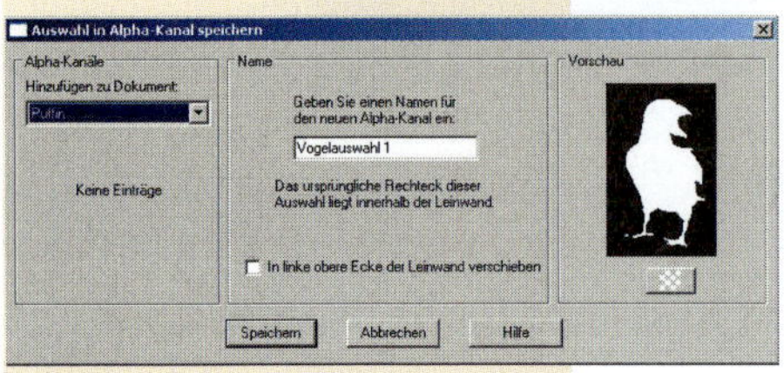

*Im Fenster **Auswahl in Alpha-Kanal speichern** sichern Sie die Auswahl.*

9. Beseitigen Sie manuell kleine Fehler in der Auswahl. Wählen Sie **Auswahl > Auswahl bearbeiten**. Vergrößern Sie die fehlerhaften

Stellen mit dem Zoom-Werkzeug. Wählen Sie das **Löschwerkzeug** (Kürzeltaste: **X**) und stellen sie in den **Werkzeugoptionen** eine passende Pinselspitze ein. Mit weißer Vordergrundfarbe löschen Sie Pixel aus der Auswahl, Schwarz fügt der Auswahl Pixel hinzu. Nähere Angaben zum Arbeiten mit dem Werkzeug **Auswahl bearbeiten** finden Sie im Abschnitt Fehler! Unbekanntes Schalterargument.

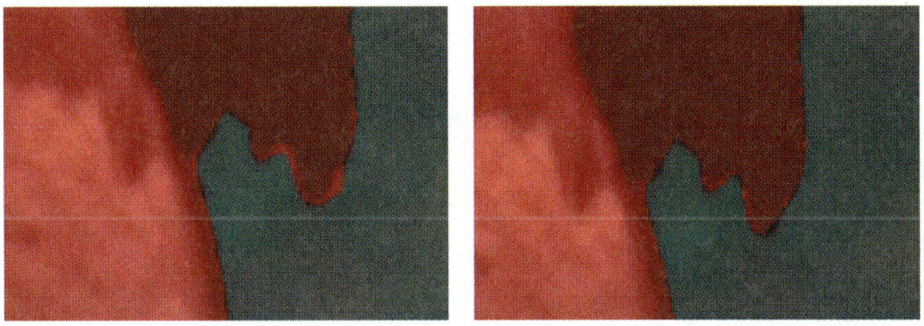

*Das Werkzeug **Auswahl bearbeiten** färbt die Auswahl rot. Mit dem **Löschwerkzeug** radieren Sie Pixel aus der Auswahl oder malen fehlende hinzu.*

10. Überprüfen und korrigieren Sie gegebenenfalls die Randschärfe. Wählen Sie unter **Auswahl > Ändern > Randschärfe innen/außen**. Aktivieren Sie **Innen**, um keine Hintergrund-Pixel zum Auswahlrand hinzuzufügen. Justieren Sie den **Randschärfegrad**. Wir haben einen Wert von **2** gewählt. So bleibt die Kante deutlich erhalten, Unreinheiten am Rand verschwinden jedoch.

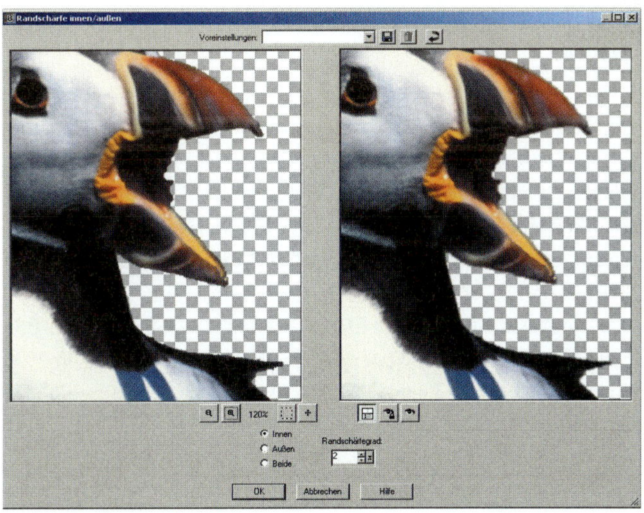

Weiche Kanten erzeugen Sie erst zum Schluss!

11. Speichern Sie die fertige Auswahl unter einem neuen Namen.

Tipp:

Speichern Sie die Auswahl zwischendurch. Sollte Ihnen im weiteren Arbeitsverlauf ein Fehler unterlaufen, können Sie immer noch auf den Zwischenstand zurückgreifen!
Wählen Sie zum Speichern Auswahl > Auswahl laden, speichern > Auswahl in Alpha-Kanal speichern. Geben Sie der Auswahl einen Namen und klicken Sie auf Speichern.

Verschiebungen

Verschieben des Laufrahmens einer Auswahl: Klicken Sie mit gedrückter rechter Maustaste und dem Verschiebungswerkzeug in die Auswahl und verschieben Sie den Laufrahmen.
Verschieben des Bildinhaltes: Klicken Sie mit gedrückter linker Maustaste und einem Auswahlwerkzeug in die Auswahl und verschieben Sie die Auswahl.

Kanäle

Ein Kanal ist ein Bestandteil einer Bilddatei. Jeder Kanal beinhaltet die Werte von nur einer Farbe. So besteht eine RGB-Datei in der Regel aus drei Kanälen: einem für Rot, einem für Grün und einem für Blau. Alle Kanäle zusammen ergeben das komplette farbige Bild.

Tipp:
Benennen Sie eine neue Auswahl sinnvoll, sodass Sie Verwechslungen vermeiden. Beispiel: Papagei_Feder1

Ebenenfunktionen
Alle Ebenenfunktionen finden Sie:
* **in der Palette Ebene, sie befindet sich in der Standard-Oberfläche rechts unten. Sollte sie nicht geöffnet sein, wählen Sie Ansicht > Paletten > Ebenen.**
* **im Menü Ebenen. Viele der Funktionen, die sich hier befinden, können Sie in der Standard-Oberfläche auch direkt über die Schaltflächen der Ebenen-Palette aufrufen.**

Eine Auswahl speichern und laden

Mit der Funktion **Auswahl laden > speichern** sichern Sie eine Auswahl für spätere Arbeitsschritte. Eine Auswahl speichern Sie:
* **zusammen mit dem Originalbild als Alpha-Kanal.**
* **als neue Datei.**

Speichern Sie eine **Auswahl als Alpha-Kanal**, legt Paint Shop Pro zu den Farb-Kanälen (RGB oder CMYK) einen zusätzlichen Graustufen-Kanal an. Hier sind die Daten der Auswahl in Form eines Graustufenbilds gespeichert. Sie können beliebig viele Auswahlen speichern, Paint Shop Pro legt für jede gespeicherte Auswahl einen neuen Kanal an.

Um die gespeicherte Auswahl zu laden, wählen Sie **Auswahl > Auswahl laden, speichern > Auswahl aus Alpha-Kanal laden**. Wählen Sie im Fenster **Auswahl** aus **Alpha-Kanal laden** links unter Alpha-Kanäle die entsprechende Auswahl. Mit einem Klick auf das kleine Dreieck rechts neben dem Vorschau-Bild sehen Sie alle gespeicherten Auswahlen.

Unter Alpha-Kanäle finden Sie alle gespeicherten Auswahlen.

In der Regel ist in der Mitte unter **Vorgang** die Option **Auswahl ersetzen** aktiviert. Sind im Bild bereits Flächen gewählt, können Sie die gespeicherte Auswahl der aktuellen hinzufügen oder sie von ihr abziehen.
Indem Sie die Auswahl als eigene Datei speichern, legt Paint Shop Pro eine eigene Datei mit der Erweiterung **PspSelection** an. Der Vorteil dieser Speicher-Methode liegt darin, dass Sie die eigenständige Datei auf jedes Speicher-Medium übertragen können, um so nur die notwendigen Daten auf einen anderen Rechner zu übertragen.

Ebenen verwenden

Mit Ebenen bauen Sie Bildcollagen, indem Sie einem Bild neue Elemente hinzufügen. Oder Sie schützen das Original indem Sie auf dessen Kopie arbeiten. Eine Ebene ist wie eine durchsichtige Folie, die über Ihrem Bild liegt.
Ein Bild in Paint Shop Pro kann aus beliebig vielen Ebenen bestehen. Auf einer Ebene können Sie malen, zeichnen oder Schrift und Teile aus anderen Bildern platzieren, ohne das darunter liegende Original zu verändern.

Ebenenarten:

* **Die Rasterebenen basieren auf Pixel. Sie platzieren Ausschnitte aus anderen Bildern oder malen mit einem Pinsel.**
* **Den Vektorebenen liegen Vektor-Informationen zu Grunde. Sie platzieren hier etwa ein Logo oder Text und zeichnen mit dem Zeichenstift.**

Ebenen einsetzen

Grundsätzlich besteht ein Bilddokument aus der Hintergrundebene. Zu dieser Ebene fügen Sie weitere hinzu, duplizieren sie und fassen dann die Ebenen in sinngemäße Gruppen zusammen.

Die Palette Ebene

In der Palette **Ebene** sehen Sie untereinander alle vorhandenen Ebenen und Ebenengruppen. Verharren Sie mit dem Cursor kurz über einer Ebene, sehen Sie in einem Vorschaubild den Inhalt der Ebene auf einem transparenten Hintergrund.

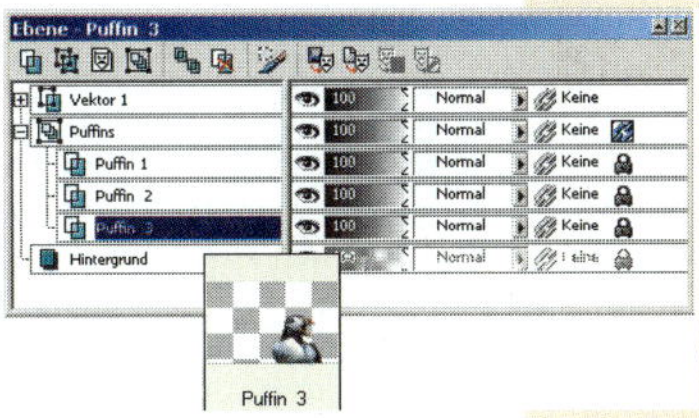

*In der Palette **Ebene** sehen Sie alle Ebenen eines Bildes.*

Rechts neben den Ebenen finden Sie die verschiedenen Einstelloptionen der Ebenen:

* Mit einem Klick auf das Auge schalten Sie die Sichtbarkeit der Ebene ein und aus.

* Mit dem Schieberegler daneben justieren Sie die Transparenz der Ebene. Beim Wert **100** ist die Ebene vollständig deckend, der Wert **0** lässt sie unsichtbar werden.

* Rechts neben der Transparenz wählen Sie den Ebenenmodus. Mit einem Klick auf das kleine Dreieck öffnet sich ein Klappmenü mit den verfügbaren Modi.

* Eine Ebenenverbindung stellen Sie per Mausklick auf das Kettensymbol her. Neue Ebenen sind grundsätzlich mit keiner anderen verbunden, neben dem Kettensymbol erscheint **keine**.

* **Transparente Bereiche** schützen Sie mit einem Klick auf das kleine Schloss. Ist der Transparenzschutz aktiviert, nimmt das Schloss eine blaue Färbung an. Diese Option verhindert, dass sich Filter und Effekte auf die transparenten Bereiche ausdehnen.

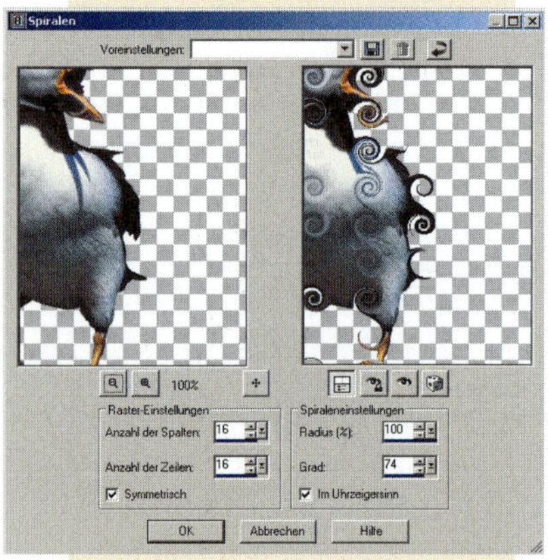

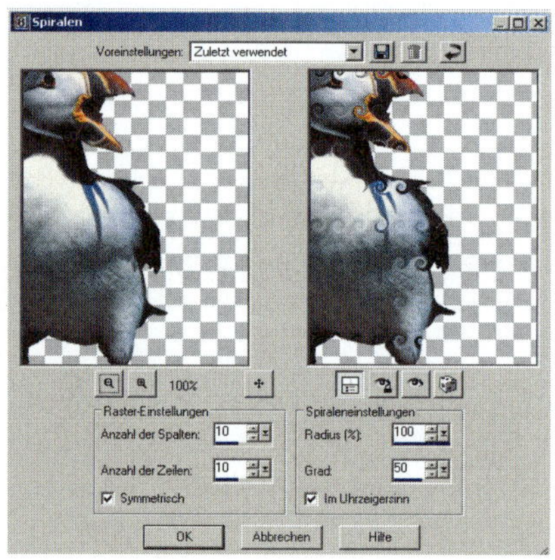

Besonders bei den Verzerrungseffekten ist es wichtig, die transparenten Bereiche zu schützen: Links ist der Schutz inaktiv, im Bild rechts ist der Transparenzschutz aktiviert.

In der Funktionsleiste im oberen Bereich der Ebenenpalette befinden sich Schaltflächen zur Erstellung von neuen Ebenen. Zusätzlich finden Sie weitere Schaltflächen zur Bearbeitung von Masken.

Die Funktionen von links nach rechts: ***Neue Rasterebene, Neue Vektorebene, Nichts maskiert, Neue Ebenengruppe, Ebene duplizieren, Ebene löschen, Auswahl bearbeiten, Maske aus Datei laden, Maske aus Alpha-Kanal laden, Maske als Datei speichern, Maske in Alpha-Kanal speichern.***

Sie verbinden zwei oder mehrere Ebenen miteinander, indem Sie auf das Ketten-Symbol in der Ebenen-Palette klicken. Mit dem ersten Mausklick erscheint die Ziffer **1**, beim zweiten die Ziffer **2**. Mit einem rechten Mausklick schalten Sie zur niedrigeren Ziffer. Paint Shop Pro stellt jeweils so viele Ziffern zur Verfügung, wie Ebenen vorhanden sind. Besteht Ihr Bild etwa aus sieben Ebenen, endet die Zuordnung bei **7**, danach erscheint erneut die Option **Keine**. Ordnen Sie den Ebenen einer Gruppe, die Sie zusammen bearbeiten möchten, die selbe Zahl zu.

Öffnen Sie von der Buch-CD aus dem Ordner **Montieren** das Bild **Vogelhochzeit**. Das Bild besteht aus sieben Ebenen. Auf der Hintergrundebene, dem Foto eines tropischen Vogels, liegt eine Ebenengruppe. Auf jeder dieser Ebene befindet sich der Puffin, den Sie bereits freigestellt haben. An oberster Stelle befindet sich eine Vektorebene mit dem Schriftzug **Vogelhochzeit**.

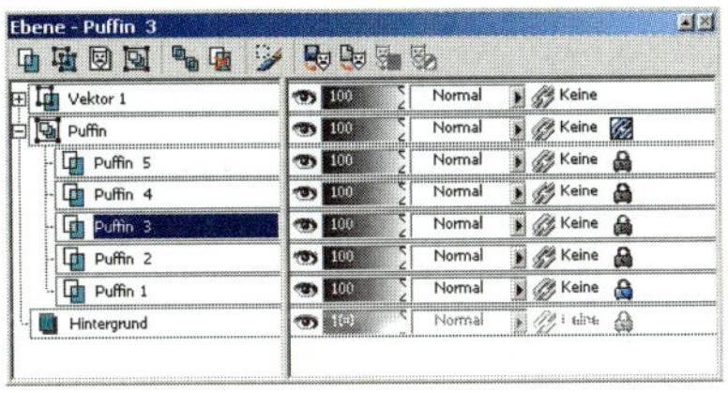

*Die Collage **Vogelhochzeit** besteht aus sieben Ebenen und einer Ebenengruppe.*

Verbinden Sie die drei Puffins vorne in der Mitte um sie gemeinsam etwas nach unten zu schieben. Geben Sie den Ebenen **Puffin 5, Puffin 3** und **Puffin 2** unter **Ebenen verbinden** eine gemeinsame Ziffer, etwa **1**. Wählen Sie das **Verschiebungswerkzeug** (Tastenkürzel: **M**). Wählen sie eine der verbundenen Ebenen und schieben Sie sie etwas nach unten - die verbundenen Ebenen wandern mit der aktiven Ebene in die gleiche Richtung.

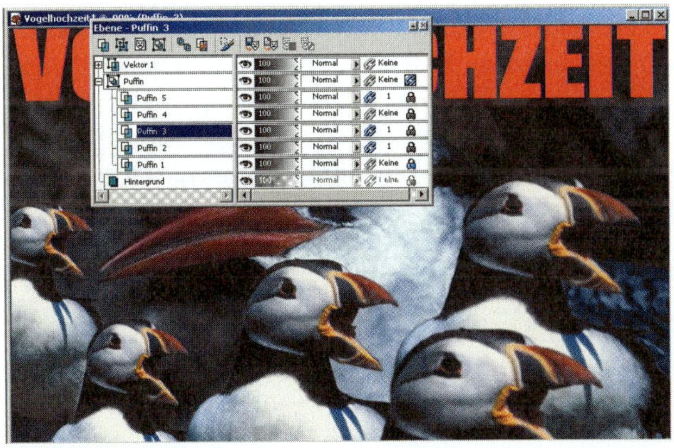

Da die Ebenen mit den drei mittleren Puffins miteinander verbunden sind, können Sie sie gemeinsam verschieben.

Speichern Sie die Collage unter einem neuen Namen.

Ebenen verbinden

Möchten Sie mehrere Objekte, die auf verschiedenen Ebenen liegen, verschieben, verbinden Sie die Ebenen miteinander.

Ebenen gruppieren

Sie können nur Ebenen innerhalb einer Gruppe miteinender verbinden. Um mehrere Ebenen zu gruppieren, aktivieren Sie eine davon. Klicken sie dann in der Ebenen-Palette auf die vierte Schaltfläche von links, dem Symbol für Neue Ebenengruppe. Geben Sie der Gruppe im Fenster Neue Ebenengruppe einen Namen, und bestätigen Sie mit OK. Ziehen Sie mit gedrückter linker Maustaste die anderen Ebenen in die Ebenengruppe.

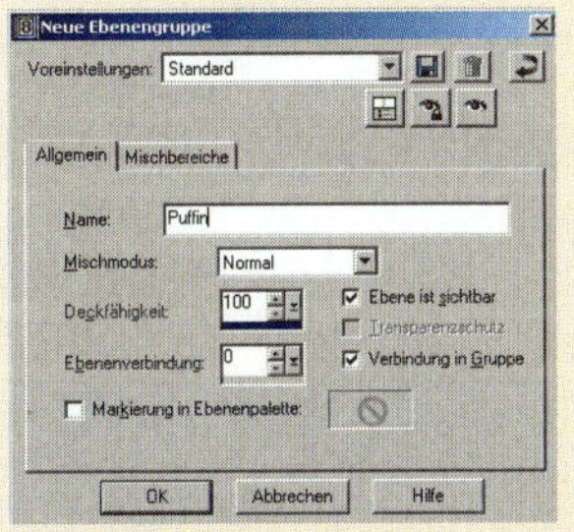

Achtung:
Die Funktion Angleichen können Sie nur auf eine einzige Ebene anwenden.

Das Menü Ebenen

Im Menü **Ebenen** finden Sie alle Funktionen, die sich auch in der Palette **Ebenen** befinden. Zusätzlich stehen hier weitere Funktionen zur Bearbeitung von Masken sowie eine Auswahl von Anpassungsebenen zur Verfügung.
Zudem finden Sie zwei weitere Optionen:
* **Angleichen:** Entfernt Störpixel an den Rändern
* **Hintergrundebene umwandeln:** Wandelt die Hintergrundebene in eine Rasterebene um. Einige Funktionen funktionieren nur auf einer Rasterebene, in der Regel erscheint jedoch eine Dialog-Box, in der Sie wählen, ob Paint Shop Pro die Hintergrundebene in eine Rasterebene umwandeln soll.

Mit der Funktion **Angleichen** entfernen Sie die restlichen Hintergrund-Pixel eines freigestellten Objekts auf einer Ebene. Sie haben drei Möglichkeiten:
* **Angleichen - Schwarz:** entfernt schwarze Randpixel.
* **Angleichen - Weiß:** beseitigt weiße Randpixel.
* **Randübergang:** löscht farbige Randpixel.

Übung: Randpixel entfernen

Öffnen Sie die Collage Vogelhochzeit. Der freigestellte Puffin weist an den Kanten noch einige Pixel des früheren Hintergrunds auf. Besonders sehen Sie diesen Makel bei den drei linken Vögeln im Bereich des Halses.
Entfernen Sie zunächst beim mittleren Vogel die störenden Reste. Aktivieren Sie die Ebene **Puffin 3**. Wählen Sie **Ebenen > Angleichen > Randübergang**. Da der Hintergrund aus mehreren Farben besteht, kommen die beiden anderen Möglichkeiten nicht in Frage.

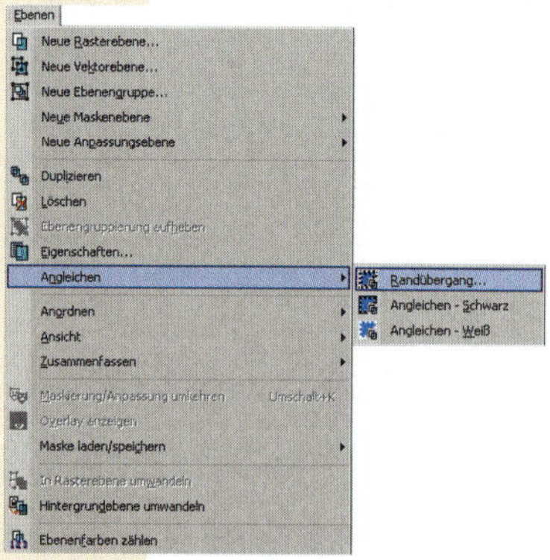

*Mit der Funktion **Ebenen > Angleichen** entfernen Sie Randpixel.*

Geben Sie im Fenster **Randübergang** bei **Pixelanzahl** den Wert **14** ein. Entfernen Sie die Randpixel ebenfalls bei den Ebenen **Puffin 2** und **Puffin 1**. Wiederholen Sie den Arbeitsschritt, bis die störenden Randpixel weitgehend verschwinden.

Beim Puffin links sind noch störende Pixel am Rand des Halses, beim rechten Puffin ist der Rand bereits etwas gereinigt.

Übung: Den Hintergrund kolorieren

Zwar dienen die Anpassungsebenen der Farbkorrektur, dennoch können Sie damit auch nette Farbeffekte auf einer Ebene erzeugen. So kolorieren Sie in der folgenden Übung den Hintergrund des Bilds Vogelhochzeit.

Damit sich die Korrektur nur auf das Hintergrundfoto auswirkt, aktivieren Sie in der **Ebenen**-Palette die unterste Ebene, Hintergrund. Wählen Sie im Menü **Ebene > Neue Anpassungsebene**, dann den Ebenen-Typ **Farbton/Sättigung/Helligkeit**. Stellen Sie im Fenster **Farbton/Sättigung/Helligkeit**, Register **Anpassung** folgende Werte ein:

* **Kolorieren:** aktiv, um den Hintergrund in einer gewählten Farbe zu tönen.
* **Farbton: 0**, ein sattes Rot, das mit dem Schriftzug harmoniert.
* **Sättigung: 60**, ergibt eine kräftige, doch nicht zu grelle Färbung.
* **Helligkeit: 30**, dämpft den Hintergrund etwas ab und rückt ihn so optisch etwas nach hinten.

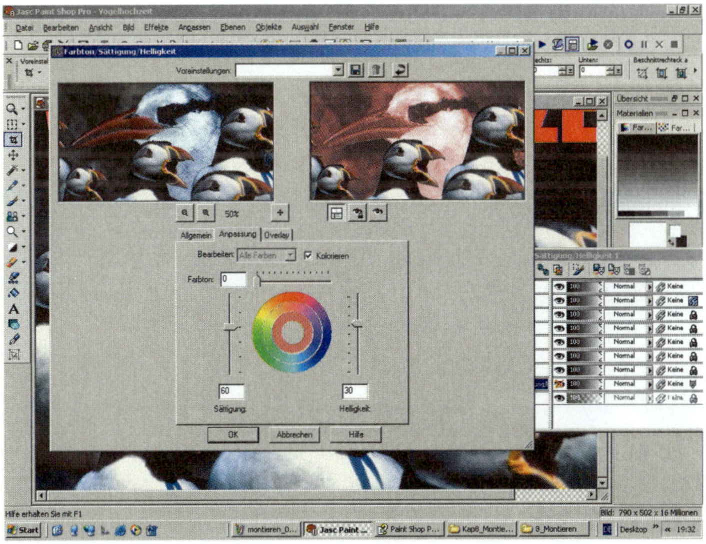

*Im Fenster **Farbton/Sättigung/Helligkeit** kolorieren Sie die Hintergrundebene.*

Tipp:

Leider ist die Funktion Randübergang ohne Vorschau. Den richtigen Wert bei Pixelanzahl finden Sie oft erst durch Probieren heraus. Fangen Sie bei einem kleinen Wert an. Sind noch Randpixel vorhanden, machen Sie die Aktion rückgängig und versuchen es erneut mit einem höheren Wert.

Anpassungsebenen

Eine spezielle Form der Ebene ist die Anpassungsebene. Befindet sie sich in der Ebenen-Palette an oberster Stelle, wirkt sie sich auf alle darunter liegenden Ebenen aus — ohne die Originaldaten zu verändern.

Mit einer Anpassungsebene kontrollieren Sie verschiedene Korrekturen und vergleichen sie. Anpassungsebenen gibt es für folgende Arbeitsschritte:

* **Korrigieren von Helligkeit und Kontrast**
* **Kanäle mischen**
* **Farbbalance**
* **Kurven**
* **Korrigieren von Farbton, Sättigung und Helligkeit**
* **Umwandeln in ein Negativ**
* **Erstellen von einem Niveau**
* **Poster**
* **Schwellenwert**

Tiefenwirkung

Die Tiefenwirkung bei Bildern beruht unter anderem auf der Hell-Dunkel-Verteilung. Gegenstände im Vordergrund weisen kräftigere und leuchtende Farben auf als der Hintergrund. In der Natur ist dieses Phänomen deutlich zu sehen: Stehen Sie auf einem erhöhten Punkt und sehen Hügelketten im Vorder- und Hintergrund, erscheinen die Hügel im Vordergrund dunkler und farbenkräftiger als die im Hintergrund. Auch wirken die hinteren Berge leicht blaustichig.

Bestätigen Sie die Änderung mit **OK**. In der Ebenenpalette befindet sich über dem Hintergrund eine weitere Ebene, die Ebene **Farbton/Sättigung/Helligkeit**.

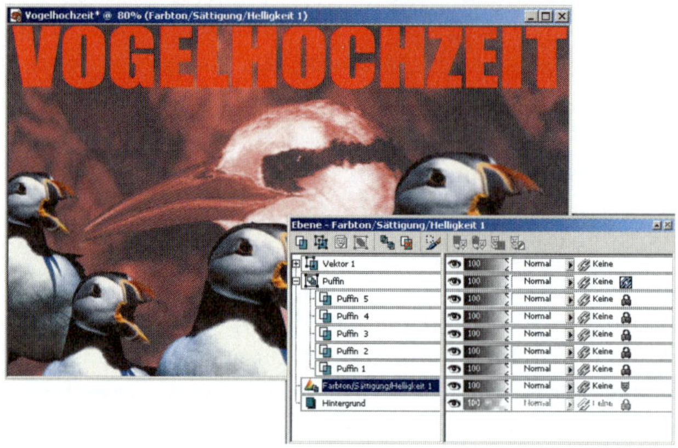

*Eine neue Anpassungsebene **Farbton/Sättigung/Helligkeit** liegt über dem Hintergrund.*

Sie können eine Anpassungsebene beliebig in der Ebenen-Hierarchie verschieben. Die Einstellungen der Anpassungsebene wirken sich auf alle Ebenen darunter aus. Schieben Sie sie etwa **über** die Ebenengruppe **Puffin**, kolorieren Sie die gesamte Vogelschar.

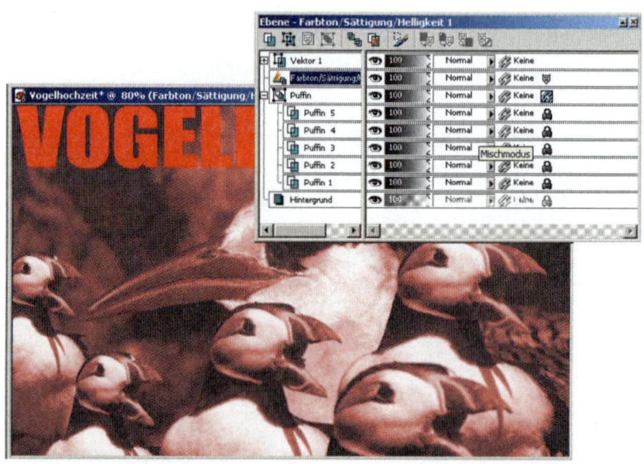

Verschieben Sie die Anpassungsebene nach oben, wirkt sie sich auf alle Ebenen darunter aus.

Lediglich innerhalb einer Ebenengruppe wirkt sich die Anpassungsebene anders aus: Hier beeinflusst sie nur die Ebenen innerhalb der Gruppe.

Da die Anpassungsebene in der Ebenengruppe ist, behält der Hintergrund seine ursprüngliche Färbung.

Haare freistellen

Bei einer Bildmontage ist der Einsatz der verschiedenen Werkzeuge abhängig von der Anzahl der Bildelemente und der Komplexität der einzelnen Objekte. Besonders die Wahl der Auswahlwerkzeuge sollten Sie auf das freizustellende Bildelement sorgfältig abstimmen. Oft benötigen Sie keine Auswahl eines Objekts, sondern lediglich einen Freisteller - das Objekt auf einem transparenten Hintergrund, um es auf eine neue Ebene zu setzen.

Folgender Exkurs zeigt Ihnen das Zusammenspiel von einer **Auswahl**, den **Ebenen** und dem **Hintergrundlöschwerkzeug**, um Objekte mit diffusen Randbereichen freizustellen.

Objekte mit deutlichen Kanten können Sie mit den verschiedenen Auswahl-Werkzeugen vom Hintergrund trennen und freistellen. Das Freistellen von anderen Objekten mit ausgefransten Kanten und vielen kleinen Details an den Rändern erfordert viel Geduld - ein brauchbares Ergebnis ist bei steigender Komplexität des Auswahlrandes kaum zu bewerkstelligen. So auch in unserem nächsten Beispiel, der Löwenmähne des Mädchens.

Mit **Freihandauswahl**, **Zauberstab** & Co sind etwa die Randbereiche von Haaren, besonders die widerspenstigen Locken wie in unserem Beispiel, wohl kaum freizustellen. Ein weiteres Werkzeug, mit dem Sie Bildelemente freistellen, ist das **Hintergrundlöschwerkzeug**. Es befindet sich in der **Werkzeugleiste** an siebter Stelle von unten, hinter dem **Löschwerkzeug**. Mit dem **Hintergrundlöschwerkzeug** löschen Sie gezielt die Pixel im Hintergrund. Dank der verschiedenen Einstell-Möglichkeiten können Sie auch kleinste unzusammenhängende Flächen mit dem Spezialwerkzeug löschen.

Um den Kopf zu schützen, radieren Sie in einer groben Auswahl des Hintergrundes. Erstellen Sie zunächst eine Auswahl, die das gesamte Profil ohne die fliegenden Haare umfasst. Wir haben hierfür die **Freihandauswahl**, Auswahltyp **Freihand** gewählt.

Eine Auswahl schützt beim späteren Radieren den Kopf.

Speichern Sie die Auswahl unter einem schlüssigen Namen, etwa **Kopf grob**.

Damit keine zu harte Kante an der Auswahl entsteht, stellen Sie eine weiche Auswahlkante ein. Wählen Sie unter **Auswahl > Ändern > Randschärfe innen/außen**. Aktivieren Sie die Option **Beide**. Wählen Sie bei **Pixelanzahl** den höchsten Wert **200**.

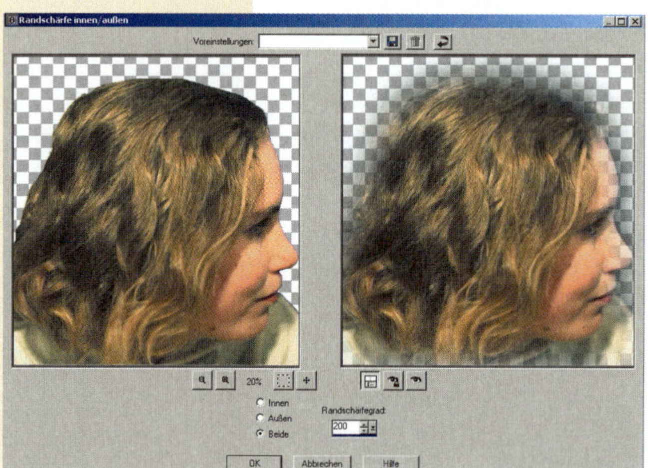

Eine weiche Auswahlkante sorgt für einen natürlichen Übergang im Haarbereich.

Um am Hintergrund arbeiten zu können, drehen Sie die Auswahl um. Wählen Sie im Menü **Auswahl** die Funktion **Umkehren**. Speichern Sie diese Auswahl ebenfalls.

Arbeiten Sie auf einer Kopie des Hintergrundbilds, um die Originaldaten nicht zu beschädigen. Klicken Sie in der Ebenen-Palette auf die Schaltfläche **Ebene duplizieren**.

Ein neuer blauer Hintergrund soll Ihnen die Arbeit mit dem **Hintergrundlöschwerkzeug** erleichtern. Fügen Sie zwischen den beiden Ebenen eine weitere Rasterebene ein. Um die ganze Fläche der neuen Ebene zu färben, heben Sie die Auswahl auf (Tastaturkürzel: **Strg + D**). Vergewissern Sie sich, dass die neue Rasterebene aktiviert ist, und wählen Sie die gesamte Fläche (Kürzel: **Strg + A**). Wählen Sie als Vordergrundfarbe in der Palette **Materialien** ein sattes Himmelblau, von dem sich die einzelnen Haare gut abheben. Füllen Sie die Fläche mit dem **Farbfüllungswerkzeug** (Kürzel: **F**).

Ebenenkontrolle

Um eine in der Ebenen Hierarchie unterhalb liegende Ebene zu sehen, blenden Sie die darüber liegenden Ebenen aus. Klicken Sie hierzu auf das kleine Auge, links neben der Ebene.

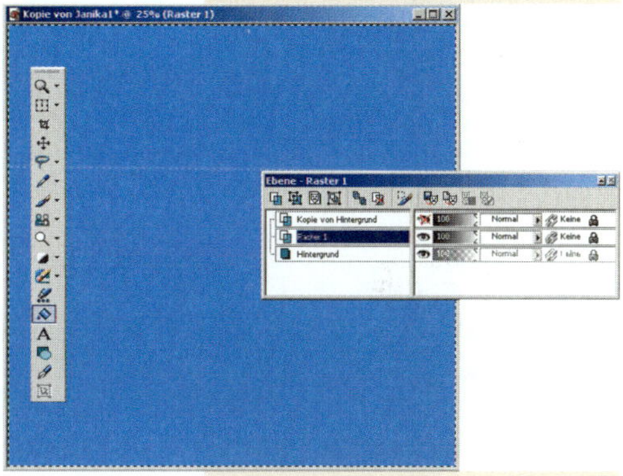

*In der **Ebenen**-Palette befinden sich nun neben dem Hintergrund noch dessen Kopie und eine weitere blaue Ebene.*

Laden Sie die weiche Auswahl des Hintergrunds. Wählen Sie **Auswahl > Auswahl laden/speichern > Auswahl aus Alpha-Kanal laden**. Suchen Sie unter **Alpha-Kanäle** die gespeicherte Hintergrundauswahl.

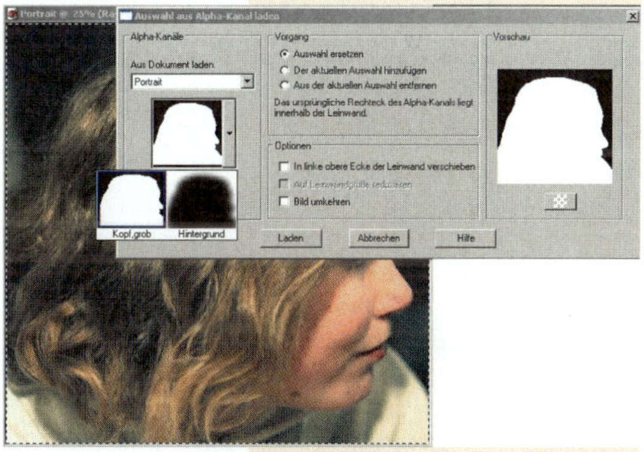

*Unter **Auswahl > Auswahl laden/speichern** finden Sie die Hintergrundauswahl.*

Beginnen Sie nun hinter den Haaren die Hintergrundpixel zu entfernen. Wählen Sie das **Hintergrundlöschwerkzeug**.

Wählen Sie eine Pinselspitze in einer Größe, die knapp die Breite der feinen Haare abdeckt. Wir haben einen Wert von **170** gewählt. Um nicht zu harte Übergänge zu bekommen, wählen Sie bei Härte etwa **40** Für einen kontinuierlichen Strich beim Löschen wählen Sie als Schrittgröße **1**, Dichte, Stärke und Deckfähigkeit erhalten jeweils einem Wert von **100**.

Arbeiten Sie zunächst mit einem geringen Toleranzwert, um nicht zu viel Haar zu entfernen, etwa einen Wert von **10**. Geben Sie der Schärfe einen mittleren Wert zwischen **30** und **50**. Wählen Sie bei **Sampling Einmalig**, bei **Grenzwerte Nicht zusammenhängend**. Radieren Sie vorsichtig in der Vergrößerung die Pixel des Randbereiches in der Haarzone. Radieren Sie nicht in den Randbereichen um das Gesicht, hierfür benötigen Sie andere Pinseleinstellungen.

In der Vergrößerung bleiben noch Ränder um die einzelnen Haare stehen.

Tipp:
Der bewegte Laufrahmen lenkt beim Radieren ab. Um ihn auszublenden, wählen Sie Auswahl > Laufrahmen ausblenden.

Wählen Sie einen hohen **Toleranzwert**, etwa **100** und eine niedrigere **Deckkraft** von zirka **50** um langsam die einzelnen Haare von den restlichen Hintergrund-Pixeln zu befreien. Einzelne Haare, die ohne Verbindung zum Kopf stehen bleiben, entfernen Sie mit dem **Löschwerkzeug**.

Um die Gesichtspartie freizustellen, heben Sie zunächst die Auswahl auf (Kürzel: **Strg + D**). Arbeiten Sie wieder mit einer geringen Toleranz und einer kleineren Pinselspitze. Zoomen Sie in das Gesicht, um die Kanten gut zu erkennen. Da Sie bei der Gesichtspartie an einer glatten Kante arbeiten, können Sie die Hintergrundebene und die Raster-Ebene unsichtbar schalten (Klick auf das Auge-Symbol rechts in der Ebenen-Palette). Sie sehen so das Transparenz-Schachbrett, von der sich die Gesichtskontur besser abhebt. Sollten Sie mit diesen Einstellungen nicht alle Pixel erwischen, radieren Sie die Randbereiche gegebenenfalls mit einer etwas höheren Toleranz.

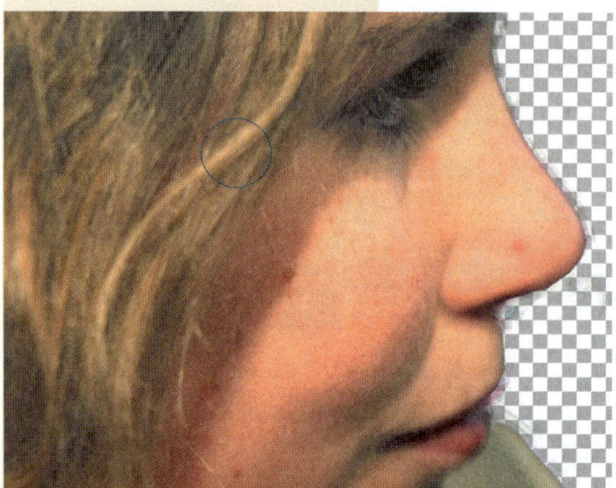

Noch sind die Ränder nicht ganz sauber - mit einer höheren Toleranz verschwinden auch die Schmutzschleier um das Gesicht.

Bei höheren Toleranzwerten kann es passieren, dass auch Pixel innerhalb der freizustellenden Fläche stehen bleiben wie in unserem Beispiel bei den Augenbrauen.

Tipp:
Schalten Sie jeweils nur die Ebene sichtbar, auf der Sie arbeiten. Sie können so kontrollieren, ob Sie aus der richtigen Ebene die Auswahl kopieren, und ob Sie sie korrekt einsetzen.

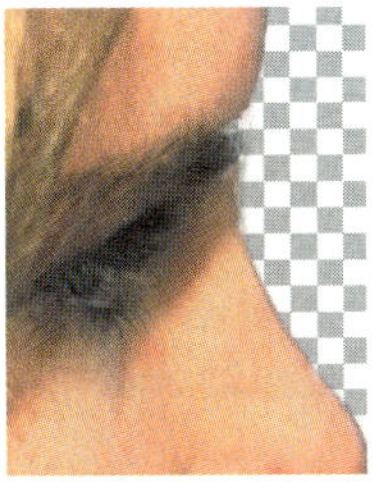

Ein hoher Toleranzwert hat kleine Teile um die Braue herausgeschnitten.

Hier gibt es einen Trick: Wählen Sie aus dem Original die entsprechende Stelle, etwa mit der **Freihandauswahl** Auswahltyp **Smart Edge**. Passen Sie die Kantenschärfe an. Wählen Sie **Auswahl > Ändern > Randschärfe innen/außen**. Aktivieren Sie die **Randschärfe außen**, damit an den Kanten der Auswahl keine Hintergrundpixel „kleben" bleiben.

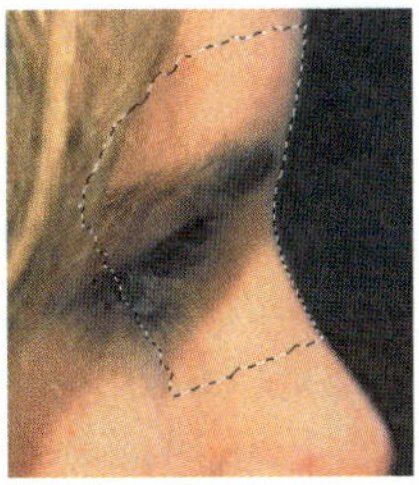

Mit der Kopie des entsprechenden Teiles aus dem Original flicken Sie die Löcher.

Vergewissern Sie sich, dass die unterste Ebene, die Ebene mit dem Original, aktiv ist. Kopieren Sie die Auswahl. Aktivieren Sie die oberste Ebene, die mit dem freizustellenden Gesicht. Fügen Sie die Auswahl in die obere Ebene ein. Wählen Sie hierzu **Bearbeiten > Einfügen > Einfügen in eine Auswahl**.

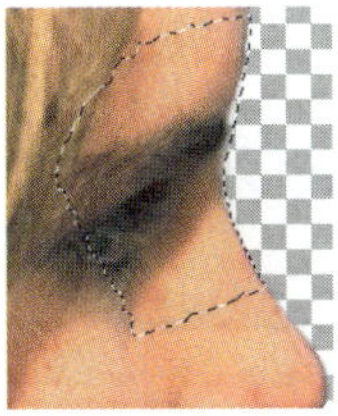

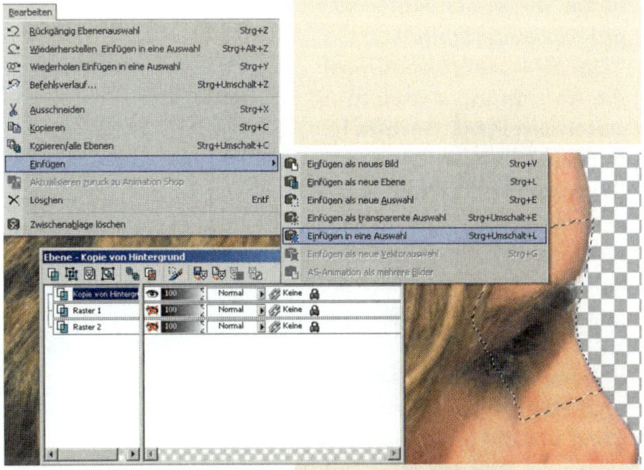

Fügen Sie den Ausschnitt aus dem Original in die selbe Auswahl auf der obersten Ebene ein.

Hintergrund-löschwerkzeug

*** Mit der Toleranz legen Sie fest, wie weit die Pixel, die gelöscht werden, sich in der Farbe von dem ausgewählten unterscheiden.**
*** Die Löschmethode bestimmen Sie unter Sampling. Wählen Sie Einmalig, um die zu löschende Farbe durch einen erneuten Mausklick neu festzulegen. Die einzelnen Optionen bedeuten:**
o Einmalig: Ein linker Mausklick legt die zu löschende Farbe fest. Löscht alle Pixel der durch einen linken Mausklick ausgewählten Farbe. Bei jedem neuen Mausklick wählen Sie die Löschfarbe neu.
o Kontinuierlich: Ein linker Mausklick legt die zu löschende Farbe fest. Die Farbe bleibt auch bei einem neuen Mausklick gewählt.
o Hintergrund, Vordergrund: Löscht die Hinter- bzw. Vordergrundfarbe, die in der Materialpalette eingestellt ist.
*** Der Grenzwert bestimmt die Anordnung der zu löschenden Pixel. Gerade in unserem Beispiel ist der Grenzwert entscheidend. Aus der Lockenpracht des Mädchens ragen viele einzelne Haare in den Hintergrund. Dadurch liegen die zu löschenden Pixel nicht nebeneinander. Wählen sie also Nicht zusammenhängend um die einzelnen Haare im Randbereich freizustellen. Die einzelnen Optionen bedeuten:**

Schwierig zu beseitigen sind Hintergrundreste bei einzelnen Haaren, die auf der Aufnahme unscharf sind. Hier findet der Hintergrundpinsel keine Kanten. Auch sind die unscharfen Ränder der einzelnen Haare eigentlich transparent - ein Problem, dem selbst der Hintergrundpinsel nicht Herr werden kann.
Hier hilft nur eine kleine Mogelei: Radieren Sie die groben Stellen zunächst mit dem **Löschwerkzeug** und einer kleinen Pinselspitze gezielt aus. Stellen Sie dann in den **Werkzeugoptionen** eine große Pinselspitze ein. Wählen Sie eine geringe **Härte** sowie eine niedrige **Deckfähigkeit** und soften die Randbereiche der Haarpracht etwas ab.

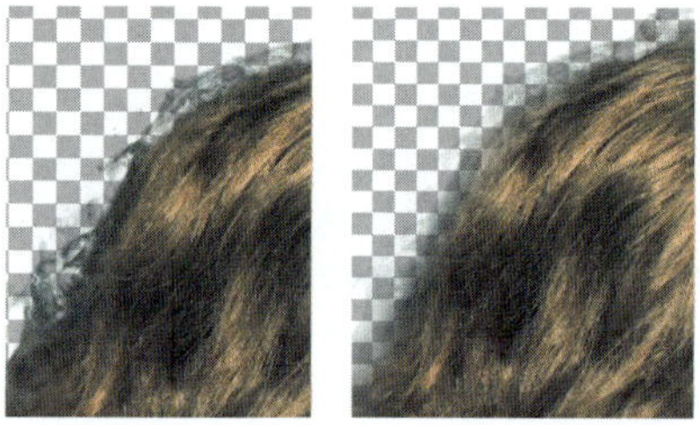

*Unscharfe Haare erkennt das **Hintergrundlöschwerkzeug** nicht. Mit dem **Löschwerkzeug** mogeln Sie an solchen Problemzonen.*

Masken

Die Maske deckt ein Bild ganz oder Bereiche davon ab, um sie von der Bearbeitung des übrigen Bildes auszuschließen. Eine Maske ist ein Graustufenbild: Malen Sie mit Schwarz, verdecken Sie Bereiche; mit Weiß radieren Sie Bereiche aus der Maske heraus. Die Graustufen dazwischen erzeugen verschiedene Transparenzstufen.
Mit Masken isolieren und schützen Sie Bildbereiche, um Filter oder andere Effekte auf den Rest des Bildes anwenden oder Farbkorrekturen vorzunehmen. Masken eignen sich für komplexe Bildbearbeitungen, etwa für das schrittweise Anwenden von Farb- oder Filtereffekten.
Masken speichern Sie entweder als eigene Datei oder als Alpha-Kanal des Bilds. Indem Sie die Maske laden, bearbeiten Sie die nicht maskierten Bereiche, ähnlich wie bei einer Auswahl.
In Paint Shop Pro erstellen Sie Masken auf unterschiedliche Weise:
* Eine neue **Maskenebene;** Sie maskiert alle Ebenen unter ihr entweder vollständig oder lässt sie sichtbar.
* Eine **Maske aus einem Bild;** die Grauwerte eines Bildes dienen als Maskeninformation.
* Eine **Maske aus einer Auswahl;** die Bereiche um die Auswahl sind maskiert.
Hintergrundebene maskieren:
Eine Maskenebene können Sie nur einer Rasterebene hinzufügen. Soll die Hintergrundebene maskiert sein, wandeln Sie sie zunächst

in eine Rasterebene um. Über den Befehl **Ebenen > Hintergrundebene umwandeln**, ändern Sie die Ebene vorher. Zwingend notwendig ist diese Aktion jedoch nicht: Noch bevor die Maskenebene über dem Hintergrund erscheint, weist eine Dialog-Box Sie auf dieses Problem hin. Bestätigen Sie mit **OK** wandelt Paint Shop Pro den Hintergrund selbstständig in eine Rasterebene um.

Maskenebenen

Eine Maskenebene verhält sich wie jede andere Ebene: Sie können sie mit weiteren Ebenen verbinden, die Sichtbarkeit ein- oder ausschalten oder die Deckfähigkeit ändern. Eine Maskenebene wirkt sich auf alle Ebenen aus, die unter ihr liegen.

Aktivieren Sie in der **Ebenen-Palette** die Ebene, die maskiert sein soll. Wählen Sie **Ebenen > Neue Maskenebene**, um einer Ebene eine Maskenebene hinzuzufügen. Wählen Sie zwischen **Alles maskiert** und **Nichts maskiert**.

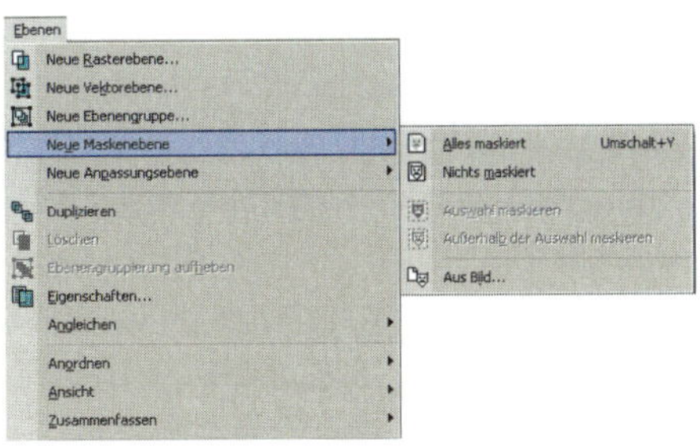

*Eine Maskenebene erstellen Sie über das **Ebenen**-Menü.*

Sobald Sie eine Maskenebene erstellt haben, befindet sich in der Ebenen-Palette eine neue Ebenengruppe: **Gruppe - Name der Rasterebene, auf der die Maskenebene liegt**. In der Gruppe befindet sich nun die Rasterebene, darüber die Maskenebene.

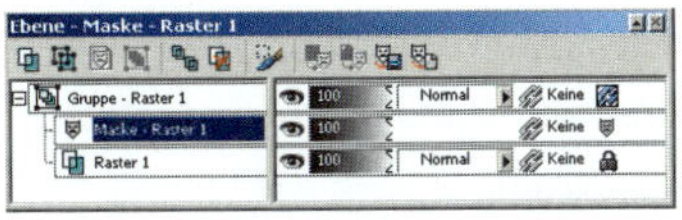

Fügen Sie der gewählten Ebene eine Maskenebene hinzu, befinden sich beide Ebenen in einer automatisch erstellten Gruppe.

Die Option **Nichts maskiert** maskiert keine Pixel. Sie liegt wie eine leere Ebene über der Rasterebene. Um Bildflächen zu maskieren, malen Sie mit Schwarz in die Maskenebene. Grautöne maskieren die entsprechende Bildfläche nicht deckend.

- **Nicht zusammenhängend** wählt von einander getrennte Pixel-Flächen.
- Bei **Zusammenhängend** liegen alle gelöschten Pixel nebeneinander.
- **Kanten suchen** beschränkt sich auf die vorhandenen Kanten.

Maskenebene in einer Gruppe

Die Maskenebene verhält sich wie eine Anpassungsebene. Befindet sie sich in einer Ebenengruppe, wirkt sie sich nur auf die Ebenen aus, die sich in der selben Gruppe unter ihr befinden.

Tipp:

Schneller erstellen Sie eine Maskenebene über das Kontextmenü: Klicken Sie mit der rechten Maustaste auf die Ebene, der Sie eine Maske hizufügen möchten, und wählen Sie **Neue Maskenebene**.

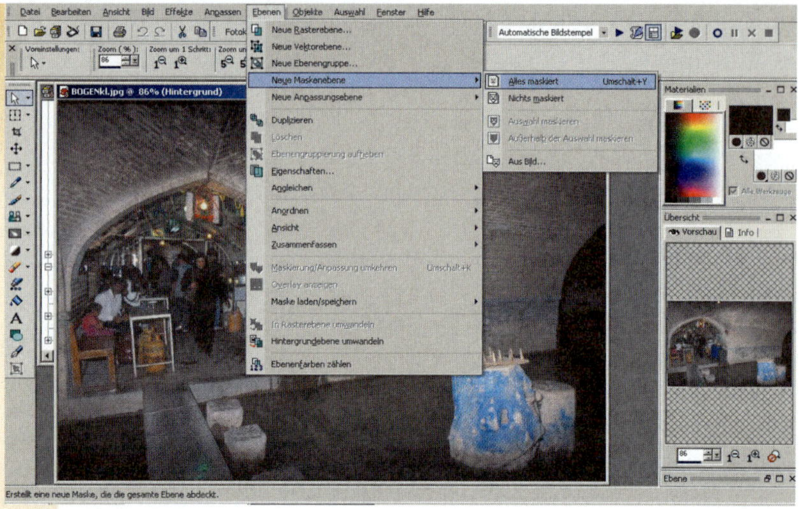

*Im Menü¸ Ebenen unter Neue Maskenebene wählen Sie **Alles maskiert**.*

Tipp:
Um eine Maskenebene anzulegen, ohne dass etwas maskiert ist, klicken Sie in der Ebenen-Palette auf die dritte Schaltfläche von links.

Die Option **Alles maskiert** maskiert alle Pixel der Bildfläche: Sie sehen die gesamte Fläche des Bildes mit einer transparenten Schicht überzogen. Um die Ebene dahinter zu sehen, ziehen Sie den Schieberegler der Deckfähigkeit etwas nach links. Je weniger Prozent Deckfähigkeit Sie einstellen, desto mehr scheint die Ebene durch die transparente Maskenschicht.

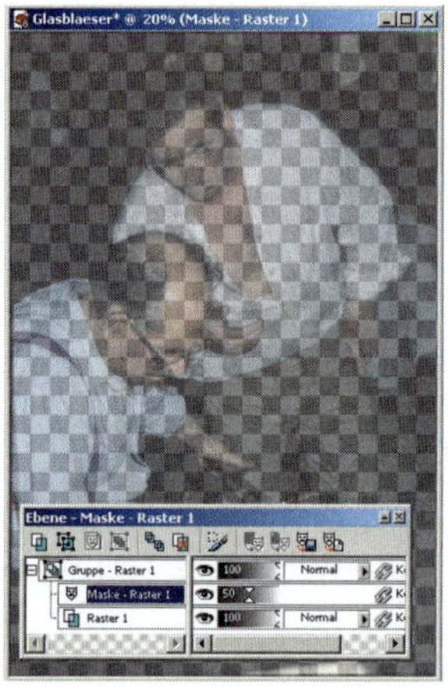

Verringern Sie die Deckfähigkeit einer Maskenebene die alles maskiert, scheint die darunter liegende Ebene durch.

Indem Sie mit Weiß auf der Maske malen, heben Sie an dieser Stelle des Bildes die Maskierung auf: Die Ebene darunter ist zu sehen. Malen Sie mit Grautönen, sind diese Bereiche zu einem gewissen Prozentsatz maskiert.

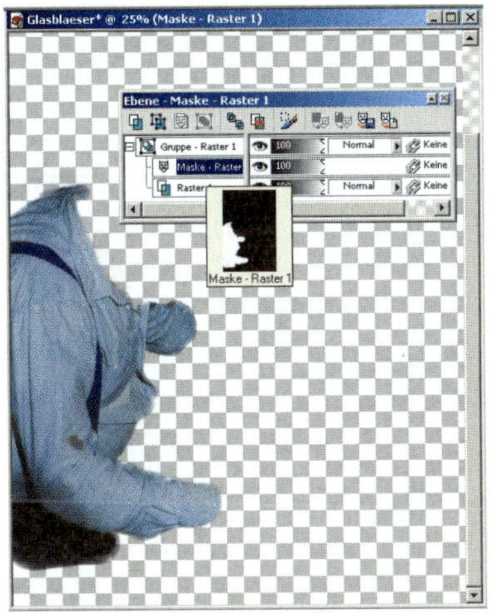

*Auf unserem Beispielbild haben wir die Maskierung bei dem blauen Hemd aufgehoben. Bei einer Deckfähigkeit der Maskierungsebene von **100** Prozent ist somit nur das Hemd zu sehen.*

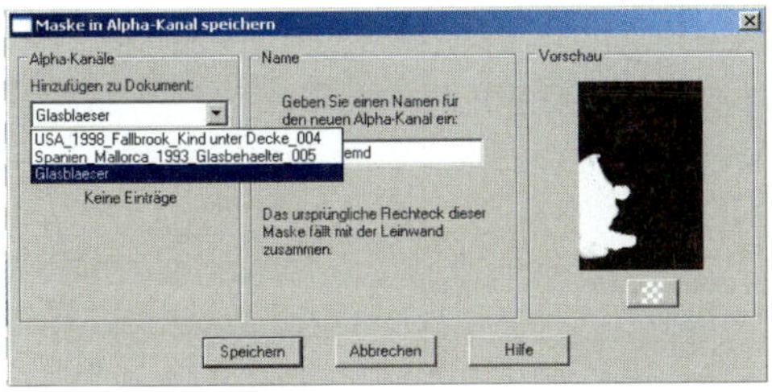

*Im Fenster **Maske in Alpha-Kanal speichern** benennen Sie die Maske und fügen sie zu einem geöffneten Dokument hinzu.*

Maskierungsebene löschen

Mit einem rechten Mausklick in die Maskierungsebene öffnen Sie das Kontextmenü. Sobald Sie auf **Löschen** klicken, erscheint eine Dialogbox, in der Sie wählen, ob die Maske mit der darunter liegenden Ebene zusammengefasst werden soll. Wählen Sie zwischen **Ja** und **Nein**:

* Bei **Ja** befinden sich auf der Rasterebene nur noch die nicht maskierten Bildteile, hier das Hemd. Diese Variante eignet sich etwa für einen Freisteller, bei dem Sie die maskierten Bereiche für Ihre weitere Arbeit nicht mehr benötigen. Vorsicht: Speichern Sie nach diesem Schritt das Bild, ist das Original verloren!

Tipp:

Um die Maskenebene zu sehen, verweilen Sie mit dem Cursor etwas über der Maskenebene in der Ebenenpalette. Es erscheint dann eine Miniatur der Maske als Graustufenbild.

Die Maske speichern

Speichern Sie die Maske, um sie zur weiteren Bearbeitung zur Verfügung zu haben. Wählen Sie im Menü **Ebenen > Maske laden/speichern**. Um die Maske im aktuellen Bild zu speichern, wählen Sie **Maske in Alpha-Kanal speichern**. Im Fenster **Maske in Alpha-Kanal speichern** wählen Sie das Dokument, dem Sie die Maske hinzufügen. Sie können die Maske nicht nur in dem Dokument speichern, in dem Sie sie erstellt haben, sondern in jedem geöffneten Dokument. Benennen Sie die Maske sinnvoll, wie in unserem Beispiel etwa **Maske-Hemd**, und klicken auf **Speichern**.

Fassen Sie beim Löschen der Maske die Ebenen zusammen, verschwindet der maskierte Bereich.

* Bei **Nein** erhalten Sie die Originaldaten. Haben Sie jedoch die Maske vorher in einem Alpha-Kanal oder als Datei gespeichert, können Sie sie über das Menü **Ebenen > Maske laden/speichern** wieder in das Bild laden und weiter bearbeiten.

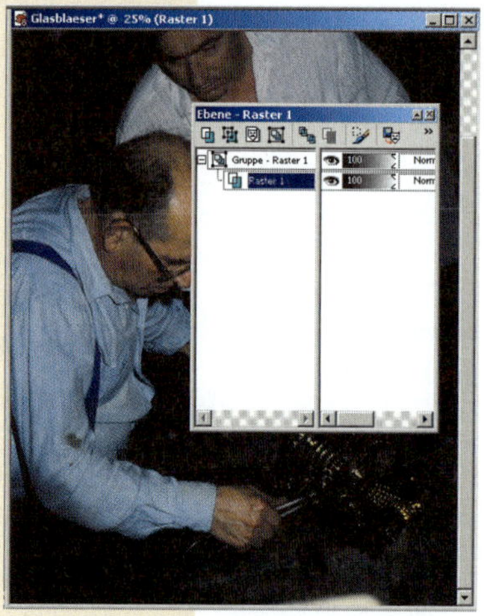

Fassen Sie beim Löschen der Maske die Ebenen nicht zusammen, erhalten Sie die Originaldaten.

Auswahl aus der Maske erstellen

Um die nicht maskierten Bereiche zu bearbeiten, erstellen Sie aus der Maske eine Auswahl. Aktivieren Sie die Maskierungsebene. Befindet sich keine Maskierungsebene in dem Dokument, laden Sie eine Auswahl aus dem Alpha-Kanal. Wählen Sie hierzu im Menü **Ebenen > Maske laden/speichern**. Wählen Sie bei aktiver Maskierungsebene unter **Auswahl > Aus Maske**.

Umgekehrt bearbeiten Sie eine Auswahl im Maskierungsmodus. Sie haben hierfür zwei Möglichkeiten:

* **Im Alpha-Kanal speichern, dann als Maske laden**
* **Mit der Funktion Auswahl bearbeiten**

Um die Auswahl als Alpha-Kanal zu speichern, wählen Sie unter **Auswahl > Auswahl laden/speichern > Auswahl in Alpha-Kanal speichern**. Geben Sie im Fenster **Auswahl in Alpha-Kanal speichern** einen Namen ein und ordnen Sie die Auswahl einem Dokument zu.

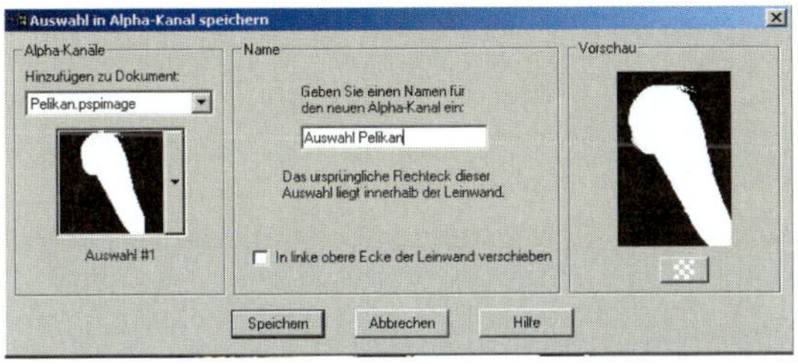

*Eine Auswahl speichern Sie im Fenster **Auswahl in Alpha-Kanal speichern**.*

Wählen Sie dann unter **Ebenen > Maske laden/speichern > Maske aus Alpha-Kanal laden**. Suchen Sie unter **Aus Dokument laden** die Datei, in der Sie den Alpha-Kanal gespeichert haben, im Klappmenü darunter die gespeicherte Maske. In der Ebenenpalette erscheint über der Rasterebene die Maskierungsebene.

Mit der Funktion **Auswahl bearbeiten**, bearbeiten Sie die Auswahl wie eine Maske. Allerdings steht Ihnen bei dieser Methode keine Maskierungsebene zur Verfügung. Die ausgewählte Fläche erscheint als rotes, halbtransparentes Overlay. Indem Sie mit Weiß in das Overlay malen, löschen Sie Teile aus der Auswahl, mit Schwarz fügen Sie ihr Bereiche hinzu. Ein weiterer Klick auf **Auswahl bearbeiten** beendet den Bearbeitungsmodus und zeigt den Laufrahmen der korrigierten Auswahl an.

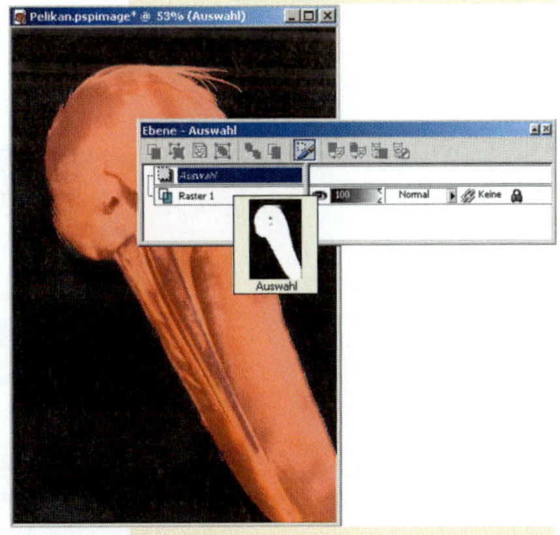

Eine Auswahl bearbeiten Sie, indem Sie in das rote Overlay malen.

Bei manchen Bildern, besonders bei solchen, die hauptsächlich in Rottönen gehalten sind, ist das rote Overlay ungünstig. Um die Overlay-Farbe und die Transparenz zu ändern, klicken Sie in der

Tipp:
Um die Gruppe in der Ebenen-Palette zu löschen, ziehen Sie mit gedrückter linker Maustaste die Rasterebene über die Gruppe.

Masken-Overlay
In einer Maskenebene sehen Sie die Auswirkung der Maske, jedoch nicht das Masken-Overlay. Um das Overlay zu sehen, wählen Sie unter Ebenen > Overlay anzeigen.

Ebenen-Palette auf die Maskierungsebene. Es öffnet sich das Fenster **Ebeneneigenschaften**. Ändern Sie hier die Overlay-Farbe sowie die Deckkraft.

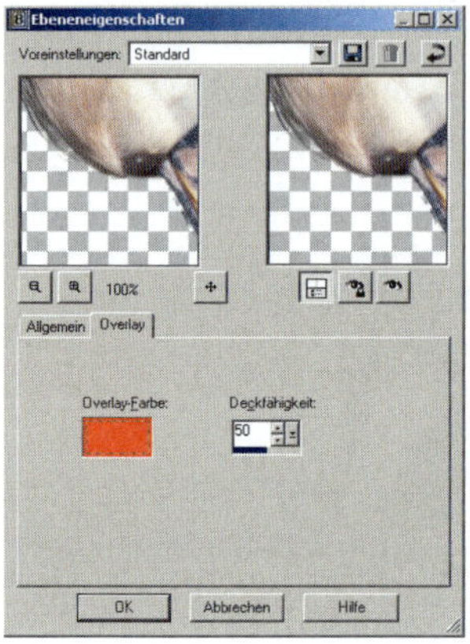

*Im Fenster **Ebeneneigenschaften** ändern Sie Farbe und Deckkraft des Overlays.*

Eine Maske aus einem Bild

Auch aus einem beliebigen Bild können Sie eine Maske erstellen. Hierzu zählen nicht nur herkömmliche Bilddokumente, sondern auch einzelne Kanäle. Zudem liefert Paint Shop Pro im Ordner **Masken** des Programmordners einige Beispielmasken. Übernehmen Sie diese unverändert oder passen Sie die Maske vorher in der Größe und der Form Ihrem Dokument an.

Um eine Beispielmaske zu laden, wählen Sie **Ebenen > Maske laden/speichern > Maske aus Datei laden**. Im Fenster **Maske aus Datei** laden stehen Ihnen im Klappmenü unter **Maske** alle Beispielmasken zur Verfügung.

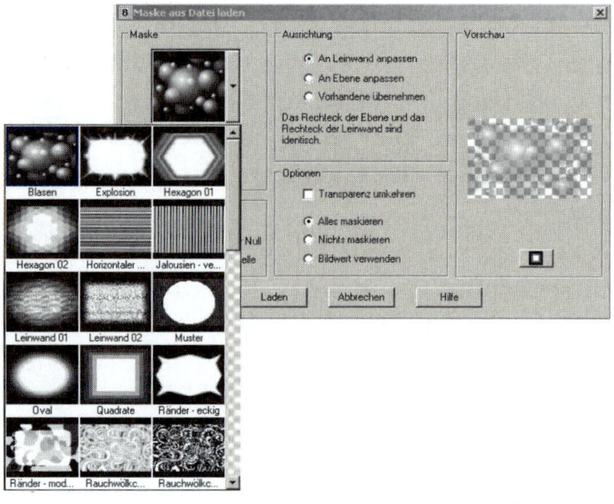

*Verschiedene Masken finden Sie im Programmordner **Masken**.*

Übung: Maske aus einem Kanal erstellen

Bildinformationen wie Farbe, Sättigung oder Helligkeit speichert Paint Shop Pro in verschiedenen Kanälen. Kanäle funktionieren ähnlich wie Ebenen - jeder Kanal beinhaltet eine Farbinformation. Alle Kanäle zusammengesetzt ergeben das vollständige Bild.
So teilen Sie ein Bild in RGB-, HSL- oder CMYK-Farbkanäle auf. Jedes dieser Farbmodelle enthält verschiedene Kanäle:
* **RGB**: Enthält die Kanäle Rot, Grün und Blau.
* **CMYK**: Enthält die Kanäle Zyan, Magenta, Gelb und Schwarz.
* **HSL**: Enthält die Kanäle Farbton (Hue), Sättigung (Saturation) und Helligkeit (Lightness).

Jeder Kanal einzeln betrachtet ist ein Graustufenbild. Je dunkler die Flächen des Kanals desto mehr Farbe ist vorhanden. Der Befehl **Kanäle trennen** erstellt für jeden Farbkanal ein neues Graustufenbild, ohne das Originalbild zu beeinflussen. Folgende Übung zeigt, wie Sie ein solches Graustufenbild als Maske einsetzen: Öffnen Sie von der Buch-CD aus dem Ordner **Montieren** das Bild **Pelikan**. Um den Hintergrund zu maskieren, erstellen Sie zunächst ein Graustufenbild, das auf der Helligkeit des Originals basiert. Wählen Sie **Bild > Kanäle trennen > HSL-Trennung**.

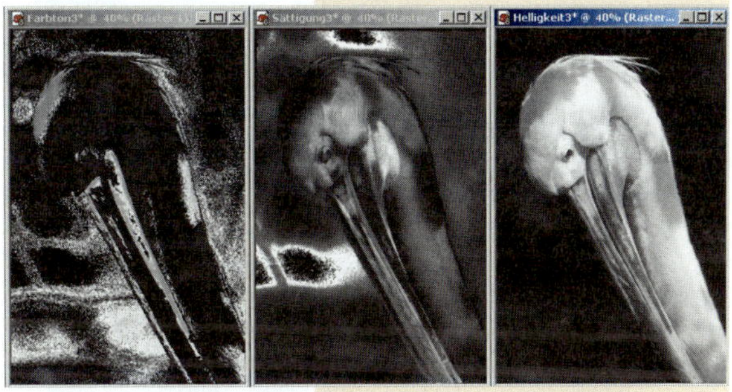

*Mit dem Befehl Kanäle **trennen > HSL-Trennung** generiert Paint Shop Pro zu dem Original drei eigene Graustufenbilder.*

Für die Maskierung des Hintergrundes eignet sich das Bild Helligkeit am besten. Die Dateien **Farbton** und **Sättigung** benötigen Sie nicht mehr.
Duplizieren Sie zunächst die Ebene um bei der weiteren Bearbeitung die weniger kontrastreichen Konturen zu erhalten. Die Bildinformationen benötigen Sie für einen späteren Arbeitsschritt. Klicken Sie in der Ebenenpalette auf die Schaltflächen **Ebene duplizieren**.
Verstärken Sie den Kontrast der Ebenenkopie. Wählen Sie **Anpassen > Helligkeit und Kontrast > Helligkeit/Kontrast**. Belassen Sie den Wert **Helligkeit** bei **4** und ziehen Sie den Schieberegler bei **Kontrast** nach rechts bis zum höchsten Wert **100**. Das Bild besteht so nur noch aus schwarzen und weißen Flächen.

Achtung:
Beim Trennen der Kanäle fertigt Paint Shop Pro Negative der Kanäle an. Um die korrekten Graustufen-Informationen zu erhalten, wählen Sie Anpassen > Negativbild.

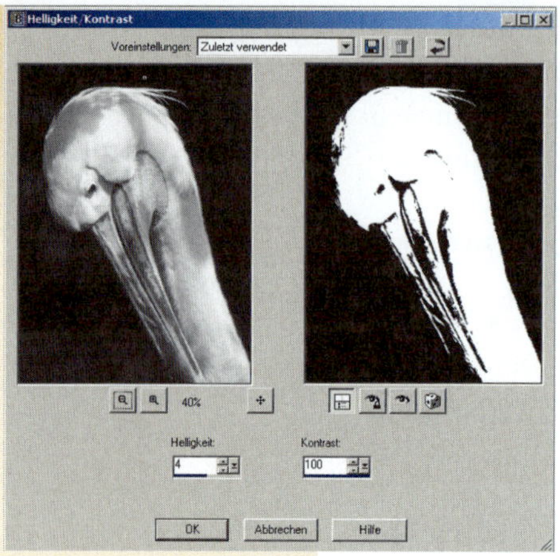

*Mit einem Kontrastwert von **100** löschen Sie graue Bereiche im Bild.*

Durch den starken Kontrast ist die Kante des Schnabels zum Teil verlorengegangen. Schalten Sie mit einem Klick auf das Auge die Ebenenkopie unsichtbar. Aktivieren Sie die darunter liegende Ebene. Wählen Sie, etwa mit dem **Freihandauswahl-Werkzeug**, die Schnabelkante. Wählen Sie ebenfalls die Kopfpartien, in denen sich auf der Ebenenkopie noch schwarze Flächen befinden. Schalten Sie zur Kontrolle die Sichtbarkeit der Ebenenkopie ein und aus.

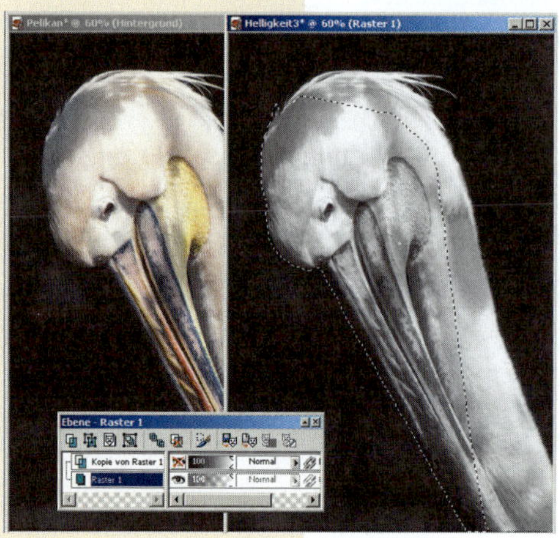

*Mit dem **Freihandauswahl-Werkzeug** erstellen Sie eine Auswahl vom Schnabel.*

Aktivieren Sie die Ebenenkopie und schalten Sie die Sichtbarkeit ein. Wählen Sie in der Werkzeugleiste das **Farbfüllungswerkzeug**.

Wählen Sie in der Palette Materialien als Vordergrundfarbe **Weiß**. Füllen Sie die gewählten Bereiche mit einem linken Mausklick in die Auswahl.

Löschen Sie die untere Ebene. Aktivieren Sie das Originalbild **Pelikan**. Wählen Sie **Ebenen > Neue Maskenebene > Aus Bild**. Im Fenster **Maske aus Bild hinzufügen** erscheinen unter **Quellfenster** zur Auswahl alle geöffneten Dateien. Wählen Sie das bearbeitete Dokument **Helligkeit**.

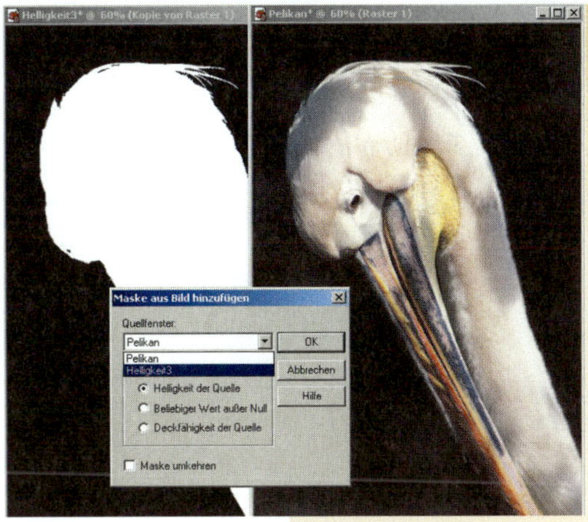

Den bearbeiteten Kanal laden Sie als Maske in das Original.

In Ihrer Original-Datei **Pelikan** erscheint eine neue Ebenengruppe mit der Maskierungsebene über der Rasterebene.

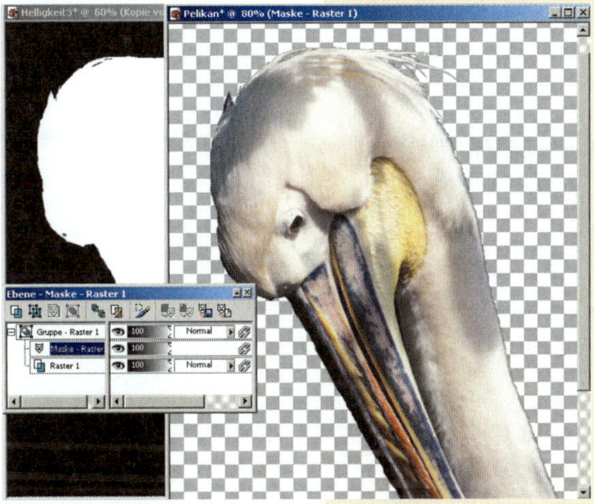

In einer neuen Ebenengruppe befindet sich das bearbeitete Graustufenbild als Maske.

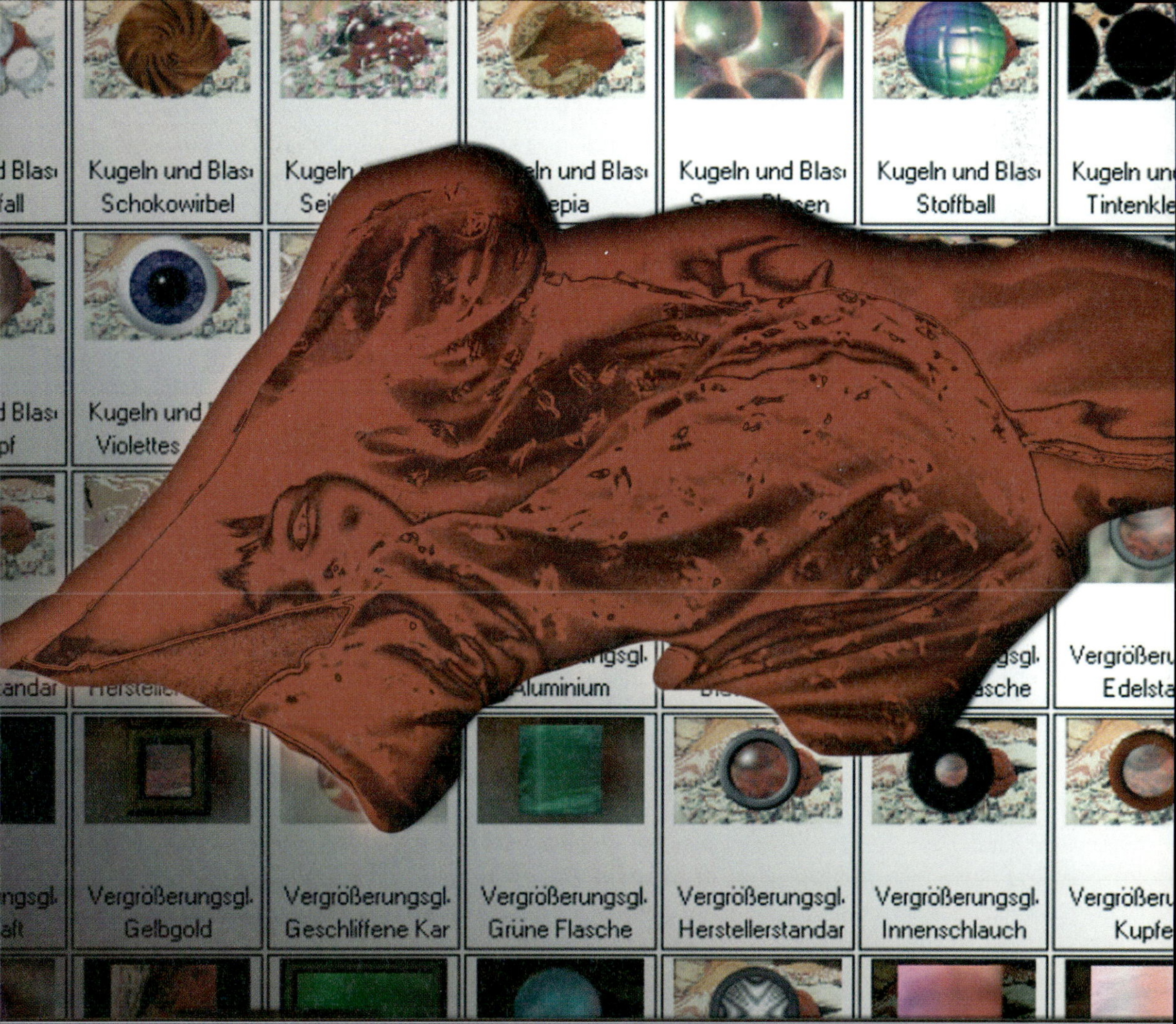

8 Effekte einsetzen

Mit den verschiedenen Effekten in Paint Shop Pro 8 gestalten Sie Ihre Bilder. So verzieren Sie das Geburtstagsbild der Tochter mit bunt schillernden Seifenblasen oder verpassen dem Urlaubsfoto vom ruhigen Mittelmeer einen dramatischen Wellengang.

Auf der Buch-CD
Die für dieses Kapitel verwendeten Beispiele finden Sie auf der Buch-CD im Ordner Effekte.

Verschiedene Effekte

Alle Effekte finden Sie in der **Menüleiste** im Menü **Effekte**. Das Menü ist untergliedert in mehrere Effektgruppen, die einzelne artverwandte Effekte zusammenfassen. So finden Sie etwa unter **Maleffekte** alle Effekte, die aus Ihrem Foto ein Gemälde oder eine Zeichnung zaubern. Mit den Effekten aus der Effektgruppe **Verzerrungseffekte** hingegen lassen Sie auf dem Bild einen Sturm wüten oder versehen es mit einer Linse und erzeugen so eine Fischaugen-Optik.

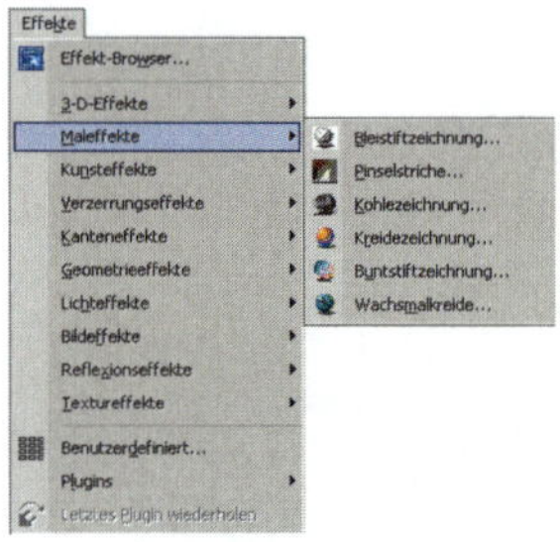

Die Effekte sind sinngemäß in einzelnen Effektgruppen geordnet.

Bei den meisten Effekten stellen Sie die einzelnen Parameter im gleichnamigen **Effektfenster** ein. Das Fenster zeigt auf der linken Seite das Original, rechts eine Vorschau des Effektes. Direkt unter den Vorschaubildern befinden sich Schaltflächen zum Navigieren im Bild und für die Effektvorschau im Original. In der unteren Hälfte des **Effektfensters** stellen Sie die Effekt-Parameter ein.

Wenden Sie einen Effekt erneut auf ein Bild an, erhalten Sie die Einstellungen, die Sie zuletzt getroffen haben. Um die von Paint Shop Pro festgelegten Standardwerte wieder herzustellen, wählen Sie im Klappmenü bei **Voreinstellungen** die Option **Standard**.

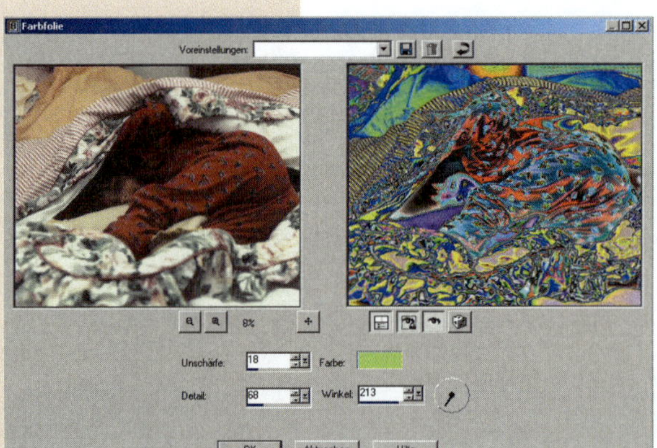

Im Effektfenster stellen Sie die Parameter des Effektes ein.

Mit den verschiedenen Schaltflächen unter der Vorschau kontrollieren Sie exakt die Auswirkungen des Effektes und wählen so die passende Einstellung der verschiedenen Parameter.

*Mit den Schaltflächen unter der Vorschau wählen Sie den **Zoom-Faktor** und den Vorschauausschnitt.*

Mit einem Klick auf eine der linken Schaltflächen verkleinern Sie die Bildvorschau oder zoomen stufenweise ins Bild hinein. Die **Effekt-Vorschau** rechts passt sich automatisch dem Zoom-Faktor an, der in Prozent daneben steht.
Um bei einer Vergrößerung im Bild zu navigieren, klicken Sie mit der linken Maustaste auf die Schaltfläche **Navigieren** (Symbol: Pfeilkreuz). Halten Sie die Maus gedrückt. Es erscheint eine Übersicht des gesamten Bildes in dem der im **Effekt**-Fenster sichtbare Ausschnitt durch einen Rahmen gekennzeichnet ist. Ziehen Sie mit gedrückter Maus den Rahmen an die gewünschte Vorschaustelle.

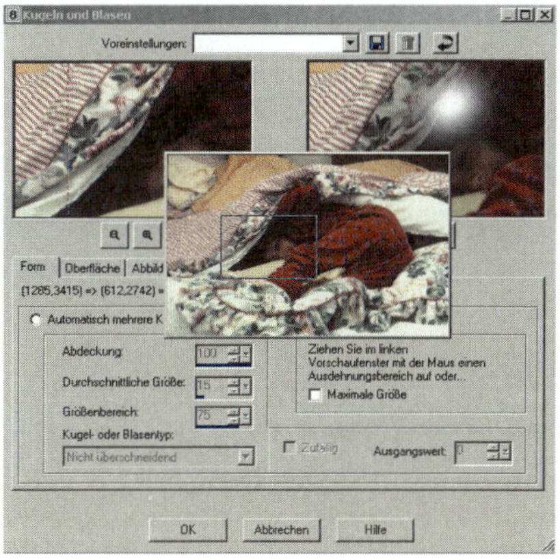

*Mit der Schaltfläche **Navigieren** verschieben Sie die gezoomte Ansicht im **Effekt**-*Fenster.

Sie können den Effekt am Original gezielt einmal oder automatisch nach jeder Änderung der Parameter prüfen:
* Mit einem Klick auf die Funktionstaste **Prüfen** (Symbol: Auge) kontrollieren Sie den Effekt am Original einmal. Verstellen Sie einen Parameter, sehen Sie die Änderung lediglich in der Vorschau des **Effekt**-Fensters.
* Mit einem Klick auf die Funktionstaste **Automatische Prüfung** (Symbol: Auge mit Schloß) sehen Sie den Effekt am Original nach jeder Änderung der Parameter.
Bei größeren Dokumenten kann die Berechnung einiger komplexerer Filter etwas dauern. Ist das der Fall, zeigt Ihnen das Fenster **Proofing** an einem Fortschrittsbalken und der rechts daneben stehenden Prozent-Angabe den aktuellen Stand der Berechnung des Effektes.

Navigieren in der Vorschau

Um die Vorschau intuitiv zu verschieben, ziehen Sie die Maus in das Vorschaufenster. Sobald sich der Cursor zu einer Hand wandelt, verschieben Sie mit gedrückter linker Maustaste den Bildausschnitt. Zwar geht diese Navigations-Methode schneller als das Navigieren über die Schaltfläche Navigieren, Ihnen fehlt jedoch die Übersicht.

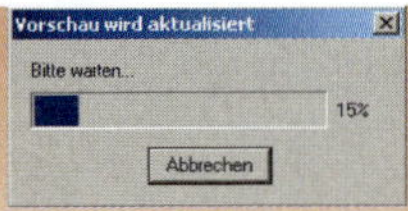

Mit der Schaltfläche **Parameterwerte zufällig auswählen** (Symbol: Würfel) setzt Paint Shop Pro zufällige Parameter-Werte ein. Jede Effektgruppe beinhaltet Gemeinsamkeiten und basiert auf den gleichen Grundgedanken. Auch die Parameter der verschiedenen Effekte innerhalb einer Effektgruppe sind in der Regel in ihrer Bedienung und Auswirkung ähnlich.

Effektgruppen

Stellvertretend für alle Effektgruppen haben wir die **Kunsteffekte** genauer unter die Lupe genommen. Anhand dieser Gruppe lernen Sie die einzelnen Effekte sinnvoll einander zuzuordnen und erhalten so einen Überblick über die Effekte im Einzelnen.
In einer Liste stehen sieben Effekte mit einer kurzen Beschreibung, den einzelnen Parametern und einem Beispielbild.
Am Ende dieses Abschnittes finden Sie eine Übung, in der Sie einen eigenen Effekt erstellen.
Zu allen weiteren Effektgruppen finden Sie zusammenfassende Informationen. Besondere Effekte innerhalb der Gruppe haben wir herausgegriffen und näher erläutert.

Effekt-Browser
Gerade bei größeren Dateien ist es sehr zeitaufwändig, mehrere Effekte zu testen. Einen schnellen Überblick über die verschiedenen Effekte erhalten Sie im Effekt-Browser. Zum Öffnen wählen Sie Effekte > Effekt-Browser. Auf der linken Seite suchen Sie einen Ordner mit Effekten aus, rechts sehen Sie zu jedem Effekt eine Miniatur des geöffneten Bildes. Mit einem linken Mausklick wählen Sie

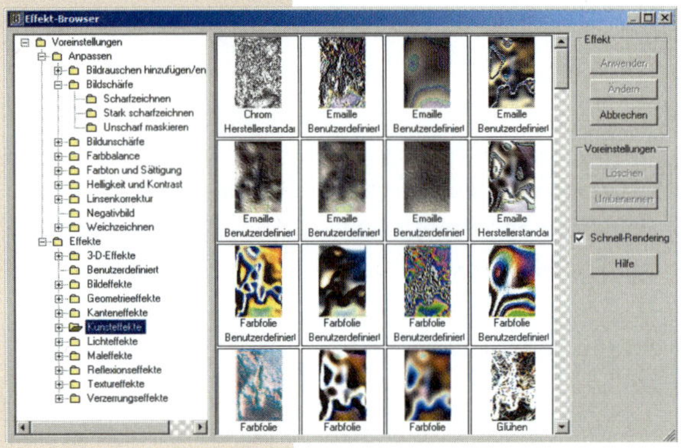

*Im **Effekt-Browser** sehen Sie für jeden Effekt eine Miniatur des geöffneten Bildes.*

Kunsteffekte

Unter **Effekte > Kunsteffekte** gibt es insgesamt sechzehn verschiedene Filter, mit denen Sie Bilder und Fotos auf unterschiedliche Art und Weise verfremden. Generell lassen sich die Effekte in drei Gruppen teilen:
Effekte, die Bildinformationen ganz oder zum Teil aufgreifen, um sie dann farblich zu verfremden. Zu den Effekten, die alle Bildpixel ändern, gehören folgende Effekte:

- **Vergilbte Zeitung**
- **Halbtonraster**
- **Poster**

o **Sepiatönung**
o **Solarisation**
Bis auf den Effekt **Halbtonraster** sind diese Effekte recht einfach zu justieren: In der Regel besitzen Sie nur ein Parameter. So stellen Sie bei **Vergilbte Zeitung** und **Sepiatönung** den **Alterungsgrad** ein, bei **Poster** die **Niveaus** und bei **Solarisation** den **Schwellenwert**.
Der Effekt **Halbtonraster** imitiert ein **Druckraster**. Ihnen stehen Parameter wie **Muster des Rasters**, **Rasterwinkel** oder das **Farbschema** zur Verfügung. Auch können Sie das nachgebaute Raster in einem Mischmodus über das Original legen.

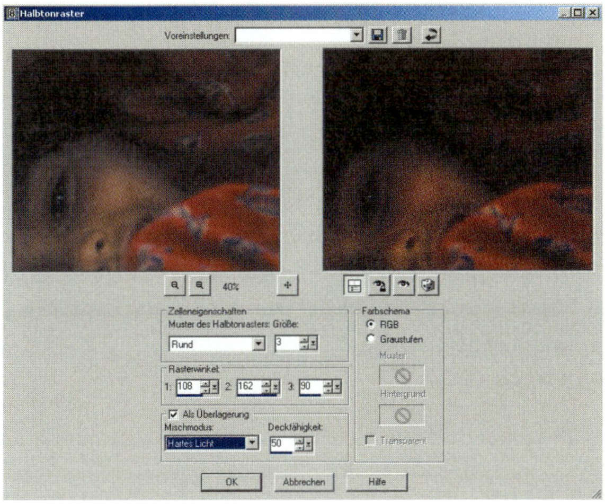

*Mit dem Effekt **Halbtonraster** imitieren Sie ein gedrucktes Bild.*

Effekte, die dem Bild weitere 3D-Elemente hinzufügen oder vorhandene Flächen in ihrer Form aufgreifen um sie in ihrer Gestalt dreidimensional aufzupeppen:
o **Kugeln und Blasen**
o **Chrom**
o **Farbfolie**
o **Emaille**
o **Vergrößerungsglas**
o **Neon**
o **Topografie**

Effekte, die drei Dimensionen vortäuschen, sind aufwändiger zu bedienen. Bei jedem Effekt gilt es, mindestens zwei Parameter aufeinander abzustimmen. Besonders vielseitig in den Einstellmöglichkeiten sind die Effekte, die dem Bild etwas hinzufügen. So finden Sie im **Effekte**-Fenster von **Kugeln und Blasen**

einen Effekt. Wenden Sie den gewählten Effekt direkt an oder ändern Sie ihn. Möchten Sie ihn anwenden, klicken Sie rechts unter Effekt auf die Schaltfläche Anwenden, oder klicken Sie doppelt auf die Vorschau. Paint Shop Pro schließt vor der Anwendung automatisch den Browser.
Klicken Sie rechts unter Effekt auf die Schaltfläche Ändern, um den Effekt zu bearbeiten. Statt des Browsers öffnet sich das Bearbeitungsfenster des Effektes.

oder **Vergrößerungsglas** die einzelnen Parameter in mehreren Registern.

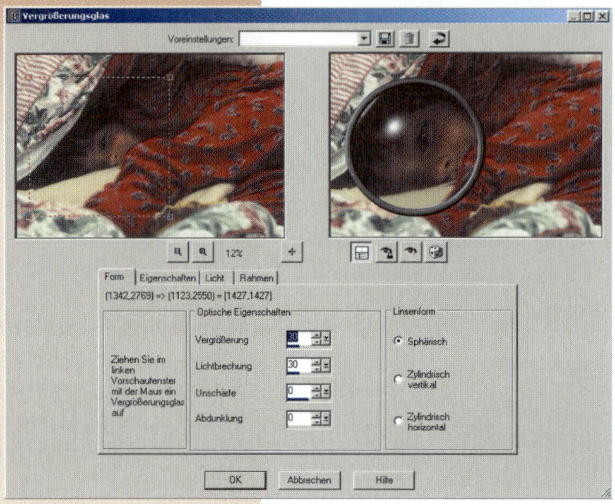

Beim Effekt ***Vergrößerungsglas*** *stellen Sie* ***Platz, Größe, Wölbung*** *und* ***Glas-Beschaffenheit*** *sowie die* ***Beleuchtung*** *in eigenen Registern ein.*

* Effekte, die die Kanten im Bild verändern, etwa verstärken und farblich gestalten. Bei diesen Effekten behalten die von den Kanten umrandeten Bildflächen entweder die Originalfarbe oder nehmen einen anderen Farbwert an. Zu den Effekten, die Kanten verändern, gehören folgende Effekte:

o **Kanten kolorieren**
o **Konturen**
o **Glühen**
o **Wachsüberzug**

Alle **Kunsteffekte** dieser Art bieten die Parameter **(Un)Schärfe** und **Intensität**. Ausnahme ist der Effekt **Wachsüberzug**, der ohne jede Einstellmöglichkeit lediglich die Kanten etwas hervorhebt und bei einigen Dokumenten die **Sättigung** oder den **Kontrast** verändert. Die meisten Parameter bietet der Effekt **Konturen**. Hier wählen Sie zusätzlich einen Wert für **Helligkeit** und bestimmen die **Anzahl der Details**.

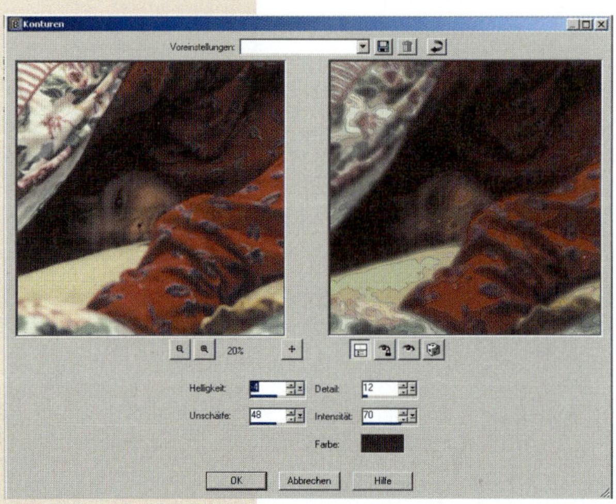

Bei den Konturen bestimmen Sie ebenfalls die Helligkeit des Bilds und wieviele Details Sie konturieren möchten.

Je komplexer und vielseitiger ein **Kunsteffekt** ist, desto mehr Parameter gilt es zu justieren. Erst das Zusammenspiel der verschiedenen Parameter macht das Ergebnis aus - so bewirken einzelne Parameter in unterschiedlichen Effekten nicht das Gleiche. Der Parameter **Unschärfe** etwa beeinflusst bei einem Filter nur die Kantenschärfe, bei einem anderen bezieht er sich auf alle Pixel im Bild.
Folgende Liste zeigt anhand einiger Beispiele, wie einzelne Effekte das Bild verändern.

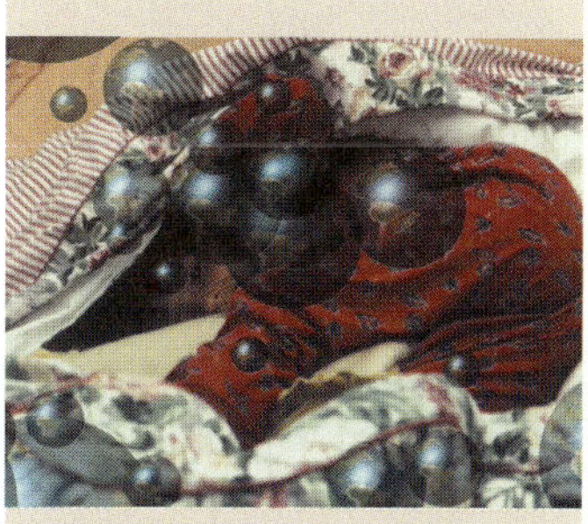

Effekt: **Kugeln und Blasen**

Erzeugt eine oder mehrere Seifenblasen über das Bild verteilt.
Sie können die Optik der Blasen in mehrerer Hinsicht ändern. So gestalten Sie deren Oberfläche oder fügen dreidimensionale Glanzlichter hinzu.

Register **Form**: Bestimmen Sie die **Menge**, **Größe** und **Verteilung** der Kugeln.
Register **Oberfläche**: Gestalten Sie das Material nicht nur in seiner Farbe:
* **Deckfähigkeit** bestimmt, in wie weit die Kugeln durchsichtig sind.
* **Reflexion**: Spiegelung des Lichtes in der Kugel.
* **Glanz**: Mit dem **Glanz** geben Sie dem Material sein typisches Aussehen. Ein Baumstamm etwa besitzt kaum Glanz, ein geschliffenes Glas hingegen glänzt sehr stark.
Register **Abbildungen**: Gestalten Sie die dreidimensionale Struktur der Kugeln.
* Legen Sie durch Schwarzweiß-Bilder die Höhen und Vertiefungen in der Oberfläche fest.
* Fügen Sie der Spiegelung eine Umgebungsabbildung hinzu.
Licht: Beleuchten Sie die Kugeln:
Fügen Sie verschiedene Lichtquellen hinzu.

Effekt: **Chrom**

Erzeugt einen 3D-Look, die gesamte Abbildung wirkt wie mit flüssigen Metall überzogen.
Fehler (1 - 8): Steuert die Stärke des Chrom-Effektes.
Helligkeit (0 - 100): Steuert die Helligkeit des gesamten Bildes.
Legen Sie eine Farbe Ihrer Wahl über das Bild oder erhalten Sie die Originalfarben.

Effekt: **Farbfolie**

Legt über jede Bildfläche unterschiedlich gefärbte schillernde Folien.

Unschärfe (0 - 100): Je höher der Wert, desto weicher sind die Bildteile und -Kanten.

Detail (1 - 256): Höhere Werte unterteilen die Folien-bespannten Flächen in kleinere.

Winkel (0 - 359): Verschiebt die Folie im gewählten Winkel.

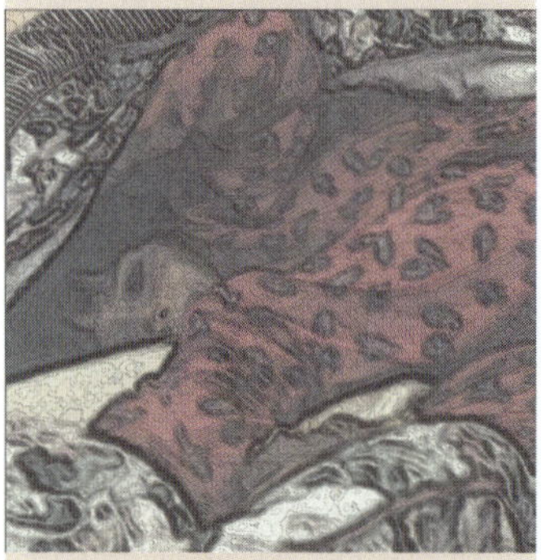

Effekt: **Konturen**

Gliedert das Bild in einfarbige, mit dünnen Linien umrandete Flächen

Detail: Höhere Werte fügen mehr Linien ins Bild ein.

Helligkeit (-255 - +255): Steuert die Helligkeit von Weiß (bei -255) bis Schwarz (bei +255).

Unschärfe (0 - 100): Je höher der Wert desto mehr Bildbereiche werden zu einer Fläche zusammengefasst.

Intensität: Bezieht sich nur auf die Linien: Niedrige Werte verblassen die Linien.

Effekt: **Glühen**

Verstärkt die Kanten und färbt sie in der Kontrastfarbe, die Flächen hingegen schwarz

Intensität (1 - 10): Je höher der Wert, desto mehr Konturen „glühen".

Schärfe (0 - 100): Bestimmt, wie scharf eine Kontur sein muss damit sie „glüht". Kleine Werte erfassen auch unscharfe Kanten.

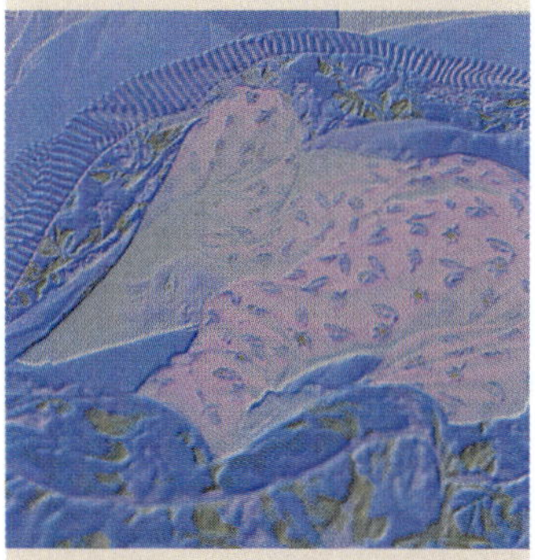

Effekt: **Neon**

Fügt dem Bild einen Farbstich in Neon-Look hinzu und baut aus Kanten und Flächen ein Relief.

Deckfähigkeit (1 - 100): Regelt die Mischung von den Originalfarben und dem Neon-Farbstich. Höhere Werte verändern die Originalfarben deutlich.

Detail (1 - 100): Verstärkt den dreidimensionalen Effekt; dabei erhöht er das Relief.

Übung: Sahnehäubchen formen

Mit dem Effekt **Kugeln und Blasen** formen Sie nicht nur Seifenblasen. Die vielen Parameter erlauben es, eine Menge runde Objekte zu formen, um so auch einfarbige Flächen interessant zu gestalten.

In folgender Übung füllen Sie einen einfachen Hintergrund mit Sahnehäubchen in unterschiedlicher Größe.

* **Neues Bild festlegen**: Erstellen Sie ein neues Bild. Wählen Sie im Menü **Datei > Neu**. Geben Sie **Breite** und **Höhe** ein, etwa **1200 Pixel x 900 Pixel**. Unter **Bildeigenschaften** belassen Sie die Einstellungen bei **Rasterhintergrund** und einer **Farbtiefe** von **16 Millionen Farben (24 Bit).**

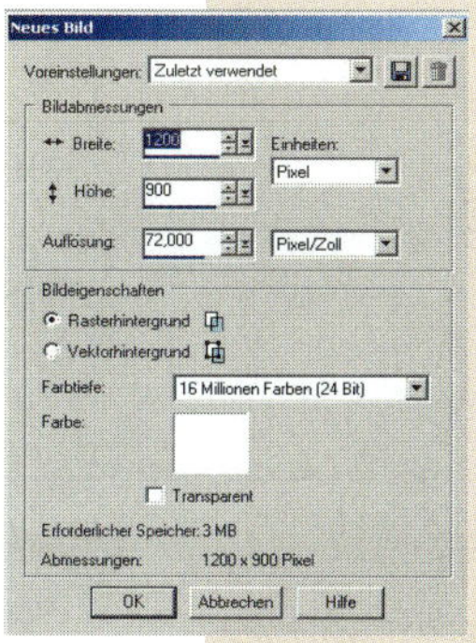

Für einen neuen Hintergrund erstellen Sie ein neues Bild.

* **Schokoladen-Verlauf erstellen**: Färben Sie das Bild mit einem „schokoladig" braunen Farbverlauf. Klicken Sie in der **Materialpalette** auf die **Vordergrundfarbe** um das Fenster **Material** zu öffnen. Wählen Sie unter **Stil** das Register **Farbübergang**. Wählen Sie bei **Stil** den kreisförmigen Verlauf und klicken Sie auf die darüber liegende Schaltfläche **Bearbeiten**. Klicken Sie im **Farbübergangs-Editor** auf **Neu**. Geben Sie im Fenster **Neuer Farbübergang** einen Namen ein, etwa **Schokolade**. Bestätigen Sie mit **OK**. Wählen Sie im **Farbübergangs-Editor** unter **Typen** die **Schokolade**. Bestimmen Sie bei **Farbübergang** die Farben. Klicken Sie zunächst auf das linke Farbkästchen unterhalb des Farbverlaufes. Öffnen Sie mit einem linken Mausklick in das Vorschaubild der Farbe links daneben das Fenster **Farbe**. Wählen Sie ein helles cremiges Braun. Bestätigen Sie mit **OK**. Färben Sie die rechte Hälfte des Verlaufes in einem dunkleren Braun. Schieben Sie im Fenster **Material** mit den Schiebereglern **Horizontal** und **Vertikal** unter **Mittelpunkt** den Mittelpunkt des Kreisverlaufes nach rechts oben.

Tipp:
Wenden Sie den Effekt auf einer neuen Rasterebene an. (Erstellen der neuen Rasterebene: Klick auf die linke Schaltfläche in der Ebenenpalette) So können Sie später die Sahnehäubchen über Effekte > 3-D Effekte > Schlagschatten mit einem Schattenwurf versehen.

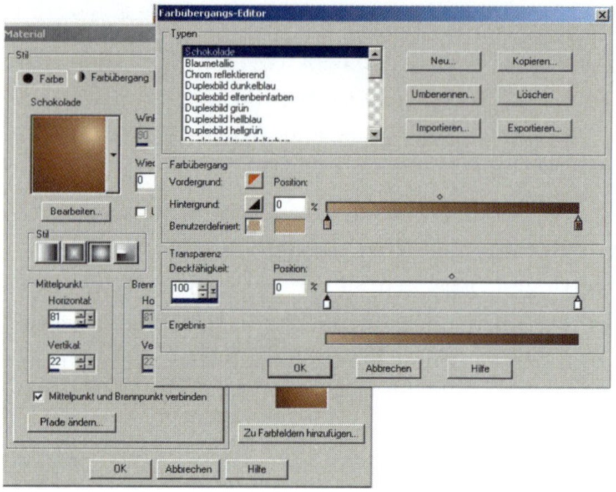

*Im **Farbübergangs-Editor** bauen Sie den Schokoladen-Verlauf.*

* **Bildfläche färben**: Vergewissern Sie sich, dass in der Materialpalette der neue Verlauf als **Vordergrundfarbe** gewählt ist. Aktivieren Sie in der **Werkzeugleiste** das **Farbfüllungswerkzeug** (vierte Schaltfläche von unten). Klicken Sie mit dem Werkzeug in die Bildfläche.

* **Kugeln auf die Fläche setzen**: Wählen Sie unter **Effekte > Kunsteffekte > Kugeln und Blasen**. Zoomen Sie so weit aus dem Bild heraus, dass die gesamte Fläche in den beiden Vorschaubildern zu sehen ist. Treffen Sie im Register **Form** folgende Einstellungen:

o Aktivieren Sie **Automatisch mehrere Kugeln oder Blasen**

o **Abdeckung**: Etwa **55**, damit der Schokoladen-Hintergrund noch zu sehen ist. Mit einer höheren Abdeckung wirkt die Fläche überladen.

o **Durchschnittliche Größe**: **20**. **Durchschnittliche Größe** und **Größenbereich** sind direkt voneinander abhängig. Je größer die Differenz der beiden Werte, desto unterschiedlicher sind die Kugeln in der Größe.

o **Größenbereich**: **60**

o **Kugel- oder Blasentyp**: **Überschneidend**. Die Kugel fließen ineinander, sodass die Fläche interessanter wirkt.

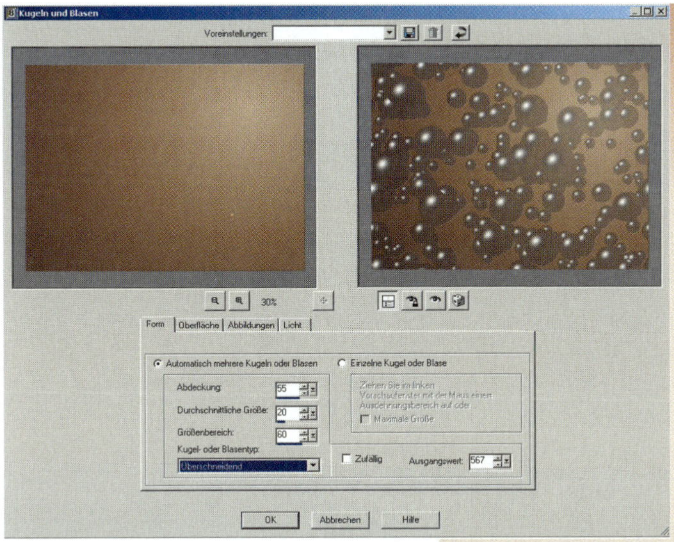

Viele Blasen bilden die Form der späteren Sahnehäubchen.

* **Sahniges Material einstellen**: Wählen Sie das Register **Oberfläche**. Klicken Sie auf die **Materialfarbe**. Wählen Sie im Fenster **Material** einen leicht „vanilligen“, sehr hellen Farbton. Setzen Sie die **Deckfähigkeit** auf **100** (Schlagsahne ist nicht transparent!). Setzen Sie die **Reflexion** auf **5** zurück, da Sahne kaum spiegelt, dem **Glanz** weisen Sie einen Wert von **15** zu (da Schlagsahne noch feucht ist, glänzt sie ein wenig).

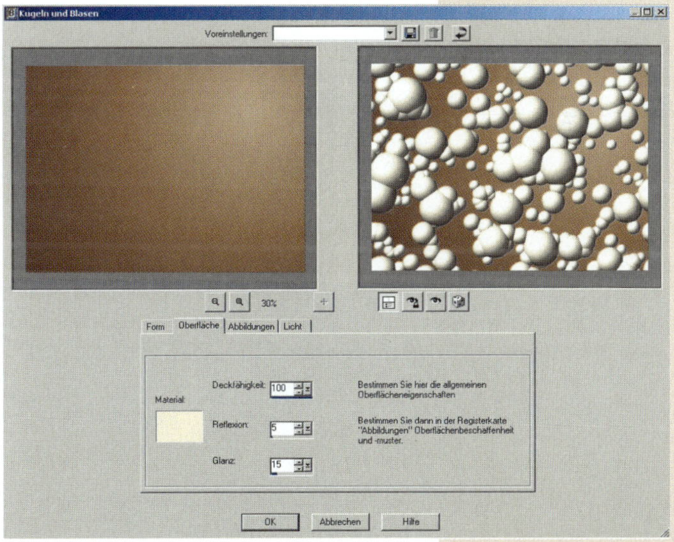

Die Oberfläche glänzt in einem hellen Vanille-Ton.

* **Bäckerspritze einsetzen**: Unsere Schlagsahne träufelt noch in flüssigen Klecksen über das Bild. Den Häubchen fehlt die typische Form. Aktivieren Sie im Register **Abbildungen** das **Bumpmap**. Ein Bumpmap ist ein Graustufenbild, das die Höhen und Tiefen eines Materials definiert. Weiß sorgt für höhere, Schwarz für tiefere Bildstellen in der Oberfläche. Mit einem Klick auf den kleinen Pfeil

rechts neben der Bumpmap-Vorschau öffnen Sie das Klappfenster in dem sich die von Paint Shop Pro mitgelieferten Bumpmaps befinden. Wählen Sie das vorletzte Bild **Wirbel**.

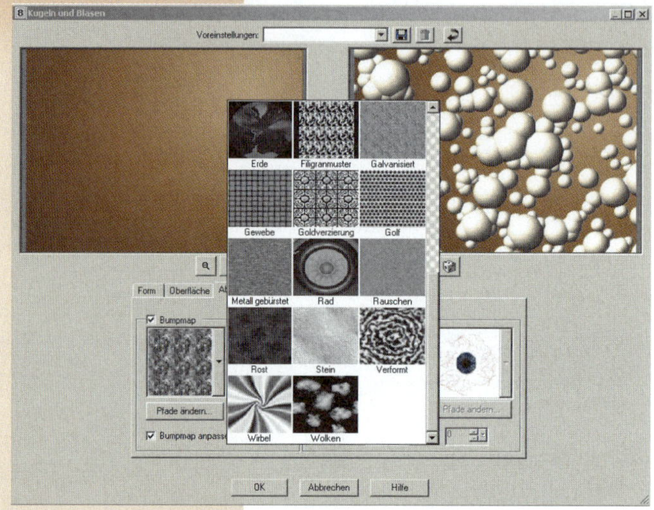

Die Oberfläche der Kugeln erinnert schon an Sahne, ist jedoch an den Kanten noch zu hart.

* **Kanten absoften**: Geben Sie unter **Schliff** den Wert **90** ein, damit die Struktur nicht zu hart und unnatürlich wirkt. Bei **Tiefe** haben Sie Werte von **-100** bis **100** zur Verfügung. Minuswerte drehen das Höhen-Tiefen-Verhältnis um. Geben Sie hier den Wert **45** ein.

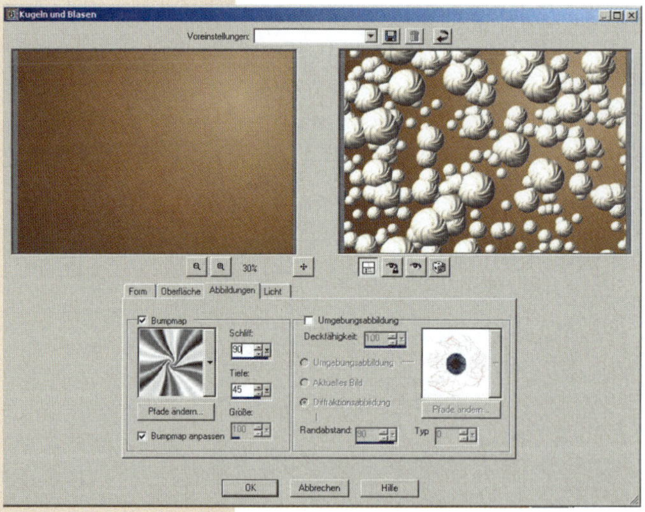

Die fertigen Sahnehäubchen ...

* **Beleuchtung anpassen**: Der Farbverlauf im Hintergrund ist rechts oben hell, bei den Sahnehäubchen kommt die Beleuchtung jedoch von links oben. Wählen Sie das Register **Licht**, um die Beleuchtung anzupassen. Ziehen Sie mit gedrückter linker Maustaste im Bild unter **Position** den Lichtpunkt nach rechts oben. Passen Sie die **Umgebungsbeleuchtung** an: Die **Um-**

gebungsbeleuchtung bestimmt die Helligkeit, die unabhängig von der gesetzten Lichtquelle vorhanden ist. Geben Sie bei **Maximum** den Wert **30** ein, damit die Sahnehäubchen nicht überbelichtet sind. Um die Details im Schatten etwas heller zu färben, setzen Sie das **Minimum** auf **10**.

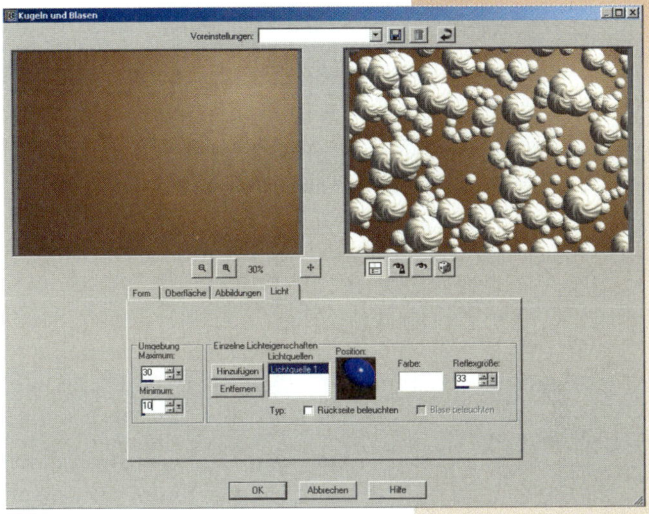

... mit der richtigen Beleuchtung!

* Beenden Sie den fertigen Effekt mit **OK**!

Bildeffekte

Bildeffekte verändern das eigentliche Aussehen des Bildes nicht. Mit einem **Bildeffekt** verschieben Sie das Bild auf der Arbeitsfläche, blättern es um oder erstellen eine Kacheltextur. Wie auch bei den **Kunsteffekten** steht zu jedem **Bildeffekt** ein eigenes Bearbeitungsfenster mit Parametern zum Einstellen bereit.

Die drei **Bildeffekte** haben folgende Funktionen:

* **Verschiebung**: Sie verschieben das Bild **Horizontal** oder **Vertikal**, wählen die **Hintergrundfarbe**, die nach der Verschiebung sichtbar wird und legen den **Kantenmodus** fest. So bestimmen Sie etwa, ob an dem frei gewordenen Platz die Hintergrundfarbe zu sehen ist. Alternativ dazu werden die Pixel an der Kante, die Sie verschieben, wiederholt.

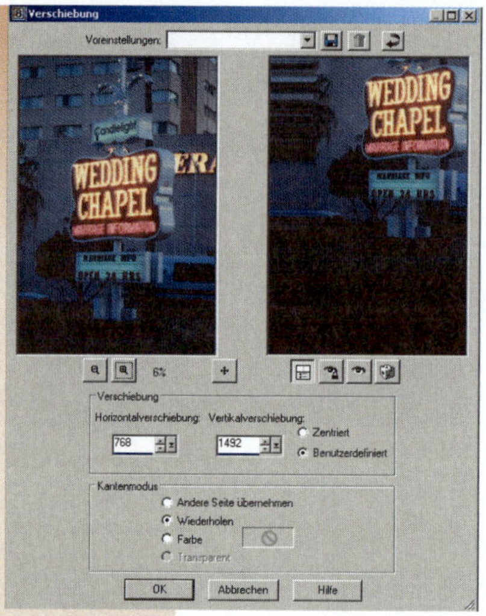

*Mit dem Effekt **Verschiebung** verschieben Sie das Bild auf der Dokumentfläche.*

* **Umblättern**: Sie blättern eine beliebige Ecke des Bildes um, bestimmen den **Radius** der gerollten Ecke sowie die **Farbe des Hintergrundes**.

*Der Effekt **Umblättern** rollt Kanten ein.*

* **Nahtloses Kacheln**: Eine Kachel für Texturen, Hintergründe und andere Effekte erstellen Sie mit dem Effekt **Nahtloses Kacheln**. Paint Shop Pro „baut" unendlich viele Kopien des Originals nahtlos aneinander und/oder übereinander. Das Ergebnis ist eine Kachel, an die Sie in einem größeren Bild nahtlos weitere Duplikate ansetzen und so eine Fläche mit dem sich ständig wiederholenden Bild erzeugen. Um eine Kacheltextur zu erstellen, gehen Sie folgendermaßen vor:

o Wählen Sie die **Kachelmethode**: Ziehen Sie entweder die Mitte der gekreuzten Linien im linken Vorschaufenster an die Stelle, an der der Mittelpunkt einer Kachel liegen soll, oder wählen Sie die Mitte über die Dialogboxen bei **Kachelmethode**. Feineinstellungen der Positionierung nehmen Sie unter **Einstellungen** vor.
o Wählen Sie die **Richtung**: **Horizontal** reiht die Bildkopien unendlich nebeneinander. **Vertikal** stapelt die Kopien übereinander und **Bidirektional** kachelt in alle vier Richtungen. Nur mit der Option **Bidirektional** kacheln Sie eine gesamte Fläche!
o Mit dem **Übergang** legen Sie in Prozenten fest, wie weich der Rand der Bildfläche in die Duplikate übergeht. Kleinere Werte schaffen härtere Übergänge.
o Aktivieren Sie **Vorschau anzeigen**, um das Ergebnis zu beurteilen.

Tipp:
Arbeiten Sie mit freigestellten Objekten und setzen Sie den Freisteller auf einen transparenten Hintergrund. Sie können so Kacheltexturen über einen Hintergrund legen. Nähere Angaben zu dem Freistellen eines Bild-Objektes finden Sie in Kapitel 8, Bilder montieren.

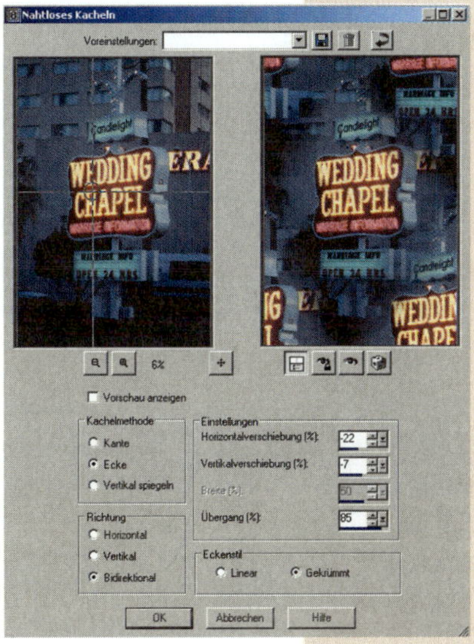

*Der Effekt **Nahtloses Kacheln** erzeugt eine Fläche, an die Sie nahtlos deren Duplikate ansetzen.*

Textureffekte

Mit einem **Textureffekt** fügen Sie dem Bild eine Struktur hinzu. So projizieren Sie das Bild auf **Feines Leder**, lassen es durch ein **Glasmosaik** durchscheinen oder flechten es aus einzelnen Bildstreifen. Ähnlich wie bei den **Kunsteffekten** liegt vielen ein dreidimensionales Muster zugrunde, das Sie mit den einzelnen Parametern anpassen.

Textureffekte ändern nicht die Farbe des Originals, sondern legen eine Textur über das Bild. In der Regel übernehmen die **Textureffekte** die Kanten und Linien, um sie dreidimensional zu bearbeiten. Die beiden Effekte **Modellieren** und **Flachrelief** basie-

Tipp:
Wenden Sie Textureffekte auf ausgewählte Bildteile an. So erstellen Sie zum Beispiel von der etwas lichten Haarpracht des Großonkels eine Auswahl und wenden auf die gewählte Fläche den Effekt Pelz an.

ren nur auf der Kanteninformation des Bildes und beziehen die originalen Farbwerte nicht mit ein:

* Bei **Flachrelief** erhalten Sie ohne Vorschau und Einstell-Möglichkeiten ein drei-dimensionales Bild, das nahezu aus Grautönen besteht. Einzig die Ränder weisen noch Reste der Originalfarbe auf.

* Der Effekt **Modellieren** baut ebenfalls ein Relief aus dem Bild. Zusätzlich projizieren Sie auf das Bild eine Textur und stellen mit den Parametern unter **Bild** die **Relieftiefe**, den **Schliff**, die **Umgebung** und die **Reflexion** ein. Unter **Lichtquelle** beleuchten Sie die Szene.

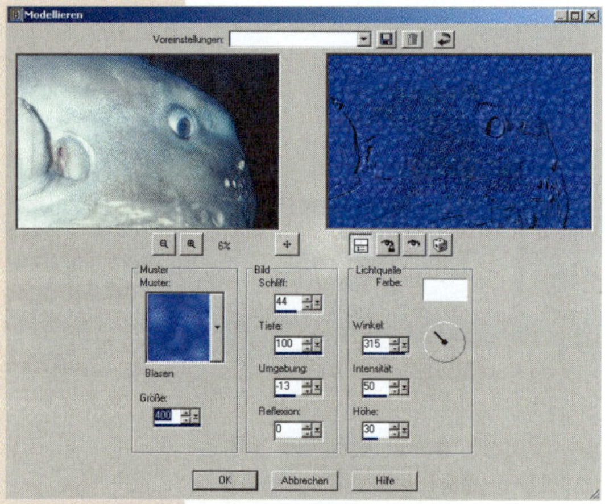

*Der Effekt **Modellieren** legt eine Textur über das Relief eines Bilds.*

*Mit den **Textureffekten** legen Sie eine drei-dimensionale durchsichtige Struktur auf das Bild.*
*Von links nach rechts: **Jalousie, Grobes Leder, Glasmosaik, Polierter Stein, Flechten**.*

Lichteffekte

Um einem Bild zusätzliche Lichter hinzuzufügen, bietet Ihnen Paint Shop Pro zwei **Lichteffekte**:

* **Nova**
* **Lichter**

Der Lichteffekt **Nova** erzeugt ein virtuelles Punktlicht, das wie eine Sonne strahlt. Es entsteht so der Eindruck von sichtbarem Licht. Sie stellen die **Helligkeit** des Lichtpunktes und **Strahlendichte** sowie deren **Helligkeit** ein.

Um den Lichtpunkt im Bild zu verschieben, ziehen Sie das Kreuz im linken Vorschaubild mit gedrückter Maustaste an eine andere Bildstelle.

*Mit dem Lichteffekt **Nova** erzeugen Sie eine Gegenlichtaufnahme*

Der Effekt **Lichter** enthält fünf Spotlichter, die zusammen das Bild ausleuchten. Ein generelles Umgebungslicht ist nicht vorhanden. Sie können jedes einzelne Licht umplatzieren, in eine andere Richtung drehen, färben, ein- und ausschalten oder dessen **Lichtstärke** (Intensität) ändern.

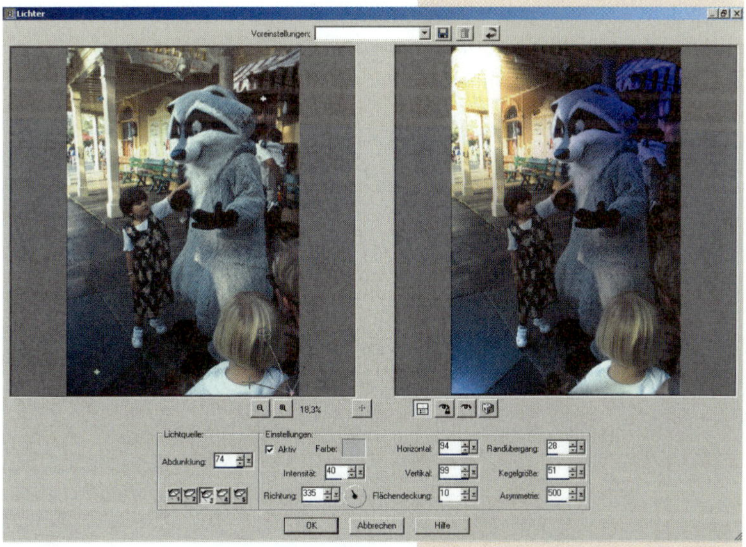

*Mit dem Lichteffekt **Lichter** beleuchten Sie das Bild mit fünf Spots.*

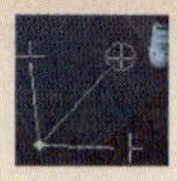

Mit Lichteffekten arbeiten

Folgende Tipps sollten Sie bei Lichteffekten berücksichtigen:
*** Fügen Sie dem Bild einen Lichtpunkt hinzu, ermitteln Sie vorher die Bildstelle, an der sich etwa die natürliche Lichtquelle befindet. Nur so fügt sich das neue Licht organisch in das Bild ein, da Lichtreflexionen und Schattenwurf mit der neuen Lichtquelle übereinstimmen.**
*** Nicht immer ist die hellste Stelle im Bild auch der Ursprung der**

Einen Spot verschieben und verändern Sie auf folgende Weise:
* Klicken Sie entweder auf die entsprechende Schaltfläche unter **Lichtquelle** oder im linken Fenster direkt auf den kleinen Stern.
* Ein aktivierter Spot zeigt die Zielrichtung und den Lichtkegel.

* Verschieben Sie den Spot entweder durch Ziehen mit gedrückter linker Maustaste im linken Bild oder über die Schieberegler **Horizontal** und **Vertikal** unter der Vorschau.
* Ändern Sie die **Richtung**. Ziehen Sie das umrandete Kreuz in die Zielrichtung, drehen Sie den Zeiger neben dem Parameter **Richtung** oder geben Sie den entsprechenden Wert bei **Richtung** ein.
* Justieren Sie den **Lichtkegel**. Ziehen Sie eines der beiden Kreuze im linken Vorschaubild von dem Ursprung der Lichtquelle weg, um den Kegel zu vergrößern. Alternativ verändern Sie den Wert bei **Kegelgröße**.

Reflexionseffekte

Die **Reflexionseffekte** erzeugen Muster aus einem oder mehreren Duplikaten des Bildes oder eines Bildausschnitts. Die Duplikate sind in den einzelnen Effekten gespiegelt, in anderen nehmen die duplizierten Bildausschnitte mehreckige Formen an und ergeben so verschiedene fantasievolle Formen. Zu den Reflexionseffekten gehören:
* **Spiegelkabinett**: Erzeugt immer kleiner werdende Duplikate des gesamten Bildes, es entsteht so der Eindruck von Tiefe. Sie können die **Anzahl** der Duplikate (Intensität) und deren **Deckkraft** einstellen. Wahlweise erscheinen die Duplikate abgerundet (elliptisch) oder im klassischen Look viereckig.

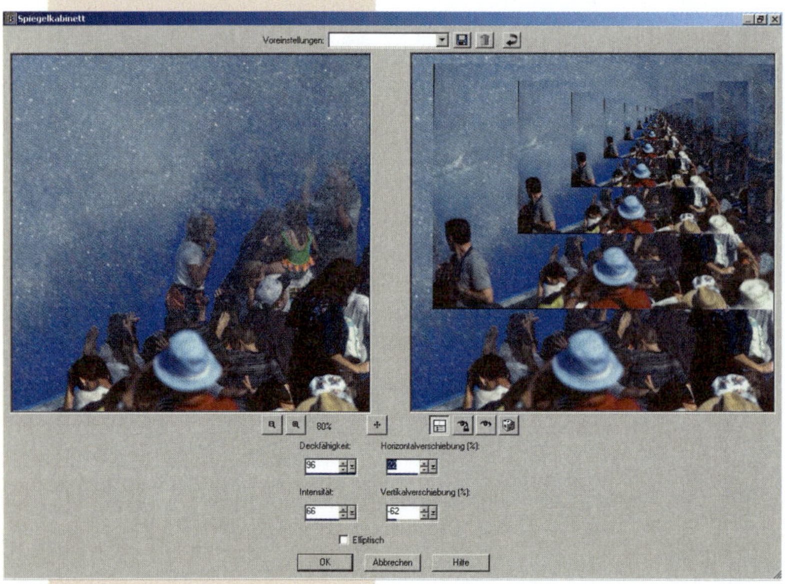

*Das **Spiegelkabinett** wiederholt das Bild scheinbar unendlich.*

* **Kaleidoskop**: Kleine Bildausschnitte in variabler Größe und jeweils gespiegelt ordnen sich kreisförmig um einen Mittelpunkt. Die Anzahl der **Facetten** bestimmt die Rundung des eigentlichen Musterkreises: Beim Wert **3** ergibt sich eine Dreiecksform, da sich die einzelnen Bildteile im gleichen Abstand zueinander dreimal um den Mittelpunkt lagern. Je höher der Facetten-Wert, desto runder wirkt das Ergebnis, einzelne Bilddetails sind bei höheren Werten jedoch nicht mehr zu erkennen. Der Parameter **Radialeinzug** spiegelt strahlenförmig von der Mitte ausgehend die Bildausschnitte und ihre Spiegelungen, die der Mitte am nächsten liegen. Jeder nächst höhere Wert bezieht Bildteile, die in einen größeren Umkreis liegen, mit in die Wiederholungen ein. Verändern Sie den **Vergrößerungsfaktor**, vergrößert oder verkleinert Paint Shop Pro das Original vor den Spiegelungen. So decken bei negativen Werten die Originaldaten die Ränder des Bilds nicht mehr ab. Über den **Kantenmodus** bestimmen Sie, ob in diesen Bereichen die Randpixel wiederholt werden - Option **Wiederholen** – oder eine gewählte Farbe erscheint. Soll sich das Muster nach außen ewig fortsetzen, wählen Sie **Andere Seite übernehmen**. Die Option **Reflektieren** wiederholt das Muster unabhängig vom **Vergrößerungsfaktor** nur einmal.

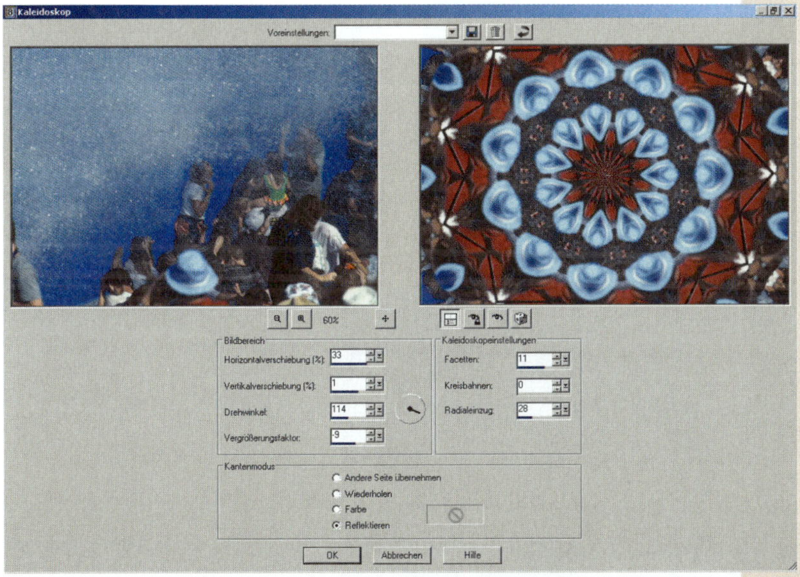

*Kreisförmige Muster erstellen Sie mit dem **Kaleidoskop**.*

* **Muster**: Funktioniert ähnlich wie **Kaleidoskop**. Die Duplikate und Spiegelungen sind jedoch nicht kreisförmig angeordnet, sondern verteilen sich horizontal und vertikal im Raum.

Lichtquelle. So kann sich etwa in einem Bild die Lichtquelle weit hinter dem Fotografen befinden. Befindet sich im Bild ein spiegelnder Gegenstand, reflektiert er die eintreffenden Lichtstrahlen. Schattenwurf und beleuchtete Stellen auf den Gegenständen richten sich dennoch nach dem Ursprungsplatz der eigentlichen Lichtquelle.

*** Geben Sie in Bildern, die natürlich wirken sollen, dem Licht eine leichte Färbung. Warmes Herbstlicht etwa ist nicht rein weiß, sondern etwas gelblich. Eine kalte Wintersonne über einer Schneelandschaft kommt mit einem Blaustich besonders gut zur Geltung.**

*** Setzen Sie nur in geeignete Bilder weitere Lichtquellen. Eine Gegenlicht-Aufnahme, die den Sonnenaufgang über dem Grand Canyon zeigt, verträgt keine zusätzliche Lichtquelle.**

*** Gehen Sie sparsam mit verschiedenen Lichtfarben um. Stellen Sie etwa beim Effekt Lichter bei allen fünf Lichtquellen eine andere Farbe ein, erzeugen Sie bestenfalls eine wirre Jahrmarkt-Atmosphäre.**

Mit dem Effekt **Muster** erstellen Sie für Ihre Web-Site individuelle Hintergründe. Auch als Schreibtisch-Hintergrundbild eignen sich solche Muster hervorragend.

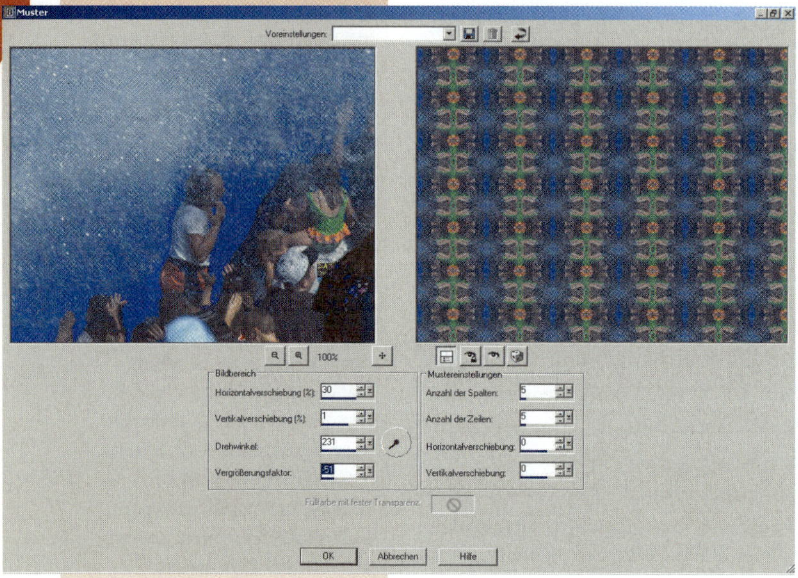

Verschiedene Muster für einen individuellen Hintergrund

* **Spiegelrotation**: Spiegelt das Bild an einer Achse und verschweißt beide Teile miteinander. Sie verschieben die Spiegelachse und drehen sie.

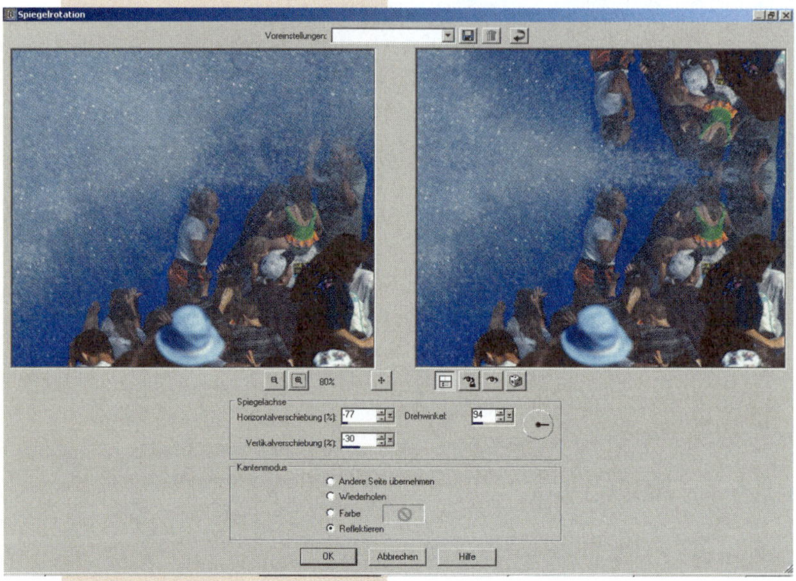

Der Effekt Spiegelrotation

Verzerrungs- und Geometrieeffekte

Verzerrungs- und Geometrieeffekte ziehen Bildbereiche auseinander oder stauchen sie. **Verzerrungseffekte** verändern Bildteile kreisförmig oder linear entlang der Achsen. **Geometrieeffekte** hingegen verzerren das Bild entlang einer geometrischen Form.

* **Kreisförmige Verzerrungseffekte**: Die Verzerrung findet um einen oder mehrere Mittelpunkt(e) statt. Zu diesen Effekten gehören zum Beispiel **Linsenverzerrung**, **Konzentrische Wellen**, **Verzerren**, **Korona** oder **Wirbel**. Ob ein- oder zwei Mittelpunkt(e) als Verzerr-Basis dienen, äußert sich in der Auswirkung des Effektes deutlich:

o **Mehrere Mittelpunkte**, **Spiralen**: Die Bildfläche ist aufgeteilt in **Spalten** und **Zeilen**. Alle Schnittpunkte der Spalten und Zeilen bilden Mittelpunkte, um die der Effekt spiralförmig die Bildbereiche verzerrt.

o **Ein Mittelpunkt**, **Polarkoordinaten**: Bildpunkte in einer Fläche können auf verschiedene Arte definiert werden. Die bekannteste Methode hierfür ist das **Kartesische Koordinatensystem** (x-Achse und y-Achse). Eine andere ist die **Definition über Polarkoordinaten** (Radius und Winkel). Der Filter ordnet die Werte der einen Achse des Kartesischen Koordinatensystems den Werten des Winkels der Polarkoordinaten zu, die Werte der anderen Achse dem Radius.

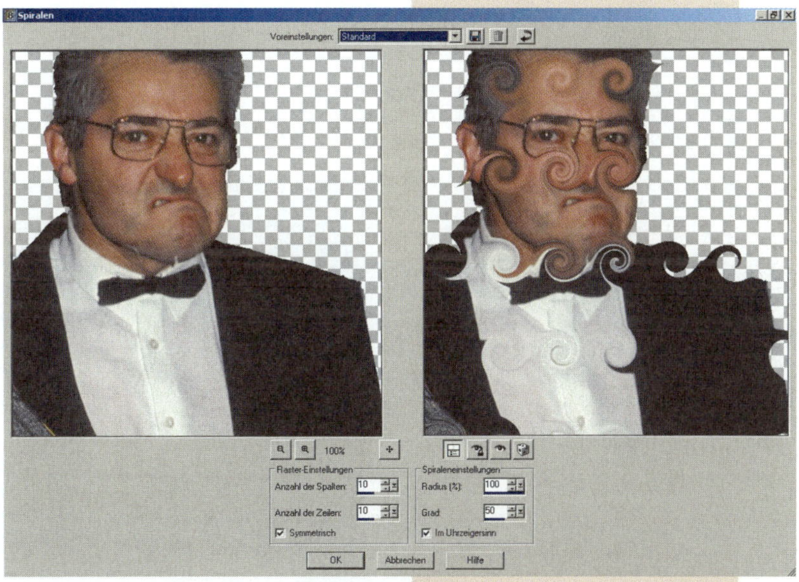

*Mit kreisförmigen **Verzerrungseffekten** wirbeln Sie die Pixel spiralförmig um mehrere Mittelpunkte oder vertauschen die Achsen mit Winkel und Radius.*

Lineare Verzerrungseffekte: Verzerrungseffekte stauchen oder dehnen Bildteile entlang der Achsen. So gehören etwa zu dieser Gruppe **Wind** und **Bildpresse**. Ebenfalls zu der Gruppe gehören:

Tipp:
Versuchen Sie nicht, die Musterbildung zu steuern. Selbst bei niedrigen Werten der Parameter ist es kaum nachzuvollziehen, welcher Bildausschnitt sich wo wiederholt und spiegelt. Spielen Sie mit den verschiedenen Parametern und schaffen Sie so verblüffende Muster.

Tipp:
Mit dem Effekt Muster erstellen Sie für Ihre Web-Site individuelle Hintergründe. Auch als Schreibtisch-Hintergrundbild eignen sich solche Muster hervorragend.

Tipp:
Mit den Polarkoordinaten lassen sich witzige Effekte erzielen. So aktivieren Sie zunächst die Option x-, y- in Polarkoordinaten umwandeln. Wenden Sie einen weiteren Effekt auf das Bild an, etwa den Kunsteffekt Blasen und Bälle. Verwenden Sie ein zweites Mal den Effekt Polarkoordinaten, diesmal mit der Option Polar- in x-, y- Koordinaten umwandeln. Die zweite, entgegengesetzte Anwendung entzerrt das Bild wieder, verzerrt jedoch die Kugeln.

Polarkoordinaten bringen sogar Sahnehäubchen zum Schmelzen!

o **Prägestempel**: Ähnlich wie der Effekt **Verzerren** verzerrt der **Prägestempel** das Bild oder eine Auswahl von der Mitte aus. Der Effekt vergrößert den mittleren Bildbereich und dehnt ihn entlang der vertikalen Bildachse. Gleichzeitig zieht er links das Bild weiter nach außen und drückt die rechte Bildhälfte zur Mitte hin.

o **Pixeltransformation**: Der Effekt **Pixeltransformation** fasst die Bildpixel zu einfarbigen Farbfeldern zusammen. Paint Shop Pro berechnet einen mittleren Farbwert der in einem Feld liegenden Einzelpixel.

*Der **Prägestempel** verformt das Bild von der Mitte aus.*

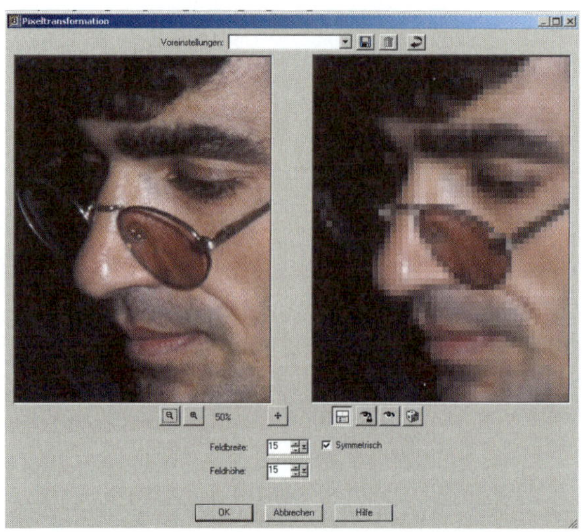

*Mit der **Pixeltransformation** verwandeln Sie ein Bild in Farbfelder.*

* **Geometrieeffekte**: **Geometrieeffekte** spannen das Bild auf eine geometrische Fläche oder wickeln es um einen geometrischen Körper. Der Effekt kommt am besten zur Geltung wenn Sie ihn auf eine Auswahl anwenden.

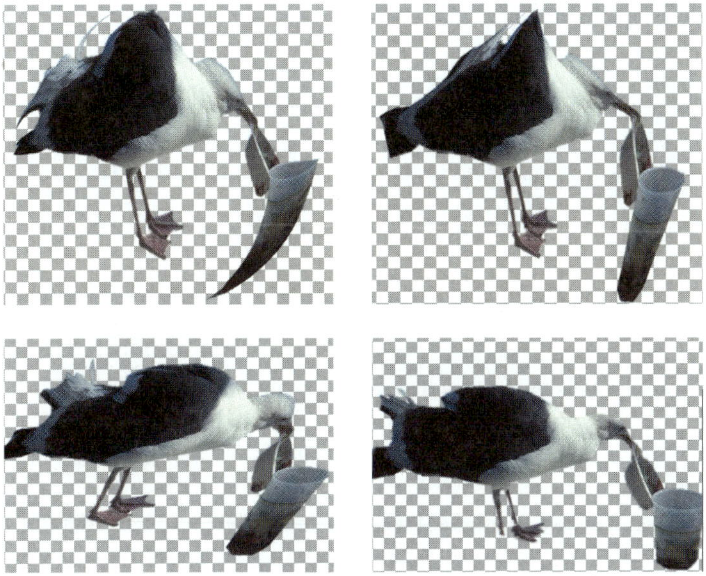

*Um die verschiedenen **Geometrieeffekte** zu testen, haben wir einen Vogel beim Mundraub ertappt und freigestellt.*
Von links nach rechts - oben: Kreis, Pentagon - unten: Parallelogramm, Horizontalzylinder

Maleffekte

Mit den **Maleffekten** zaubern Sie Zeichnungen und Gemälde. **Maleffekte**, die virtuelle Zeichnungen erstellen, justieren Sie über die Parameter **Detail** und **Deckfähigkeit**. Je höher der Wert bei **Detail** ist, desto mehr Linien zeichnen Sie ins Bild. Die Deckfähigkeit regelt die Mischung von Original und Zeichnung. Je kleiner der Wert, desto deutlicher scheint das Original durch. Beim Wert **100** ist nur noch die Zeichnung zu sehen. Zu den Effekten, die Zeichnen, gehören:

* **Bleistiftzeichnung**
* **Kohlezeichnung**
* **Kreidezeichnung**
* **Buntstiftzeichnung**

Tipp:

Benötigen Sie zu einem Bild eine passende Farbe, etwa als Hintergrundfarbe oder für einen Schriftzug, eignet sich der Effekt Pixeltransformation hervorragend zur Farbauswahl: Duplizieren Sie das Bild. Versehen Sie das Duplikat mit dem Effekt Pixeltransformation. Geben Sie der Feldbreite und -Höhe einen derart hohen Wert, dass das Duplikat aus mittelgroßen Farbfeldern besteht. Wählen Sie mit dem Pipetten-Werkzeug (sechstes Werkzeug von oben in der Werkzeugleiste) die passende Farbe aus dem Duplikat.

Tipp:
Stellen Sie beim Effekt Pinselstriche den Winkel unter Licht so ein, dass er mit dem eigentlichen Lichteinfall im Bild übereinstimmt!

Virtual Painter

Es ist möglich, zu den vorhandenen Filtern und Effekten weitere Plugins zu installieren. Im Menü **Effekte** unter **Plugins** befinden sich bereits zwei Filter des **Virtual Painters.** Die anderen zehn Plugin-Filter stehen Ihnen ebenfalls unter **Effekte > Plugins > Virtual Painter (Demo)** als Demoversion zur Verfügung. Die Plugin-Filter des Virtual Painters von **Umemura Taka Software Design** erzeugen aus Fotografien digitale Gemälde.
Der Virtual Painter öffnet zunächst ein Fenster, indem Sie bereits einige Einstellungen vornehmen. So wählen Sie für das Material, das Rendering (hier: die Stärke der Materialstruktur), die Farbintensität (Color), die Deformation der Szene und den Focus zwischen drei verschiedenen Einstellungen.

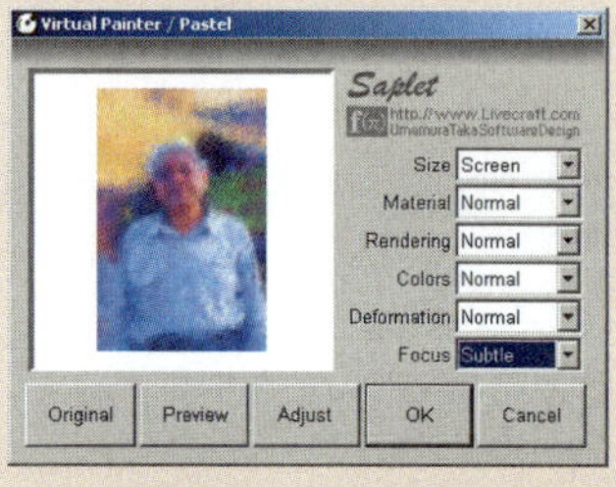

Der Maleffekt ***Kohlezeichnung***

Etwas komplexer sind die beiden Maleffekte **Wachsmalkreide** und **Pinselstriche**:
Bei dem Effekt **Wachsmalkreide** wählen Sie eine Farbe, die über dem Bild liegt. Mit dem Parameter **Helligkeit** regeln Sie, wie weit die Farbschicht an den Bildkanten aufbricht und das Foto durchscheinen lässt. Die Werte-Skala reicht von **-255** bis zu **255**. Beide Werte zeigen eine einfarbige Fläche in der gewählten Farbe, erst Zwischenwerte zeigen den Effekt. Bei negativen Werten kommen dunkle Wachsmalkreiden zum Einsatz, helle bei positiven Werten. *Mit einem negativen Wert bei* ***Helligkeit*** *malen Sie auf hellen Flächen, auf dunklen Flächen malen Sie mit positiven Werten.*

Der Effekt **Pinselstriche** verwandelt mit virtuellen Pinselstrichen Ihr Foto in ein Kunstwerk. Per **Unschärfe** zeichnen Sie das Bild zunächst weich und steuern so den Detailreichtum im Bild. Je unschärfer das Bild, desto weniger Details sind erkennbar, was das Gemälde abstrahiert. Über die Parameter bei **Pinsel** stellen Sie die Pinselstruktur ein. Wählen Sie für die **Deckfähigkeit** (unterer Schieberegler) den Wert **0**, fällt die dreidimensionale Borstenstruktur weg. Zusätzlich stellen Sie die **Strich-Länge und -Dichte** ein sowie die **Lichtfarbe** und den **Winkel**, in dem das Licht auf das Bild trifft.

Der Maleffekt ***Kreidezeichnung***

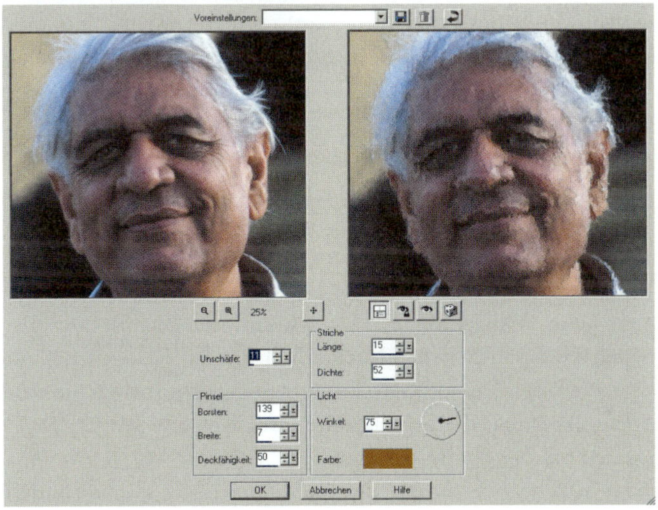

Mit den Parametern des Filters ***Pinselstriche*** *bauen Sie verschiedene Pinselstrukturen.*

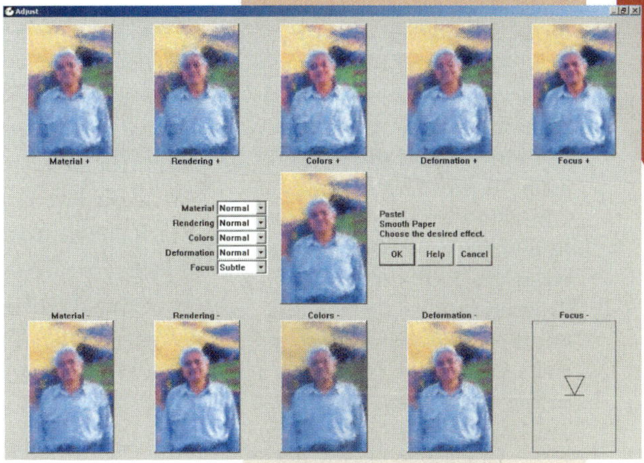

Im Fenster Adjust sehen Sie auf Vorschaubildern die verschiedenen Änderungen in ihrer Kombination. Klicken Sie auf die Variante, die Ihnen am besten gefällt. Sie erscheint im mittleren Vorschaufenster, die neuen Möglichkeiten werden in den beiden Reihen oben und unten angezeigt. Sind Sie mit dem Ergebnis zufrieden, beenden Sie den Virtual Painter mit einem Klick auf OK.

Umwandeln in Rasterebene
Die Filter Relief, Schlagschatten und Außenfase können Sie nur auf eine Rasterebene oder eine Auswahl anwenden. Um eine Hintergrundebene in eine Rasterebene umzuwandeln, wählen Sie Ebenen > Hintergrundebene umwandeln. Zusätzlich ist der Effekt Außenfase nur auf eine Auswahl anzuwenden.

Tipp:
Blenden Sie den Laufrahmen aus, um die Schaltfläche während der weiteren Arbeit im Effektfenster zu überprüfen.

3D-Effekte

Mit den **3D-Effekten** fügen Sie Bildern oder einer Auswahl im Bild einen dreidimensionalen Rand hinzu. Durch verschiedene Randeinstellungen wie **Höhe**, **Breite** oder **Deckfähigkeit** sowie das farbige Gestalten der Kanten erzeugen Sie etwa individuelle Schaltflächen für Web-Sites. Die beiden Effekte **Innenfase** und **Außenfase** ermöglichen sogar Beleuchtungseffekte, mit denen Sie den Rand dem Licht im Bild anpassen um so die dreidimensionale Wirkung zu steigern.
Zwei der **3D-Effekte** erstellen keinen Rand:
* **Aussparung**: Der Effekt schneidet eine erstellte Auswahl aus dem Bild. Das entstandene Loch hinterlegen Sie mit einer Farbe oder füllen es mit der ausgewählten Fläche.
* **Schlagschatten**: Fügt dem Bild oder einer Auswahl eine Schatten hinzu.

Übung: Schaltfläche erstellen

1. **Schaltflächen-Auswahl erstellen**: Öffnen Sie das Bild für eine Web-Seite, etwa das Foto **Flughafen** von der Buch-CD. Ändern Sie unter **Bild > Größe ändern** die Bildgröße: Soll das Foto als Hintergrundbild für eine Web-Seite dienen, wählen Sie eine Auflösung von 72 Pixel/Zoll. Ziehen Sie mit dem Auswahlwerkzeug eine rechteckige Auswahl in der Größe einer Schaltfäche auf.

2. **Innenfase hinzufügen**: Wählen Sie **Effekte > 3-D-Effekte > Innenfase**. Mit einer Innenfase erzeugen Sie eine nach innen gewölbte Schaltfläche mit einem einen geschwungenen Rand. Treffen Sie im Fenster **Innenfase** folgende Einstellungen:

a. Unter **Fase** wählen Sie die **Randform**. Klicken Sie auf den schwarzen Pfeil neben dem Vorschaubild um das Klappmenü mit den verschiedenen Fasen-Querschnitten zu öffnen. Suchen Sie eine Fase, deren Form zu der Schaltfläche Ihrer Web-Site passt.
b. Justieren Sie die **Breite** der Fase.
c. Unter **Bild** bestimmen Sie den **Schliff**: Höhere Werte runden die Ecken und Kanten des Randes ab.
d. Unter **Tiefe** drücken Sie die Schaltfläche nach innen.
e. Den plastischen Eindruck verstärken Sie mit einem negativen Wert bei **Umgebung**. Die Umgebung bestimmt die allgemeine Beleuchtungsintensität. Ein negativer Wert färbt die Innenfläche der Schaltfläche etwas dunkler.
f. Mit einem mittleren Wert bei **Reflexion** lassen Sie die Schaltfläche das auftreffende Licht reflektieren.

g. Damit die Reflexion nicht unnatürlich wirkt, stellen Sie unter **Lichtquelle** eine passende Farbe und den korrekten Winkel ein: Klicken Sie in das Farbfeld bei Farbe um das Fenster **Farbe** zu öffnen. Schieben Sie das Fenster **Farbe** etwas zur Seite, sodass Sie den hellsten Punkt des Himmels sehen. Bewegen Sie die Maus in den hellsten Punkt des Bildes, der Cursor wandelt sich zur **Pipette**. Mit einem linken Mausklick nehmen Sie die Farbe auf.

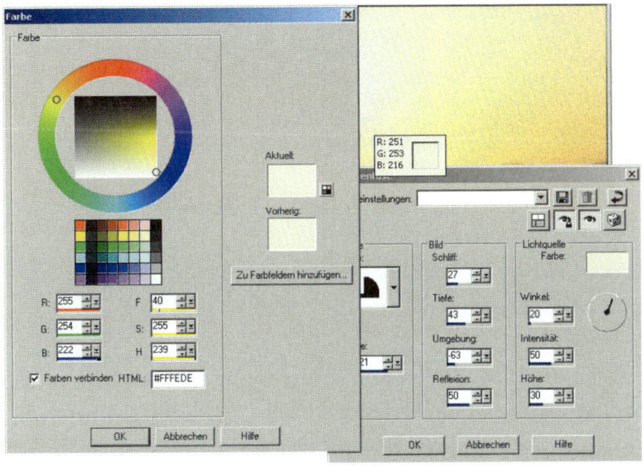

Übernehmen Sie die Lichtfarbe aus dem Original.

h. Die Intensität des Lichtes sollte etwa einen Wert zwischen **50** und **70** haben. Bei dem Wert **0** ist die gesamte Auswahl schwarz, da so die Fläche als unbeleuchtet gilt.

i. Die **Höhe** unter **Lichtquelle** legt virtuell die Sonnenhöhe fest. Bei dem Wert **0** steht die Sonne senkrecht über dem Bild, die Schaltfläche ist innen nicht beleuchtet. Beim höchsten Wert **90** trifft das Licht im 90 Grad Winkel von vorne auf die Schaltfläche. Die innere Fläche der Schaltfläche ist vollständig im Licht. Je höher der Wert bei **Reflexion** ist, desto heller strahlt die Fläche das Licht zurück und erscheint bei einem Wert von etwa **50** in der gewählten Lichtfarbe. Wählen sie also einen mittleren Wert, abhängig von der Szene im Bild.

Tipp:
Kontrollieren Sie zwischendurch die Wirkung der Schaltfläche im Bild. Da Sie die Innenfase nur um eine Auswahl legen, erscheint im Effektfenster nur die Auswahl des Bilds. Um das Effektfenster auszublenden klicken Sie zunächst auf Prüfen (Symbol: Auge) oder auf Automatische Prüfung (Symbol: Auge mit Schloss). Nur so erscheint im Original der Effekt. Klicken Sie dann auf Vorschau ein/aus (Symbol: geteiltes Fenster). Das Effektfenster schließt sich. Schieben Sie gegebenenfalls das Fenster Innenfase etwas zur Seite um die Wirkung der Schaltfläche zu betrachten.

Tipp:
Umgebung und Intensität
Die beiden Parameter Umgebung und Intensität hängen zusammen und sollten fein aufeinander abgestimmt sein. Umgebung regelt die allgemeine Beleuchtung, Intensität hingegen die Stärke der hinzugefügten Lichtquelle.

Überblick über Effekte
Um die Einstellungen des gespeicherten Effektes zu überprüfen, klicken Sie im Fenster Voreinstellung speichern auf Optionen. Sie sehen dann unter Inhalt der Optionen alle getroffenen Einstellungen.

Die Einstellungen des ***3D-Effekts*** *hängen stark von der abgebildeten Szene des Fotos ab.*

j. Speichern Sie die Einstellungen. Klicken Sie im Fenster **Innenfase** neben **Voreinstellungen** auf die Schaltfläche **Voreinstellung speichern** (Symbol: Diskette). Geben Sie im Fenster **Voreinstellung speichern** der Voreinstellung einen **Namen**, etwa **Schaltfläche Web-Site**.

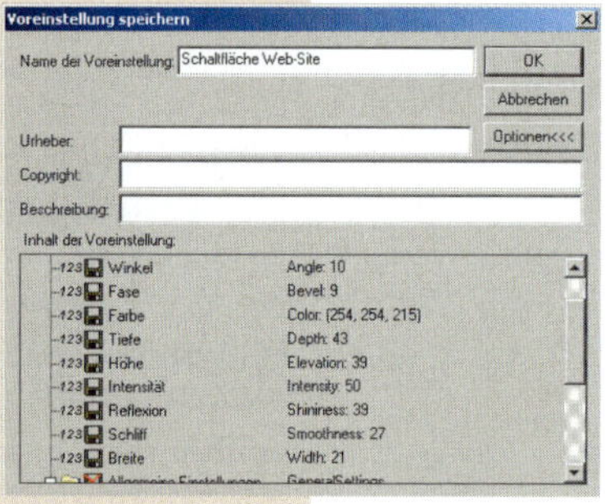

k. Bestätigen Sie die Einstellungen im Fenster **Innenfase** mit **OK**.

Die Fase der Schaltfläche wölbt sich am äußeren Rand zunächst etwas nach außen. Diese Wölbung wirft einen Schatten, den der Effekt **Innenfase** zwar berücksichtigt, jedoch nur schwach. Um den Schatten zu modellieren, fügen Sie der Auswahl einen weiteren **3D-Effekt** hinzu.

2. **Auswahl verkleinern**: Verkleinern Sie zunächst die Auswahl, damit sich der Schatten nahtlos an die Schaltfläche anfügt. Wenden Sie den Effekt **Schlagschatten** auf die selbe Auswahl an, entsteht zwischen der Schaltfläche und dem Schatten ein winziger beleuchteter Streifen. Wählen Sie **Auswahl > Ändern > Verkleinern**. Zoomen Sie im Fenster **Auswahl > Ändern > Verkleinern** die Schaltfläche heran, sodass Sie die Ränder der Fase Pixel-genau sehen. Geben Sie der **Pixelanzahl** einen Wert, bei dem sich die beleuchtete Erhebung der Fase an der unteren Seite noch in der neuen Auswahl befindet.

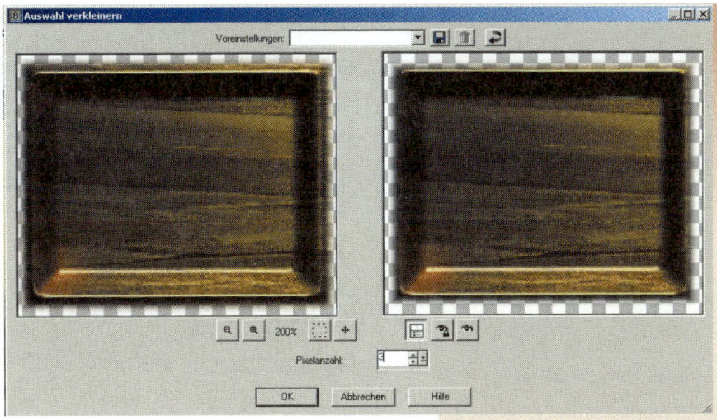

In der verkleinerten Auswahl muss die beleuchtete Kante der Schaltfläche noch enthalten sein, da sonst die dreidimensionale Wirkung vom Schatten verdeckt wird.

3. **Schatten hinzufügen**: Wählen Sie **Effekte > 3-D-Effekte > Schlagschatten**. Sie haben zwei Möglichkeiten, den Schlagschatten einzustellen:

a. Über die Eingabefelder in der rechten Hälfte unter den Vorschaufenstern.

b. Intuitiv, indem Sie in dem Skizzenfenster links das kleine Kreuz (Symbol für die Auswahl) verschieben. Je weiter das Kreuz von dem umrandeten Kreuz (Symbol für die Lichtquelle) entfernt ist, desto länger ist der Schatten. Schieben Sie das Kreuz etwas unterhalb des Lichtquellen-Symbols. Wählen Sie als Farbe aus dem Bild die dunkelste Stelle der Fase. Geben Sie unter Attribute der **Deckfähigkeit** den höchsten Wert **100**, damit der Schlagschatten mit dem der Fase in der Deckkraft übereinstimmt. Geben Sie der **Unschärfe** einen mittleren Wert, etwa **40**. Mit der **Unschäfe** regeln Sie, wie weich der Übergang vom Schatten zum Hintergrund ist.

Mit einem Schlagschatten wirkt die Schaltfläche plastischer.

4. Bestätigen Sie die Änderungen mit einem Klick auf **OK**.

Tipp:
Um auf Kanten Effekte anzuwenden, können Sie auch auf einen geeigneten Kunsteffekt zurückgreifen.

Kanteneffekte

Kanteneffekte ermitteln die Kanten im Bild, um sie zu verändern. Manche Effekte heben die Kanten hervor, indem sie sie farblich kontrastieren, andere verstärken den Kanteneffekt durch deren Verbreiterung.

Zu den **Kanteneffekten** gehören:

* **Aufhellen**: Hellt die Kanten im Bild auf und hebt sie durch Aufhellen der Pixel um die Kanten hervor.
* **Nachzeichnen**: Schärft die Kanten durch pixelweise intensives Aufhellen, macht jedoch keinen Unterschied zwischen Kanten und Bildkörnung. Der Effekt verstärkt somit auch Fehler im Bild.
* **Stark Nachzeichnen**: Wie Nachzeichnen, er wirkt nur noch stärker.
* **Vertiefen**: Ohne Vorschau, nimmt dem Bild die Lichtreflexe und dunkelt die Kanten ab.
* **Alle Kanten suchen**: Zeichnet die Kanten hell, Flächen dunkel. Die originalen Farbdaten gehen verloren.
* **Horizontale Kanten suchen**: Zeichnet die horizontalen Kanten hell, Flächen dunkel. Die originalen Farbdaten gehen verloren.
* **Vertikale Kanten suchen**: Zeichnet die vertikalen Kanten hell, Flächen dunkel. Die originalen Farbdaten gehen verloren.
* **Konturen nachzeichnen**: Zeichnet die Kanten dunkel, Flächen weiß.

Die Kanteneffekte besitzen keine Dialogfelder zur weiteren Anpassung der Einstellungen.

*Um einen **Kanteneffekt** zu testen, haben wir das Original (links) in der Originalgröße von 3606 Pixel x 5426 Pixel zunächst mit dem Effekt Vertiefen versehen (Mitte). Danach verkleinerten wir die Kopie stark. Derselbe Effekt bewirkt bei der verkleinerten Datei ein völlig anderes Aussehen (rechts).*

Möchten Sie durch Schärfen die Bildkanten verändern, wählen Sie **Anpassen > Bildschärfe > Unscharf maskieren**. In dem Dialogfenster des Filters stehen Ihnen die Parameter **Radius**, **Stärke** und **Differenzwert** zur Verfügung, mit denen Sie die Änderungen nach Ihren Vorstellungen vornehmen um so professionelle Ergebnisse zu erzielen.

*Übersteuern Sie die Parameter im Fenster **Unscharf maskieren**, erzielen Sie ebenfalls einen Kanteneffekt.*

Bildrahmen

Es lässt sich darüber streiten, ob das Hinzufügen von einem Bildrahmen als Effekt zählt - doch lassen sich Bilderrahmen zu manchem Zweck recht effektvoll einsetzen. Gestalten Sie etwa ein virtuelles Fotoalbum für die Web-Site oder für eine Slide-Show können gerahmte Bilder ansprechender wirken und geben dem Projekt eine besondere Note.

Öffnen Sie **Bild > Bildrahmen**. Im Fenster **Bildrahmen** öffnen Sie mit einem Klick auf den kleinen Pfeil rechts neben dem Rahmen-Vorschaubild das Klappmenü mit allen Rahmen.

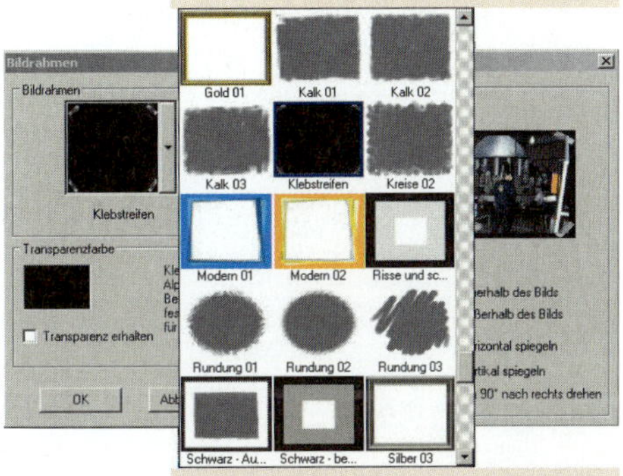

Unter Bildrahmen suchen Sie für Ihr Foto das passende Modell.

In manchen Rahmen legt ein **Alpha-Kanal** transparente Bereiche außerhalb des Rahmens fest. Mit einem linken Mausklick in das Farbfeld unter **Transparenzfarbe** öffnen Sie das Fenster **Farbe**, in dem Sie die Hintergrundfarbe wählen.

Alternativ dazu können Sie die Transparenz auch erhalten. Aktivieren Sie hierzu unter der Transparenzfarbe die Option **Transparenz erhalten**. Möchten Sie einen transparenten Hintergrund behalten, gilt es zwei Dinge zu beachten:

* Damit die Stellen außerhalb des Rahmens tatsächlich transparent bleiben, muss das Bild auf einer **Rasterebene** liegen. Um eine Hintergrundebene in eine Rasterebene zu wandeln, wählen Sie **Ebenen > Hintergrundebene umwandeln**.

* Wählen Sie unter **Ausrichtung** die Option **Rahmen außerhalb des Bilds**. Paint Shop Pro vergrößert so das Dokument um die Rahmenbreite. Bei der Option **Rahmen innerhalb des Bilds** hat der Rahmen die selbe Größe wie das Bild, sodass keine transparenten Bereiche entstehen.

Für den Rahmen legt Paint Shop Pro eine eigene Ebene an. Sie können so Bild und Rahmen nachträglich getrennt voneinander bearbeiten.

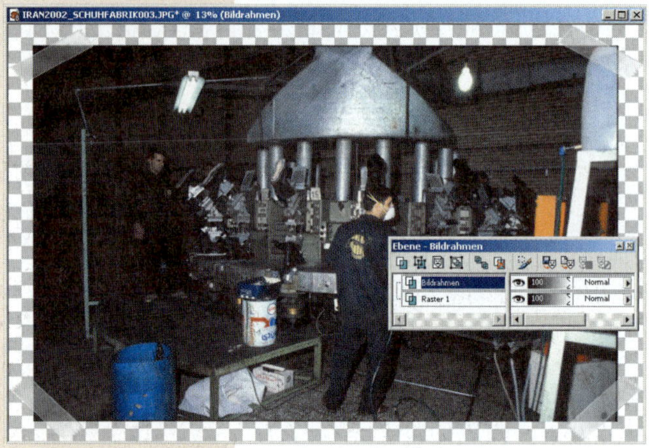

Rahmen und Bild liegen auf eigenen Ebenen.

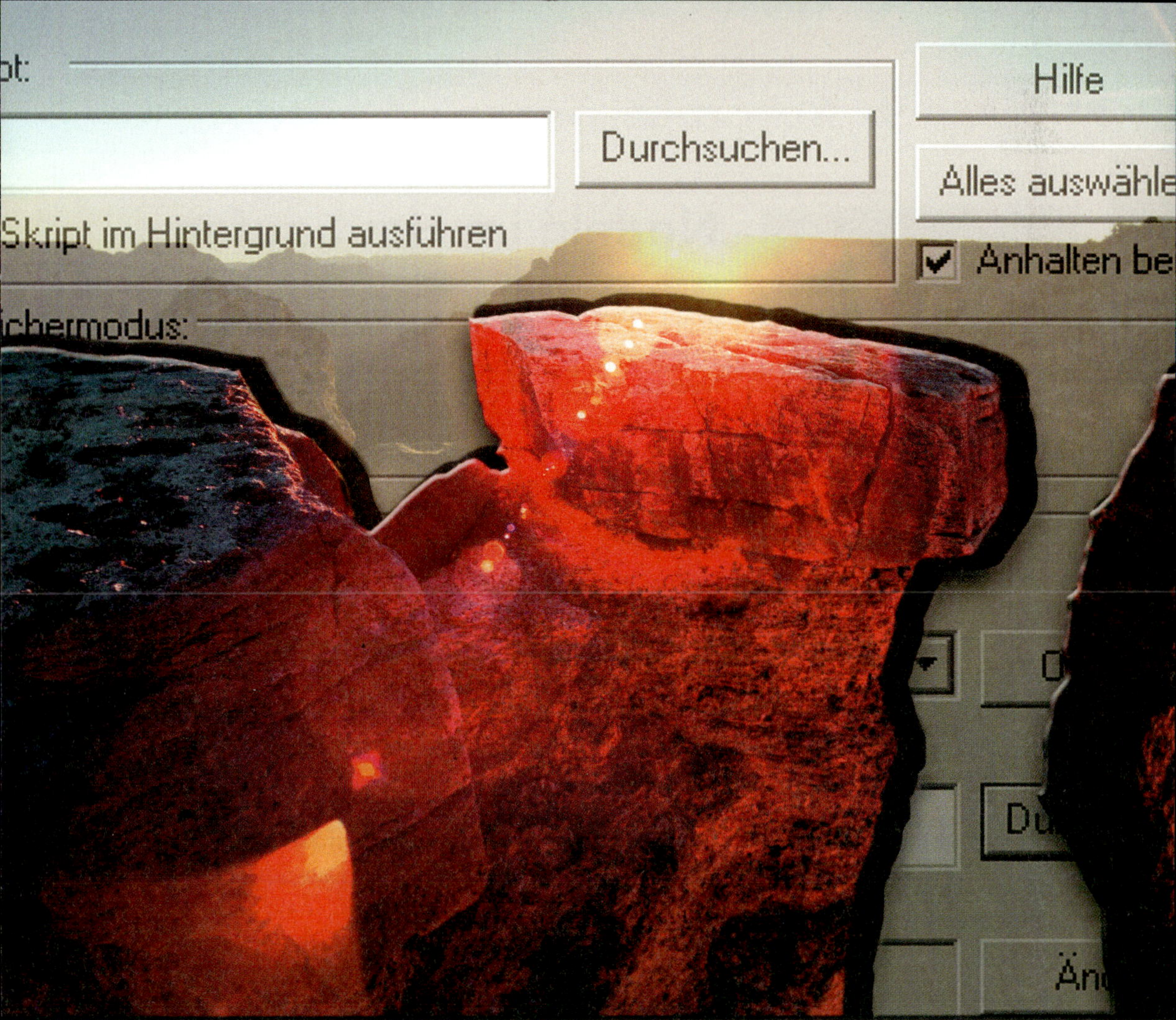

Automatisieren

Paint Shop Pro bietet ausgezeichnete Optionen, um ständig wiederkehrende Arbeiten zu erledigen. Neben den anerkannt einfachen Automatisierungs-Möglichkeiten im Batchprozess können Sie in Version 8 erstmals auch mit der leistungsfähigen Objekt-orientierten Programmiersprache Python arbeiten.

Auf der Buch-CD
Die in diesem Kapitel verwendeten Beispielsskripte und das Beispielbild für die Farbseparation finden Sie auf der Buch-CD im Ordner Automatisieren.

Nadeln im Heuhaufen

Im Handumdrehen sammeln sich hunderte von Bildern auf der Festplatte. Wenn Sie diese Fotos mit einer Digitalkamera aufgenommen haben, die den Bildern automatisch eine wenig sagende Nummer vergibt, fällt es schwer, den Überblick zu wahren: Über die vergebenen unklaren Bezeichnungen lässt sich das gesuchte Foto nicht finden. Sie können sich zwar in der Vorschau von Paint Shop Pro (**Datei > Durchsuchen**) schnell einen Bilder-Ordner ansehen. Die Miniaturabzüge der enthaltenen Dateien erscheinen in einem Bruchteil der Zeit, die der Windows-Explorer dafür braucht - ideal ist dieser Zustand jedoch nicht. Über eine sinnvolle Dateistruktur mit einheitlich gewählten, logischen Bezeichnungen suchen Sie nicht mehr die sprichwörtliche „Nadel im Heuhaufen" - ein paar Klicks genügen.

Tipp:
Für die Dateien sollten Sie möglichst eine eigene Festplattenpartition reservieren und diese auch so benennen, dass Sie ein Dritter auf Anhieb identifiziert, etwa „Aufnahme".

Dateien umbenennen

Um Dateien umzubenennen, erzeugen Sie zunächst einen eigenen Ordner, beispielsweise **Türkei_neu**. Den neuen Ordner brauchen Sie schon deshalb, um zu prüfen, dass Sie alle Dateien korrekt konvertiert haben. Zudem besteht die - zugegeben: geringe – Gefahr, dass Sie beim Speichern einer der Dateien unter demselben Namen einen Absturz erleben und so wertvolle Daten verlieren könnten. Um einen neuen Ordner zu erzeugen, klicken Sie mit der rechten Maustaste auf den **Start**-Button Ihres Desktops (normalerweise links unten), wählen den Eintrag **Explorer** (unter Windows XP der zweite Eintrag von oben). Sobald der Explorer erscheint, klicken Sie mit der Maus an die Position, an die Sie den Ordner setzen wollen, etwa auf **F:**. Klicken Sie mit der rechten Maustaste ins rechte Explorer-Fenster, markieren Sie mit der Maus den Eintrag **Neu**. Danach klicken Sie im aufklappenden Menü auf **Ordner**. Vergeben Sie den Ordner-Namen.

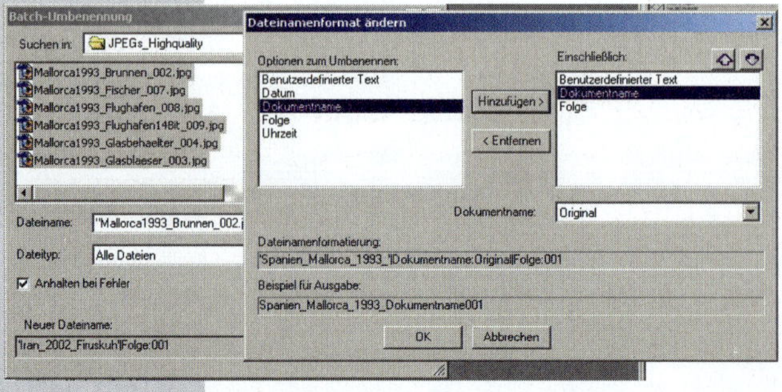

*Die Option **Batch-Umbenennung** ähnelt teilweise der **Batch-Verarbeitung**.*

Eine sinnvolle, möglichst selbst erklärende Benennung spart später viel Zeit und Nerven. Hier sollten Sie sich ein einheitliches System zum Benennen der Dateien angewöhnen und dieses dann auch durchhalten. Zwar könnten Sie auch ellenlange Bezeichnungen vergeben, doch würden diese, etwa in der Vorschau im Windows Explorer, dann abgeschnitten sein.

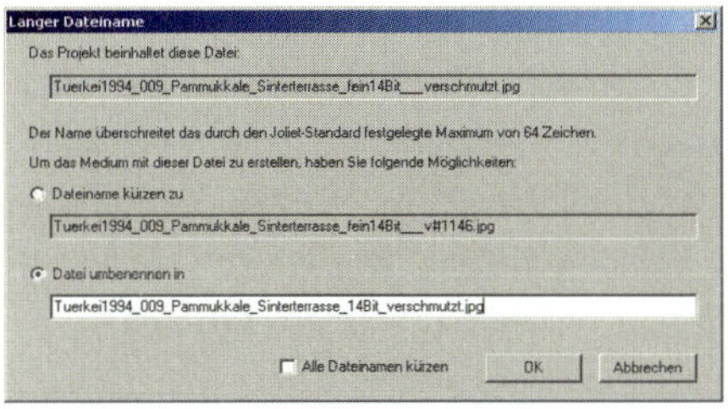

Kürz-Programm: Um die ISO-Norm nicht zu verletzen, vermeiden Sie zu lange Dateinamen.

Die Dateinamen sollten daher nicht länger als maximal 25 bis 30 Zeichen insgesamt sein. Genauso wenig haben Sie etwas von nichtssagenden Kurzbezeichnungen - die Zeiten der 8.3-Konvention unter DOS oder etwa Windows 3.1/3.11, als Sie maximal acht Zeichen für den Dateinamen und drei für die Dateiendung (etwa **tif**) hatten, sind glücklicherweise vorbei.

Ein sinnvolles System etwa für Reiseaufnahmen könnte so aussehen:
Land_Aufnahmejahr_XXX_Stichwort, wobei XXX für die vom Programm vergebene Nummer steht, also beispielsweise **USA_2004_199_Dallas**.

Öffnen Sie über **Datei > Batch > Verarbeiten** den Dialog **Batch-Verarbeitung**.

Der Dialog **Batch-Verarbeitung** bietet gegenüber **Batch-Umbenennen** die Möglichkeit, die Dateien zugleich in einen neuen Ordner zu kopieren oder zu verschieben - was der Regelfall sein dürfte.
Wechseln Sie hier zu dem Ursprungsordner, der Ihre Bilder enthält. Markieren Sie im Dialog **Batch-Verarbeitung** diejenigen Dateien, die Sie umbenennen wollen, wenn Sie nicht über **Alles auswählen** alle Dateien markieren wollen. Klicken Sie dazu beispielsweise mit gedrückt gehaltener **Strg**-Taste und der linken Maustaste auf einzelne Dateien. Mit gedrückt gehaltener **Umschalt**-Taste wählen Sie die erste, mit einem zweiten Mausklick die letzte der zu markierenden Dateien.

Brennprobleme

Durch zu lange Dateinamen verletzen Sie den Joliet-Standard, der die Kompatibilität gebrannter CD-ROMs sicherstellen soll: Er lässt maximal 64 Zeichen zu. Je nach Brennprogramm lässt sich dieses Problem auch noch beim Brennen lösen, indem Sie einen neuen Namen vergeben. Beispiel InstantCD: Wenn Sie einen Teil des ursprünglichen Dateinamens erhalten wollen, klicken Sie bei InstantCD auf die Option Datei umbenennen in. Kopieren Sie über einen Klick mit der rechten Maustaste und Kopieren bzw. Einfügen ins Feld den neuen Namen. Die Tastenkürzel Strg+C (zum Kopieren) und Strg+V (zum Einfügen) funktionierten in unserem Release nicht in diesem Fenster. Andere Brennprogramme bieten oft entsprechende Optionen.

Tipp:

Verbinden Sie die einzelnen Bestandteile des Dateinamens mit einem Unterstrich und vermeiden Sie Umlaute, Leer- und Sonderzeichen. Vorteil: Bei längeren Dateinamen sehen Sie so schneller, dass der Name nicht zu Ende ist.

Tipp:
Es ist sinnvoll, die Indizierung vor dem Stichwort einzufügen: Die Sortierung erfolgt nach den Ziffern und Buchstaben von links kommend.

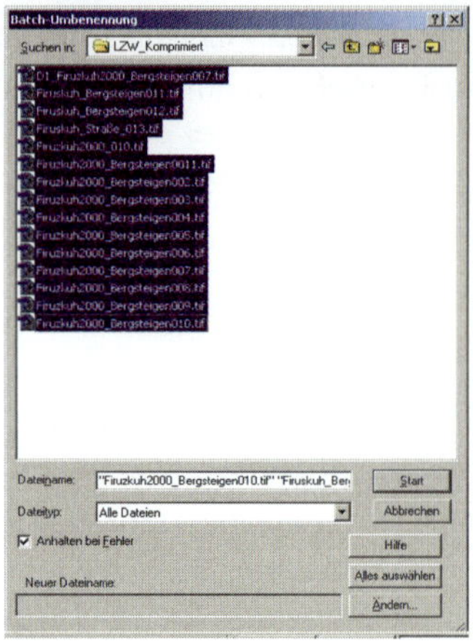

*Über die Schaltfläche **Alles auswählen** markieren Sie alle Dateien in einem Ordner.*

Klicken Sie rechts unten im Dialog auf die Schaltfläche **Ändern**. Hier bietet Paint Shop Pro zahlreiche voreingestellte Möglichkeiten: Markieren Sie die Optionen, die Sie verwenden wollen. Die Reihenfolge, in der sie eingefügt werden, sehen Sie automatisch unten im Dialog unter **Beispiel für Ausgabe**. Die einzelnen Vorgaben für die Optionen zum Umbenennen stehen Ihnen erst zur Verfügung, wenn Sie die Optionen über die Schaltfläche **Hinzufügen** ins rechte Dialogfenster unter **Einschließlich** hinzugefügt **und** die Option im rechten Fenster markiert haben. Markieren Sie eine rechts erscheinende Option, können Sie diese auch anpassen, etwa neben benutzerdefiniertem Text Ihren Text eingeben, zum Beispiel **USA_2005_**.

Umbenennen im Ordner
Der Dialog Datei > Batch > Umbenennen macht nur dann Sinn, wenn Sie lediglich eine Umbenennung im gleichen Ordner beabsichtigen.

Aktivieren Sie im rechten Bereich die Option **Datum**, erhalten Sie für Datum einige Optionen, etwa **tt-mm-jjjj** für Tag-Monat-Jahr. Die Reihenfolge der Umbenennen-Optionen lässt sich jederzeit ändern, indem Sie die Option - im Beispiel Datum - im rechten Fenster markieren und sie über die Pfeiltaste rechts neben **Einschließlich:** nach oben oder nach unten verschieben.

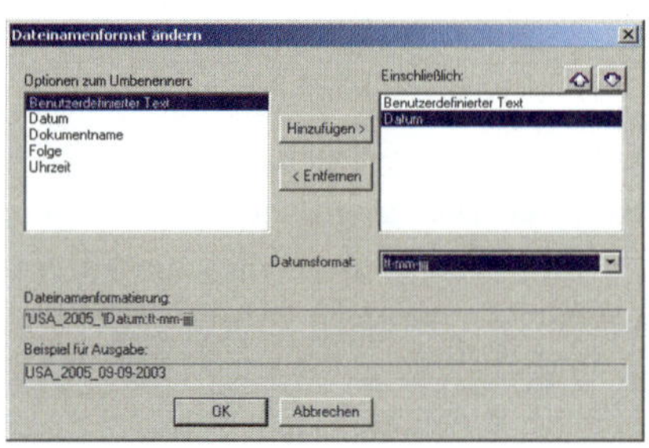

Rechtslastig: Entscheidend für die Einstellung der Optionen ist die im rechten Fenster markierte Option. Die Pfeiltasten ändern die Reihenfolge.

Fügen Sie die Option **Uhrzeit** ein, erhalten Sie beispielsweise unter **hh-mm 24** die 24-Stunden-Wiedergabe mit Stunden und Minutenangabe, etwa **17-22**.

Sie können die voreingestellten Optionen ohne eigenes Skript nur im vorgegebenen Rahmen anpassen, also **nicht** etwa die Uhrzeit in **17:22** ändern.

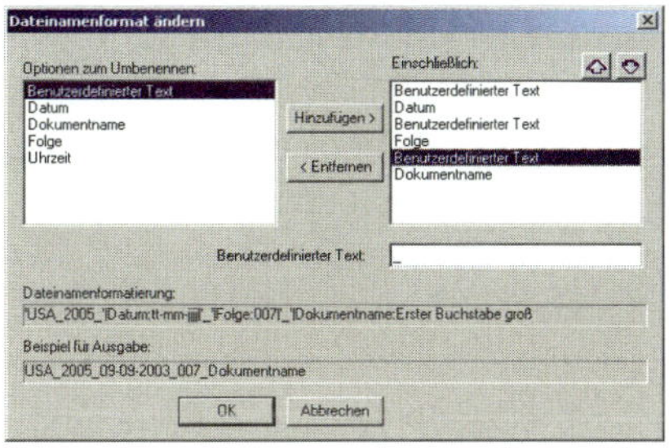

Trenn-Strich: Der Unterstrich verbessert die Lesbarkeit der Informationsblöcke.

Über die Option **Dokumentname** „retten“ Sie bereits vergebene Dateibezeichnungen, beispielsweise wird so aus **Tänzerin.jpg** für einen Beitrag mit dem Arbeitstitel „Die USA im Jahr 2005“ das neue Stichwort **USA_2005_77_22-11-2005_17-22_Tänzerin.jpg**. Wählen Sie die Option **Original**, bleibt die exakte Ursprungsbezeichnung erhalten, Sie können aber auch nur Groß- oder nur Kleinbuchstaben oder nur den ersten Buchstaben als Großbuchstaben vergeben - sehr praktisch, wenn Sie unterschiedliche Schreibweisen für Ihre Bilder verwendet haben, die Sie vereinheitlichen wollen.

Eine automatische Nummerierung vergeben Sie über die Option **Folge** - voreingestellt ist eine zweistellige Nummer. Die Anfangsfolge lautet **01**, Sie können diese jedoch ändern. Sinnvoll erscheint uns, die Anfangsziffer zu ergänzen. Wir verwenden grundsätzlich eine dreistellige Zahl, auch wenn wir davon ausgehen, dass wir lediglich eine zweistellige benötigen. Wenn Sie bereits Bilder im entsprechenden Ordner vorliegen haben, etwa **USA_2005_001** bis **USA_2005_006**, wählen Sie einfach die nächsthöhere Ziffer als Anfangsfolge - also **007**.

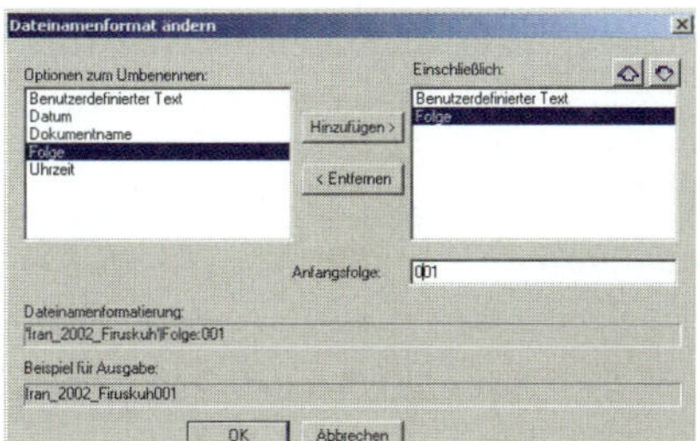

Mit einer zusätzlichen Null erreichen Sie eine dreistellige Nummerierung der Bilder.

Tipp:
Fügen Sie nicht Ziffernfolgen wie Datum und Uhrzeit direkt hintereinander ein, da die Darstellung sonst sehr unübersichtlich wird. Wenn Sie es dennoch vorhaben, ergänzen Sie über Benutzerdefinierter Text einen „_“ zur besseren Unterscheidung.

Tipp:
Es besteht keine Gefahr, dass Sie versehentlich Dateinamen überschreiben - Paint Shop Pro vergibt automatisch einen Zusatz.

Dateien einfügen
Es kommt häufig vor, dass Sie Dutzende von Dateien bereits mit Namen versehen haben - und dann fällt noch ein Dia aus einer Schublade, das ziemlich an den Anfang einsortiert gehört, im Beispiel auf Rang 012. Vergeben Sie in diesem Fall etwa einen Buchstaben hinter der 011, also 011a und benennen Sie die Dateien im Ordner komplett um. Nachteil dabei: Bereits individuell vergebene Stichwörter müssen Sie neu eintippen. Es empfiehlt sich deshalb, die Stichwörter erst ganz zum Schluss zu vergeben.

Info:
Paint Shop Pro zählte bereits vor vielen Jahren zu den Pionieren der Stapelverarbeitung.
Seit dieser Zeit gehört Paint Shop Pro auch aus diesem Grund zu den Standardprogrammen vieler Profis, die Paint Shop Pro nicht zuletzt auf Grund der mächtigen, komfortablen Batchverarbeitung schätzen.

Dateiformate stapelweise ändern

Oft bietet es sich an, dieselben Dateien, die Sie neu benennen wollen, zugleich in ein neues Dateiformat zu konvertieren. Werfen wir dazu zunächst einen Blick auf den Dialog **Batch-Verarbeitung**, den Sie über **Datei > Batch > Verarbeiten...** starten:
Ähnlich dem Windows-Explorer navigieren Sie über die Dateibäume zu dem Ordner, dessen Dateien Sie ändern wollen. Danach markieren Sie die gewünschten Dateien, die dann neben **Dateiname** erscheinen. Über Dateityp können Sie sich auf ein Dateiformat beschränken - praktisch, wenn Sie ein Bild in diesem Ordner in mehreren Formaten vorliegen haben.
Unter **Speichermodus** wählen Sie **Neuer Typ**, wenn Sie das Dateiformat nach Ihren Vorgaben ändern wollen. Das gilt auch dann, wenn Sie etwa für JPEG eine andere Komprimierung verwenden wollen. An die **Speicheroptionen für** gelangen Sie über die Schaltfläche **Optionen** neben **Typ**. Im Bereich **Ordner** legen Sie den Speicherort fest, den Sie über **Durchsuchen** rasch finden. Die Einstellungen für Dateinamen erreichen Sie über die Schaltfläche **Ändern**.

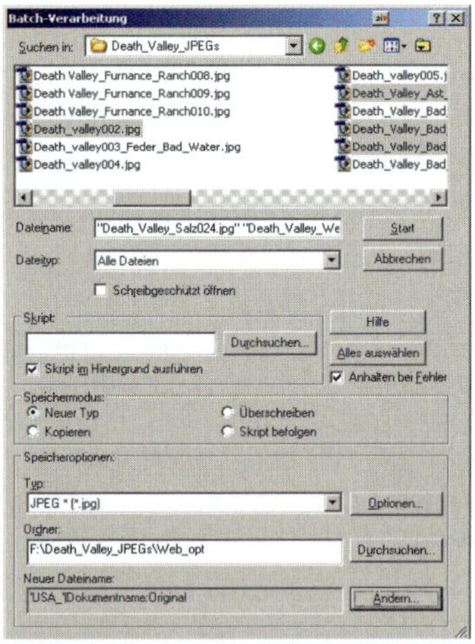

*Im Dialog **Batch-Verarbeitung** nehmen Sie vielseitige Einstellungen vor. Sogar bestehende Skripts lassen sich dazu einbinden.*

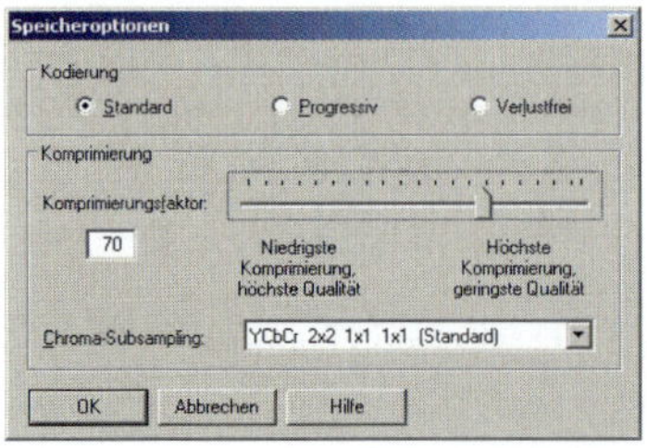

Im Stapelbetrieb können Sie auch den Komprimierungsfaktor einstellen, beispielsweise um eine größere Komprimierung für JPEGs auf Ihrer Web-Seite zu erreichen.

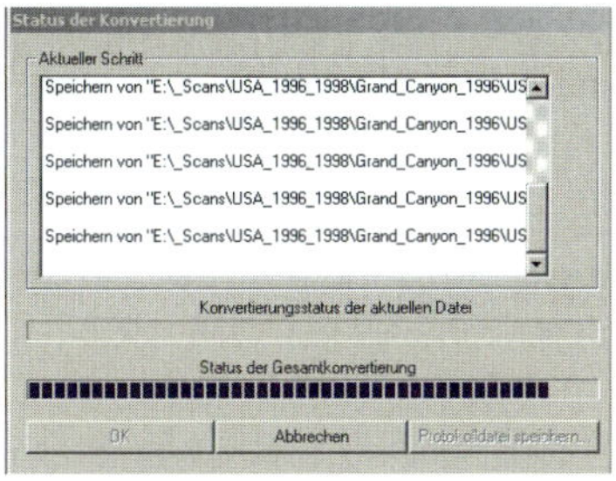

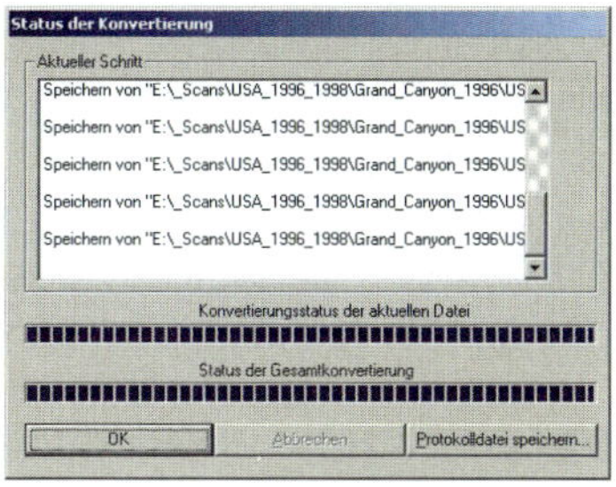

Statusanzeige der Stapelkonvertierung: Dateiformatänderung, Kopieren in einen neuen Ordner und Umbenennung erfolgen in einem Aufwasch. Wenn die Schrift auf der Schaltfläche ***OK*** *schwarz erscheint, ist die Konvertierung fertig.*

Skripting

Das in Paint Shop Pro 8 integrierte Skripting mit der Objekt-orientierten Programmiersprache Python zählt zu den mächtigsten Neuerungen der neuen Version. Damit sind nicht nur sehr weitgehende Automatisierungen möglich, die deutlich über das ohnehin mögliche Aufzeichnen von Befehlsabläufen hinausgehen - sogar Plugins lassen sich damit erzeugen.
Doch bereits das einfache Skripting erleichtert Ihnen die tägliche Arbeit erheblich: Beispielsweise können Sie eine Datei per Skript zugleich ins JPEG-Format mit diversen Einstelloptionen konvertieren und die Dateigröße neu berechnen. (Normalerweise führt das Verfahren „Bikubisch" zu den besten Ergebnissen.)

Keine Angst: Sie müssen nicht erst eine komplexe Programmiersprache erlernen, um in den Genuss des Skriptings zu kommen. Der Weg zum Erstellen eines Skripts führt über das Ausführen der Befehle, die Sie aufzeichnen wollen.

1. Notieren Sie sich erst die Befehle, die das Skript ausführen soll.
2. Prüfen Sie, ob die Skript-Symbolleiste zu sehen ist. Wenn nicht, aktivieren Sie die Symbolleiste über **Ansicht > Symbolleisten > Skript**.

In der Skriptsymbolleiste sehen Sie links das voreingestellte Skript.

3. Um die Aufzeichnung zu starten, klicken Sie auf den blauen Kreis **Skriptaufzeichnung starten**.

Tipp:
Einen ersten Überblick über die Funktionsweise von Skripten verschaffen Sie sich mit dem integrierten Online-Tutorial. Informationen zur freien Programmiersprache Python finden Sie unter
www.python.org
und den übrigen nachstehend genannten Adressen.

Web-Links zu Python

Python's Nest:
www.python.org

Dokumentation:
www.python.org/doc/

Quellen:
www.vex.net/parnassus/
www.onlamp.com/python/
http://starship.python.net/

Newsgroup:
comp.lang.python

Entwicklung:
http://python.sourceforge.net

ActivePython:
http://www.ActiveState.com/ASPN/Python/

Help Desk:
help@python.org

Achtung:
Speichern Sie NICHT das Skript im Ordner Skripts (eingeschränkt)!

4. Führen Sie die Aktionen aus, die das Skript ausführen soll, beispielsweise eine Datei öffnen, ins JPEG-Format konvertieren, dabei die gewünschte Kompression wählen und die Größe neu berechnen sowie speichern.
5. Klicken Sie auf die Schaltfläche **Skriptaufzeichnung speichern**, das Quadrat ganz rechts in der Skriptsymbolleiste.

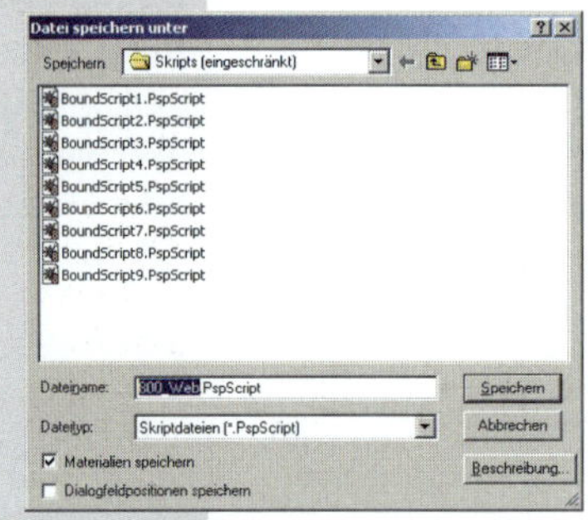

*Ausführ-Risiko: Skripts, die Sie im Ordner **Skripts (eingeschränkt)** speichern, ...*

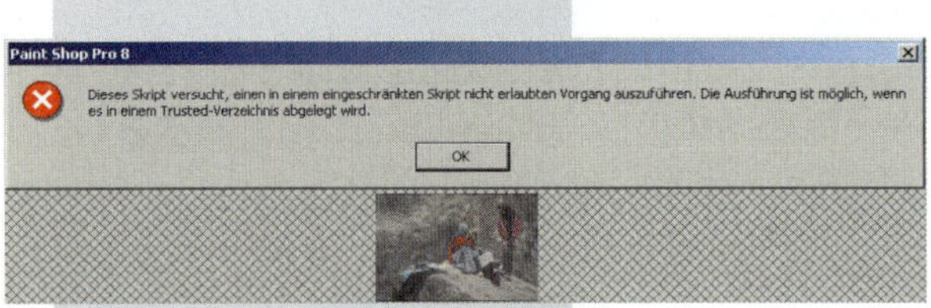

... lassen sich nicht immer vollständig ausführen.

Das in der Fehlermeldung von PSP 8.03/8.06/8.1 erwähnte Trusted-Verzeichnis heißt **Skripts (vertrauenswürdig)**.

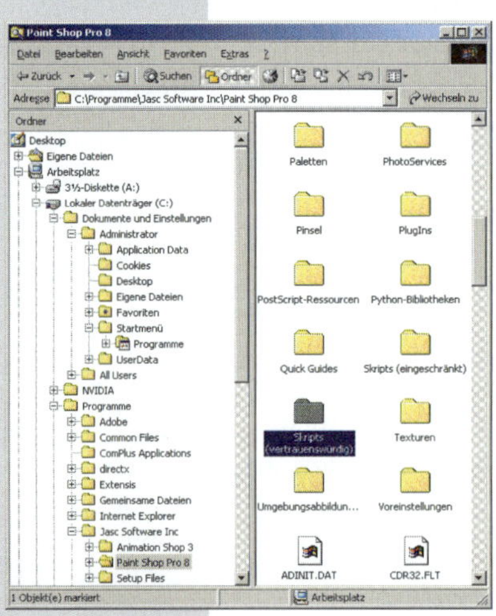

Ordnung muss sein: Nur Skripts im richtigen Ordner funktionieren zuverlässig.

Skripts nachbearbeiten

Einmal aufgezeichnete Skripts lassen sich leicht abändern:

1. Wählen Sie das Skript, das Sie bearbeiten wollen. Es muss im Fenster **Skript auswählen** zu sehen sein.
2. Klicken Sie auf die Schaltfläche **Ausgewähltes Skript bearbeiten** und im Dialog auf die Schaltfläche **Texteditor**.

Das Skript öffnet sich im Editor, die Skriptzeilen lassen sich wie ganz normaler Text in einer Textverarbeitung anpassen.

3. Speichern Sie das geänderte Skript über **Speichern unter** im Ordner **Skripts (vertrauenswürdig)**.

Das folgende Skript öffnet Dateien, wobei es automatisch an die letzte Stelle springt, an der Sie eine Datei mit Paint Shop Pro geöffnet hatten. Zudem ändert es die gefundene Datei auf eine Breite von 800 Pixeln und komprimiert sie als JPEG-Datei mit dem Kompressionsfaktor **60**.

So sieht das soeben erzeugte Skript **800_Web.PspScript** aus, nachdem wir einige Zeilen gelöscht und die Voreinstellung für das Speichern der Datei von **Palast_der_Winde** in **Landsberg** geändert hatten. Es stellt zunächst die Verbindung zu Paint Shop Pro her (**from JascApp import ***), definiert die Eigenschaften des Skripts (**'Description': u''** steht für Unicode), definiert die Umgebungsvariablen usw.:

Buchtipp:
Wer sich in die mächtige Programmiersprache Python vertiefen will, sollte sich das Werk „Practical Python" von Magnus Lie Hetland näher ansehen. Es ist im Springer-Verlag, New York, erschienen (ISBN: 1-59059-006-6). Das englischsprachige 619-Seiten-Werk enthält eine Reihe von praktischen Projekten und vermittelt das für Python nötige Grundlagenwissen sehr anschaulich.

```
from JascApp import *

def ScriptProperties():
    return {
        'Author' : u'',
        'Copyright' : u'',
        'Description' : u'',
        'Host' : u'Paint Shop Pro',
        'Host Version' : u'8.03'
        }
def Do(Environment):
    # FileOpen
    App.Do( Environment, 'FileOpen', {
            'FileList' : [],
            'GeneralSettings' : {
                'ExecutionMode' : App.Constants.ExecutionMode.Default,
                'AutoActionMode' : App.Constants.AutoActionMode.Match
                }
            })
    # SelectDocument
    App.Do( Environment, 'SelectDocument', {
            'SelectedImage' : 0,
            'Strict' : App.Constants.Boolean.false,
            'GeneralSettings' : {
                'ExecutionMode' : App.Constants.ExecutionMode.Default,
                'AutoActionMode' : App.Constants.AutoActionMode.Match
                }
            })
```

```
# Größe ändern
App.Do( Environment, 'Resize', {
        'AspectRatio': 1.52972,
        'CurrentDimensionUnits': App.Constants.UnitsOfMeasure.Pixels,
        'CurrentResolutionUnits': App.Constants.ResolutionUnits.PixelsPerIn,
        'Height': 523,
        'MaintainAspectRatio': App.Constants.Boolean.true,
        'Resample': App.Constants.Boolean.true,
        'ResampleType': App.Constants.ResampleType.Bicubic,
        'ResizeAllLayers': App.Constants.Boolean.true,
        'Width': 800,
        'GeneralSettings': {
            'ExecutionMode': App.Constants.ExecutionMode.Default,
            'AutoActionMode': App.Constants.AutoActionMode.Match
            }
        })

# FileSaveAs
App.Do( Environment, 'FileSaveAs', {
        'Encoding': {
            'JPG': {
                'Variant': App.Constants.JpegFormat.Standard,
                'CompressionFactor': 60,
                'ChromaSubSampling': App.Constants.ChromaSubSampling.YCC_2x2_1x1_1x1
                }
            },
        'FileName': u'E:\\_Scans\\Scans_Ausgabe als JPEG\\Landsberg.jpg',
        'FileFormat': App.Constants.FileFormat.JPG,
        'FormatDesc': u'JPEG - JFIF-kompatibel',
        'GeneralSettings': {
            'ExecutionMode': App.Constants.ExecutionMode.Default,
            'AutoActionMode': App.Constants.AutoActionMode.AllAlways
            },
        'DefaultProperties': []
        })
```

Fehlertolerant: Wenn das Skript einzelne Befehle nicht ausführen kann, springt es zum nächsten.

Separationseinstellungen per Skript ändern

Hier noch ein Beispiel für ein Skript, mit dem Sie folgende Aufgabe lösen: Paint Shop Pro separiert CMYK-Bilder anders als etwa Photoshop oder Photo-Paint mit negativen Werten.

Das Ausgangsbild...

... interpretiert mit identischen Druckereinstellungen Paint Shop Pro in der Separation als Negativbild, ...

Skript-Beschränkung

Für das Automatisieren von Vorgängen über Skripts gibt es lediglich geringfügige Einschränkungen. Folgende Vorgänge können Sie nicht oder nur eingeschränkt als Skripts aufzeichnen. Nicht in einem Skript speichern lassen sich:

- **das Anpassen der Oberfläche,**
- **das Erstellen oder Bearbeiten von CMYK-Profilen (Gerätebeschreibungen für den professionellen Druck),**
- **Vorgänge im Browser,**
- **Vorgänge im Fenster Seitenlayout,**
- **das Erstellen von Farbübergängen und**
- **das Anordnen von Symbolleisten, Paletten bzw. Fenstern.**

Vorgänge in der Materialpalette und Werkzeugleiste sind zwar skriptfähig, können jedoch nicht durch das Skriptmodul von Paint Shop Pro aufgezeichnet werden, indem Sie diese abspielen. Skripts für diese Vorgänge müssen Sie in einem Textverarbeitungsprogramm selbst programmieren.

Für Plugins (Zusatzprogramme) gilt: Nur Plugins, die Skripting unterstützen, können als Skripts gespeichert werden.

Info:
Transparente 1-Pixel-GIFs dienen im Webdesign nicht zuletzt als Abstandshalter - ein Paradeanwendungsfall sind Tabellen.

... während etwa Photoshop ein Positivbild erzeugt. Zu sehen ist jeweils der Cyan-Auszug.

Um exakt die selben Ergebnisse zu erzielen wie mit diesen Programmen, dient das folgende Skript **CMYK.PspScript**, das Sie nicht abtippen müssen: Sie finden **CMYK.PspScript** im Ordner Beispielskripts auf der Buch-CD.

```
from JascApp import *

def ScriptProperties():
    return {
        'Author' : u'',
        'Copyright' : u'',
        'Description' : u'',
        'Host' : u'Paint Shop Pro',
        'Host Version' : u'8.05'
        }

def Do(Environment):
    # SplitToCMYK
    App.Do( Environment, 'SplitToCMYK', {
            'GeneralSettings' : {
                'ExecutionMode' : App.Constants.ExecutionMode.Default,
                'AutoActionMode' : App.Constants.AutoActionMode.Match
                }
            })
    # SelectDocument
    App.Do( Environment, 'SelectDocument', {
            'SelectedImage' : 0,
            'Strict' : App.Constants.Boolean.false,
```

```
        'GeneralSettings' : {
            'ExecutionMode' : App.Constants.ExecutionMode.Default,
            'AutoActionMode' : App.Constants.AutoActionMode.Match
            }
        })

# SelectDocument
App.Do( Environment, 'SelectDocument' , {
        'SelectedImage' : -3,
        'Strict' : App.Constants.Boolean.false,
        'GeneralSettings' : {
            'ExecutionMode' : App.Constants.ExecutionMode.Default,
            'AutoActionMode' : App.Constants.AutoActionMode.Match
            }
        })

# NegativeImage
App.Do( Environment, 'NegativeImage' , {
        'GeneralSettings' : {
            'ExecutionMode' : App.Constants.ExecutionMode.Default,
            'AutoActionMode' : App.Constants.AutoActionMode.Match
            }
        })

# SelectDocument
App.Do( Environment, 'SelectDocument' , {
        'SelectedImage' : 2,
        'Strict' : App.Constants.Boolean.false,
        'GeneralSettings' : {

            'ExecutionMode' : App.Constants.ExecutionMode.Default,
            'AutoActionMode' : App.Constants.AutoActionMode.Match
            }
        })

# NegativeImage
App.Do( Environment, 'NegativeImage' , {
        'GeneralSettings' : {
            'ExecutionMode' : App.Constants.ExecutionMode.Default,
            'AutoActionMode' : App.Constants.AutoActionMode.Match
            }
        })

# SelectDocument
App.Do( Environment, 'SelectDocument' , {
        'SelectedImage' : -1,
        'Strict' : App.Constants.Boolean.false,
        'GeneralSettings' : {
            'ExecutionMode' : App.Constants.ExecutionMode.Default,
            'AutoActionMode' : App.Constants.AutoActionMode.Match
            }
        })

# NegativeImage
App.Do( Environment, 'NegativeImage' , {
        'GeneralSettings' : {
            'ExecutionMode' : App.Constants.ExecutionMode.Default,
            'AutoActionMode' : App.Constants.AutoActionMode.Match
            }
        })
```

```
# SelectDocument
App.Do( Environment, 'SelectDocument', {
        'SelectedImage': 2,
        'Strict': App.Constants.Boolean.false,
        'GeneralSettings': {
            'ExecutionMode': App.Constants.ExecutionMode.Default,
            'AutoActionMode': App.Constants.AutoActionMode.Match
            }
        })

# Übertragen
App.Do( Environment, 'Pan', {
        'Horizontal': 0,
        'Vertical': 2,
        'GeneralSettings': {
            'ExecutionMode': App.Constants.ExecutionMode.Default,
            'AutoActionMode': App.Constants.AutoActionMode.Match
            }
        })

# NegativeImage
App.Do( Environment, 'NegativeImage', {
        'GeneralSettings': {
            'ExecutionMode': App.Constants.ExecutionMode.Default,
            'AutoActionMode': App.Constants.AutoActionMode.Match
            }
        })
```

Wenn Sie dieses Skript selbst erzeugen wollen, klicken Sie auf **Skriptaufzeichnung starten**, wählen **Bild > Kanäle trennen > CMYK-Trennung**, danach **Anpassen > Negativbild** für jeden einzelnen Auszug (!), also für Zyan, Magenta, Gelb und Schwarz, und **Skriptaufzeichnung speichern**.

Jeden einzelnen Auszug wandeln Sie für das Skript als Negativbild.

Bilder ausgeben

Um eine gute Qualität bei der Ausgabe zu gewährleisten, sollte vor Beginn der Arbeit bereits feststehen, was Sie mit der Grafik anfangen wollen. Sonst stecken Sie womöglich sehr viel Arbeit in ein schönes Bild und stellen dann fest, dass es zu klein konzipiert wurde und sich nun auf Grund der Auflösung nur für eine Bildschirmpräsentation eignet. In diesem Kapitel erfahren Sie, wie Sie qualitativ hochwertige Ausdrucke erreichen.

10

Digitaldruck
Um Missverständnissen vorzubeugen: Die Bezeichnung Digitaldruck bezieht sich in dem hier gebrauchten Kontext auf professionelle Druckmaschinen und kann auf verschiedenen Techniken basieren (z.B. Offset-, Tintenstrahl-, Thermotransfer- bzw. Laserdruck), welche entsprechende Dienstleister anbieten. Natürlich ist im strengen Sinn der heimische Drucker ebenfalls ein Digitaldruck, da er nicht analog, sondern digital angesteuert wird.

Vorabgedanken

Um bei der Ausgabe bzw. Weiterverarbeitung keine unangenehme Überraschung zu erleben, ist es notwendig, sich vor Beginn ein paar Gedanken zu machen:
* Wofür ist die Arbeit bestimmt?
* Mit welchen Techniken soll die Arbeit später ausgegeben werden?
* Kommen eventuell weitere Einsatzgebiete hinzu?
Daraus resultieren dann zwangsläufig die Überlegungen:
* Welche Auflösung/Bildgröße ist bei Pixelbildern nötig?
* Sollte auf Pixelelemente eventuell verzichtet und ausschließlich Vektorelemente verwendet werden?

Ein typischer Fall

Ein Bild wird am Bildschirm bearbeitet und alles schaut wunderbar aus. Aber es wurde unter Umständen nicht darauf geachtet, dass ein Monitor mit 72 dpi Bildschirmauflösung (oder 96 dpi) auskommt, der klassische Offsetdruck jedoch z.B. mit 3000 dpi Ausgabeauflösung und einem 175er Druckraster eine sinnvolle Bildauflösung von 350 dpi ergibt.
Damit Ihnen das nicht widerfährt, sollten Sie von Anfang an Ihre Arbeit für die anspruchsvollste Aufgabe planen, die Sie damit bewältigen wollen. Wenn die zu erstellende Arbeit ausschließlich für das Internet bestimmt ist, reichen 72 dpi. Ansonsten sollten Sie sich mit den Anforderungen der jeweiligen Aufgabe vertraut machen und die zu erstellende Arbeit entsprechend aufbauen.
Ein anderer Aspekt der Vorabplanung betrifft die zu verwendenden Techniken. Da Paint Shop Pro neben der typischen Bildbearbeitung auf Pixelbasis auch die Arbeit mit Vektorgrafik unterstützt, macht es durchaus Sinn, sich zu überlegen, inwieweit ausschließlich diese zum Einsatz kommen sollte. Auch dann, wenn die tatsächlichen Fähigkeiten von Paint Shop Pro als Bildbearbeitungsprogramm in diesem Spezialgebiet natürlich nicht den vollen Funktionsumfang liefern wie reinrassige Vektorprogramme.
Gerade ein Logo ist ein typischer Vertreter von Daten, die später zusätzlichen Ärger und Kosten verursachen können, wenn man nicht im Vorfeld schon entsprechend daran gedacht hat. Der Dreh- und Angelpunkt sind pfadgesteuerte Maschinen, beispielsweise ein Schneidplotter für die Erstellung von Klebeschriften, welche nicht wie ein Drucker das Bild Punkt für Punkt reproduzieren, sondern an einer Linie (dem Pfad) entlang fahren.
Um sich den Weg für eine spätere Schaufensterbeschriftung, Autowerbung oder dergleichen mit Hilfe einer relativ kostengünstigen Klebebeschriftung nicht zu verbauen, sind Vektordaten speziell für

Logos von großem Vorteil. Nicht zu vergessen die freie, verlustfreie Skalierbarkeit von Vektordaten (siehe Kapitel 6 – Vektorzeichnen)!

Welche Technik für was?

Eine kleine Orientierungsmöglichkeit zu den unterschiedlichen Ausgabemöglichkeiten in Bezug auf die Aufgabenstellung bietet Ihnen die folgende Tabelle:

Aufgabe	Grafik	Ausgabetechnik
Fahrzeugbeschriftung	Vektorgrafik	Schneidplotter
Fahrzeugbeschriftung	Vektorgrafik mit Farbverlauf und/oder Pixelelementen	Schneidplotter mit Druckoption
Schaufensterbeschriftung	Vektorgrafik	Schneidplotter
Schaufensterbeschriftung	Vektorgrafik mit Farbverlauf und/oder Pixelelementen	Schneidplotter mit Druckoption oder digitaler Großformatdruck
Werbetafel	Vektorgrafik	Schneidplotter
Werbetafel	Vektorgrafik mit Farbverlauf und/oder Pixelelementen	Schneidplotter mit Druckoption oder digitaler Großformatdruck
Gravur	Vektorgrafik (Strichzeichnung)	Gravurmaschine
Fotodruck	Pixelbild und/oder Vektorelemente	Fotodrucker (Tintenstrahl-/Thermotransferdrucker, bedingt auch Farblaser)
Visitenkarten/Geschäftspapier (bei kleineren Auflagen)	Pixelbild und/oder Vektorelemente	Farblaser, auch Tintenstrahldrucker
Visitenkarten/Geschäftspapier (bei hohen Auflagen)	Pixelbild und/oder Vektorelemente	Offsetdruck bzw. Digitaldruck/Dienstleister
Werbeartikel (Druck auf Metall, Stoff, Glas, Kunststoff, Leder usw.)	Pixelbild und/oder Vektorelemente	Siebdruck
Metall, Holz oder auch Teppich usw. präzise schneiden	Vektordaten (Strichzeichnung)	Wasserstrahlschneider
T-Shirt (Einzelstück/Kleinauflage)	Pixelbild und/oder Vektorelemente	Transferdruck (Tinte/Laser)
T-Shirt (ab ca. 10 Stück)	Pixelbild und/oder Vektorelemente	Siebdruck (höhere Qualität)
Tassen (Einzelstück/Kleinauflage)	Pixelbild und/oder Vektorelemente	Transferdruck (Tinte/Laser)
Tassen (größere Auflage/Qualität)	Pixelbild und/oder Vektorelemente	Siebdruck/Einbrennen (höhere Qualität)
Plakatdruck (hohe Auflage Papier)	Pixelbild und/oder Vektorelemente	Offsetdruck

Großformatdruck (Kleinauflage, bzw. spezielle Medien: z.B. Leinwand, Fahnenstoff usw.)	Pixelbild und/oder Vektorelemente	Tintenplotter
Aufkleber (kleine Stückzahlen)	Pixelbild und/oder Vektorelemente	Tintenstrahl-/Laserdrucker auf Klebefolie
Aufkleber (hohe Stückzahlen)	Pixelbild und/oder Vektorelemente	Siebdruck, evtl. Digitaldruck
Overheadfolien	Pixelbild und/oder Vektorelemente	Tintenstrahl-/Laserdrucker
Bildschirmdarstellung (Internet, CD-ROM, Präsentation von Festplatte)	Pixelbild und/oder Vektorelemente	Monitor (72 dpi)

Einstellung zur Standardauflösung

Wenn Sie in erster Linie Drucksachen bearbeiten, ist es durchaus interessant, dass Sie dafür die Einstellungen für die Standardauflösung anpassen. Dann brauchen Sie nicht jedes Mal überlegen, ob Sie an die Bildauflösung gedacht haben. Sie finden diese Option unter:

Datei > Einstellungen > Allgemeine Programmeinstellungen... > Einheiten.

Geben Sie auf alle Fälle bei der Einheit für die Standardauflösung **Pixel/Zoll** an, denn das entspricht der gängigen Einheit dpi (Dots per Inch = Punkte pro Zoll). Als Wert geben Sie das 1,5 bis 2-fache der von Ihnen üblicherweise verwendeten Rasterfrequenz an. Ein Wert von **250 Pixel/Zoll** ist ein guter Kompromiss zwischen Qualität und Datengröße. Mit diesem Wert können Sie im Normalfall schon hochwertigeren Offsetdruck mit Rasterfrequenzen bis 150 lpi (Lines per Inch = Linien per Zoll, die Maßeinheit für das Raster im professionellen Druck) umsetzen – nicht zu verwechseln mit der Auflösung in dpi von Bildern oder der Druckauflösung vom Ausgabegerät.

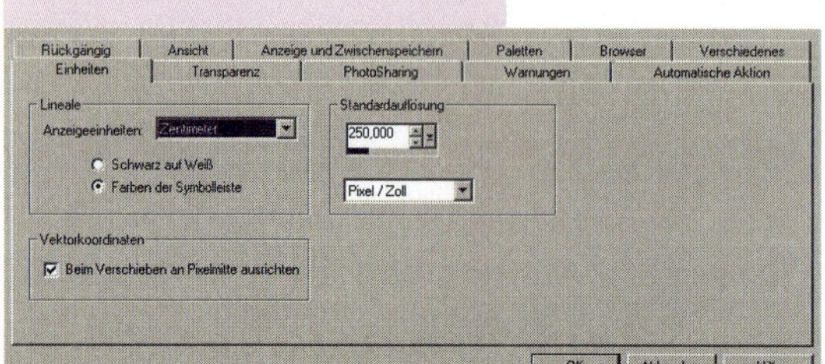

Empfehlenswert: Pixel/Zoll

Der Vorteil für Sie ist, dass das druckbare Bildformat in seiner tatsächlichen Größe unter **Bild > Größe ändern** ablesbar ist.

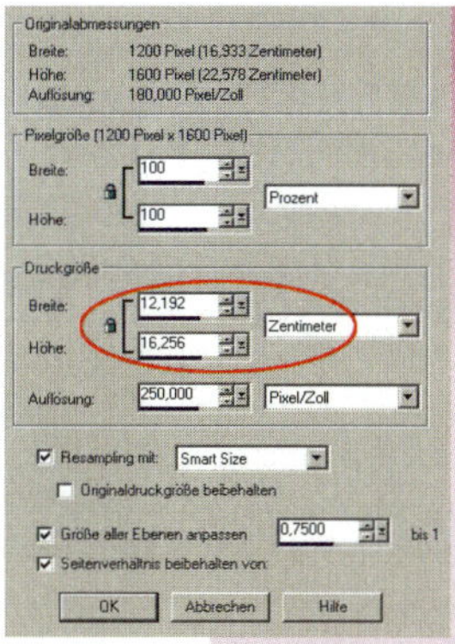

Mit der Grundeinstellung Pixel/Zoll sparen Sie sich die Umrechnung.

Die Einstellung können Sie auch beibehalten, selbst wenn Sie Screendesign umsetzen, also Bilder für das Internet zum Beispiel. Dann nehmen Sie einfach die tatsächliche Pixelgröße der Arbeit, denn am Bildschirm orientiert man sich eher an den Pixelmaßen als an der Druckgröße, die von der Auflösung abhängt.

Auflösung Bild
Ausgabegröße
Verwendungszweck

Ein quadratisches Bild mit 1000 x 1000 Bildpunkten hat bei den jeweiligen Auflösungen folgende Ausmaße:

72 dpi ergeben 35,28 cm Kantenlänge:
Bildschirm (das sich tatsächlich ergebende Maß ist wiederum vom Bildschirm abhängig)

150 dpi ergeben 16,93 cm Kantenlänge:
Tintenstrahldrucker (hochauflösende moderne Tintenstrahldrucker machen Bildauflösungen bis zu 200 dpi durchaus sinnvoll)

300 dpi ergeben 8,47 cm Kantenlänge:
Offsetdruck (Rasterweite 150 lpi, bzw. 60 lpcm – bei höherer Rasterweite ergeben sich entsprechend höhere Auflösungen)

Begriffe aus der Drucktechnik

Der folgende Abschnitt vermittelt die wichtigsten Grundlagen, die Sie zum Verständnis der Drucktechnik benötigen.

Auflösung

Bei der Auflösung handelt es sich um einen in weiten Bereichen verwirrenden Begriff. Zum einen gibt es die Auflösung des Bildes und zum anderen die des Druckers und nicht zuletzt die des Bildschirms. Allen gemeinsam ist die Maßeinheit in dpi (Dots per Inch = Punkte per Zoll). Wie schon angesprochen, arbeiten Bildschirme mit 72, in manchen Fällen mit 96 dpi. Heutige Ausgabegeräte arbeiten mit 300 dpi bis zu mehreren tausend dpi. Belichtungsmaschinen erreichen Werte um die 3000 dpi und Tintenstrahldrucker wie der HP DeskJet 9680 bis zu 4800 dpi. Spezialgeräte wie Diabelichter erreichen teilweise noch deutlich höhere Werte. Das bedeutet aber nicht, dass Bilder, die mit diesen Geräten verarbeitet werden sollen, eben diese Auflösungen besitzen sollen. Je nach Ausgabetechnik ergeben sich hier unterschiedliche Anforderungen.

Rasterarten
Durch Rasterstufen werden Tonwerte, also Aufhellungen der Vollfarben der Druckgrundfarben, erst möglich. Um Mischfarben darzustellen, werden die gerasterten Punkte der verschiedenen Farben übereinander gelegt, so dass eine Mischung entsteht, die das Auge nicht mehr auseinander halten kann. Um eine saubere Rasterung zu bekommen, gibt es verschiedene Möglichkeiten:

Die **Amplitudenmodulierte Rasterung** ist die übliche Rasterform z.B. im Offsetdruck, bei der die Abstände der Rasterpunkte gleich bleiben können. Dieses Druckraster wird im RIP (Raster Image Processor) von PostScript-Geräten erzeugt.

Bei der **Frequenzmodulierten Rasterung**, meist als **Streuraster** bezeichnet, variieren Zahl und Lage der Rasterpunkte. Typisch ist diese Rasterung für digitale Drucktechniken wie Tintenstrahldruckern.

Raster als Gestaltungsmittel
Spezialraster bieten eine effektvolle Rasterung, die als Stilmittel der Bildgestaltung eingesetzt wird und sehr speziell (und selten) Verwendung findet. Das Ausgabeprogramm muss diese Spezialraster erstellen können; sie werden nicht im RIP erzeugt.

Es besteht ein unmittelbarer Zusammenhang zwischen Ausgabegröße, Bildauflösung und tatsächlicher Bildgröße, gemessen in Bildpunkten.
Die Bildauflösung bei gleicher Ausgabegröße beeinflußt somit die Anzahl der Bildpunkte und die Qualität erheblich:

Bildauflösung mit 72 dpi (142 x 106 Pixel)

Bildauflösung mit 150 dpi (295 x 221 Pixel)

Bildauflösung mit 300 dpi (591 x 443 Pixel)

Rasterfrequenz, Rasterweite

Die Rasterfrequenz oder -weite wird in **lpi** gemessen, in Lines per Inch (Linien per Zoll). Dieser Wert ist maßgebend für den Punktabstand (Mittelpunkt) des Druckrasters bei der PostScriptausgabe, wenn es sich um klassische Druckverfahren (z.B. Offsetdruck, Siebdruck) handelt. Die Rasterweite ist abhängig vom Druckverfahren, dem zu bedruckenden Material und unter Umständen auch von der ausgebenden Maschine. Das kann ein Belichter sein oder ein Laserdrucker mit einer spezieller Folie, die einen Film ersetzen kann. Da die meisten Laserdrucker nicht an die

Auflösungen von modernen Belichtern herankommen, ergibt sich dadurch eine geringere Rasterweite, denn diese ist eben auch vom Ausgabegerät abhängig.
Das Problem bei der Ausgabe von Rasterungen sind unter anderem die darstellbaren Tonwertstufen (mögliche Abstufungen von unterschiedlichen Graustufen z.B. innerhalb von Schwarz). Für eine hochwertige Darstellung sollten es 256 Abstufungen sein, denn das entspricht einer Farbtiefe von 8 Bit pro Farbe und einer Rasterzelle aus 16 x 16 Recorderelementen. Ein Recorderelement ist der kleinste unveränderbar druckbare Punkt.
Daraus ergibt sich, bedingt durch die physikalisch/mathematischen Zusammenhänge von Tonwertstufen, Rasterweite und Belichter-/Druckerauflösung, folgende Formel:

```
Anzahl der Tonwertstufen = (Belichterauflösung
: Rasterweite)2 +1
```

Mit Variablen:

```
nT = (rB : rR)2 +1
```

Beachten Sie, dass der Wert in der Klammer (rB : rR) immer auf ganze Zahlen gerundet werden sollte. Die Werte für Belichterauflösung (Druckerauflösung) und Rasterweite sollten immer entweder auf der Basis von Zentimeter oder Inch sein, niemals mischen!

Daraus ergibt sich durch Umstellen für die mögliche Rasterweite (unter Beachtung der Rundung auf ganze Zahlen) bei 256 Graustufen die Formel:

```
Rasterweite = Belichterauflösung : 16
```

Zum Verständnis von unterschiedlichen Bezeichnungen:
1 Zoll = 1 Inch = 2,54 cm
Daraus ergibt sich, dass 150 lpi in etwa 60 lpcm entsprechen - die in Deutschland verbreitete Rasterweite. Die Umrechnung erfolgt üblicherweise mit dem gerundeten Wert von 2,5 und nicht mit 2,54. Wenn Ihnen also jemand etwas von einem 60er Raster erzählt, ist es durchaus angebracht zu fragen, ob es sich um lpi oder lpcm handelt. Je nachdem ergibt der Wert nämlich entweder ein relativ feines (Offsetdruck) oder ein grobes Raster (Siebdruck).
Um bei einem einheitlichen Maßsystem (Inch/Zoll) zu bleiben und eine Umrechnung zwischen Druckerauflösung und Raster weglassen zu können, werden wir bei lpi als Wert für die Rasterfrequenz bleiben, da diese Bezeichnung auch mit vielen Programmen internationaler Herkunft kompatibel ist.

Tipp:
Die Rasterweite, die Sie verwenden sollten, erfragen Sie bei der Druckerei, bevor Sie Ihre Daten zum Belichtungsstudio bringen, in dem Sie die Filme erstellen lassen. Noch einfacher ist es natürlich, wenn Ihre Druckerei gleich selbst belichten kann, was heute häufig der Fall ist.

PostScript
Geräteunabhängige Seitenbeschreibungssprache, über die vor allem professionelle Geräte angesteuert werden. PostScript-Dateien können umfangreiche Steuerbefehle an Ausgabegeräte enthalten, so zum Beispiel exakte Anweisungen für die Rasterung. Hierbei muss die Software die Fähigkeit besitzen, Druckraster vergeben zu können. Wenn das wie bei Paint Shop Pro nicht möglich ist, bleibt nur der Weg über die feste Vergabe der Rasterdefinition am Gerät und nicht über die Einbindung in die PostScript-Ausgabedatei.

RIP – Raster Image Processor
Wie die Übersetzung des Namens sagt, ist ein Raster Image Processor für die Rasterung zuständig. Ein RIP kann eine Hardware- oder auch eine Softwarelösung sein. Die Grundlage dafür bildet die Seitenbeschreibungssprache PostScript. Auch „normale" PostScript-Drucker haben im Grunde ein RIP, auch wenn dieses nicht als eigenes Gerät wie bei Belichtern in Erscheinung tritt. Die Ansteuerung der Rasterbefehle für PostScript-fähige Drucker erfolgt über den Druckertreiber und die Software.

Drucktechniken

Für den Druck stehen viele Techniken bereit. Es gilt nun, die beste Lösung unter wirtschaftlichen und qualitativen Gesichtspunkten auszuwählen.

Für den täglichen Ausdruck zu Hause oder im Büro werden die meisten Anwender einen Laser- oder Tintenstrahldrucker besitzen. Gerade hier gibt es zum Teil altersbedingt, zum anderen auch abhängig von der Bauart, gravierende Unterschiede bei Qualität und Möglichkeiten.

Ein wesentlicher Unterschied zwischen professionellen Geräten aus dem grafischen Gewerbe und allen anderen findet sich meist in der PostScript-Fähigkeit von Druckern. Es gibt verschiedene Druckersprachen, von denen im Windowsbereich PCL und GDI die meist verbreiteten sind. PostScript hingegen ist der Standard für professionelle Ansprüche und wird langsam von direktem PDF-Druck erweitert/abgelöst.

Der Vorteil von PostScript-Druckern ist der, dass PostScript als druckerunabhängige Seitenbeschreibungssprache immer gleich bleibt und damit z.B. keine Umbruchänderungen bei einem Wechsel von einem PostScript-Gerät zum anderen bei der Ausgabe stattfinden. Damit lässt sich auch mit dem Druck eine Belichtung simulieren, denn im Grunde unterscheidet sich der PostScript-Drucker nur in Auflösung, Format und eventuell in der Farbfähigkeit zum Beispiel von einem Belichter. Die Seite selbst bleibt gleich. Darüber hinaus kann der Anwender mit PostScript direkt das Druckraster bestimmen, das wiederum die Qualität beeinflusst. Die korrekten Einstellungen hängen auch von den Möglichkeiten der Technik, der Ausgabegeschwindigkeit und im Druck ebenso von den verwendeten Papieren ab.

Für den Heimgebrauch spielt das Thema „PostScript oder nicht" keine große Rolle. Die Druckmenüs aktueller Drucker liefern meist schon eine ausreichende Menge an Vorauswahlen. Das betrifft die zu verwendenden Medien und die Druckqualität. Gezielte Rasterdefinition und Kompatibilität zu PostScript benötigen die wenigsten Anwender. Und in Paint Shop Pro lässt sich die Rasterweite (auch Rasterfrequenz genannt) bisher leider nicht einstellen. Aus dem Grund finden Sie unter **Ausbelichtung/Separation/ Datenweitergabe** Tipps, wie Sie Ihre Daten an den Dienstleister weitergeben können, ohne direkt Einfluss auf die PostScript-Funktionalität im Programm selber zu besitzen.

Tintenstrahldruck

Die meisten Heimanwender besitzen heute einen Tintenstrahldrucker. Die Vorteile dieser Technik liegen auf der Hand. Man erhält einen unschlagbar günstigen Farbdrucker und mit den aktuellen Geräten auch mit einer nahezu unglaublichen Druckqualität. Gerade wenn grafische Arbeit und Fototechnik mit Bildbearbeitung ins Spiel kommt, ist ein Farbdrucker fast obligatorisch.
Glücklich können sich alle schätzen, die einen modernen Fotodrucker besitzen. Fotodrucker besitzen im Normalfall zusätzliche Druckfarben zu den klassischen vier Druckfarben Cyan (C), Magenta (M), Gelb (Y) und Schwarz (K) - kurz CMYK genannt. Diese zusätzlichen Druckfarben sind hellere Abstufungen von Cyan und Magenta. Damit können gerade die problematischen helleren Tonwerte feiner ausgegeben werden, ohne dass das Auge den einzelnen Druckpunkt findet.
Mit dem Thema CMYK und Vierfarbdruck könnte man jetzt auf die Idee kommen, dass Bilder als CMYK-Bilder vorliegen müssen, um vernünftige Ausdrucke zu bekommen. Dem ist nicht so. Die meisten Tintenstrahldrucker kommen wunderbar mit RGB-Daten zurecht, häufig sogar besser als mit CMYK. Dies kommt Paint Shop Pro zugute, denn RGB-Bilder können hier nicht direkt im CMYK-Modus geöffnet werden.
Bei der Arbeit mit Tintenstrahldruckern stellt man sehr schnell fest, dass die Wahl der Papiere einen extrem großen Einfluss auf das erreichbare Druckergebnis hat. In diesem Zusammenhang lohnt es sich, immer wieder mal zu experimentieren. Aber es zeigt sich in vielen Fällen, dass oft Originalpapiere des Druckerherstellers den Erzeugnissen von Drittherstellern überlegen sind, wenn es um Lichtechtheit, Wischfestigkeit und Farbgenauigkeit geht.
Es lohnt sich, sich auf ein paar Papiere festzulegen, bei denen man die Einstellungen kennt, um bestmögliche Ausdrucke zu bekommen. Ein permanentes Wechseln bewirkt auch ein ständiges Herumprobieren oder zumindest die Unsicherheit, nicht genau zu wissen, ob der Ausdruck nicht doch noch besser hätte sein können.

Papierauswahl
Legen Sie sich mit ein paar Papieren für die üblichen Aufgaben fest:
* Standardpapier für Tintendruck (für den täglichen Bedarf einschließlich Geschäftskorrespondenz)
* Fotopapier matt, günstig (für den Hausgebrauch und als halbwegs günstige Kontrollmöglichkeit)
* Fotopapier glänzend, hochwertig (für brilliante Ausdrucke mit bestem Resultat)

PDF –
Portable Document Format
PDF beruht auf PostScript und erweitert dessen Möglichkeiten. Entsprechende PDF-Dateien werden meist kleiner als PostScript. PDF-Dateien lassen sich für die Bildschirmwiedergabe sehr stark komprimieren.

Tipp:
Optimal sind Drucker, bei denen Sie die Druckfarben einzeln auswechseln können. Das spart Farbe und Geld. Achten Sie beim Druckerkauf nicht zuletzt auf die Unterhaltskosten: Vor allem beim Materialverbrauch gibt es erhebliche Unterschiede. Während die kleinste erhältliche Schwarzpatrone bei unserem HP 1700 für rund 600 Buchseiten reicht, müssen Sie bei anderen Druckern oft schon nach spätestens 100 Seiten die Patrone wechseln. Ärgerlich: Einige Hersteller versuchen, mit utopisch niedrigen Farbdeckungsgraden, etwa 5 %, eine lange Haltbarkeit der Patronen vorzugaukeln. Um einen fairen Vergleich zu erhalten, sollten Sie daher die Angaben auf einen vollen Deckungsgrad von 100 Prozent umrechnen.

RGB-Bilder in CMYK
Bilder im RGB-Format lassen sich über Kanäle trennen > CMYK-Trennung und Kanäle kombinieren > CMYK-Kombination erzeugen in CMYK-Bilder wandeln.

Nachvollziehbare Tests
Um später die Ergebnisse nachvollziehen zu können, sollten Sie sich alle Änderungen, die von den Standard-Werkseinstellungen abweichen, und die verwendete Papiereinstellung auf der Rückseite dieser Testseite notieren. Diese Ausdrucke sind in Zukunft ein gutes Hilfsmittel, um gezielt qualitativ gute Arbeit auf neuen Papieren schneller in den Griff zu bekommen. Damit können Sie das Verhalten von unterschiedlichen Einstellungen besser nachvollziehen und von bereits gewonnenen Erkenntnissen auch nach einem längeren Zeitraum profitieren. Bewahren Sie die Testdrucke unter Lichtverschluss auf, da sich die Farben von Tintenstrahldrucken unter Sonnenlicht teilweise rasch verändern.

Ein wesentliches Kriterium für die Papierwahl ist auch eine gute Verfügbarkeit vor Ort, denn es macht keinen Sinn, wochenlang auf eine Papierlieferung zu warten und dann als Notlösung zwischendurch mit anderen Papieren experimentieren zu müssen.
Für diese Papiere, die Sie immer wieder benötigen, sollten Sie einige Versuche machen. Oft werden Sie einen Kompromiss aus Qualität und Preis finden. Bleiben Sie dann bei den bewährten Papieren.

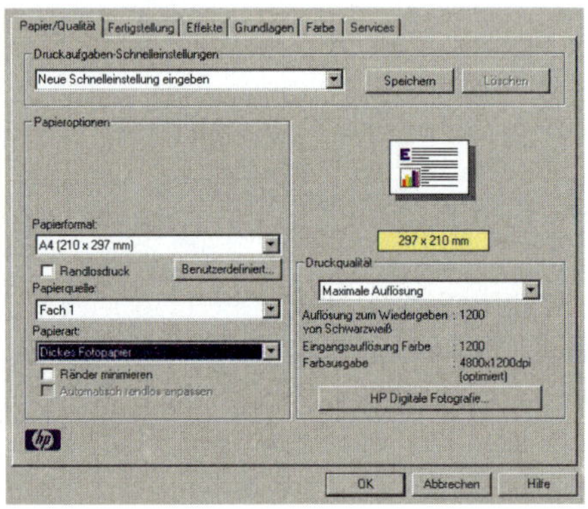

Neuere HP-Druckertreiber z.B. ermöglichen das Speichern von Einstellungen für verschiedene Papiere. Eine externe Datenbank entfällt dadurch.

Wenn Sie sich auf Ihre Standardpapiere festgelegt haben, lohnt es sich auch, ein bisschen Zeit in die Kalibrierung des Druckers zu investieren.
Falls Sie das Farbmanagement mit Farbprofilen verwenden, sollte dieses bereits aktiv sein (siehe Abschnitt **ICC-Profile** im Kapitel **Farbe anpassen**).
Öffnen Sie die Datei **Testbild_K.tif** von der beiliegenden CD und drucken Sie diese mit jeweils einem Blatt der Papiere aus, die Sie als Standardpapier in Betracht ziehen. Sie werden selbst zwischen unterschiedlichen Papiersorten eines Herstellers große Unterschiede etwa bei der Farbwiedergabe feststellen. Zur Kontrolle, wie die Testdatei im Ausdruck eigentlich aussehen soll, finden Sie diese hier abgedruckt.

Die Testvorlage wurde vom CMYK-Originalbild gedruckt.

Testbild_K.tif ist die CMYK-Variante der Datei, **Testbild_K-RGB.tif** liegt im RGB-Modus vor.
Die Datei passt vier Mal auf eine A4-Seite - somit können Sie jeden Auszug auf eine Seite platzieren. Daher ist es nicht nötig, für weitere Testdrucke jedes Mal eine neue Seite zu benutzen.
Dafür gehen Sie wie folgt vor:
Strg + P öffnet den Druckdialog von Paint Shop Pro. Auf dem Reiter **Platzierung** geben Sie für die Ausrichtung **Querformat** an. Klicken Sie hier auch bei **Größe** und **Position** auf **Benutzerdefinierter Abstand**.
Geben Sie bei Links **10 mm** und bei Oben ebenfalls **10 mm** für den ersten Ausdruck ein (**Flächendeckung 100 %**). Kontrollieren Sie unter **Eigenschaften (Drucker)** Ihre gesamten Einstellungen und setzen diese beim ersten Ausdruck auf die Standardwerte des Druckertreibers.

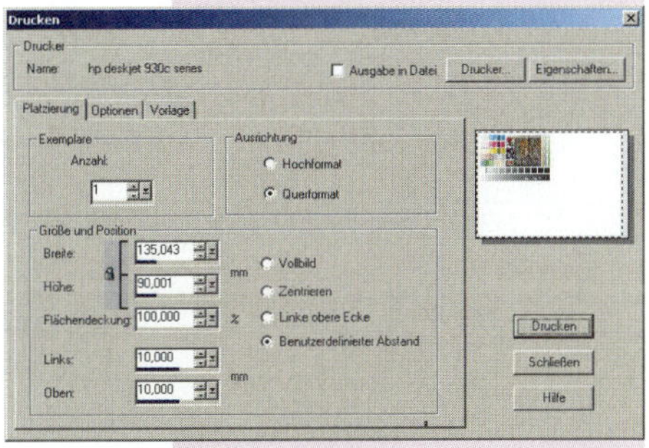

Der Testbildausdruck ist für weitere Testdrucke auf einem Blatt platziert.

Einstellungen merken
Sobald Sie zu Einstellungen gefunden haben, mit denen Sie zufrieden sind, speichern Sie diese unter Angabe des exakten Papiernamens und eventuell des Verwendungszwecks (wie oben schon erwähnt) innerhalb des Druckertreibers. Sollte das nicht möglich sein, notieren Sie sich diese Werte und Angaben, am besten in einer Datenbank und/oder in einem Buch für derartige Aufgaben.

Vorsicht: Falsche Papiere
Viele Medien sind als selbstklebend konzipiert. Gerade bei Aufklebern und Folien sollten Sie unbedingt darauf achten, dass Sie diese nur dann in einem Laserdrucker verwenden, wenn der Hersteller das ausdrücklich dafür vorsieht. Laserdrucker arbeiten im Gegensatz zu Tintenstrahldruckern mit hohen Temperaturen, um den Toner zu fixieren. Dabei können geschmolzene Folien und nicht geeignete Klebstoffe den Drucker beschädigen.

Wiederholen Sie die Schritte und geben Sie statt dessen nur bei Links **146 mm** ein. Bei den Druckereinstellungen (**Strg + P > Eigenschaften**) lohnt es sich eventuell, andere Einstellungen bei Papiersorten auszuprobieren, denn mit dem von HP bereit gestellten Testgerät HP 9680 ergaben sich die besseren Ergebnisse gar nicht mit den richtigen Einstellungen für das verwendete Papier von TDK, sondern mit einer ganz anderen Papierangabe.
Beim dritten Druck ergeben die Werte für Links **10 mm** und Oben **105 mm**, beim vierten und letzten Eindruck Links **146 mm** und Oben **105 mm**.

Wenn Sie eine Einstellung über die Papiersorten gefunden haben, mit der Sie nah an das gewünschte Ergebnis kommen, arbeiten Sie mit der Kalibrierungsfunktion Ihres Druckertreibers (**Strg + P > Eigenschaften > (Hier finden Sie je nach Drucker spezifische Einstellungsmöglichkeiten.)** Bei HP-Druckern heißt der entsprechende Reiter unter den Druckereinstellungen schlicht **Farbe**. Hier müssten Sie eventuell das Handbuch Ihres Druckers zur Hand nehmen.

So verfahren Sie für jedes Papier aufs Neue. Das ist zwar etwas Arbeit, lohnt sich aber langfristig, denn Sie lernen dabei erstens die Kombination Drucker-Rechner-Programm kennen und haben damit in Zukunft nachvollziehbare Arbeitsschritte. Zweitens erspart Ihnen dies bei weiteren Arbeiten lästiges und teueres Herantasten an gute Druckergebnisse durch Probedrucke.

Druck auf Spezialmedien

Es gibt kaum eine Druckerart, für die es so viele unterschiedliche Einsatzmöglichkeiten gibt, wie die Tintenstrahldrucker, denn sehr viele Hersteller liefern spezielle Medien, um auch ausgefallene Aufgaben zu lösen.
Darunter fallen solche Dinge wie Transferfolien zum Bedrucken von Textilien oder auch speziellen Materialien wie Keramik, Porzellan oder Glas. So können Sie mit Ihrem heimischen Drucker tatsächlich auch T-Shirt-Drucke (oder auch andere Textilien) anfertigen oder z.B. Tassen bedrucken. Diese Anwendungen waren noch vor gar nicht langer Zeit Domänen ausschließlich professioneller Anbieter. Sie sind hinsichtlich ihrer Haltbarkeit zwar immer noch nicht mit kommerziellen Lösungen vergleichbar, liefern aber außergewöhnliche Optionen - ideal für personalisierte Geschenke. Zu den Transferfolien zählen beispielsweise auch die Druckfolien, um Kerzen zu verschönern.

Sie finden Tattoofolien, die – gedruckt und auf die Haut übertragen – Tätowierungen sehr ähnlich sind. Für den Modellbau gibt es sehr feine Transferfolien, um kleine Gestaltungselemente, z.B. für den Plastikmodelbau, mit eigenen Motiven zu erstellen.
Weitere spezielle Medien finden sich mit Metallicfolien, welche eine metallische Oberfläche in Silber oder Gold besitzen und damit reizvolle Effekte ergeben. Das Gleiche gilt auch für holographische Inkjetfolien, die Tiefeneffekte eingearbeitet haben, welche interessante Ergebnisse zeigen, wenn Sie sie mit dem Tintenstrahler überdrucken.
Außergewöhnliche Einsatzgebiete finden sich für die phosphoreszierenden Leuchtfolien, die ähnlich den Ziffernblättern von Uhren einige Zeit im Dunkeln nachleuchten.
Sogenannte Schrumpffolien bedrucken Sie mit dem Tintenstrahldrucker, schneiden die gewünschte Form und lassen diese dann im Ofen auf etwa 20 Prozent der ursprünglichen Größe schrumpfen. Die Form wird dabei etwas dicker und acrylglashart.

Im Angebot der Hersteller finden Sie eine riesige Auswahl von wasserfesten Klebefolien für den Außenbereich über unterschiedliche Strukturen (z.B. Leinwandstruktur). Es gibt auch vorgefertigte Medien wie zum Beispiel Visitenkartenrohlinge mit Perforation und Etiketten mit Zierdrucken (u.a. auch Flaschenetiketten für Weinflaschen).

Normalerweise enthält Ihr Druckertreiber kaum Einstellungen für diese Spezialmedien. Um die Ausschussdrucke durch falsche Einstellungen zumindest zu minimieren, können Sie sich an ähnlichen Oberflächenstrukturen orientieren. Ist die Oberfläche leicht, mittel oder stark saugend/flüssigkeitsabsorbierend? Handelt es sich um eine Folie? Im Druckertreiber suchen Sie dann am besten nach einem Druckerpapier, von dem Sie vermuten, dass es ähnliche Anforderungen stellt. Einen Sonderfall nehmen fast immer transparente Materialien ein, denn hier wäre im Normalfall der Farbauftrag für weiße Oberflächen zu gering, um wirkungsvoll zu sein, und so ist fast immer die Einstellung **Transparentfolie** die beste Entscheidung.
Trotzdem lässt sich die eine oder andere Fehleinstellung kaum vermeiden, solange der Hersteller der Medien keine klaren Empfehlungen ausspricht. Um den Schaden zu minimieren, ist es sinnvoll, an einem Rand mit kleineren Probedrucken testen und diesen dann später wegzuschneiden, nachdem Sie die ganze Seite bedrukkt haben. Hierbei nutzen Sie wieder die Funktionen von Paint Shop Pro im Druckdialog. Definieren Sie wie bei der Kalibrierung eine exakte Platzierung.

Geld sparen beim Papierkauf

Mancher Anbieter liefert für gutes Geld auch „hochwertigen Offsetdruckkarton“ oder „Bilderdruckpapier“ matt oder glänzend in unterschiedlichen Grammaturen (Papiergewichten) z.B. mit 250 g/m2. Hier ist bei einigen etwas Vorsicht geboten. Das, was so schön klingt, ist nicht selten ganz normales Standardpapier, das tatsächlich aus der Offsetdruckerei stammt und dort nur auf A4 zurecht geschnitten wurde und nicht - wie bei seriösen Anbietern - ein spezielles Papier mit extra Abstimmung auf die Anforderungen von Tintenstrahldruckern. In solchen Fällen können Sie ähnliche oder gar die gleichen Papiere direkt in einer Druckerei für einen Bruchteil des Geldes bekommen.

T-Shirts drucken

Tipp:
Schneiden Sie die Transferfolie möglichst genau zu, um einen hässlichen Rand zu vermeiden.

Tipp:
Bedrucken Sie eine größere Anzahl von Textilien, sollten Sie sich eventuell ein Skalpell mit guter Spitze (etwa ein Schneidmesser wie es z.B. im Bereich Airbrushtechnik zum Schneiden von Abdeckmasken verwendet wird) und eine etwas dickere Glasscheibe besorgen. Fixieren Sie die zu beschneidende Folie/Papier mit ein paar Klebestreifen auf der Glasplatte, und schneiden Sie mit dem Messer die Form aus. Nach einer kurzen Übungsphase werden Sie sehen, dass dies sehr schnell und präzise zu machen ist.

Für den Einsatz auf hellen und dunklen Stoffen gibt es unterschiedliche Transferfolien. Die Folien für helle Textilien nutzen die Untergrundfarbe als Hintergrund und arbeiten lasierend, das heißt durchscheinend. Die Folien für dunkle Stoffe hingegen haben eine weiße Trägerfolie, welche in Kombination mit der Tinte eine opake (deckende) Transferfolie ergibt.
Die Arbeit auf hellen Untergründen ist relativ unproblematisch. Natürlich verändert ein zartblaues T-Shirt die Farben, indem ein grelles Rot in diesem Beispiel dadurch etwas stumpfer und dunkler wird. Je kräftiger die Farbe des Stoffes, desto stärker ist dieser Effekt. Allerdings müssen Sie bei hellem Stoff nicht darauf achten, wie die Umrandung aussieht und dass das Motiv sehr exakt ausgeschnitten ist.
Anders verhält sich das bei dunklen Medien. Hier sind unbedruckte Flächen der Transferfolie schlicht und einfach weiß. Das bedeutet, dass ein nicht zugeschnittenes Motiv eine rechteckige weiße Fläche umrahmt, solange dieses nicht flächendeckend ist und der Drucker randlos druckt.

Um mühsames Zurechtschneiden zu vermeiden, legen Sie einen Rand um Ihr/e Motiv/e an, der entweder die Farben des Bilds weiterführt, oder in etwa der Farbe des T-Shirts entspricht. So können Sie in der neuen Umrandung schneiden, ohne dass weiße Blitzer (fehlende Farbüberlappungen) entstehen und geradezu hervorleuchten. In manchen Fällen ist ein dunkles Neutralgrau auch eine hervorragende Wahl als Umrandung, da diese als Stilmittel erscheint und im Zweifelsfall nicht so auffällt wie eine nicht exakt getroffene Stofffarbe. Bedenken Sie bei Ihren Überlegungen aber, dass die Transferfolie eine Strukturänderung am Stoff verursacht und nicht selten einen Glanz erzeugt, den der Stoff an anderen Stellen nicht aufweist. Je präziser Sie das Motiv ausschneiden, desto schöner wird das Ergebnis.

Um Blitzer zu vermeiden und eine Umrandung des Motivs bei dunklen T-Shirts zu erhalten, gehen Sie wie folgt vor:

Am einfachsten ist es, das Motiv auf einer transparenten Hintergrundfläche und eigenen Ebenen aufzubauen. Es können auch verschiedene Ebenen und Ebenentypen Verwendung finden.

Fassen Sie die Ebenen zusammen, die das Motiv bilden (Menü **Ebenen > Zusammenfassen > Sichtbare zusammenfassen**). Schalten Sie mit einem Klick auf das Augensymbol in der rechten Spalte der Ebenenpalette die Ebenen unsichtbar, die nicht im Motiv erscheinen sollen. Befinden sich auf einer Rasterebene Teile, die Sie nicht mit auf die T-Shirt-Fläche drucken möchten, erstellen Sie für diese Bereiche eine Auswahl, und entfernen Sie diese mit der **Entf**-Taste.

Wählen Sie danach mit **Strg + A** alles aus. Klicken Sie mit dem Zauberstab bei gedrückter **Strg**-Taste in die transparenten Umgebungsflächen des Motivs, die Sie nicht mit in die Auswahl nehmen wollen.

Tipp:
Die gehaltene Strg-Taste sorgt dafür, dass die neu mit dem Zauberstab getroffene Auswahl von der bestehenden abgezogen und nicht hinzugefügt wird.

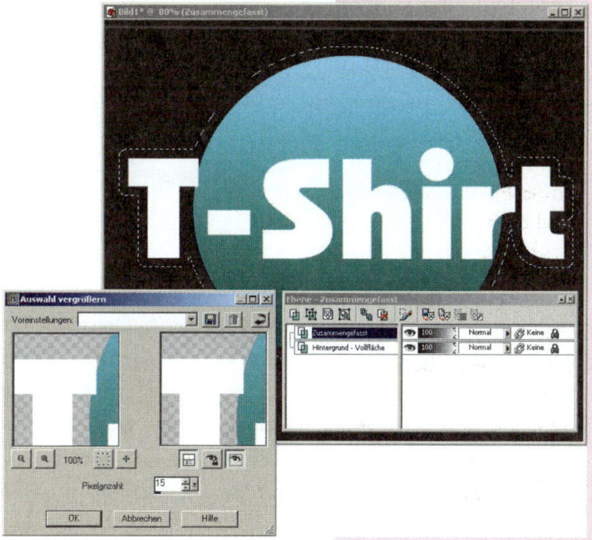

Im Beispiel ist der Hintergrund geschwärzt, damit die Auswahllinie besser zur Geltung kommt.

Erweitern Sie die Auswahl nun über **Auswahl > Ändern > Vergrößern**. Bei **Pixelzahl** geben Sie die gewünschte Breite der Umrandung an. Berücksichtigen Sie dabei, dass die benötigte Breite von der Auflösung des Bildes abhängt: Je höher die Auflösung, desto schmaler wird die Umrandung bei gleicher Pixelzahl. Ein Wert von 45 Pixeln ergibt bei 200 dpi zum Beispiel eine Umrandung von knapp 6 mm (exakt: 5,715 mm).

Mit folgender Formel berechnen Sie die Breite:

```
tatsächliche Breite im Druck = Anzahl der Pixel
x 25,4 : Auflösung
```

Erstellen Sie eine neue Rasterebene. Klicken Sie in der Ebenenpalette auf das erste Icon oben links oder wählen Sie unter **Ebenen > Neue Rasterebene**. Füllen Sie die Umrandung. Wählen Sie in der Materialpalette die entsprechende Farbe, Struktur oder einen Verlauf. Klicken Sie mit dem **Farbfüllungswerkzeug** aus der Werkzeugpalette (gekippter Farbeimer = fünftes Icon von unten) in die vorher erstellte Auswahl.

Ändern Sie nun bei Bedarf die Reihenfolge der Ebenen innerhalb der Ebenenpalette, indem Sie die neue Ebene hinter die Bildelemente für den Ausdruck stellen. Ziehen Sie mit gedrückter linker Maustaste die Ebene nach unten.

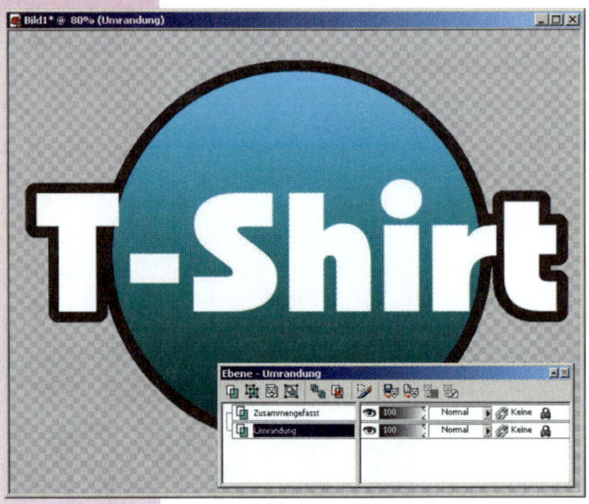

Löschen Sie die nicht benötigten Ebenen, indem Sie diese auf das entsprechende Icon in der Ebenenpalette (rot durchgestrichen) ziehen.

Natürlich könnten Sie auch eine komplette Fläche unter Umgehung dieser Arbeitsschritte füllen und nur ausschneiden. Das hat jedoch zwei entscheidende Nachteile. Zum einen steigen die Kosten für den Ausdruck durch den Bedarf an Tinte deutlich. Zum anderen liefert Ihnen eine selber erstellte Umrandung einen präziseren Anhaltspunkt für das Beschneiden. Versuchen Sie etwa in der Mitte der Umrandung zu schneiden, um eine saubere und feine Umrandung zu erhalten.

Vorsicht: Seitenlage
Beachten Sie die korrekte Lage der Transferfolien. Je nach Folienart wird die Folie seitenverkehrt oder seitenrichtig aufgebügelt

Falls es sich um ein Transfermedium handelt, das Sie einfach umdrehen und aufbügeln, müssen Sie die Ausgabe vorher spiegeln. Sie können das Motiv entweder im Programm **oder** durch die Einstellungen am Druckertreiber drehen. Wird die Folie abgezogen und mit der Druckseite nach oben auf den Untergrund gelegt, so brauchen Sie nichts zu beachten. Letzteres ist üblicherweise bei Transferfolien für dunkle Untergrunde gegeben. Bei Transfermedien für helle Stoffe ist meist die Umkehrung nötig.

Brilliante Farben erzielen

Beim Transferdruck kann es je nach Medium und Untergrund vorkommen, dass die Farben nicht allzu brilli6ant erscheinen. Besonders bei Stoffen, die nicht rein weiß sind, ergeben z.B. leichte Naturfarben oder Cremefarbtöne eine zum Teil starke Abstumpfung der Farben. Dem wirken Sie mit der Erhöhung der Farbsättigung entgegen. Manche Druckertreiber liefern bei der Kalibrierung die Möglichkeit, die Sättigung zu erhöhen. Sie können diese

Option verwenden oder in Paint Shop Pro selber arbeiten, womit Sie eine feinere Abstufung und damit ein gezielteres Arbeiten umsetzen können. Dazu nutzen Sie die Bildbearbeitungsfunktionen des Programms. Unter Umständen erzielen Sie sogar besonders hochwertige Ergebnisse, indem Sie einzelne Bildanteile gesondert einstellen.

Bevor Sie solchermaßen veränderte Bilddaten endgültig verwenden, sollten Sie sie auf einem ähnlichen, noch besser dem gleichen Stoff, testen, denn die korrekten Einstellungen erfordern ohne Kontrolle eine Menge Erfahrung. Um nicht immer gleich eine ganze Folie zu verbrauchen, reicht es im Normalfall, wenn Sie die Datei deutlich kleiner ausdrucken und auf einem Teststück aufbügeln. Sie verlieren zwar eventuell feinere Details, können aber die Ausgewogenheit der Farben im Gesamteindruck bewerten.

Die Erfahrung hat gezeigt, dass eine Erhöhung der Farbsättigung und eine leichte Abdunklung des Bildes in den meisten Fällen und nahezu bei allen von uns verwendeten Medien eine deutliche Verbesserung bewirkt. Bereits nach einigen kleinen Probestücken erhielten wir ein gutes Ergebnis.

Planen Sie für den Druck auf Stoffen nicht zu feine Details ein, etwa Strukturen, da der Transferdruck speziell auf Stoff bzw. strukturierten Untergründen zwei Schwierigkeiten mit sich bringt. Durch das Anschmelzen der Transferfixierung verwischen die Farben etwas und es gehen feinste Details verloren. Zudem besitzt gerade ein textiler Untergrund seine eigene Struktur und kann selber auch nur begrenzt feinste Strukturen wiedergeben. Ist die Stoffstruktur gar gröber als die Bildstrukturen, sind diese später auf dem Stoff nicht mehr zu sehen. Aus diesen Gründen sollten Sie bei Arbeiten mit Transferfolien auf flächige Hell-Dunkel-Kontraste oder Farben setzen. Sind in den Flächen Strukturen enthalten und nach dem Druck sichtbar - umso besser. Gehen die Strukturen verloren, ist es auch nicht so schlimm, solange Flächenkontraste vorhanden sind. Bestehen die Bildinformation aber im Wesentlichen aus feinsten Elementen, werden Sie vom Ergebnis enttäuscht sein.

Tipp:
Auch beim T-Shirtdruck auf hellen Stoffen ist es sinnvoll, die Form des Motivs zu beschneiden. Sie erhalten sonst einen rechteckigen glänzenden Kasten, da die Transferfolie fast immer eine Strukturveränderung bewirkt. Allerdings ist es hier nicht so wichtig wie bei dunklen Medien, einen gleichmäßigen Rand zu bekommen. Es reicht, wenn das Auge zumindest keine klaren geometrischen Formen (rechte Winkel, Geraden usw.) findet.

Tipp:
Was für den Transferdruck mit T-Shirts gilt, bezieht sich auch auf die meisten anderen Transferdruckmedien. Je nach Technik und Untergrund unterscheiden sich zwar die Detailfähigkeit und das Farbverhalten etwas, aber im Prinzip gelten die beschriebenen Hinweise entsprechend.

Druck außer Haus geben

Bei den Kosten von Transferfolien, T-Shirt und Tinte für Probedrucke sowie das endgültige Produkt sollten Sie sich überlegen, ob es eventuell nicht sogar günstiger wäre, die Vorlage in Paint Shop Pro zu erstellen und den Druck einem Dienstleister zu übergeben. Viele Copy-Shops bieten den Transferdruck auf der Basis von Laserdrucktechnik und professionellen Transferpressen zu günstigen Preisen an. Die Ergebnisse dieser kommerziellen Lösungen weisen oft nicht den starken Plastikglanz und die Strukturveränderung der selbstgemachten T-Shirts auf und kosten letztlich auch nicht viel mehr.

Für das schnelle Geschenk bei einer unverhofften Einladung oder einem fast vergessenen Geburtstag lohnt es sich aber auf jeden Fall, ein paar Transferfolien zu Hause zu haben.

Laserdruck

Die Vorteile der Lasertechnik liegen vor allem in der Schnelligkeit der Drucker und im kostengünstigen Verbrauch. Im Gegensatz zu Tinte ist der Toner von Laserdruckern deutlich günstiger. Außerdem waren bis vor nicht allzu langer Zeit die Lichtbeständigkeit und die Unempfindlichkeit gegenüber Feuchtigkeit noch weitere Pluspunkte der Lasertechnik. Gerade in den beiden letzten Punkten haben die Tintenstrahldrucker inzwischen stark aufgeholt. Geht es aber um die Druckqualität, insbesondere beim Fotodruck, können auch Farblaserdrucker der aktuellen Tintenstrahltechnik kaum noch das Wasser reichen.

Sollten Sie einen Farblaserdrucker besitzen, so gilt es auch bei diesem, eine Kalibrierung vorzunehmen. Diese ist in der Regel von Hersteller zu Hersteller ebenso unterschiedlich wie bei den Tintenstrahldruckern. Lesen Sie daher auch bei diesen Geräten im Handbuch und in den Hilfedateien, wie die Kalibrierung im Einzelnen bei Ihrem Gerät funktioniert.

Ein wesentlicher Unterschied findet sich bei den PostScript- und den Nicht-PostScriptgeräten, denn hier macht sich der oben beschriebene Unterschied deutlich bemerkbar. Bei PostScriptdruckern (Farb- und Schwarzweiß-Drucker) können Sie die Druckergebnisse grundsätzlich über Rasterdefinitionen verändern und auch unterschiedliche Raster für die verschiedenen Drucktechniken in den Druckereien simulieren. So verschaffen Sie sich einen Eindruck, wie das spätere Druckergebnis aus der Druckerei aussehen wird, bzw. ob zum Beispiel feine Details, welche Sie in der Grafik eingearbeitet haben, bei einer Verkleinerung der Druckgröße

noch mit einem Siebdruckraster von 75 lpi (= 30 Linien pro cm) sinnvoll darstellbar sind. Selbstverständlich gilt das auch für PostScript-Tintenstrahldrucker, allerdings ist PostScript bei Laserdruckern weiter verbreitet.
Etwas problematisch bei Paint Shop Pro ist, dass das Programm keine Definition der Rasterweite zulässt. Manche PostScriptgeräte besitzen Treiber, die eine Rastereinstellung erzwingen können. An anderen Geräten kann man die Rasterweite am Drucker selber fest vergeben, ähnlich wie es am RIP des Belichters möglich ist. Um die Vorteile von PostScript mit Paint Shop Pro zu nutzen, machen Sie sich vorher mit den Funktionen Ihres Druckers vertraut.
Im Gegensatz zu den Tintenstrahldruckern reagieren Laserdrucker nicht ganz so empfindlich auf verschiedene Papiere. Allerdings gibt es auch nicht ganz so viele Sondermedien. Bei transparenten Vorlagen wie Overheadfolien sollten Sie die Farbdeckung, sofern der Treiber das zulässt, etwas erhöhen, um die Lesbarkeit bei der Projektion zu verbessern. Andernfalls können Sie das auch wieder mit den Mitteln der Bildbearbeitung im Programm ausgleichen. Besonders interessant ist die Frage der Schwärzung des einzelnen Druckpunktes.

Papierstärken
Vorsicht! Nicht alle Drucker sind in der Lage, alle Papierstärken einzuziehen. Achten Sie darauf, ob Ihr Drucker überhaupt eine Chance hat, extrem starke Papiere oder Kartons zu verarbeiten. Es gibt tatsächlich Drucker, die 550 g/m2 und mehr verarbeiten können. Das sind dann aber Drucker, die das Papier nicht wenden, sondern gerade durchlaufen lassen.

Druckvorlagen erstellen

Sollten Sie mit speziellen Laserdruckfilmen Druckvorlagen für Druckereien erstellen, ist einzig Schwarz und die vollkommene Deckung des einzelnen Druckpunktes entscheidend. Diese speziellen Folien unterstützen extra eine satte Deckung. Trotzdem besteht bei verschiedenen Treibern die Möglichkeit, den Schwärzungsgrad, bzw. die Deckung des Farbauftrags durch den Toner einzustellen. Bei solchen Anwendungen sollten Optionen wie etwa Tonersparmodus auf alle Fälle **nicht** zum Einsatz kommen! Eigentlich sind Laserdrucker keine Belichter und haben auch nicht die Präzision echter Belichtungsmaschinen. Grundsätzlich können Sie jedoch einfache Aufgaben damit ausführen.
Problematisch wird es spätestens bei Rasterungen und vor allem bei passgenauen Platzierungen der Farben zueinander. Voraussetzung ist ein PostScriptdrucker, bei dem Sie die Rasterweite fest vergeben können, um ein Raster zu erhalten, das Ihre Druckerei auch verarbeiten kann.

Schmuckfarben definieren
Möchten Sie Farben als Schmuckfarben definieren, behelfen Sie sich mit einem Trick:

Es ist unsinnig, eine Schmuckfarbe mit CMYK-Definition separiert über einen Laserdrucker auszugeben, um diese an die Druckerei weiterzugeben. Besser: Legen Sie die vier Grundfarben des CMYK-Farbraums als Schmuckfarbe an. Schmuckfarben sind Farbtöne, die als reine Farbe (durch Farbmischung) definiert sind und nicht über ein Raster optisch durch CMYK gemischt werden. Wichtig ist, dass Sie hierbei keine Farbmischung in der Grafik verwenden, sondern jede als Schmuckfarbe definierte Farbe rein vorhanden ist, da sonst durch die Fehlfarbendarstellung schnell eine falsche Vorstellung aufkommt. So kann Cyan z.B. für eine Pantone, HKS oder sonstige Schmuckfarbe verwendet werden.
Die beiden anderen Buntfarben (Magenta und Gelb) können Sie als Schmuckfarbe definieren. Die Farben erhalten Sie in der Standard-Farbfelderpalette (Materialien).

In der Abbildung sehen Sie den Effekt, der sich aus diesem Umweg ergibt.
Links: die Bildschirmdarstellung mit Magenta.

Nach der separierten Ausgabe erhalten Sie einen Schwarz- und einen Magenta-Film. Der Druckerei müssen Sie nun mitteilen, dass der Magenta-Film eigentlich nicht Magenta ist, sondern für eine Schmuckfarbe steht, die Sie sich aus dem Farbfächer heraussuchen. In unserem Beispiel das Blaugrün auf der rechten Seite.
Sie können keine anderen Farben als Cyan, Magenta und Gelb zum Schwarz verwenden. Diese Farben dürfen sich auch nicht mischen (z.B. durch Transparenzen) wenn Sie diese6 separiert auf Ihrem Drucker ausgeben und diese Filme für die Druckerei verwenden wollen. Nach Möglichkeit sollten Sie nur Vollflächen verwenden!

Thermotransfer- und Thermosublimationsdruck

Thermotransfer- und Thermosublimationsdrucker sind Drucker, die Ihre Vorteile speziell in der Bilddarstellung haben und nicht in der Verarbeitung von Text. Hinzu kommen die relativ teueren Unterhaltskosten, da beide Verfahren die Farbanteile aus Folien herausschmelzen. Da der Thermosublimationsdrucker mit höheren Temperaturen arbeitet und die Farbanteile extrem aufschmilzt, sind mit diesem Verfahren tatsächlich echte Halbtöne darstellbar. Für den Heimanwender sind die Kosten für solche Geräte nicht tragbar. Deshalb sind diese eher im Highend-Bereich zu Hause. Im professionellen Einsatz findet man sie oft bei den Digitalproofgeräten. Ein Farbproof ist, wie die Übersetzung schon sagt, eine Methode, um Farbkontrollen an Daten für Drucksachen durchzuführen.
Kleinere Geräte finden ab und zu noch als Fotodrucker im Heimbereich Gebrauch, werden aber zunehmend von Tintenstrahldruckern ersetzt.

Großformatdruck (Digitaldruck)

Moderne Großformatdrucker arbeiten mit Tintenstrahltechnik und ermöglichen teilweise auf Grund von Pigmenttinten (mit Feststoffteilchen und nicht als flüssiger Farbstoff) sogar sehr hohe Lichtechtheiten selbst im Außenbereich. Sie dienen heute zur Produktion von Fahnen, Bannern, Bespannungen, Plakaten und vielem mehr. Möchten Sie etwas mit Großformatdruckern herstellen lassen, können Sie sich an der Faustregel orientieren, dass 100 dpi Auflösung für Großformatdrucke im Normalfall vollkommen ausreicht.
Weiter ist das verwendete Raster interessant. Hochwertige Systeme arbeiten mit frequenzmodulierten Rastern und nicht mit festen Rasterwinkelungen, womit noch bessere Ergebnisse erzielt werden. Wenn es Ihnen auf höchste Qualität ankommt, besprechen Sie mit Ihrem Dienstleister, welche Möglichkeiten vorhanden sind. Aus Kostengründen werden hin und wieder nicht alle technischen Möglichkeiten ausgereizt. Doch vergessen Sie nicht, dass ein Großformatdruck nicht dafür gedacht ist, aus 20 cm Abstand untersucht zu werden, sondern dass er auf Distanz wirkt und betrachtet wird.

Betrachtungsabstand
Nähern Sie sich einem Großplakat bis auf wenige Zentimeter. Sie werden feststellen, dass das Bild eine sehr grobe Auflösung hat. Nachdem Plakate, anders als etwa ein Foto, aus mehreren Metern Entfernung betrachtet werden, ist eine feinere Auflösung auch nicht nötig. Daher werden Plakate in der Regel vier bis zehnmal kleiner als das Endformat angelegt und dann vom Dienstleister etwa via Direktprojektion auf das endgültige Format gebracht (gigantiert). Auch hier gilt: Sprechen Sie sich rechtzeitig mit Ihrer Druckerei ab!

Belichtung und Separation

Bei der Belichtungsthematik landen Sie unweigerlich im professionellen Umfeld.

Mit Paint Shop Pro können Sie Ihre Daten bearbeiten und mit diesen dann zu einer Werbeagentur gehen und diese mit der exakten Weiterverarbeitung beauftragen. Das wird in den meisten Fällen Sinn machen, denn das eigene Abwickeln von solchen Aufgaben nur ab und zu aus Paint Shop Pro heraus wird wahrscheinlich ebenso zusätzliche Kosten aufwerfen, da auch Fehlbelichtungen Geld kosten. Hinzu kommt, dass Paint Shop Pro nur einen engen Spielraum an Lösungen zulässt, die zum Teil etwas problematisch in der Handhabung sind.

In diesem Teil der Druckausgabe zeigen wir Ihnen Möglichkeiten, selbst in den Bereich PrePress (Druckvorstufe) einzugreifen. Dazu gehört prinzipiell einmal das Wissen um die Farbseparation und die verschiedenen Werte der Rasterdefinitionen.

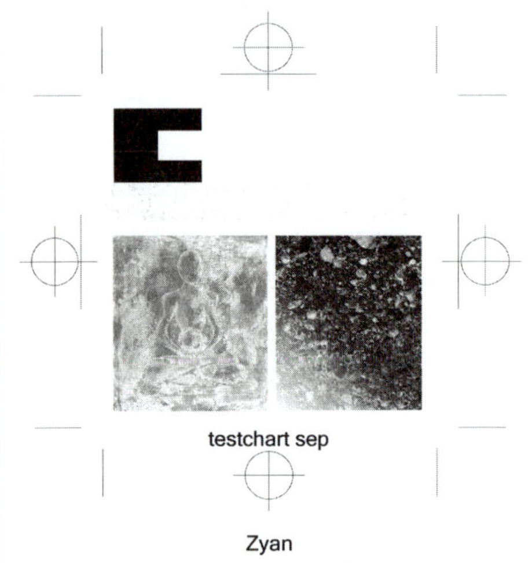

Cyan-Auszug der vierfarbseparierten Datei

Magenta-Auszug der vierfarbseparierten Datei

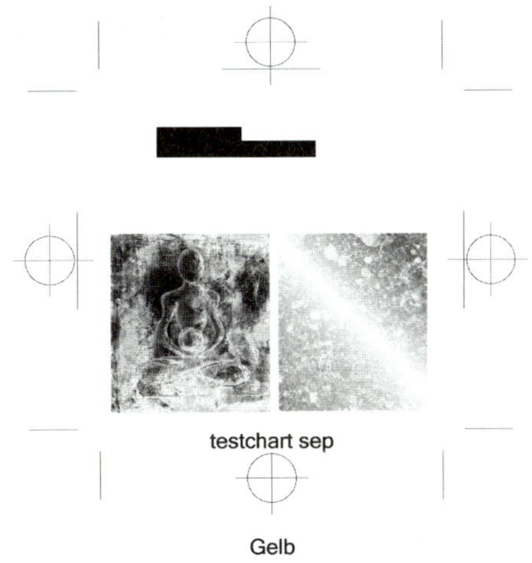

Gelb-Auszug der vierfarbseparierten Datei

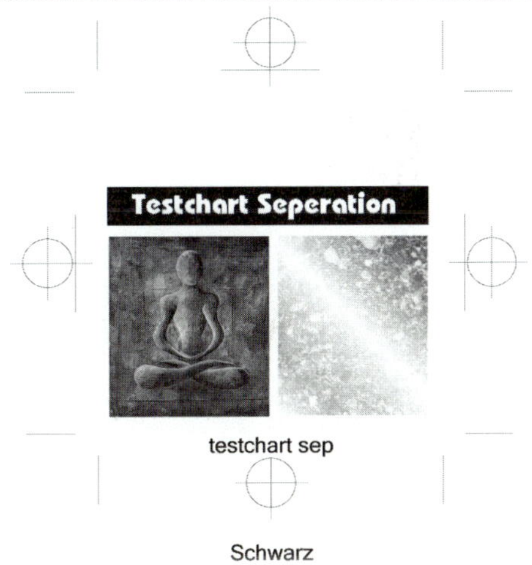

Schwarz-Auszug der vierfarbseparierten Datei

Bild mit allen vier oben zu sehenden Auszügen gedruckt

Proofs erstellen
Separieren Sie selber, erstellen Sie von den Filmen analoge Farbproofs. Sie haben damit eine Kontrollmöglichkeit, die Ihnen die Sicherheit gibt, nicht ein unbrauchbares Druckergebnis zu bekommen. Wichtig: Bestehen Sie auf einem analogen Proof (z.B. Matchprint), denn dieser wird von den Filmen erstellt und nicht von der Datei. Nur so überprüfen Sie wirklich die Separation und die Belichtung!

Was geschieht bei einer Separation und wozu?

In der Drucktechnik werden in den allermeisten Fällen die verschiedenen Farben durch die vier Druckfarben CMYK (Cyan, Magenta, Gelb, Schwarz) aufgebaut. Farbmischungen entstehen durch die einzelnen Tonwertabstufungen innerhalb dieser Farben. Das heißt: Ein Hautton enthält im Normalfall alle vier Farben, diese aber nur mit hellen Werten. Diese hellen Werte entstehen durch Rasterungen der einzelnen Farben, welche übereinander gelegt werden. Auf die Weise entstehen im Prinzip vier einzelne Druckvorgänge, jeweils mit einer der Farben.

Grundlage dafür ist eine Druckplatte für jede Druckfarbe. Druckplatten werden in zunehmenden Maße direkt mit Computer-to-Plate-Systemen belichtet oder, wie in der Vergangenheit üblich, mit Filmen auf fototechnischem Weg erzeugt. Diese Filme sind gerasterte „S/W-Bilder" für die einzelnen Farben, die die quantitative Farbinformation damit definieren.

Damit die Farben aber bei gleichen Tonwertabstufungen mit Ihrem Raster nicht deckungsgleich aufeinander liegen, wird das Raster jeweils in unterschiedlichen Winkeln gedruckt. In der Theorie ergeben sich dafür die Werte 45° für Schwarz, 75° für Cyan, 105° für Magenta und 90° für Gelb. Tatsächlich ergeben sich im realen Leben der Drucktechnik verschiedene Probleme, die dazu führen, dass in der Praxis davon abweichende Werte und auch leicht differierende Rasterweiten für die unterschiedlichen Farben verwendet werden. Ein Grund dafür ist zum Beispiel die Vermeidung von Moirémustern, wie Sie diese hin und wieder bei einem schlechten Fernsehempfang in ähnlicher Weise am Bildschirm erleben. Die Werte zu ändern, ist ein komplexer Arbeitsvorgang, der nur mit ausreichenden Kenntnissen zu bewältigen ist.

In aller Regel verwenden aber auch Fachleute die speziell in den RIPs der Belichtungstechnik enthaltenen Werte, welche dort eingestellt sind. Allein schon aus dem Grund ist es gar nicht so tragisch, dass Paint Shop Pro eine Einstellung von Rasterweite und Rasterwinkelung nicht ermöglicht.

Statt dessen können Sie entweder eine Composite-Datei (= das normale Farbbild mit allen Farbinformationen in einem Bild) oder eine vorseparierte Datei (= das Bild ist bereits in seine vier Farbauszüge zerlegt und besteht physikalisch aus vier einzelnen SW-Bildern – jeweils ein Bild für jede Druckfarbe) an den Dienstleister weitergeben. Im ersten Fall liefern Sie nur RGB-Daten. Trotzdem ist dies die qualitativ bessere Lösung, denn ein Profi erreicht mit seinen Werkzeugen bei der Separation mit ziemlicher Sicherheit die besseren Ergebnisse. Allein die CMYK-Zerlegung von RGB-Schwarz ist

ein äußerst komplexes Thema, wenn es direkt geschehen soll und genau hier treten die ersten Schwierigkeiten auf.
Für die eigentliche Handhabung dieser Thematik ist die Funktion der CMYK-Konvertierung zuständig, die Sie unter **Datei > Einstellungen** finden.
Zuerst erstellen Sie ein Profil und ändern es entsprechend Ihren Bedürfnissen.

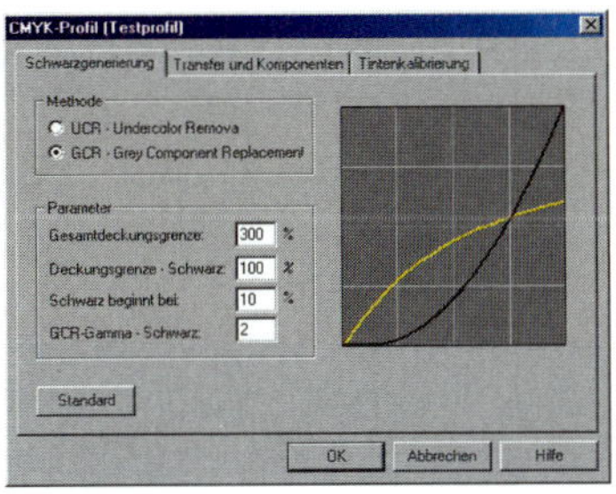

Die Einstellungen sind wesentlich für die Zerlegung der RGB-Daten in CMYK-Composite-Daten und in Auszüge. Sie steuern damit den Aufbau einer definierten Farbe.

Der Satz „Viele Wege führen nach Rom“ gilt auch bei der Erzeugung von Farbmischungen. Schwarz kann in der Theorie auch mit den drei Buntfarben CMY erzeugt werden. Trotzdem ist es für ein tiefes Schwarz besser, mit einer eigenen Farbe Schwarz zu drukken. Auf der anderen Seite können Sie gleiche Werte in allen drei Buntfarben durch den entsprechenden Wert mit Schwarz ersetzen: 20 C, 20 M und 20 Y wird durch schwarze Farbe ersetzt.
Für den Aufbau der Druckfarben gibt es zwei Methoden, die Paint Shop Pro anbietet: UCR und GCR.

UCR ist die Unterfarbenbeseitigung. Sie beseitigt Farben, welche unter Schwarz liegen und eigentlich nur zusätzlichen Farbauftrag erzeugen. Der Buntaufbau bei helleren Farbtönen ändert sich nicht allzu sehr.

GCR greift stärker in die Abläufe ein, da es den Unbuntaufbau steuert. Gleiche Werte in den Buntfarben werden durch Schwarzanteile ersetzt. Daher auch der Name GCR (Gray Component Replacement).

Die **Gesamtdeckungsgrenze** ist der Wert für den maximalen Farbauftrag. Theoretisch sind durch vier Druckfarben 400 % Farbauftrag möglich (100 % für jede Druckfarbe). In der Praxis ist das weder sinnvoll, denn Schwarz sollte Schwarz sein und benötigt zumindest keine 300 % Buntfarbe, noch ist es machbar, denn beim Druck würden durch den immensen Farbauftrag Probleme auftreten – die Farben würden verlaufen, das Papier reißen.

Tipp:
Realistische Werte für die Gesamtdeckungsgrenze liegen zwischen 280 % und 320 %, in selteneren Fällen bei 340 % - aber nicht mehr. Etwas Vorsicht ist bei der Angabe von diesem Wert geboten. Bei Testseparationen ergaben Messungen, dass bei definierten 300 % Farbauftrag tatsächlich 337 % vorhanden waren.

Tipp:
Die Farbzerlegung von Paint Shop Pro ist mit den Standardeinstellungen von Transfer und Komponenten sowie der Standarddefinition in der Tintenkalibrierung (Menü Datei > Einstellungen > CMYK-Konvertierung > Transfer und Komponenten/Tintenkalibrierung) nach unseren Erfahrungen nicht sehr genau. Diese Anpassungen vorzunehmen ist jedoch ein komplexer Vorgang. Natürlich kann ein sehr erfahrener Anwender mit viel Zeit mit Hilfe von Testbelichtungen und Proofs die Ergebnisse optimieren. Sehr hilfreich zur exakten Farbmessung ist ein Spektralphotometer. Möchten Sie hochwertige Ergebnisse erzielen, gilt nach wie vor die Empfehlung, Ihre Arbeit im RGB-Farbraum fertigzustellen und die CMYK-Konvertierung und Belichtung der Datei von einem Dienstleister vornehmen zu lassen.

Schwarz beginnt bei bezeichnet den Wert, ab dem die Einstellungen anfangen, aktiv zu werden.

Die **Deckungsgrenze Schwarz** definiert das Verhalten des maximalen Farbauftrags von Schwarz. Mit einem Wert von 0 % ergibt das einen erzwungenen Buntaufbau trotz GCR. Das ist zwar etwas widersinnig, denn GCR ist eigentlich zuständig für die Beseitigung von Buntfarben durch Ersetzen mit Schwarz. Und nun wird Schwarz eliminiert und durch die Buntfarben ersetzt. Ein Wert über 100 % bewirkt dagegen schnell ein „Zulaufen“ der dunklen Bereiche.

GCR-Gamma - Schwarz bewirkt vier verschiedene Kurvenverhalten bei der Generierung von Schwarzanteilen aus Buntfarben. Mit dem Wert **1** erhalten Sie eine eher lineare Annäherung mit geringstmöglichem Buntaufbau, mit größeren Werten eine Kurve mit höheren Buntanteilen im Schwarz.

Sollten Sie Ihre Farbseparation selber machen und die passenden CMYK-Konvertierungseinstellungen vorgenommen haben, installieren Sie die Treiber für den Belichter, auf dem Sie die Daten ausgeben wollen. Diese erhalten Sie entweder direkt von Ihrem Dienstleister oder aus dem Internet.

Folgende Einstellungen liefern bei den CMYK-Konvertierungen brauchbare Ergebnisse:
Methode: **GCR**
Gesamtdeckungsgrenze: **320 %** (Achtung: Sehr stark abhängig von Papier und Technik!)
Deckungsgrenze Schwarz: **100 %**
Schwarz beginnt bei: **0 – 10 %**
GCR-Gamma: **1**

Bei Fragen zu den Separationseinstellungen sprechen Sie immer im Vorfeld mit dem Dienstleister um unnötigen Ärger zu ersparen.

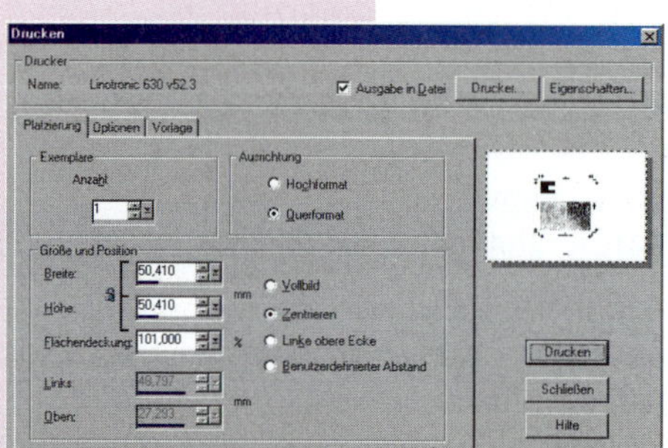

*Mit **Ausdruck in Datei** erhalten Sie eine Druckdatei, mit der Sie die eigene Separation an das Belichtungsstudio weitergeben können.*

Drucken Sie nun mit **Strg + P** unter Angabe des richtigen Druckertreibers (Drucker) und klicken Sie im Druckmenü **Ausgabe in Datei** an. Unter **Druckmenü > Optionen** finden Sie die anzuwählende CMYK-Trennung. Für den Drucker wesentliche Informationen finden Sie hier im Bereich der Druckmarkierungen. Aktivieren Sie alle.

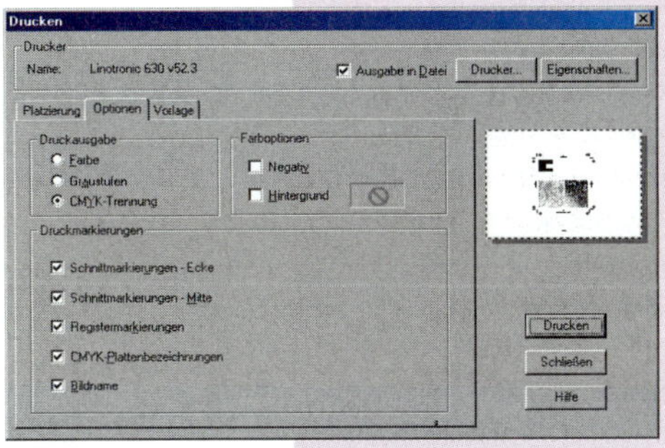

Die CMYK-Trennung ergibt die separierten Farbauszüge.

Das Programm fragt beim Ausdruck in die Datei, wohin die Datei umgeleitet werden soll. Hier geben Sie eine klassische Pfadangabe mit Dateinamen an. Diese besteht aus Laufwerk, Verzeichnisangabe (falls die Datei in ein spezielles Verzeichnis soll, eventuell mit Unterverzeichnissen) und den Dateinamen mit Endung. Das sieht dann beispielweise so aus:

`D:\Verzeichnis_01\Verzeichnis_02\Dateiname.prn`

Eine solche Pfadangabe erstellt die Druckdatei (durch die Endung **.prn** definiert) mit dem Titel **Dateiname** auf der Festplatte **D** ins **Verzeichnis_02** innerhalb von **Verzeichnis_01**.

Diese separierte Druckdatei übergeben Sie dann z.B. auf CD-ROM gebrannt Ihrem Belichtungsstudio oder Ihrer Druckerei.

Tipp:
Beachten Sie, dass es für einen Belichter oft unterschiedliche Treiber gibt, die zudem teilweise von Betriebssystem zu Betriebssystem deutlich von einander abweichen.

Tipp:
Geben Sie die Werte für das Druckraster und den Verwendungszweck (Siebdruck oder Offsetdruck) an, falls die Druckerei die Filme nicht erstellt.

Siebdruck

Im Siebdruck werden seitenrichtige Filme benötigt, d.h. die Schichtseite ist wie beim normalen Computerausdruck oben.

Die druckbaren Raster sind sehr unterschiedlich und hängen von der Maschine, dem zu bedruckenden Material und den Fähigkeiten des Druckers ab. Typische Werte liegen bei ca. **65 lpi**, also einem relativ groben Raster. Denken Sie also bereits in der Entwurfsphase daran, dass mit dieser Technik nicht allzu feine Details umzusetzen sind.

Tipp:
Da die meisten Filme für den Offsetdruck hergestellt werden, müssen Sie dem Belichtungsstudio ausdrücklich mitteilen, dass Sie Siebdruckfilme benötigen.

Sollten Sie das erste Mal einen Siebdruckauftrag ins Auge fassen, so hilft Ihnen der Siebdrucker in einem Gespräch sicher gerne mit

Schneidmarken
Um der Druckerei die Verarbeitung zu erleichtern, sollten die montierten Drucksachen jeweils Schneidmarken haben. Die Schneidmarken, die dem Drucker die exakten Schnittlinien zeigen, dürfen nicht bis zum Druckerzeugnis selber reichen, sondern sollten mindestens 1 – 2 mm Abstand zum Rand besitzen. Sie verhindern so, dass kleinste Teile der Schneidmarken später sichtbar werden, wenn der Schnitt nicht absolut auf der Linie erfolgt. Schnittlinien als Umrandung sollten Sie auf gar keinen Fall einsetzen.

einer Beurteilung zur Machbarkeit Ihrer Ideen weiter. Farbige Vollflächen, eventuell mit definierten Schmuckfarben (nicht der Euroskala/CMYK entsprechende Farben) sind die Lieblingsaufgaben von Siebdruckern.

Offsetdruck

Im Offsetdruck sind feinere Rasterweiten umsetzbar als beim Siebdruck. Auf gutem Papier ist ein 150er Raster (lpi) heute Standard. Auch deutlich feinere Raster sind keine Seltenheit mehr. Im Offsetdruck sind seitenverkehrte Filme gefragt, d.h. die Schichtseite liegt bei korrekter Lesbarkeit der Schrift unten.
Um Kosten zu sparen, können Sie mehrere Nutzen einer Arbeit auf einen Bogen montieren, sodass diese in einem Durchgang gedruckt werden. Sie können auch mehrere Filme in der Druckerei zusammen montieren lassen, je nach Druckerei wird es jedoch extra in Rechnung gestellt. Achten Sie darauf, dass Sie ebenso viele Vorder- wie Rückseiten als Film abgeben, sonst kann der Drucker diese nicht sinnvoll zusammen montiert drucken - selbst wenn alle Rückseiten gleich sind.

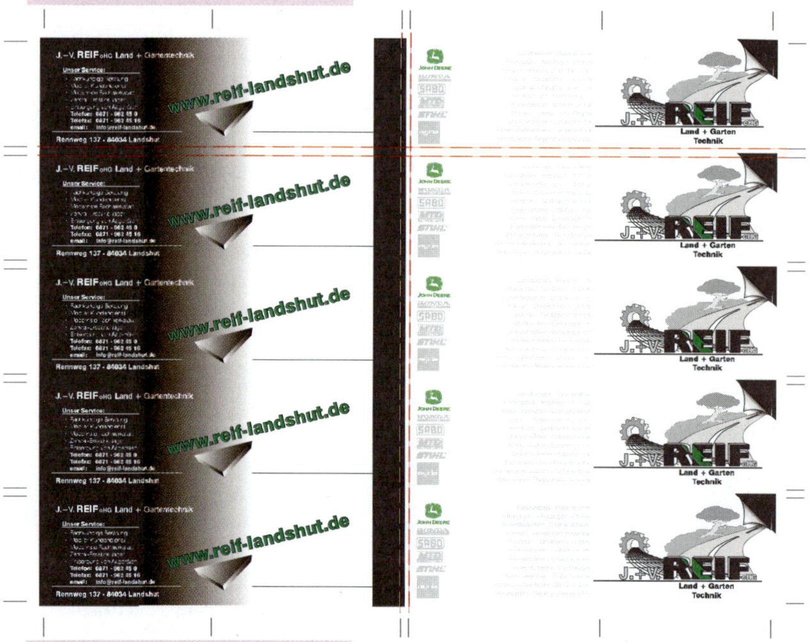

An dieser Druckform sehen Sie, wie Schnittmarken und Zwischenschnitte definiert sind. Zur Verdeutlichung sind die beiden vertikalen und zwei der horizontalen Zwischenschnitte rot gestrichelt dargestellt.

Bei randabfallenden Drucksachen (d.h. der Druck geht genau bis zum Rand) müssen Sie Zwischenschnitte setzen und das Gestaltungselement etwas über den Rand hinauslaufen lassen. Dies vermeidet Blitzer (das „Aufleuchten" des Untergrunds bei fehlender Überlappung), wie Sie sie im oben abgebildeten Beispiel sehen. Mit Hilfe der Zwischenschnitte schneidet der Drucker auf alle Fälle innerhalb der Farbfläche, und Sie laufen nicht Gefahr, dass ein feiner weißer Rand hervorblitzt.
Beim oben gezeigten Beispiel sehen Sie in der Mitte der Klappkarten eine Falzmarke. Sie sieht wie eine Schnittmarke aus, ist aber eine Orientierung für die Falz der Klappkarten. Auf der rechten Seite sind die Vorder-, auf der linken Seite die Rückseiten der Karten auf einen Bogen montiert. So kann die Druckerei die Karten auf Umschlag drucken, was bedeutet, dass für Vorder- und Rückseite keine getrennten Filme, keine extra Druckplatten und nicht zwei Montagen benötigt werden. Die Druckerei lässt die Bögen durch die Maschine laufen, dreht diese um und druckt mit den selben Platten und Einstellungen das Ganze in einem zweiten Durchgang auf die Rückseite. Mit dem Schnitt in der Mitte ergeben sich dann die Karten. Mit der Methode sparen Sie deutlich Kosten.

Pfadgesteuerte Technik

Pfadgesteuerte Maschinen fahren, wie weiter oben schon angesprochen, einen Pfad entlang. Um diese mit Daten aus Paint Shop Pro anzusteuern, benötigen Sie unbedingt Vektordaten. Pixeldaten, wie sie auf einer Rasterebene zum Einsatz kommen, können solchen Produktionsmaschinen keine verwertbaren Informationen liefern. Erst Vektordaten definieren klare geometrische Formen, denen diese Geräte folgen.

In Paint Shop Pro können Sie z.B. Ihr Logo als echte Vektordatei anlegen und speichern. Damit haben Sie den Vorteil der freien Skalierbarkeit und zusätzlich auch die Möglichkeit, Ihre Arbeit mit pfadgesteuerten Maschinen wie Schneidplottern, Frästechniken (z.B. Gravur) und Wasserstrahlschneidern auszugeben.

Speziell für den Einsatz mit pfadgesteuerten Maschinen gibt es jedoch einige weitere Dinge zu beachten:
1. Speichern Sie die Daten im Paint-Shop-Pro-eigenen Format **PSP** und konvertieren Sie sie nur für die Weitergabe an Dritte.
2. Für die Datenkonvertierung eignen sich nur Vektorformate, die auch andere Programme wieder einlesen können. Hierfür bieten

Tipp:
Eine gerasterte 10-Punkt-Schrift mit Siebdruckrasterweite ist nicht mehr lesbar!

Schneidmarken erstellen
Schneidmarken in Paint Shop Pro können Sie entweder automatisch erstellen lassen (siehe Ausgabefunktionen von Paint Shop Pro im Anschluss zur Druckausgabe) oder wie im Beispiel manuell erstellen. Das eigenhändige Erzeugen der Schnittmarken hat zwei Vorteile:
*** Sie sparen Platz: Paint Shop Pro setzt die Schneidmarken recht „verschwenderisch" rund um jedes Objekt.**
*** Paint Shop Pro richtet die Marken immer außerhalb des Motivs auf die Außenkanten aus. So ist ein Anschnitt wie oben besprochen gar nicht möglich. Spätestens bei randabfallenden Drucksachen (Druck geht bis zum Schnittrand) sollten Sie also die Schnittmarken selber umsetzen.**

Achtung!
Ein Scan z.B. ist, selbst wenn darauf Linien erkennbar sind, nur eine Fläche, auf welcher diese abgebildet sind. Die Linien selber stellen in dem Fall keine geometrischen, abrufbaren Daten dar!

Tipp:
Je größer die Grafik, desto besser die Kurvenqualität im Zielprogramm. Das macht sich vor allem bei Schriften bemerkbar. Enge Kurven werden aber auch hier schnell verzerrt.

Tipp:
Kontrollieren Sie zur Sicherheit das Ergebnis noch einmal beim Dienstleister.

sich in Paint Shop Pro **WMF** und **EMF** an. Trotzdem ist äußerste Vorsicht geboten.
WMF legt eine extrem hohe Anzahl von Ankerpunkten auf dem Pfad an. Als Alternative bleibt **EMF**, mit dem Sie gute Ergebnisse erzielen, solange die Bildgröße der Datei groß genug ist.

Eine Kontrolle nur in Paint Shop Pro reicht nicht, da andere Software die Daten eventuell anders interpretiert. In unserem Fall gelang das Einlesen der **EMF**-Datei in Corel Draw 9 und 11 nicht. Illustrator 10 hingegen konnte die **EMF**-Daten aus Paint Shop Pro übernehmen.

3. Schriften sollten Sie, um Problemen aus dem Weg zu gehen, bei der Datenweitergabe generell in Kurven wandeln. Oft ist die gewählte Schrift auf einem anderen Rechner nicht vorhanden. Zudem stimmen nach dem Import der EMF-Datei in ein anderes Programm die Laufweiten von Schriften nicht mehr.

Ausgabe als EMF-Datei

Um eine gute **EMF**-Ausgabe zu bekommen, gehen Sie wie folgt vor: **Bild > Größe ändern > (Geben Sie hier bei der Pixelgröße die gewünschten Werte in Pixel oder einen entsprechenden Zoomfaktor in Prozent an und vergrößern damit die Datei.)**

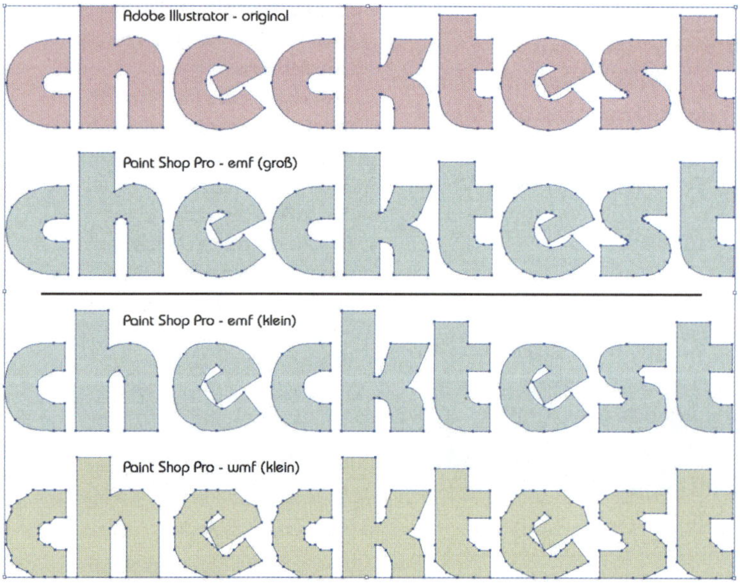

*In dieser Übersicht wird deutlich, welche Probleme auftreten: Ganz oben sehen Sie den Sollzustand in Adobe Illustrator erstellt. Darunter der Import der großen Paint Shop Pro **EMF**-Datei, welche zwar etwas mehr Knotenpunkte besitzt, aber trotzdem genau ist. In der dritten Zeile ist das Ergebnis mit einer kleinen emf-Datei zu sehen – es ist wie auch das der gleich großen WMF-Datei (vierte Zeile) vollkommen unbrauchbar. Deutlich zu sehen ist, dass Paint Shop Pro bei **WMF** erheblich mehr Ankerpunkte setzt. Selbst bei großen Bildflächen ergeben sich damit ausgefranst wirkende Ränder.*

So wandeln Sie Schriften in Kurven:

Um Schriften in Kurven zu wandeln, klicken Sie mit einem **rechten Mausklick in der Ebenenpalette auf die Textebenen** (durch ein A gekennzeichnet) **> Text in Kurven wandeln > Gesamten Text**.
Alternativ: **Text auswählen > Objekte > Text in Kurven wandeln > Gesamten Text**.

Schneidplotter ansteuern

Klebefolien können Sie ebenfalls digital bedrucken. Doch haben diese meistens den Nachteil der geringeren Lichtbeständigkeit und häufig auch der schlechteren Kantenschärfe, was z.B. den Eindruck schlechterer Qualität vermitteln kann, wenn der Betrachter zu nah an den Ausdruck herankommt. Darüber hinaus gibt es auch Schneidplotter, welche auf speziellen Klebefolien drucken können. Mit dieser Technik benötigen Sie ebenfalls Vektordaten zum Schneiden, können diese jedoch mit Farbverläufen bzw. Pixelelementen kombinieren. In diesem Fall ist es notwendig, dass auch Bildelemente, die nur aus Pixelelementen bestehen, mit einer Form (Pfad) versehen sind, der der Schneidplotter folgen kann. Diese Form sollte im Zweifel geringfügig kleiner sein als die Bildfläche, damit keine Blitzer entstehen.

Um eine Klebeschrift mit einem Bildeffekt in der Schrift zu erhalten, können Sie auch eine Form (Pfad) über das Bild legen. Die rote Umrandung markiert hier nur die Form, die den Pfad für den Schneidplotter markiert.

So sieht die Schrift auf einem schwarzen Untergrund aus.

Tipp:
Um bestmögliche Qualität zu gewährleisten, ist es ratsam, die Grafik so groß wie möglich anzulegen und erst im Zielprogramm zu verkleinern. Arbeiten Sie mit ganzen Vielfachen der gewünschten Größe, z.B. mit einem 10-fachen Vergrößerungsfaktor.

Tipp:
Schriften sollten Sie erst nach dem Vergrößern in Kurven wandeln. Das gewährleistet eine etwas bessere Kurvengenauigkeit.

Tipp:
Generell gilt: Falls Sie ein echtes Vektorgrafikprogramm besitzen, dann sollten Sie dieses für den Entwurf z.B. eines Logos verwenden und dieses Logo bei Bedarf in Paint Shop Pro importieren. Die hier beschriebene Vorgehensweise ist eher zweite Wahl, da die Unterstützung der Vektortechnik beim Zusammenspiel mit anderen Programmen nicht ohne Probleme ist.

Info:
Blitzer sind feine Linien oder Flächen, die nicht bedruckt sind, wenn keine Überlappung stattfindet und der Untergrund durchscheint.

Gravur

Erstellen Sie eine Gravur mit Paint Shop Pro, sprechen Sie vorher unbedingt mit Ihrem Dienstleistungsunternehmen. Grundsätzlich unterscheiden sich Gravurschriften von normalen PC-Schriften, da hier, gerade bei kleinen Schriftgrößen, die Mittellinie entscheidend ist und nicht die Umrisslinie. Trotzdem kann auch mit PC-Schriften graviert werden, wenn es sich um größere Schriftgrade handelt, bzw. der Graveur entsprechende Programme besitzt, um die Fläche der Schrift (und eventuell bei Bedarf auch andere Flächen) automatisch von der Maschine füllen zu lassen. Bei einer Gravur werden alle Linien, die Sie mit Hilfe einer Vektorgrafik erstellen, wie mit einem Kugelschreiber nachgefahren. Natürlich kann auch ein breiterer Gravurfräser zum Einsatz kommen, doch das Prinzip ist das Gleiche. Um Flächen auszufräsen, muss die Maschine eine zu gravierende Fläche mit dem Werkzeug in einer sich überschneidenden, einer Schraffur oder Zickzacklinie ähnlichen, Bewegung abfahren.

Wasserstrahlschneider

Ähnlich wie beim Schneidplotter wird jede Linie aus dem Material geschnitten. Flächen ergeben sich auch hier einfach durch das Material selbst. Bei passgenauen Teilen sollte der feine Wasserstrahl mit einkalkuliert werden. Er besitzt eine Schnittbreite von ca. **1 mm** und erzeugt einen Anschnitt, der zwei bis vier Millimeter lang ist. Deswegen müssen Sie darauf achten, auf welcher Seite dieser Anschnitt erfolgen soll, d.h. ob die Negativform oder die Positivform verwendet wird. Auch beim Wasserstrahlschneiden ist eine direkte Beratung empfehlenswert.

Ausgabefunktionen von Paint Shop Pro

In Paint Shop Pro stehen Ihnen folgende Ausgabefunktionen zur Verfügung:

– Mehrere Nutzen auf einer Seite
– Eigene Vorlagen
– Browser/Miniaturansichten drucken
– Schnittmarken für mehrere Nutzen

Für die Ausgabe besitzt Paint Shop Pro ein paar schöne Optionen, die Sie gerade bei der heimischen Produktion von Drucksachen unterstützen. Dabei geht es im Grunde um die Funktionalität, die im professionellen Umfeld Bogenmontage genannt wird. Das Stichwort in Paint Shop Pro heißt Drucken mit Vorlagen.

Mehrere Nutzen auf einer Seite

Nicht nur die Tinte ist beim Tintenstrahldruck teuer. Auch die speziellen Papiere gehen ins Geld. Aus dem Grund ist es sinnvoll, mehr als ein Bild oder mehrere Nutzen (Abbildungen ein und des selben Bilds) auf einer Seite (in der Sprache der Drucker **Bogen** genannt) zu platzieren. Um eine Grafik mehrfach auf einer Seite angeordnet auszudrucken, gehen Sie in das Druckmenü (**Strg + P**).

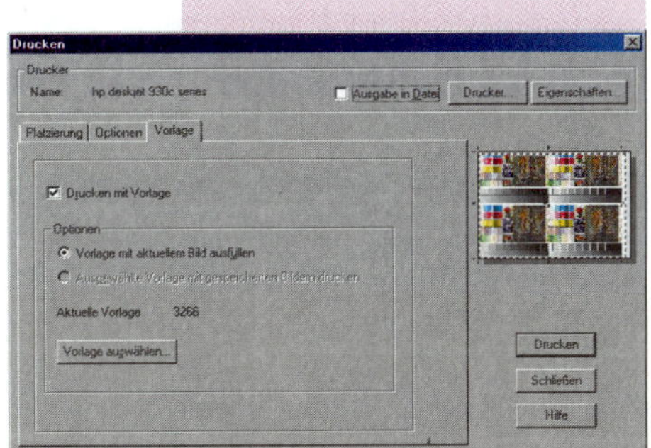

Das Vorlagendruckmenü

Im Druckmenü deaktivieren Sie die Option **Vorlage autom. erstellen** und klicken, wenn sich die Vorlagen nicht automatisch öffnen, auf **Vorlage auswählen**. Es öffnet sich eine Dialogbox:

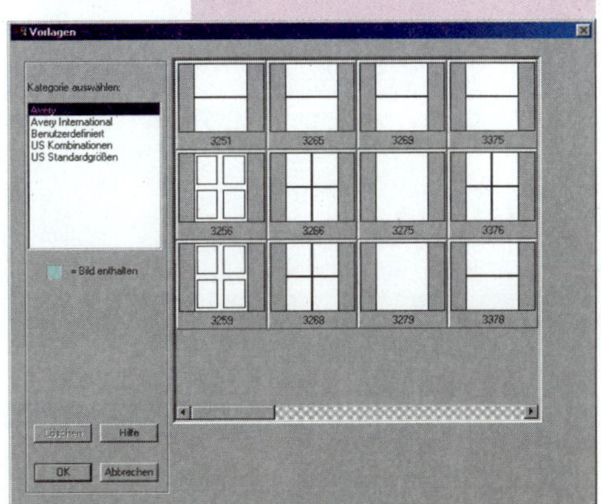

In diesem Dialog finden Sie verschiedene Vorlagen, in die Sie die Datei übernehmen und entsprechend den Feldern mehrfach platzieren.

Bei den Vorlagen gibt es verschiedene Typen:
Die Produkte von Avery sind für die Vorlagen in DIN-Formaten maßgeblich. US-Kombinationen und US-Standardgrößen sind, wie der Name schon sagt, an den US-Formaten angelegt und passen nicht für die bei uns üblichen Papiere. Darüber hinaus gibt es für eigene Vorlagen noch die Kategorie **Benutzerdefiniert**.

Am besten beeinflussen Sie das Druckergebnis, indem Sie eigene Vorlagen erstellen. Bei den vorgefertigten Vorlagen erhalten Sie keinerlei Informationen über deren Einstellungen. Die Vorschau ist auch etwas klein, um eine präzise Vorstellung zu bekommen. Bei der Arbeit mit eigenen Vorlagen bzw. mit abgeänderten Standardvorlagen haben Sie darüber hinaus noch die Möglichkeit, unterschiedliche Bildinhalte auf einem Bogen zu montieren.

Eigene Vorlagen (und Vorlagen abändern)

Paint Shop Pro hat mit der Technik der Vorlagen eine einfache Möglichkeit der eigenen Bogenmontage auf die Bedürfnisse des heimischen Tintenstrahldruckers abgestimmt.
Wenn Sie mehrere Dateien auf einem Bogen montieren wollen, lassen Sie diese Bilder geöffnet. Alle in Paint Shop Pro bereits geöffneten Bilder werden sofort in einer Übersichtsleiste des Seitenlayouts angezeigt. Sie können aber auch nachträglich weitere hinzuladen.
Starten Sie mit **Datei > Seitenlayout**.
Es erscheint eine ganz neue Programmoberfläche für das Seitenlayout!

In der linken Spalte sind die Bilder aufgelistet, die geladen sind und in das Layout eingefügt werden können.

Sie können nun über **Datei > Vorlage öffnen** eine bestehende Vorlage laden und dann die Platzierung der Bilder innerhalb der einzelnen Zellen (Bildflächen) einstellen.

Mit **Datei > Bild öffnen** fügen Sie noch weitere Bilder zur Auswahlleiste hinzu. Um die Bilder in den Zellen zu platzieren, klicken Sie auf das Bild und ziehen es bei gehaltener Maustaste in die Zelle Ihrer Wahl.
Die Zellen selber können Sie nicht ändern. Wenn das Layout der Standardvorlagen nicht passt, richten Sie die Bilder von Hand auf einer neuen Vorlage aus. Um A3 komplett zu nutzen, benötigt ein A3-Tintenstrahldrucker zwangsläufig die eigene Vorlage, da die bestehenden Vorlagen nicht auf andere Seitenformate anzupassen sind.

Ändern bestehender Vorlagen

Haben Sie eine Standardvorlage oder eine von Ihnen erstellte gewählt, können Sie zwar nicht die Zelle selber ändern. Sie können jedoch die Position und die Lage des Bildes innerhalb der Zelle bzw. auch das automatische Verhalten der Zelle beim Laden anderer Bilder beeinflussen. Dazu stehen Ihnen zwei Varianten zur Verfügung:
* Bestimmen Sie Position und Lage über **Einstellungen > Optionen** für alle Bilder im Bereich **Vorlageoptionen**.
* Ändern Sie das Verhalten einer einzelnen Zelle (die aktiv ausgewählte) mit **Vorlage > Zellenplatzierung** und der entsprechenden Angabe, wie sich das Bild innerhalb der Zelle verhalten soll. Alternativ klicken Sie mit der rechten Maustaste auf die betreffende Zelle. Die bereitstehenden Punkte sind selbsterklärend bezeichnet (z.B. **Größe beibehalten und zentrieren**). Mit der Einstellung **Frei** können Sie das Bild über die Griffpunkte skalieren und in seiner Lage verändern. Ist das Bild größer als die Zelle, wird es von der Zelle beschnitten.

Neue eigene Vorlagen erstellen

Um eine neue eigene Vorlage zu erstellen, ist es wichtig, zunächst die Seitengröße einzustellen. Wählen Sie **Datei > Drucker einrichten**. Hier sind die wesentlichen Funktionen für den späteren Ausdruck direkt aus dem Seitenlayout heraus zusammengefasst. Es ist ratsam, genau hier aus dem Seitenlayout zu drucken, denn das Laden von selbsterstellten Vorlagen im normalen Druckmenü von Paint Shop Pro ist nicht annähernd so komfortabel und übersichtlich.

Geld sparen

Bei allen Vorlagen ist Vorsicht geboten: Je nachdem, wie sie angelegt sind, passen sie die Größe an das Format an oder beschneiden das Bild. Um sicher zu gehen, sollten Sie eventuell einen Probeausdruck auf einem Normalpapier mit Entwurfsmodus erstellen. Diese Einstellungen nehmen Sie in Ihrem Druckertreiber vor, den Sie mit Eigenschaften oben links im Druckmenü aufrufen. Das geht schnell, spart Tinte und verhindert einen enttäuschenden Reindruck. Um noch mehr Kosten zu sparen, können Sie den Ausdruck auch als Graustufendruck in Schwarzweiß ausgeben. Dazu gehen Sie im Druckmenü auf Optionen und aktivieren dort bei Druckausgabe die Option Graustufen. Vergessen Sie danach nicht, die Einstellungen wieder auf Farbe, bei Optionen und bei Eigenschaften des Druckers wieder auf Hohe Auflösung sowie auf das richtige Papier umzustellen.

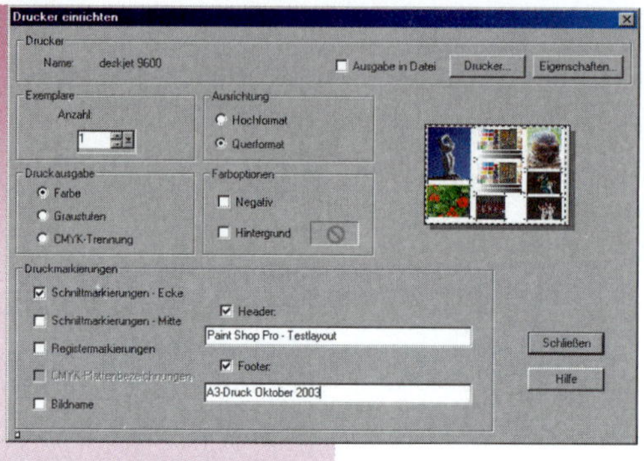

Die Druckereinstellungen des Seitenlayouts sind sehr übersichtlich.

Mit dem Header oder dem Footer sind Sie in der Lage, Textinformationen als Kopf- und/oder Fußzeile auf den Bogen zu bringen. Alle weiteren Einrichtungsoptionen sind bereits bekannt. Praktisch ist ein fast unscheinbarer Punkt - **Hintergrund**. Damit bestimmen Sie eine Hintergrundfarbe, welche Sie unter das oder die Bilder legen. Etwas Vorsicht diesbezüglich schadet nicht, denn ein kräftiger Hintergrund verbraucht viel Tinte, da dies eine zu druckende Vollfläche ist.

Um die Lage der Bilder schnell und einfach auszurichten, verwenden Sie die Funktion **Raster**. Damit legt sich ein Gitterraster über die Fläche, welches später nicht gedruckt wird, sondern ausschließlich zur Montage dient. Die Aktivierung erfolgt über **Einstellungen > Raster anzeigen** oder über das entsprechende Icon in der Iconleiste. Um nicht nur optisch zu arbeiten, aktivieren Sie **Ausrichten am Raster**.

Ziehen Sie nun die gewünschten Bilder aus der Auswahlleiste in die Bildfläche. Mit den Griffpunkten an den Ecken ändern Sie die Größe. Mit einem Klick in die Bildfläche und gehaltener Maustaste verschieben Sie die Grafiken.

Damit nachher nicht jedes Bild einzeln geschnitten werden muss, sollten Sie darauf achten, mindestens eine Bildkante aller Fotos in einer Reihe auf einer Linie zu haben. Ein sehr gutes Hilfsmittel hierzu findet sich unter **Bild > Bildplatzierung > Bildposition** (alternativ über **rechten Mausklick** ins betreffende Bild **> Bildplatzierung...**). Damit geben Sie die obere und linke Bildkante mit genauen Koordinaten an. Somit ist es ein Leichtes, mehrere Bilder an der oberen und der linken Kante auszurichten.

Achtung!

Es sollten entweder die horizontalen oder vertikalen Schnittlinien komplett gerade über den ganzen Bogen laufen, damit auch mit Hebelscheren, Lineal und Skalpell oder professionellen Schlagscheren rationell gearbeitet werden kann.

Titel für Vorlagen

Vergeben Sie nachvollziehbare Titel! Das Bogenformat (Druckseite) ist wichtig, eventuell auch das Bildformat, wenn es sich um gleiche Formate handelt. Beispiel: A3-Visitenkarten-82x55mm. Die Zahlenbezeichnungen von Jasc bei den Standardvorlagen sind nämlich wenig aussagekräftig.

Die beiden roten gestrichelten Linien zeigen, wie praxisnahe Schnitte laufen würden. Mit dieser Montage ist das allerdings nicht möglich!

Zum Drehen eines Bildes klicken Sie mit der rechten Maustaste auf das Bild und haben so schnellen Zugriff darauf (bzw. über das Menü **Bild**).
Wenn Sie mit dem Einrichten der Druckvorlage fertig sind, speichern Sie diese bei künftigem Bedarf. Beachten Sie, dass in der Standardeinstellung nur eine neue Vorlage ohne die Bilder erzeugt wird. Sollen die Bilder mit dieser Vorlage verbunden bleiben, ist es nötig, dies beim Speichern mit anzugeben (Option: **Mit Bildern speichern**).

Nach dem Speichern erstellt das Programm erst die endgültige Vorlage, die sich genauso verhält wie die vorgefertigten Vorlagen. Die platzierten Bilder werden zu Zellen definiert und sind eigentlich danach nicht mehr als Zelle bearbeitbar. Es kann theoretisch nur das Bild mit Lage, Größe und Rotation innerhalb der Zellen verändert werden.

Browser/Miniaturansichten drucken

Mit der Funktion **Browser/Miniaturansichten drucken** erstellen Sie gedruckte Bilderlisten, ähnlich wie Sie es vom Fotoindex aus dem Fotogeschäft her kennen. Paint Shop Pro druckt unter jede Miniaturansicht den Dateinamen und auf der Seite noch den Pfad des Ordners, in dem die Bilder liegen.
Wählen Sie im Menü **Datei > Durchsuchen** die Browseransicht.

Vorlagen anpassen

Es gibt einen Trick, mit dem Sie auch nachträglich noch Vorlagen wieder komplett bearbeiten können. Laden Sie dazu die Vorlage, und gehen Sie auf **Datei > Drucker einrichten.** Dort öffnen Sie mit **Eigenschaften** den Druckertreiber und stellen ein kleineres Druckformat als die Vorlage ein. Nach dem Schließen der Druckereinrichtung kommt eine erste (!) Meldung **„Die Vorlage passt nicht zum aktuellen Papierformat. Soll sie geladen bleiben?“** Diese erste Frage beantworte Sie unbedingt mit **No** (Nein). Daraufhin erscheint eine zweite Meldung **„Möchten Sie die aktuellen Bilder in der neuen Vorlage behalten?“** Diese Frage beantworten Sie mit **Yes** (Ja). Nun erhalten Sie eine Vorlage, die zu klein für die Montage ist.

Öffnen Sie wieder Drucker einrichten und stellen das Seitenformat wieder auf die richtige Größe. Das Ergebnis ist eine Situation wie vor dem Speichern. Die Bilder sind noch nicht in fest geschriebenen Zellen, sondern wie bei einer neu aufgebauten Vorlage vollständig änderbar. Dieser Trick funktioniert allerdings nur mit Vorlagen, die Bilder enthalten. Sollten Sie eine Standardvorlage anpassen wollen, ziehen Sie ein Bild in eine der Zellen. Mit Vorlage > Vorlage mit Bild auffüllen legen Sie dieses Bild in allen Zellen an. Mit dieser Vorlage inklusive Bildern können Sie jetzt die oben beschriebenen Schritte ab dem Punkt der Druckformatverkleinerung umsetzen.

Suchen Sie dort die Bilder, die Sie als Miniatur drucken wollen. Markieren Sie diese. Einzelne Bilder klicken Sie dazu bei gedrückter **Strg**-Taste an.
Wollen Sie einen Bereich markieren, klicken Sie auf das erste Bild und danach auf das letzte bei gehaltener **Shift**-Taste. Alle Bilder dazwischen sind ebenfalls markiert. Um ein einzelnes Bild daraus wieder abzuwählen, klicken Sie wiederum mit gleichzeitig gehaltener **Strg**-Taste darauf. Mit **Drucken** können Sie nun die Auswahl der im Browser markierten Bilder als Miniaturen drucken - so zumindest in der Theorie. Praktisch kümmerte sich das Programm nicht um die von uns gemachte Auswahl.
Wenn Sie alle Miniaturen Ihres Ordners drucken wollen, ist das nicht weiter schlimm. Unhandlich wird es, wenn Sie nur eine Auswahl drucken wollen.

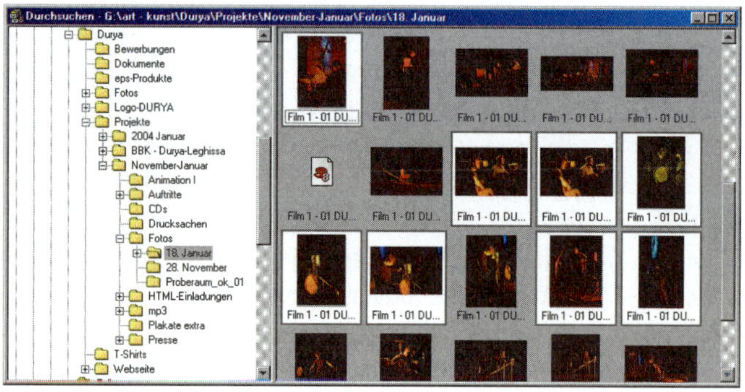

Die weiß markierten Bilder müssten eigentlich als Auswahl von Miniaturen gedruckt werden - theoretisch.

Hier kam eine Behelfslösung zum Einsatz, welche zwar nicht sonderlich elegant, aber dafür praktikabel war: Wir erstellten einen Ordner in dem Ordner mit den Miniaturen und nannten ihn **temp**. Dann machten wir unsere Auswahl an Miniaturen und klickten mit der rechten Maustaste auf eines der ausgewählten Bilder . Mit **Kopieren nach** (oder **Strg + Y**) legten wir in dem neuen Ordner Kopien der Daten an und wechselten dann in diesen Ordner. Aus diesem heraus wurden dann die Miniaturen gedruckt.
Diese Lösung hat den Nachteil zusätzlicher Arbeitsschritte. Zudem stimmt der Pfad des Ordners nicht. Der Vorteil jedoch ist, dass Sie so Miniaturen aus verschiedenen Ordnern zusammenstellen können, um sie gemeinsam zu drucken. Löschen Sie zum Schluss den temporären Ordner wieder, da sich in diesem nicht nur die Miniaturen, sondern Kopien der Originaldaten befinden, die unter Umständen viel Platz wegnehmen.

Beim Druck von Miniaturen haben Sie die Möglichkeit, wieder auf Vorlagen zuzugreifen. Zu diesem Zweck finden Sie sehr gute Standardvorlagen. Um diese zu nutzen, deaktivieren Sie **Vorlage autom. erstellen**. Die automatische Vorlage stellt die Miniaturen nicht ganz so gut dar, da die Darstellung der einzelnen Miniatur kleiner ist. **Miniaturansichten verwenden** als Option sollten Sie ebenfalls deaktivieren, da hier die Datenmenge reduziert wird und eine erhebliche Qualitätsverschlechterung die Folge ist.

Schnittmarken für mehrere Nutzen

Wie schon beim Thema Offsetdruck angesprochen, sollten Schnittmarken gesetzt werden, wenn das endgültige Maß der Drucksache nicht mit dem Bogenformat des Ausdrucks übereinstimmt.

Paint Shop Pro besitzt die Möglichkeit, Schnittmarken automatisch zu generieren. Diese orientieren sich dabei an den äußeren Kanten des Bildes, der Grafik.

Im Gegensatz zu vielen Konkurrenzprodukten erstellt Paint Shop Pro diese Schnittmarken für jedes auf der Seite platzierte Element, welches als solches erkennbar ist. Am einfachsten ist es, ein Seitenlayout zu erstellen und dann mit Schnittmarken zu drucken. Jedes Element sollte nun die geforderten Schnittmarken haben. Das stimmt im Prinzip. Doch leider benötigt das Programm ziemlich viel Platz für seine Schnittmarken und dieser Platz muss als Abstand zwischen den Bildelementen klar definiert sein.

Beschnittzugabe

Beachten Sie weiter, dass bei randabfallender Gestaltung (der Druck geht bis zum Rand) kein Beschnitt möglich ist. Normalerweise gibt man **1 - 3 mm** Farbzugabe an den Schnittkanten hinzu, damit der Schnitt auf alle Fälle innerhalb der Farbe geschieht und nicht genau auf der Kante des Farbauftrags erfolgen muss.

Hierfür gibt es zwei Lösungsansätze: einen einfachen und einen eleganten, aber umständlicheren:

Der einfache Weg:

Planen Sie bei der Bildgestaltung 1 – 3 mm Beschnitt ein und erstellen Sie die Schnittmarken trotzdem über das Seitenlayout. Denken Sie beim Beschneiden daran, den Beschnitt, den Sie hinzugerechnet haben, und die Schnittkante entsprechend zu den Marken zu versetzen. Das erfordert aber Konzentration und ist darüber hinaus auch nicht üblich.

Tipp:

Falls Sie die Acrobat-Vollversion haben, können Sie mit dem Treiber eines PostScript-Druckers die Miniaturansichten in eine Datei drucken und dann mit Distiller in ein PDF-Dokument wandeln (oder gleich in Distiller drucken). Damit erhalten Sie eine Datei als Bilderübersicht, die Sie mit Paint Shop Pro wieder konvertieren können, um eine Übersicht z.B. für das Internet zu erhalten. Mit GhostScript gibt es eine kostenlose OpenSource-Alternative zum Acrobat-Paket, jedoch nicht mit den Fähigkeiten des Originals.

Abstand halten

Sind die Bilder zu nahe beieinander, laufen die Schnittmarken des einen Bilds an der Kante des nächsten Bilds entlang. Damit könnte es passieren, dass Teile dieser Marke später am Rand der Drucksache sichtbar werden. Achten Sie also auf ausreichende Abstände, wenn Sie die einfache Lösung über das Seitenlayout und automatische Schnittmarken ins Auge fassen.

Der elegante Weg:
Bauen Sie Ihre Gestaltung ebenso mit einer klar definierten Beschnittzugabe auf. Dann rechnen Sie sich aus, wie oft dies (wenn es um mehrere Nutzen geht, ansonsten welche Daten insgesamt) auf Ihr Bogenformat passt - abzüglich der Druckerränder und zirka **1,7 cm** auf jeder Seite, also 3,4 cm in Längs- und Querachse für Passmarken und Druckinformationen. Vergessen Sie nicht, dass auch die Schnittmarken etwas Platz benötigen. Für die Schnittmarken reichen allerdings im Notfall 2-3 mm Länge aus.

Speichern Sie Ihre Datei zur Sicherheit und arbeiten nun mit einer Kopie speziell für den Druck.
Mit **Auswahl > Alles auswählen** markieren Sie die komplette Bildfläche, nachdem Sie die gesamte Gestaltung vorher mit **Ebene > Zusammenfassen > Sichtbare zusammenfassen** auf eine Ebene reduziert haben. Die Tastenkombination **Strg + C** (oder **Bearbeiten > Kopieren**) kopiert das Bild in die Zwischenablage. Nun geben Sie mit **Bild > Rand hinzufügen** Werte zum Vergrößern der Bildfläche ein, welche ein ganzzahliges Vielfaches Ihres Entwurfs ergeben. Im Beispiel wurde einfach das Maß des Bildes umlaufend erweitert, so dass sich neun Nutzen ergeben. Mit **Bearbeiten > Einfügen > Einfügen als neue Ebene** legen Sie das Bild als neue Ebene in die vergrößerte Bildfläche. Das wiederholen Sie noch drei Mal. Dann ordnen Sie diese am oberen Rand an, so dass eine Reihe aus drei Rosen entsteht. Reduzieren Sie das Ergebnis mit **Ebene > Zusammenfassen > Sichtbare zusammenfassen** wieder auf eine Ebene. Diese Ebene kopieren Sie wieder mit **Strg + A** und mit **Strg + C** in die Zwischenablage. Führen Sie **Bearbeiten > Einfügen > Einfügen als neue Ebene** zwei Mal erneut aus. Damit erzeugt Paint Shop Pro die fehlenden Nutzen, um die Fläche zu füllen. Auch diese beiden Ebenen verschieben Sie so, dass Sie 3x3 Nutzen erhalten, also ein Feld von neun Rosen.
Fügen Sie die Ebenen mit **Ebene > Zusammenfassen > Sichtbare zusammenfassen** zusammen.
Markieren und kopieren Sie alles mit **Strg + A** und **Strg + C**.
Wählen Sie im Menü **Bild > Rand hinzufügen** mit den Einstellungen: **Maßeinheit in Zentimeter, symmetrisch** mit **0,5**. Stellen Sie die Farbe auf **Weiß**. Um die Farbe zu definieren, klicken Sie doppelt auf die Farbfläche.
Setzen Sie mit **Bearbeiten > Einfügen > Einfügen als neue Ebene** das Bild in der noch bestehenden Auswahl ab.
Klicken Sie in der **Ebenenpalette** auf die **Hintergrundebene**. Erstellen Sie eine neue Vektorebene, so dass sich diese zwischen den beiden Rasterebenen befindet.

Auf dieser erzeugen Sie über die ganze Breite eine waagrechte Vektorlinie mit dem Zeichenstift aus der Werkzeugpalette. Dazu klicken Sie ganz an den Rand und ziehen Sie bei gehaltener Maustaste die Linie in etwa waagrecht über die Arbeitsfläche. Die **Shift**-Taste bewirkt, dass die Linie garantiert waagrecht verläuft.

Mit **Ebene > Duplizieren** erzeugen Sie eine zusätzliche identische Ebene. Alternativ können Sie auch auf das entsprechende Icon in der Ebenenpalette klicken. Das wiederholen Sie noch vier Mal.

Verschieben Sie diese Linien mit Hilfe des **Verschiebungswerkzeugs**. Dazu müssen Sie nur auf die Linie klicken und bei gehaltener Maustaste verschieben. Genial an Paint Shop Pro ist, dass das Programm die passende Ebene selbst erkennt und Sie nicht jedesmal die Ebene händisch in der Palette anwählen müssen. Diese Linien ziehen Sie so, dass Sie an den Bildkanten den vorher bei der Gestaltung mit eingeplanten Beschnitt kennzeichnen – ein reines Rechenexempel. Dabei ist es hilfreich, mit den Linealen zu arbeiten. Diese blenden Sie ein mit **Strg + Alt + R** (oder via **Ansicht > Lineale**). Achten Sie darauf, dass Sie die Linien auch nicht nach links oder rechts verschieben, denn dann funktioniert nachher das Kopieren ohne Nacharbeit für die senkrechten Marken.

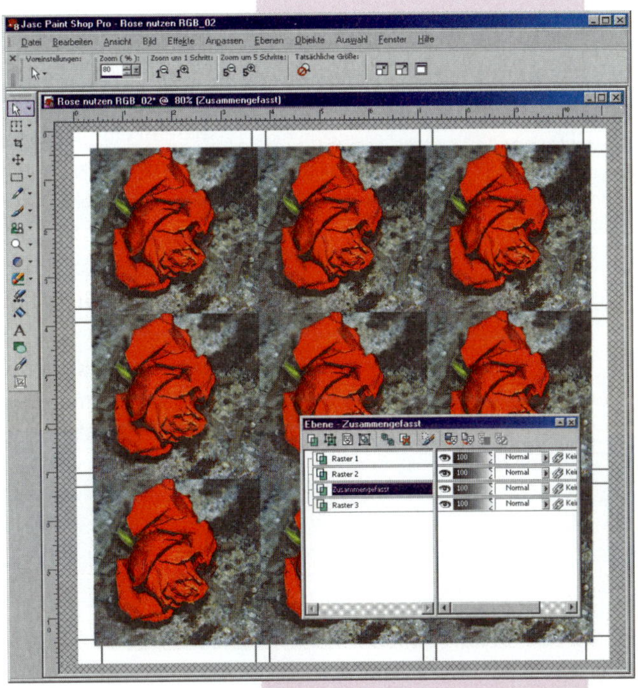

Die Linien ergeben die Schnittmarken und zwar erheblich Platz sparender als die von Paint Shop Pro generierten Marken.

Wenn Sie alle Marken an die richtige Position gebracht haben, dann können Sie sich das Leben im Beispiel leicht machen, denn die Gestaltung ist quadratisch. Wenn dem nicht so wäre, dann müssten Sie die senkrechten Schnittmarken genauso wie die waagrechten erstellen. So aber schalten Sie die Hintergrundebene und die oberste Rasterebene mit den Rosen via Augensymbol in der Ebenen-

palette aus und vereinen die sichtbaren Ebenen durch **Ebenen > Zusammenfügen > Sichtbare zusammenfassen**. (Sie können auch über einen rechten Mausklick auf die Ebenenpalette zu diesen Menüeinträgen gelangen.)
Die ausgeblendeten Ebenen machen Sie mit einem erneuten Klick auf das Augensymbol wieder sichtbar.
Nun drehen Sie das Bild mit **Bild > Drehen > Um 90° im Uhrzeigersinn drehen**.
Mit **Strg + A** (**Auswahl > Alles auswählen**) und daraufhin **Strg + C** (**Bearbeiten > Kopieren**) übergeben Sie die Schnittmarken in die Zwischenablage. Mit **Bild > Drehen > Um 90° gegen den Uhrzeigersinn** drehen Sie das Bild wieder richtig herum.
Bearbeiten > Einfügen > Einfügen als neue Ebene setzt Ihnen die senkrechten Schnittmarken. Falls nicht die Hintergrundebene oder die Ebene der waagrechten Schnittmarken aktiv war, müssen Sie die neu eingesetzte Ebene hinter die oberste Rasterebene in der Ebenenpalette schieben, damit die Linien hinter dem Bild verlaufen.

Zuletzt kontrollieren Sie, ob die Lage der Linien stimmt. Wenn Sie bei allem präzise gearbeitet haben, müssten sie passen.
Sollte das nicht der Fall sein, können Sie jetzt nicht ohne weiteres die einzelne Linie anklicken, denn diese enthält keine Vektorinformationen mehr. Dann markieren Sie diese mit dem Auswahlwerkzeug, schneiden diese mit **Strg + X** aus und fügen Sie mit **Bearbeiten > Einfügen > Einfügen als Auswahl** wieder ein. Dann können Sie mit der Maus die Linie(n) an die richtige Position schieben. Ein Klick setzt sie dann fest. Das gilt nur, wenn eine oder ein paar Linien nicht stimmen. Wenn alle verschoben werden müssen, dann machen Sie das gleich mit der ganzen Ebene, indem Sie eine Linie anklicken und verschieben: So erreichen Sie eine deutlich bessere Ausnutzung der Druckbogenfläche.

Diashow

Althergebrachte Diashows am Projektor sind Schnee von gestern. Mit einer ausgeklügelten Slideshow am Computermonitor (oder Fernseher) dagegen können Sie Ihre Freunde oder Verwandten immer noch verblüffen. In diesem Kapitel erfahren Sie, wie Sie mit dem Animation Shop oder gar dem noch besser geeigneten Paint Shop Photo Album von Jasc Software eine ansprechende Diashow erzeugen.

Tipp:
Anders als in einer klassischen Diashow mit Projektor können Sie etwa ein Detailbild in eine Landschaftsaufnahme einfügen (Bild in Bild). Dies ist empfehlenswert, um gleichförmige Bildbereiche oder Bildfehler zu kaschieren.

Grundprinzipien für Animationen

Die gelungene Show beginnt bereits bei der Aufnahme des Materials: Aus verpfuschten Fotos kann der beste Animateur keine Oscar-verdächtige Abendveranstaltung zaubern.
Beachten Sie daher bereits beim Fotografieren:
1. Sparen Sie nicht am Filmmaterial. Oft gibt die eine Aufnahme mehr dem ganzen Vortrag die richtige Würze. Reportagebilder sollten „eine Geschichte erzählen". Faustregel: Stecken Sie immer doppelt so viel Material in den Rucksack, wie Sie voraussichtlich benötigen werden.
2. Auch geeignete Start- oder Endszenen sind wichtig: Typische Startmotive sind Aufnahmen beim Zusammenpacken der Fotosafari-Ausrüstung oder die Umarmung beim Abschied, für den „Ausstieg" eignet sich etwa ein Foto am nächtlichen Flughafen.
3. Denken Sie an unterschiedliche Aufnahmestandorte, Perspektiven oder Formate. Ausschließlich Panoramaaufnahmen sind ähnlich fad wie eine Nahaufnahme nach der anderen.
4. Denken Sie an Anschlüsse: Wie beim Film sollten Sie bei einer doch recht flüssig ablaufenden Show Zwischenschritte einplanen. Also von einer Landschafts-Panoramaaufnahme nicht gleich zur nächsten Landschafts-Panoramaaufnahme in einer ganz anderen Gegend wechseln, sondern davor vielleicht eine Blume in Nahaufnahme zeigen.
5. Beachten Sie die Tageszeit der Aufnahme: Eine Aufnahme im grellen Sonnenlicht, die nächste gleich eine Nachtaufnahme wirkt schnell unnatürlich. Auch hier wäre zumindest ein Zwischenbild nicht verkehrt. Notfalls helfen Sie mit Paint Shop Pro nach.
6. Wagen Sie Ausschnitte: Vor allem Portraitaufnahmen wirken sehr viel intensiver, wenn Sie nicht nur zaghaft ein paar Haare am Hinterkopf abschneiden. Weg mit dem Pixelmüll! Das Hauptmotiv wirkt exakt in der Bildmitte meist langweilig, versuchen Sie einfach mal einen anderen Ausschnitt. Faustregel: Versetzen Sie das Hauptmotiv nach den Regeln des Goldenen Schnitts etwa im Verhältnis 8:13.
7. Sorgen Sie für Halt: Besonders bei längeren Aufnahmesessions sollten Sie an Hand von sinnvollen „Pausen" die Show gliedern. Beispiel: Bei einer längeren Safari könnten Sie an Hand einer Kartenaufnahme dem Betrachter zeigen, in welchem Landesteil Sie sich gerade befinden. Die Reiseroute könnten Sie mit Paint Shop Pro leicht markieren.
8. Sinnvolle Zeiteinteilung: Bei einem Bild mit vielen Details

braucht der Betrachter etwas länger als bei einem Ausschnittbild. Faustregel: Planen Sie für den ersten Fall eine Verweildauer von 20 bis 30 Sekunden ein, bei einem Bild mit wenigen Details genügen meist zehn bis fünfzehn Sekunden.

9. Bringen Sie vorab in Paint Shop Pro die Bilder in die richtige Größe. Damit vermeiden Sie unnötig große Dateien bzw. Qualitätsverlust bei der Komprimierung.

10. Berücksichtigen Sie das Ausgabemedium: Fürs Web sind möglichst kleine Dateien unabdingbar, siehe Kapitel **Bilder fürs Web optimieren**. Auf dem eigenen Computer steht dagegen die Qualität im Vordergrund. In jedem Fall gilt: Beschneiden Sie Ihre Bilder auf die Größe, die Sie tatsächlich brauchen. So macht es keinen Sinn, bei einer Bildschirmauflösung von 1025 x 768 Pixeln Monsterbilder mit 4000 x 3000 Pixeln einzusetzen.

11. Hüten Sie sich vor Effekt-Overkill: Bereits der Animation Shop unterstützt zahlreiche Übergänge mit teilweise abgedrehten Optionen. Dennoch sollten Sie sich in Ihrer Begeisterung über die Möglichkeiten auf wenige Effekte beschränken, die dem Stil der Show angemessen sind. Auch hier gilt eine Grundweisheit des Films: Während in Actionfilmen meist Szene auf Szene folgt, eignen sich für beschauliche Landschaftsaufnahmen durchaus weiche Überblendungen oder Effekte wie **Auflösen**. Für den Abspann am Schluss der Show bietet sich der Spezialeffekt **Gauss-Nebel** an, bei dem Bild und Schrift zuletzt unscharf werden usw.

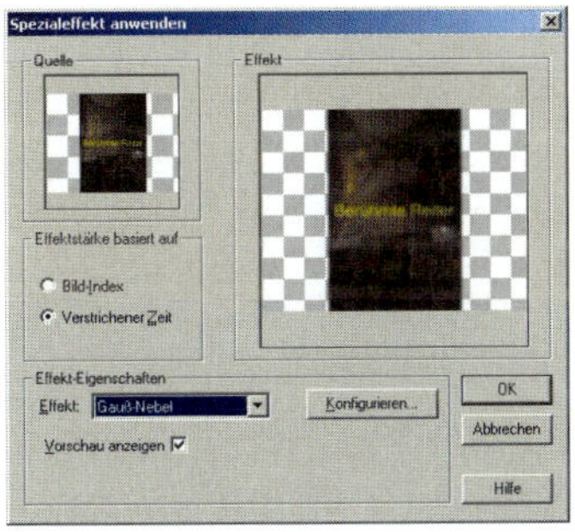

Der Effekt ***Gauss-Nebel***

12. Bei Text in der Animation: Verwenden Sie vorzugsweise eine serifenlose Schrift (Schrift ohne Abschlussstriche, beispielsweise **Verdana**, **Arial** oder **Helvetica**) mit klarem Kontrast zum Hintergrundbild. Der Hintergrund sollte möglichst ruhig (nahezu einfarbig) sein, um nicht zu stark abzulenken.

Achtung: Wo bleibt der Text?

Wenn Sie in der Vorschau keinen Text sehen, liegt dies oft daran, dass Sie eine zu kleine Schriftgröße (etwa 8 Punkt) eingestellt haben.

Bildbrowser
Seit Version 3.04 steht Ihnen in Animation Shop der Browser von Paint Shop Pro zur Verfügung. Öffnen Sie den Browser unter Datei > Browser oder drücken Sie Umschalt + B.

Die Bilder lernen laufen: Animation Shop

Zum Erstellen von Animationen, etwa für eine Dia-Show, liefert Jasc zu Paint Shop Pro die zusätzliche Software Animation Shop. In Animation Shop erstellen Sie Animationen fürs Web, peppen Ihre Präsentationen auf oder bauen einen professionellen Werbebanner. Es eignet sich besonders gut als Ergänzung zu Paint Shop Pro, da die unterschiedlichen Funktionen gut zusammenarbeiten und sich somit ergänzen. Haben Sie etwa in Paint Shop Pro ein Bild mit verschiedenen Ebenen erstellt, können Sie das Bild in Animation Shop öffnen und die Ebenen direkt für eine Animation verwenden.

Neue Animationen erstellen

Der Animations-Wizard führt Sie Schritt für Schritt durch die einzelnen Etappen der Dia-Show-Erstellung. Öffnen Sie den Wizard entweder mit einem Klick auf die Schaltfläche **Animations-Wizard** links oder über **Datei > Animations-Wizard**. Im Fenster **Animations-Wizard** geben Sie zunächst die Bildgröße ein, bestimmen die Farbe der Leinwand, definieren die Platzierung und die Wiedergabedauer der Bilder und wählen zuletzt die Bilder.

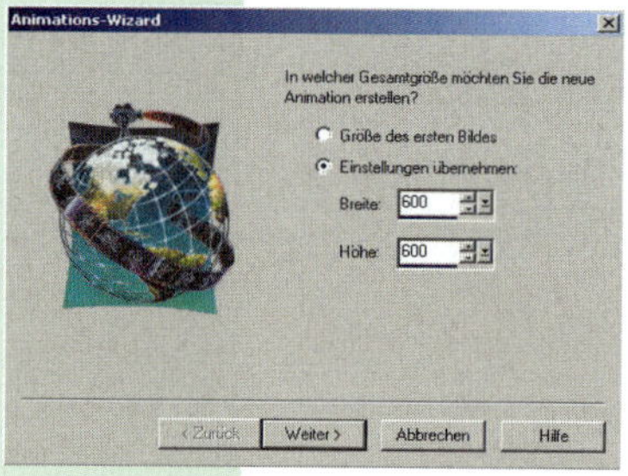

*Mit dem **Animations-Wizard** erstellen Sie in fünf Arbeitsschritten eine Animation.*

1. Um eine neue Animation manuell zu erstellen, haben Sie drei Möglichkeiten:
* Wählen Sie **Datei > Neu**.
* Drücken Sie die Tastenkombination **Strg + N**.
* Klicken Sie in der Werkzeugleiste auf die Schaltfläche **Neue Animation**.

2. Legen Sie im Fenster **Neue Animation** die Breite und die Höhe der Leinwand fest. Wählen Sie eine Hintergrundfarbe der Leinwand oder aktivieren Sie **transparent**. Bestätigen Sie die Einstellungen

mit **OK**. Es öffnet sich ein neues Fenster, in dem der erste Rahmen der Animation mit den gewählten Einstellungen zu sehen ist.

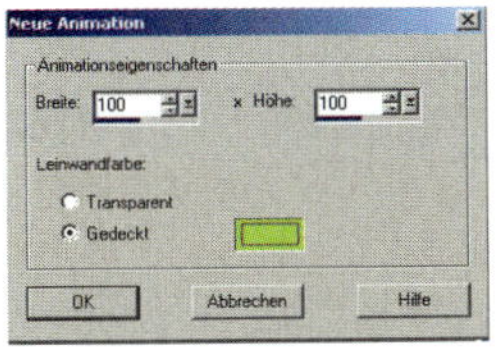

Im Fenster ***Neue Animation*** *bestimmen Sie Größe und Farbe der Leinwand.*

3. Setzen Sie die Bilder in die Animation ein. Wählen Sie **Animation > Bild hinzufügen > Aus Datei**. Klicken Sie auf die Schaltfläche **Datei hinzu**, um ein Bild zu wählen. Fügen Sie der Animation beliebig viele Bilder hinzu. Um ein Bild zu verschieben, aktivieren Sie es, und drücken entweder auf die Schaltfläche **Nach oben** oder **Nach unten**.

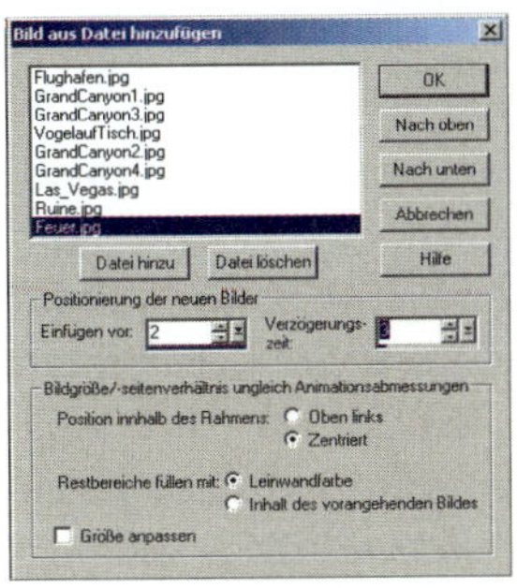

Im Fenster ***Bild aus Datei einfügen*** *organisieren Sie die einzelnen Bilder der Animation.*

Im Fenster der fertigen Animation sehen Sie die eingefügten Bilder in einzelnen Fenstern nebeneinander.

4. Bearbeiten Sie die Animation:
a. Um in der Animation einen Text auf der Leinwandfarbe einzusetzen, fügen Sie ein leeres Bild ein. Wählen Sie das Bild, vor das der Text kommen soll. Ein gewähltes Bild ist mit einem dünnen blauen Rahmen markiert. Wählen Sie **Animation > Bild hinzufügen > Leer**. Mit dem **Formen-Werkzeug** in der Werkzeugleiste fügen Sie einzelnen Bildern geometrische Formen hinzu, etwa einen Rahmen. Klicken Sie mit dem Text-Werkzeug in das Einzelbild, in dem der Text erscheinen soll. Es öffnet sich das Fenster **Text einfügen**. Geben Sie im Feld **Eingabe** den Text ein und formatieren Sie ihn. Um die Kanten zu glätten, aktivieren Sie **Antialiasing**.

Neu in Version 8.1:
In Paint Shop Pro finden Sie einen neuen Animation Shop-Dateityp. Verwenden Sie diesen Dateityp zum Speichern von Bildern und von Dateien mit Ebenen für die Verwendung in Animation Shop 3. Möchten Sie Ihr Bild im Format Paint Shop Pro Image speichern, wählen Sie die Option PSP 7-kompatible Datei.

Tipp:
Klicken Sie mit der rechten Maustaste in das Farbfeld, öffnet sich das Fenster Zuletzt verwendete Farben. Ihnen stehen neben den Grundfarben alle Farbtöne zur Verfügung, die Sie in den letzten Animationen verwendet haben.

Tipp:
Überprüfen Sie im Fenster Bild aus Datei einfügen die Verzögerungszeit: Die Einheit der Zeit beträgt 1/100 Sekunden. Sollen Ihre Bilder etwa eine Sekunde zu sehen sein, geben Sie der Verzögerungszeit den Wert 100, für drei Sekunden den Wert 300.

Tipp:
Haben Sie bereits eine Animation erstellt, duplizieren Sie diese, um eine weitere mit den gleichen Einstellungen zu erzeugen. Wählen Sie Fenster > Duplizieren (Tastaturkürzel: Umschalt + D).

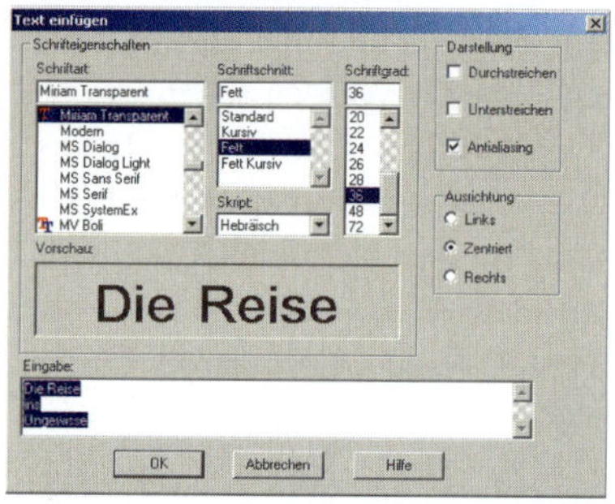

*Im Fenster **Text einfügen** formatieren Sie den Text.*

Setzen Sie leere Bilder und Text ein, um die Animation zu strukturieren.

b. Fügen Sie Bildübergänge ein. Wählen Sie **Effekte > Bildübergang einfügen**. Wählen Sie unter **Übergang** eine der vielen spektakulären Überblendungen. Um zwei Bilder ineinander zu überblenden, aktivieren Sie bei **Startbild** und bei **Endbild** jeweils das **Animationsbild**.

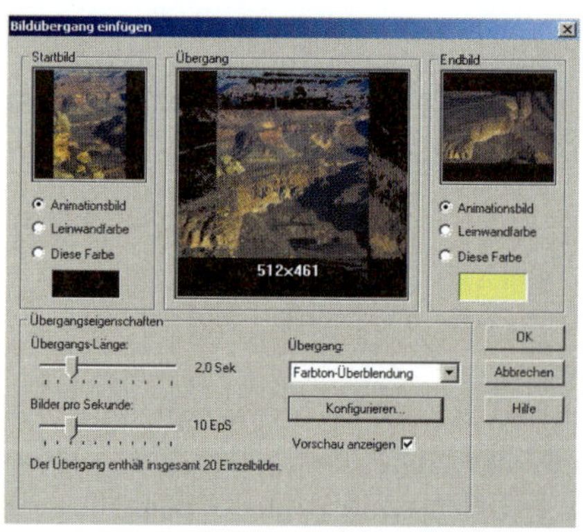

*Animation Shop bietet Ihnen eine Reihe von spektakulären Überblendungen, etwa die **Farbton-Überblendung**. Wählen Sie jedoch bei Landschaftsaufnahmen wie in unserem Beispiel eher eine weiche Überblendung, wie zum Beispiel **Metamorphose** oder **Auflösen**.*

c. Texteffekte können Sie ebenfalls zu einzelnen Bildern hinzufügen. Aktivieren Sie das Bild, dem Sie den Texteffekt hinzufügen. Wählen Sie **Effekte > Texteffekt einfügen**. Um für den Text eine eigene Farbe zu definieren, aktivieren Sie unter Text **Diese Farbe**. Klicken Sie auf das Farbfeld und suchen Sie die passende Textfarbe. Im Feld **Text definieren** bestimmen Sie die Art des Effekts und legen dessen Dauer fest.

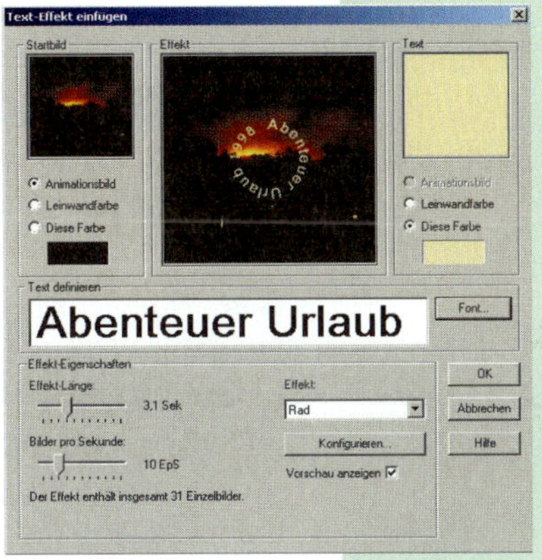

*Bewegten Text gestalten Sie über die Funktion **Texteffekt einfügen**.*

d. Mit den Spezialeffekten bringen Sie Bewegung in ein Bild. So verzerren Sie es wellen- oder wirbelförmig, zeichnen es unscharf und wölben es. Klicken Sie auf die Schaltfläche **Konfigurieren,** um den Effekt zu verändern.

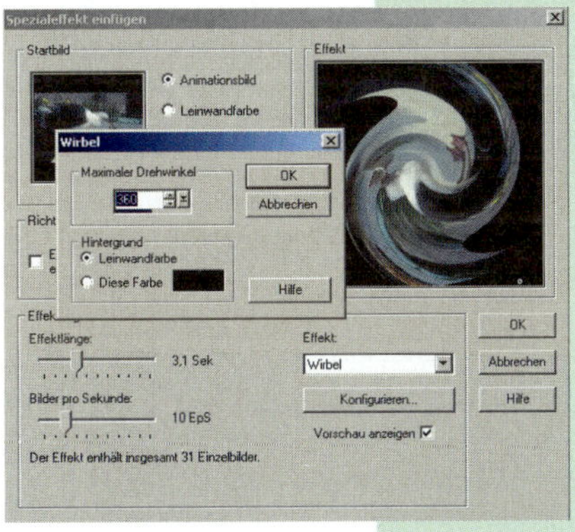

Spezialeffekte bringen Bewegung ins Bild.

5. Optimieren Sie die Animation. Um einerseits die Datei möglichst klein zu halten, andererseits eine möglichst hohe Qualität zu erhalten, optimieren Sie vor dem Speichern die Animation. Am besten greifen Sie hier auf den **Optimierungs-Wizard** zurück: So zeigt er zu allen Einstellungen, die Sie wählen, die entsprechenden Daten mit Erklärung an. Wählen Sie **Datei > Optimierungs-Wizard**. Legen Sie auf der ersten Seite das Format fest. Auf der zweiten Seite stellen Sie die Bildqualität ein. Wählen Sie bei einer Animation fürs Web eher eine geringere Dateigröße, für eine Präsentation am heimischen Monitor die höhere Bildqualität.

Tipp:
Speichern Sie die Animation nach der Optimierung als neue Animation. Sie erhalten so die Originaldaten in der besten Qualität.

Info:
Eine kostenlose Testversion von Photo Album finden Sie auf der Buch-CD.

6. Speichern Sie die Animation. Wählen Sie **Datei > Speichern**, um die Animation im Programm-eigenen Format (Animation Shop Animation ***.mng**) zu speichern. Um sie als GIF, Autodesk Animation oder AVI zu speichern, wählen Sie **Datei > Speichern unter**.

Diashow in Paint Shop Photo Album

Gute Möglichkeiten zum Erstellen einer Diashow bietet das Programm Paint Shop Photo Album. Im linken Teil der Programmoberfläche steht Ihnen im Register **Übersicht** ein Bildbrowser zur Verfügung. Öffnen Sie hier einen Bildordner, um alle darin enthaltenen Bilder in Miniaturansicht im Arbeitsfenster links zu sehen. Sie können den gesamten Bildordner als Dia-Show anzeigen, ohne weitere Arbeitsschritte durchführen zu müssen: Wählen Sie **Freigeben > Dia-Show anzeigen** oder klicken Sie auf die Taste **Dia-Show**, und wählen Sie **anzeigen**.

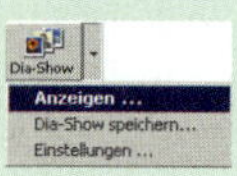

Mit einem rechten Mausklick bei laufender Show öffnen Sie das Kontextmenü. Hier halten Sie die Show an, springen zum vorherigen oder zum nächsten Bild, beenden die Dia-Show oder öffnen die Einstellungen.

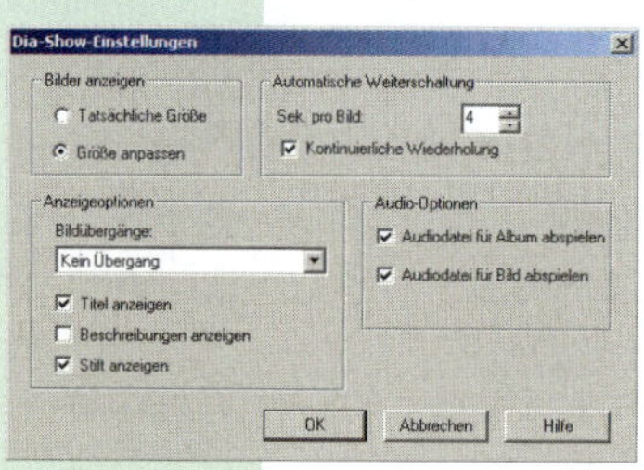

*Die Einstellungen der Dia-Show öffnen Sie entweder während der laufenden Show oder über **Diashow > Einstellungen**.*

In den Einstellungen regeln Sie:
* unter **Bilder anzeigen** die tatsächliche Größe, oder Sie passen die Größe an den Monitor an.
* unter **Automatische Weiterschaltung** die Dauer in Sekunden, die ein Bild zu sehen ist.
* in den **Anzeigeoptionen** einen der vielen Bildübergänge, zeigen Bildtitel oder Beschreibungen an.

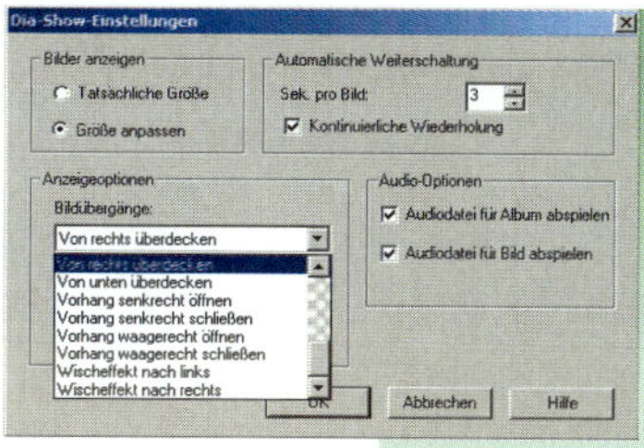

Wählen Sie in den Einstellungen einen Übergang.

* In den **Audio-Optionen** ordnen Sie eine vorher ausgewählte Audio-Datei einem Bild oder einer ganzen Diashow zu.

Sie haben mehrere Möglichkeiten, die Diashow zu sichern:
* **Als Film speichern:** Wählen Sie **Werkzeuge > Film erstellen**. Im Fenster **Film erstellen** wählen Sie die Größe der Bilder und die Zeit pro Bild. Photo Album erzeugt ein QuickTime Movie (Endung: .mov). Die einzelnen Übergänge werden über diesen direkten Speichervorgang nicht berücksichtigt.
* Möchten Sie einen Übergang mitspeichern, wählen Sie **Dia-Show > Dia-Show speichern**. Im Fenster **Dia-Show speichern** wählen Sie eine neue Form der Übergänge und erstellen einen extra Dia-Show-Player.

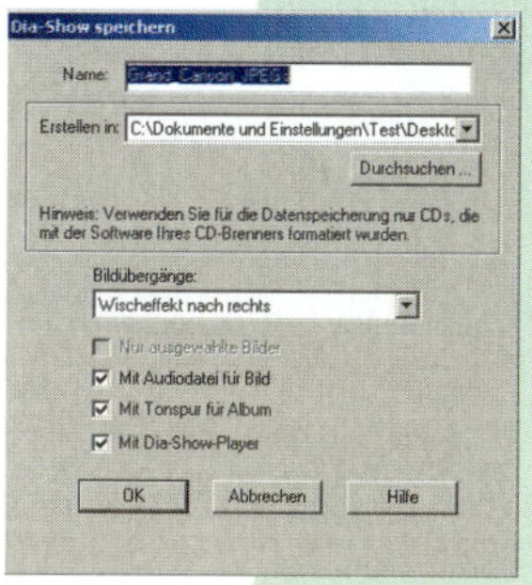

Vielseitiger als das Speichern als Film ist es, die Show mit einem eigenen Player zu speichern.

* Erstellen Sie von der Diashow eine VCD (Video-CD), können Sie weitere Bild-Ordner suchen und als Diashow der ersten hinzufügen. Sobald Sie die Option **Für DVD erstellen** (Schaltflächensymbol: kleine goldene CD) gewählt haben, sehen Sie im Fenster links oben den Ordner mit der aktiven Diashow. Rechts davon befindet sich ein Vorschau-Bild von der Diashow, im unteren Teil der Arbeitsoberfläche sehen Sie alle Bilder, die in der Dia-Show enthalten sind. Mit einem Klick auf das kleine blaue + links oben fügen Sie weitere Dia-Shows hinzu oder entfernen andere (Klick auf das rote **x** links oben). Ebenfalls können Sie innerhalb einer Dia-Show einzelne Bilder umsortieren, hinzufügen oder löschen. Sie können auch verschiedene Hintergründe hinzufügen und Text vor einer Show oder zwischen einzelnen Bildern einfügen.

In Paint Shop Photo Album haben Sie auch die Möglichkeit, eine VCD (Video-CD) zu erstellen.

Weitere Funktionen in PSP Album:

* Direkter Import von Bildern aus einer Digitalkamera mit Unterstützung der EXIF-Information
* Bilder per E-Mail senden: Die Dateigröße kann automatisch reduziert werden und das Mail-Programm wird gestartet.
* Archivierung der Bildersammlung
* Suche von Bildern anhand von Schlüsselwörtern
* Einfache Möglichkeiten zum Druck
* Mehrere einfache Korrektur- und Änderungsmöglichkeiten wie die Korrektur roter Augen und Umwandeln in ein Sepia-Bild
* Hinzufügen von Bilderrahmen
* Erstellen von Panoramabildern, Bildschirmschonern und Hintergrundbildern
* Stapelverfahren: z.B. Größe, Korrekturen mehrerer Bilder ändern, umbenennen
* Erstellen einer Web-Galerie

Web-Optimierung

12

Was nützt Ihnen das schönste Bild, wenn es durch zu lange Ladezeiten Besucher vertreibt? Im Web herrschen ganz andere Gesetze als für den Druckbereich – nicht zuletzt entscheiden kurze Ladezeiten über Erfolg oder Misserfolg. In diesem Kapitel erfahren Sie, wie Sie Bilder für Web-Sites optimieren und abwechslungsreiche Web-Animationen erzeugen.

Auf der Buch-CD
Die Beispiele für dieses Kapitel finden Sie auf der Buch-CD im Ordner Web-optimierung. Die in den einzelnen Formaten unterschiedlich komprimierten Dateien der Web_Testformate sind selbsterklärend bezeichnet: Bei Hueseyin15P.jpg steht, wie bei allen JPEG-Dateien die Zahl für den Komprimierungswert (hier: 15), P für das (Unter-)Format Progressiv. Bei Palettenbildern (GIF und PNG) bezeichnet die Ziffer im Dateinamen die Zahl der verwendeten Farben. Die Ziffer i bei den GIFs steht für interlaced. Soweit keine anderen Angaben erfolgen, handelt es sich um Beispiele in den Standardeinstellungen. Die Beispielbilder für die Animation befinden sich im Unterordner Web_Animation.

Worauf kommt es bei Web-Bildern an?

Das World Wide Web stellt ganz andere Anforderungen an die Bildbearbeitung als der Druck, egal ob für eine Hochglanzbroschüre, den heimischen Tintenstrahler oder den Druck auf Fotopapier im Labor. Es beginnt damit, dass das Ausgabemedium der Bildschirm ist: Sie haben es also mit Farben im RGB-Farbraum zu tun, die Sie somit nicht – anders als im Druck – in einen anderen Farbraum wandeln müssen.
Diese Rahmenbedingung erleichtert Ihre Aufgabe zwar dadurch, dass Sie sich keine Gedanken über Dinge wie das verwendete Papier oder die Farbwiedergabe des Druckers machen müssen. Andererseits finden Sie auch bei Ihren Besuchern Bedingungen vor, auf die Sie überhaupt keinen Einfluss haben.

Bildschirm-Einstellungen

Die Surfer sehen Ihre Bilder anders als Sie – nämlich auf *deren* Bildschirmen. Und da gibt es gewaltige Unterschiede bei der Farbwiedergabe, dem Kontrast und bei der Helligkeit der Bildwiedergabe: Beispielsweise lässt der Vision Master Pro 454 von Iiyama Werte von 4000 bis 10 000 Kelvin zu. Stellen Sie die Farbtemperatur Ihres Monitors doch mal von 6500 Kelvin auf 9300 um – und schon sieht das zuvor noch recht dunkle Bild schlagartig viel heller aus. Auch bei gleicher Farbtemperatur lassen sich Monitore unterschiedlich hell einstellen. Die folgenden Beispiele simulieren unterschiedlich dunkle Monitore.

Dunkel eingestellter Monitor

Monitoreinstellung mit mittleren Werten

Helle Monitoreinstellung

Das obere Beispiel zeigt: Während das mittlere Bild sehr gut zu sehen ist, sind bei dunkel eingestellten Monitoren die Schattenpartien kaum noch zu unterscheiden. Ein hell gestellter Monitor zeigt ein überbelichtetes Bild, auf dem wiederum die hellen Bereiche problematisch sind - die vom Bach überschwemmten Kieselsteine im mittleren unteren Bildbereich lassen sich hier nur noch erahnen.
Da der Druck die Farbwiedergabe nur simulieren kann, betrachten Sie bitte die Beispiele auf der Buch-CD im Ordner **Web-Optimierung**. Die Dateien heißen **Monitor_hell.tif**, **Monitor_normal.tif** und **Monitor_dunkel.tif**.

Dunkle Bilder sollten Sie etwas aufhellen, damit die feinen Nuancen in den Schattenbereichen auch auf hell eingestellten Monitoren erhalten bleiben. Wenn Sie den Kontrast geringfügig erniedrigen, erhöhen Sie die Wahrscheinlichkeit, dass Ihnen Bildbereiche nicht „absaufen".
Gleiches gilt umgekehrt für besonders helle Bilder - diese sollten Sie etwas abdunkeln. Hier hilft es zudem, den Kontrast gefühlvoll zu erhöhen.

Tipp:
Verwenden Sie fürs Web möglichst keine Bilder, die zugleich besonders dunkle und besonders helle Bereiche aufweisen.

Durch das Herunterziehen der Mitteltöne verringern Sie die Gefahr, dass die hellen Flächen nur noch als undifferenzierter Einheitsbrei erscheinen könnten.

Tipp:
Um allzu lange Wartezeiten und das lästige Scrollen per Rollbalken durch die Webseite zu vermeiden, sollten Sie statt einer „fetten“ Einzelseite die Informationen auf mehrere „magere“ Seiten verteilen, die Sie miteinander verlinken. Das erfordert natürlich eine gut durchdachte Navigation.

Das Ausgangsbild birgt die Gefahr, dass die Schattenpartien als schwarze Kleckse auf dem Monitor des Surfers erscheinen.

Sicherer ist es daher, das Ursprungsbild aufzuhellen.

Kurze Ladezeiten

Gegenüber dem Druck kommt es bei Web-Fotos ganz entscheidend auf möglichst kleine Dateigrößen an. Zwar verfügen heute deutlich mehr Anwender als früher über schnelle Internetzugänge - aber es gibt immer noch zahlreiche Surfer, die beispielsweise mit einem 56-KByte-Modem unterwegs sind. Hinzu kommt: Durch die immer schnelleren Zugänge sinkt auch die Bereitschaft, länger als wenige Sekunden auf das Laden der Seite zu warten, auf der sich das oder die Foto(s) befinden. Während noch vor zwei, drei Jahren eine

Wartezeit von maximal 20 Sekunden als akzeptabel galt, sollten Sie heute den Surfer nur noch etwa drei Sekunden auf das erste Feedback warten lassen - sonst ist er schneller weg als er Ihre Web-Site gefunden hat.
Daher gilt nach wie vor: Vermeiden Sie Web-Seiten, die größer als 80 KByte sind.

Eine bewährte Faustregel für die Größe der Web-Bilder lautet: Bei einzelnen Bildern sind 50 KByte das höchste der Gefühle - ein gewaltiger Unterschied zu Fotos für den Offset-Druck, die auf einer Doppelseite für eine Illustrierte durchaus 60 und mehr MByte erreichen können. Doch auch bei deutlich kleineren Bildern als 50 KByte sollten Sie sich überlegen, ob es nicht Sinn macht, dem Anwender bereits zu einem sehr frühen Zeitpunkt einen ersten Eindruck von Ihren Fotos zu gönnen - mit interlaced/progressiven Fotos, also Bildern, die sich zeilenweise/immer genauer aufbauen.

Tipp:
Setzen Sie interlaced/progressive Bilder ab einer Größe von 25 bis 30 KByte ein.

Tipp:
Um den Missbrauch wenigstens ein bisschen einzuschränken, verwenden bekannte Web-Site-Spezialisten fast nur noch Bilder bis maximal 300 Pixel Breite. Auch Bilder mit Wasserzeichen zu versehen, zählt zu den Versuchen, die Bildrechte nicht völlig aus der Hand zu geben.

Beschränkte Formatwahl

Anders als im Druck ist es zwingend erforderlich, sich auf diejenigen Formate mit entsprechenden Unterformaten zu beschränken, die jeder halbwegs gängige Browser unterstützt - und das sind hauptsächlich JPEG (aber keineswegs in allen möglichen Varianten) und GIF, auch PNG können Sie heute verwenden.

Urheberschutz - praktisch nicht vorhanden

Kaum jemand denkt zunächst daran, aber es ist schon bitter: Während sich Bilder aus Zeitschriften nur mit erheblichem Aufwand entwenden lassen, hat es sich eingebürgert, dass alle Bilder im Internet praktisch frei verfügbar sind. Das ist natürlich nicht erlaubt, doch interessiert viele Surfer die Rechtslage kaum.
Wer will, klickt auf ein Bild im Web mit der rechten Maustaste, speichert und verwendet es nach Belieben.

Schnelllebigkeit

Das Web lebt von der Aktualität. Dafür nehmen Surfer wie Webseiten-Betreiber durchaus Kompromisse bei der Bildqualität in Kauf. Oft sind Beiträge nur wenige Stunden online - und wandern dann bestenfalls ins Archiv.
Häufig sind Web-Auftritte de facto ein „Abfall-Produkt" von Printmedien - und bisher selten profitabel. Während das kleinste Bild für eine Zeitschrift ab ca. 75 Euro zu haben ist, sind die meisten Online-Redaktionen in der Regel gehalten, mit einem Bruchteil auszukommen - wenn sie überhaupt über einen Bildetat verfügen dürfen.

Tipp:
Wenn Sie GIFs verwenden, nehmen Sie grundsätzlich das leistungsfähigere 89a-Format: Es bietet keine Nachteile, aber erweiterte Optionen wie die Transparenz-Unterstützung.

Traurig, aber wahr ist: Wer Bilder fürs Web aufbereitet, muss besonders effizient arbeiten. Paint Shop Pro mit seinen weit reichenden Automatisierungsfunktionen kommt Web-Designern also wie gerufen.

Dateiformate fürs Web

Im Web sind praktisch nur drei Dateiformate für Bilder von Bedeutung: JPEG, GIF und zunehmend auch PNG. Jedes dieser Dateiformate bietet spezifische Vor- und Nachteile.

GIF (Graphics Interchange-Format)

Das Graphics Interchange-Format (GIF) stammt von Compuserve. Es gibt zwei gebräuchliche Unterformate, die jeder uns bekannte Browser einwandfrei unterstützt: Das etwas ältere Format 87a und das leistungsfähigere 89a-Format. Die praktischen Unterschiede liegen darin, dass Sie im 89a-Format auch Transparenz-Informationen speichern und animierte GIFs erzeugen können.

Beide GIF-Varianten verwenden ein Komprimierungsverfahren, das zeilenweise arbeitet. Das heißt: Eine Datei mit Streifen, die horizontal verlaufen, wird als GIF deutlich kleiner als eine Datei mit Streifen, die von oben nach unten verlaufen. Das folgende Beispiel zeigt dies an Hand eines exakt gleich großen Farbverlaufs in DIN-A-4-Größe.

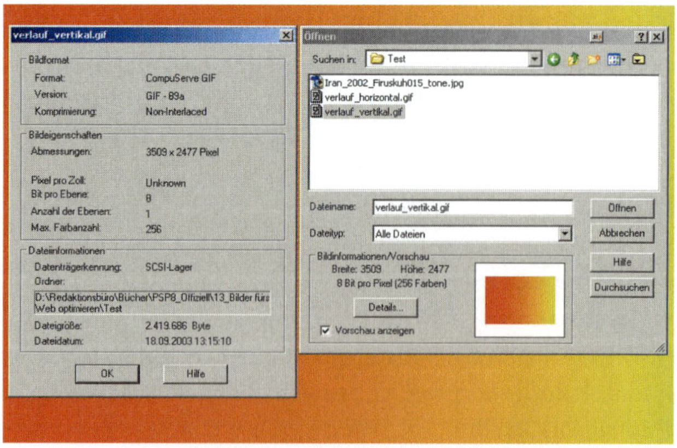

Riese oder Zwerg: Das exakt gleich große GIF 89a wird bei einem vertikalen Verlauf riesig, im Beispiel über 2,4 MByte...

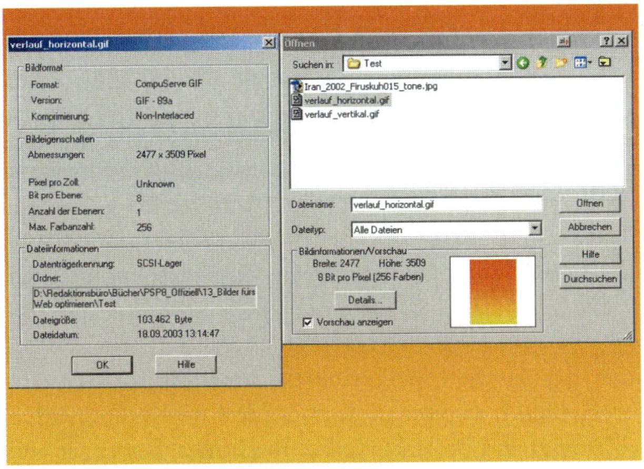

... bei einem horizontalen Verlauf jedoch winzig klein, hier: 103 Byte.

Die zeilenweise arbeitende Komprimierung erfolgt über einen Algorithmus, der gegenüber dem LZW-Verfahren abgewandelt ist. Das LZW-Verfahren (benannt nach Lempel, Ziv und Welch) gehört zu den verlustfreien Methoden - die Qualität verschlechtert sich beim Komprimieren (Verdichten) und Dekomprimieren (Auspacken) der Datei also nicht. GIFs eignen sich dadurch hervorragend für Text, der als GIF gestochen scharf bleibt, und Strichgrafik. Bei einheitlichen Farbflächen oder horizontalen Verläufen lassen sich zudem sehr kleine Dateigrößen erzielen.
Die maximale Farbanzahl beträgt 256. Zum Vergleich: Eine 8-Bit-RGB-Datei hat je 256 Farben pro Kanal, also 256 x 256 x 256 Farben. Kleinere GIF-Dateien lassen sich vor allem dann erzielen, wenn Sie unnötige Farben beseitigen. Die Beschränkung auf maximal 256 Farben führt bei Fotos mit feinen Farbnuancen zu deutlich sichtbarem Qualitätsverlust.
Durch die exzellente Umwandlung in Paint Shop Pro ist der Verlust, vor allem mit dem ausgezeichneten Octree-Verfahren, zwar verglichen mit anderen Programmen erfreulich gering - besonders bei Hauttönen und ähnlichen Motiven ist er dennoch unübersehbar.

Die Optimierungsdialoge sind nicht nur für Einsteiger ideal, da sie alle wichtigen Optionen in einem Einstellfenster bieten.

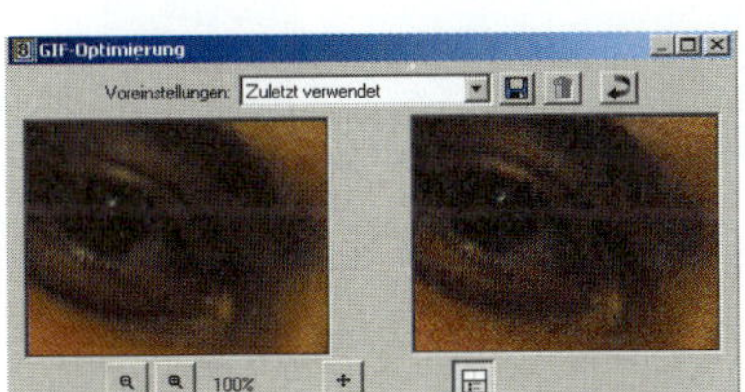

Bereits in der Vorschau der GIF-Optimierung zeigt sich der Qualitätsverlust. Das GIF ist rechts zu sehen.

Tipp:
Um die Auswirkungen der Komprimierung bereits vorab einschätzen zu können, bietet Paint Shop Pro unter Datei > Exportieren für die drei entscheidenden Web-Formate JPEG, GIF und PNG Optimierungsdialoge. Verwenden Sie grundsätzlich diese Dialoge für die Web-Optimierung.

Tipp:
Korrigieren Sie nie Farbe oder Helligkeit in GIF-Bildern, sondern wandeln Sie diese dazu erst in den RGB-Farbraum mit 16,78 Millionen Farben um.

Tipp:
Normalerweise gilt: Ab 25 Kbyte sollten Sie immer Progressiv einsetzen. Unglaublich, aber wahr: Zu unserer Überraschung bekamen wir vor allem in Version 8.05/8.06 mit dieser Option auch die kleinsten Bilder! In Version 8.1 schreibt Paint Shop Pro zwar deutlich kleinere JPEGs, in unseren Stichproben blieb die Datenmenge aber stets größer als mit der Progessiv-Option. Progressiv bleibt daher weiterhin stets erste Wahl.

Qualitätsverluste drohen erst recht bei Farb- und/oder Helligkeitskorrekturen.

Joint Photographic Experts Group (JPEG)

Die Joint Photographic Experts Group hat das JPEG-Format für Halbtonbilder entwickelt, die zahlreiche Farbnuancen enthalten. JPEG enthält im 8-Bit-RGB-Modus mit 256 x 256 x 256 Abstufungen rund 16,78 Millionen mögliche Farben und damit ungleich mehr wie GIFs (maximal 256). Dennoch werden JPEGs von Fotos in der Regel sehr viel kleiner. Schuld daran ist der Komprimierungs-Algorithmus, der das Bild in Pixelblöcke unterteilt, den Durchschnitt der Helligkeit (Luminanz), und der Farb-Komponenten Farbwert (Chroma) und Brillanz (Colour Brightness) berechnet und diesen Wert speichert. Dazu sind wiederum unterschiedliche Vorgaben möglich.

Auf Grund dieses Verfahrens muss der JPEG-Algorithmus nur einen kleinen Teil der Bildinformationen speichern. Beim Dekomprimieren kommt es jedoch in der Regel zu Verlusten – es sei denn, Sie speichern JPEG in einer verlustfreien Variante, die zu deutlich größeren Dateien führt.

Paint Shop Pro unterstützt zwei JPEG-Varianten mit zahlreichen Optionen: JFIF-kompatible JPEGs und das modernere JPEG-2000-Format.

Für JFIF-kompatible JPEGs stehen die Endungen .jpg (voreingestellt), .jif und .jpeg zur Verfügung. Es macht keinen Sinn, die Voreinstellung für die Dateiendung zu ändern.

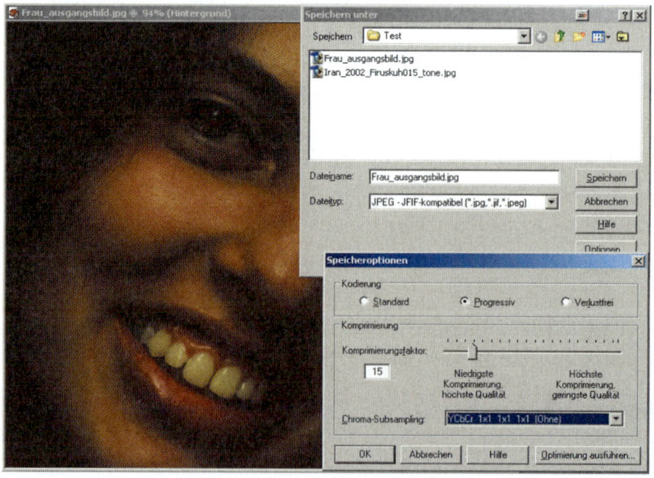

Speicheroptionen für JFIF-kompatibles JPEG: Je höher der Komprimierungsfaktor, desto kleiner – und schlechter – wird das Bild.

Die Speicheroptionen für JPEG-JFIF-kompatibel hat Jasc in die Bereiche **Kodierung** und **Komprimierung** unterteilt. Die Kodierung **Standard** besagt, dass sich das Bild „in einem Rutsch" aufbaut. Vorteil: Das Bild wird normalerweise kleiner als mit der Einstellung **Progressiv**. Nachteil gegenüber Progressiv: Gerade bei größeren Bildern könnte der Surfer schneller die Geduld verlieren.

Die Kodierung **Progressiv** bewirkt, dass sich das Bild in mehreren Schritten im Browser des Surfers aufbaut. Wenn der Browser Progressiv nicht unterstützt, erscheint das Bild wie in der Standardeinstellung „in einem Rutsch". Vorteil: Der Surfer sieht sofort, was ihn erwartet. Nachteil: Die Dateigröße wächst bei den meisten Programmen um einige Byte an.

Ein Kernvorteil des JFIF-kompatiblen EXIF-Formats ist das Höchstmaß an Kompatibilität. Das gilt jedoch nicht (!) für die Kodierung **Verlustfrei** - dieses Unterformat unterstützen viele andere Programme nicht, darunter etwa Photoshop 7.01. Wenn Sie versuchen, es zu öffnen, erhalten Sie eine Fehlermeldung, beispielsweise:

Bedingt einsatzbereit: Das verlustfreie JFIF-kompatible JPEG-Unterformat unterstützen bei weitem nicht alle Programme.

Im Bereich **Komprimierung** der JPEG-Optimierung können Sie entweder einen Prozentwert für die Komprimierung eingeben - **0** führt zu den größten und qualitativ besten Dateien, bei **99** schrumpft die Dateigröße auf ein Minimum, die Bildqualität verschlechtert sich dafür dramatisch.
Oder Sie wählen den Schieberegler: Je weiter Sie den Regler nach links ziehen, desto besser wird die Qualität. Der Preis für die bessere Qualität ist freilich auch eine deutlich größere Datei.

Chroma-Subsampling

Mit Chroma-Subsampling (Unterabtastung der Chroma-Werte) legen Sie auf Wunsch fest, wie die JPEG-Komprimierung arbeiten soll - eine Option für Fortgeschrittene. Je größer der Bereich ist, den der JPEG-Algorithmus auswählt, um die Datenmenge einzu-

Tipp:
Verwenden Sie stets die Kodierung für Bilder bis maximal 20 Kbyte, mit der Sie die kleinsten Dateien in akzeptabler Qualität erhalten.

Tipp:
Das optimale Verhältnis zwischen Bildqualität und möglichst kleiner Datenmenge hängt stark vom Motiv ab. Hier hilft nur Ausprobieren.

16-Bit pro Kanal
Paint Shop Pro erkennt und bearbeitet zwar einwandfrei 16-Bit-Bilder wie JPEGs, die beispielsweise aus Photoshop stammen, schreibt aber selbst keine Bilder in dieser Farbtiefe.

dampfen, desto schlechter wird auch die Bildqualität. Paint Shop Pro hat eine meist passende Unterabtastung voreingestellt.
YCrBr steht für die drei Bestandteile der Bildinformation: **Y** = Luminanz (Helligkeit), **Cr** = Chroma (Farbwert), **Cb** = Colour Brightness (Farbbrillanz).

Portable Network Graphics (PNG)

Das Dateiformat **Portable Network Graphics** (sprich: Ping) ist eine „eierlegende Wollmilchsau“: **PNG** ist ein Format, das das World Wide Web Consortium (W3C) für Web-Bilder entwickelt hat. Das W3C ist ein Zusammenschluss führender Firmen, darunter Intel, Microsoft oder Apple, und von Forschungseinrichtungen wie dem Schweizer CERN. Es verdankt seine Existenz nicht zuletzt den Lizenzgebührforderungen für GIF und beruht auf einer **W3C Recommendation** vom 1. Oktober 1996. Detaillierte Informationen finden Sie unter
`www.w3.org/Graphics/PNG/`
Portable Network Graphics bietet gegenüber GIF und JPEG mehr Optionen: Wahlweise stehen Ihnen indizierte (festgelegte) Farben (wie GIF), Graustufen (bietet erst JPEG 2000) und Millionen Farben (entsprechend JPEG) bereit, die bis zu 64 Bit Farbtiefe im RGBA-Farbraum erreichen können. Wie GIF unterstützt auch PNG einen Alphakanal (= zusätzlicher Kanal) für durchsichtige Bereiche. Als reines Web-Format eignet es sich nur bedingt für den professionellen Vierfarbdruck, da es sich nicht in den CMYK-Farbraum konvertieren lässt - in dieser Hinsicht ist es JPEG unterlegen.

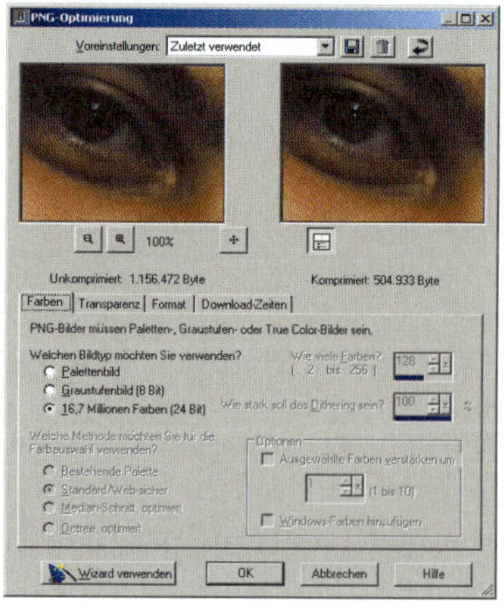

Variabel: PNG bietet unterschiedliche Bildtypen an.

Der verwendete Komprimierungsalgorithmus arbeitet verlustfrei und entspricht in dieser Beziehung GIF. Allerdings sollten Sie

berücksichtigen, dass vor allem bei Fotos mit feinen Farbnuancen, beispielsweise Gesichtern, auch hier deutliche Qualitätsverluste auftreten, wenn Sie die Option **Palettenbild** wählen. Ein wichtiges Argument, das früher dem Einsatz von PNG im Web wenig ratsam erscheinen ließ, gilt heute nicht mehr: Anders als früher unterstützen heute praktisch alle verwendeten Browser PNG – wenngleich nicht immer mit allen Optionen, etwa Alphakanälen.
Generell lässt sich sagen: PNG liefert sehr gute Qualität, die Dateigröße liegt jedoch fast immer deutlich über den entsprechenden Dateien, die Sie als GIF oder JPEG gespeichert haben.

Tipp:
Sie sollten JPEGs nur dann mit der Option Verlustfrei speichern, wenn Sie die Daten archivieren. Gleiches gilt für JPEG 2000, das zusätzliche Optionen bietet – beispielsweise Graustufen.

Formatwahl ohne Qual

Auf den kommenden Seiten zeigen wir an typischen Bildbeispielen, welche Ergebnisse Sie mit unterschiedlichen Formaten und deren Optionen erzielen können. Die Tests führten wir mit Paint Shop Pro 8.06 durch, die verbesserte Version 8.1 schreibt für nicht-progressive JPEGs deutlich kleinere Dateien. Auch die PNG-Ausgabe mit 16,78 Millionen Farben hat Jasc optimiert: Die Datenmenge schrumpft hier um ca. zehn Prozent.

Welches Format wofür?

Wie Sie an Hand der Beispiele auf den folgenden Seiten sehen, hängt das ideale Format vom jeweiligen Motiv ab.
So bleibt das Beispiel mit dem Schriftzug **Webshop** mit der GIF-Komprimierung winzig klein und dennoch gestochen scharf. Wenn Sie die Datei mit lediglich drei Farben (dem Minimum) speichern, können Sie die Datenmenge auf 8 Kbyte verringern. Wenn Sie das Beispiel als PNG speichern, erhalten Sie eine deutlich größere Datei - ohne erkennbaren Vorteil. Speichern Sie die Datei als JPEG, erhalten Sie entweder eine zu große Datei oder ein indiskutables Ergebnis mit starken Artefakten.
Ein völlig anderes Bild ergibt sich bei Motiven wie der Aufnahme von Las Vegas, die zugleich Text und feine Farbnuancen enthalten: Hier erhalten Sie mit GIFs zwar gestochen scharfen Text, die übrige Bildqualität leidet jedoch dramatisch. Die eindeutig kleinsten Bilder erhalten Sie mit JPEG, doch bereits mit niedriger Komprimierung (und relativ großen Dateien) erscheinen in den Text-Bereichen störende Artefakte.
Dazwischen liegt PNG: Hier ist die Bildqualität bei 24 Bit Farbtiefe (16,78 Millionen Farben) in den Text- wie den Halbtonbereichen hervorragend, die Datenmenge von 471 Kbyte dagegen liegt weit jenseits der Schmerzgrenze. Wenn Sie die Zahl der Farben etwa auf 128 verringern, leidet die Qualität in den Halbtonbereichen nicht

GIF
Ausgangsdatei

Größe der Datei
lt. Windows-Explorer

168 KB, mit 600 dpi importiert

851 KB, 600 x 475 Pixel

GIF 89a, 256 Farben
non-/interlaced
Dateigröße

12/14 KB

135/186 KB

GIF 89a, 128 Farben
non-/interlaced
Dateigröße

11/12 KB

134/186

GIF 89a, 32 Farben
non-/interlaced
Dateigröße

10/10 KB

112/186

54 KB, 600 x 405 Pixel

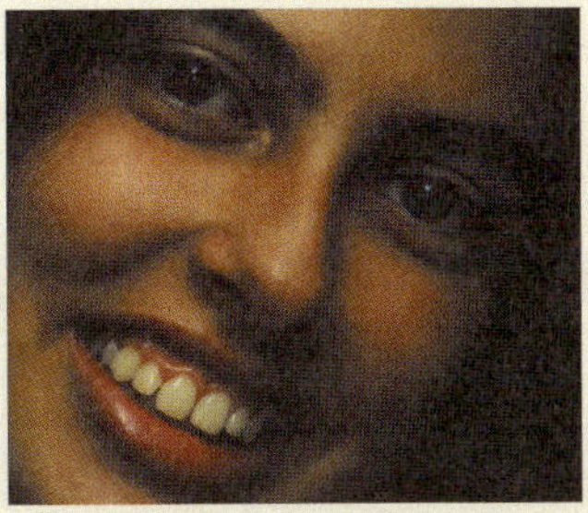
876 KB, 400 x 350 Pixel

2582 KB, 800 x 550 Pixel

07/161

53/78

172/248 KB

06/161

47/78

167/248 KB

6/161

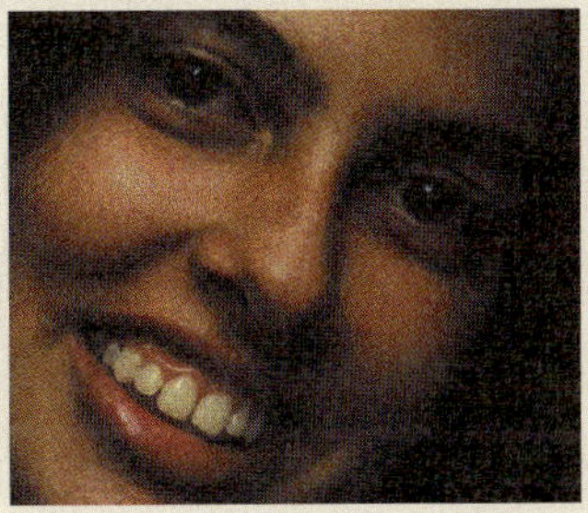
46/78

144/248 KB

JPEG
Ausgangsdatei

Größe der Datei
lt. Windows-Explorer

168 KB, mit 600 dpi importiert

851 KB, 600 x 475 Pixel

JPEG, JFIF, Standard/
Progressiv
(Komprimierungsfaktor 15)

37/30 KB

130/68 KB

JPEG, JFIF, Standard/
Progressiv
(Komprimierungsfaktor 45)

19/15 KB

83/22 KB

JPEG, JFIF, Standard/
Progressiv
(Komprimierungsfaktor 75)

14/10 KB

72/11 KB

4 KB, 600 x 405 Pixel

876 KB, 400 x 350 Pixel

2582 KB, 800 x 550 Pixel

9/65 KB

19/19 KB

127/72 KB

/21 KB

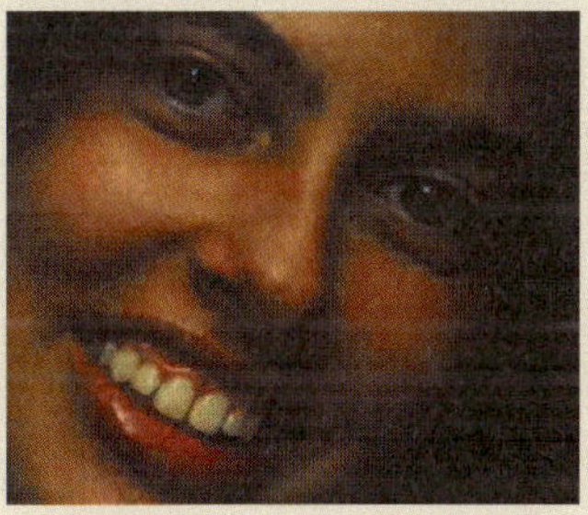

6/5 KB

72/17 KB

/10 KB

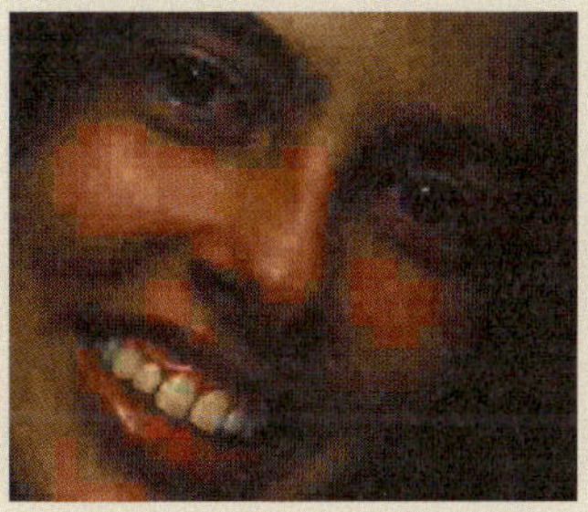

3/4 KB

63/7 KB

PNG
Ausgangsdatei

Größe der Datei
lt. Windows-Explorer

168 KB, mit 600 dpi importiert

851 KB, 600 x 475 Pixel

PNG, Standard/
Interlaced

19/27 KB

471/561 KB

PNG Palettenbild,
128 Farben

14 KB

PNG, 24 Bit

27 KB

561 KB

4 KB, 600 x 405 Pixel

876 KB, 400 x 350 Pixel

2582 KB, 800 x 550 Pixel

7/508 KB

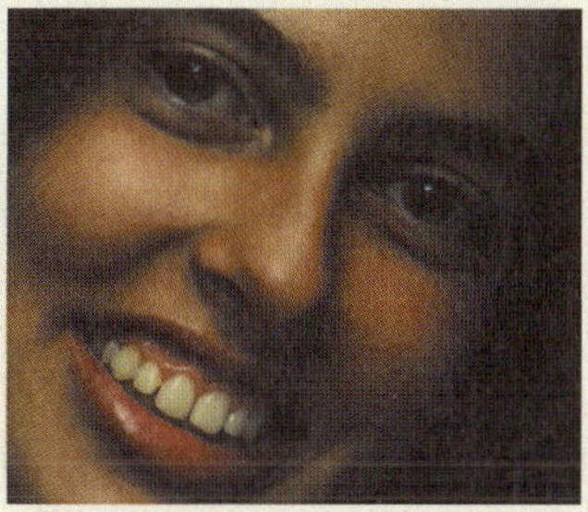

183/211 KB

666/754 KB

6 KB

109 KB

49 KB 172 KB

8 KB

211 KB

754 KB

Tipp:
Versuchen Sie den Wert herauszufinden, mit dem die Bildstörungen gerade eben verschwinden.

ganz so stark wie bei den GIF-Beispielen, ein brauchbares Ergebnis bekommen Sie bei nahezu identischer Dateigröße wie beim GIF-Gegenstück (136 zu 134 Kbyte) dennoch nicht. PNG bietet sich daher, wenn überhaupt, allenfalls für klein bemessene Dateien an, die Text und Bild enthalten. Paradebeispiel: Textbutton mit 80 x 50 Pixel mit weichem Schatten unter der Schrift.

Bei reinen Halbtonbildern wie dem Portraitfoto oder der Landschaftsaufnahme gibt es fürs Web derzeit keine Alternative zu JPEG. Im Beispiel bleibt die Portraitaufnahme selbst bei niedriger Komprimierung mit 19 Kbyte angenehm klein, während das PNG-Bild zwar in exzellenter Qualität erscheint, jedoch 211 Kbyte verschlingt.

JPEG-Artefakte entfernen

Um Artefakte - Bildstörungen, die beim Komprimieren/Dekomprimieren auftreten - zu beseitigen, bietet Paint Shop Pro mit **JPEG-Artefakte entfernen** eine spezialisierte Option. Es handelt sich hier um einen Weichzeichnungsfilter. Der Befehl **JPEG-Artefakte entfernen** funktioniert nicht bei Bildern, die eine Auswahl enthalten.

1. Wenn das Bild eine Auswahl enthält, wählen Sie **Auswahl > Auswahl aufheben**.
2. Wählen Sie **Anpassen > Bildrauschen hinzufügen/entfernen > JPEG-Artefakte entfernen**.
3. Zeigen Sie im Vorschaufenster (rechts) durch Verschieben mit der Maus den Bildbereich an, in dem die Artefakte am stärksten ins Auge stechen. Im Beispiel: der Bereich, in dem Himmel und Canyon ineinander übergehen.

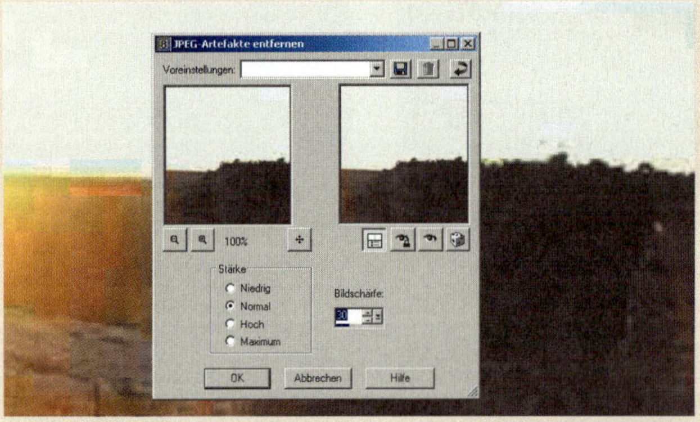

Problemzone: Bei der JPEG-Komprimierung zeigen sich oft deutliche Komprimierungsverluste.

4. Unter **Stärke** bietet Paint Shop Pro unterschiedliche Korrekturgrade an: **Gering**, **Normal**, **Hoch** oder **Maximum**. Um das beste Ergebnis zu erzielen, sollten Sie verschiedene Optionen probieren. Die voreingestellte Option **Normal** stellt meist bereits einen guten Kompromiss dar.
5. Legen Sie die Bildschärfe von **0** (geringste) bis **100** (höchste) fest, um zu bestimmen, bis zu welchem Grad Details wieder hergestellt werden sollen. Beginnen Sie mit **50** und grenzen Sie mit 20er-Schritten den bestmöglichen Wert ein, der immer einen Kompromiss zwischen

möglichst großer Bildschärfe und der Entfernung der Bildstörungen darstellt. Der Wert gibt einen Anhaltspunkt, in welchem Umfang Detailinformationen bei der Entfernung der Artefakte erhalten bleiben.

Kosmetik: Das stark vergrößerte Canyon-Bild vor und nach der Anwendung von JPEG-Artefakte entfernen (von links)

6. Klicken Sie auf **OK**, um die Einstellungen zu speichern.

Bereiche transparent stellen

Um Bereiche transparent zu stellen, gibt es zwei Hauptmotive:

1. Datenmenge verringern
2. Interessantere, abwechslungsreichere Seitengestaltung

Transparenz bieten die Formate GIF und PNG. In die empfehlenswerte GIF- wie die PNG-Optimierung gelangen Sie via **Datei > Exportieren**. Für beide Formate bestimmen Sie transparente (= durchsichtige) Bereiche, indem Sie erst diese Bereiche mit einer Kontrastfarbe füllen, die nicht im übrigen Bild vorkommen sollte. (PNG bietet zudem die Option, Transparenz über eine Alphamaske festzulegen.)

So gehen Sie vor:

1. Markieren Sie die Bereiche, die Sie transparent stellen wollen, etwa mit dem Zauberstab. Die Auswahl im Beispiel optimieren Sie über **Auswahl > Ändern > Glätten**.

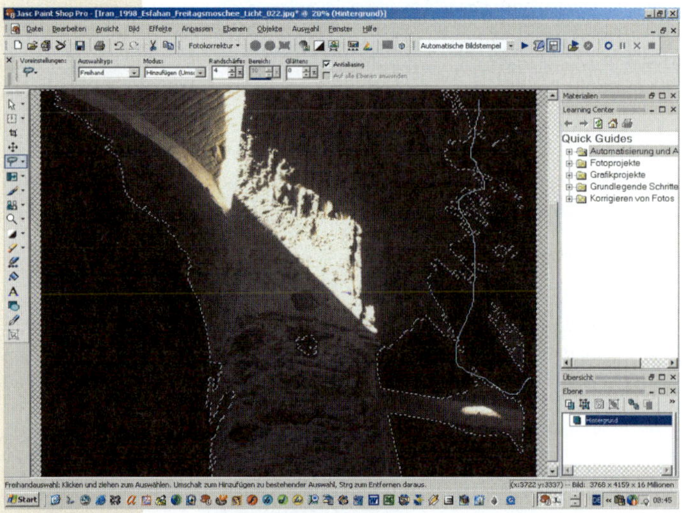

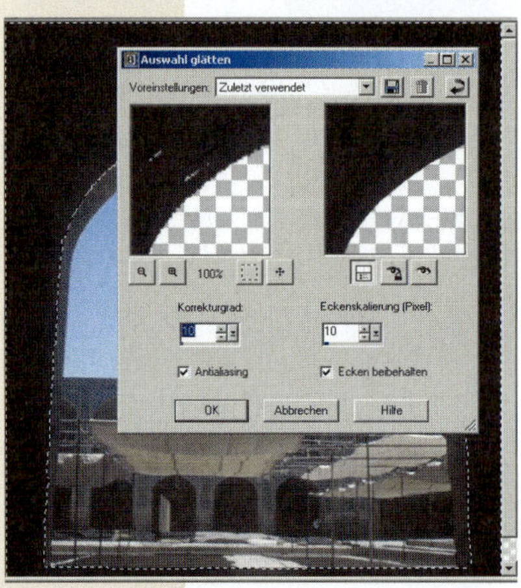

Mit einer Auswahl bereiten Sie das Bild vor. Die gekachelten Bereiche löschen Sie.

2. Wenn Sie keine völlig gleichmäßige Farbe haben, benötigen Sie zahllose Klicks mit dem Füllwerkzeug. (Sie finden es in der Werkzeug-Palette.) Löschen Sie die Bereiche, die durchsichtig werden sollen, indem Sie die **Entf**-Taste drücken.
3. Öffnen Sie die Palette **Materialien**. Sie befindet sich normalerweise rechts oben unter der Menüleiste. Wenn Sie geschlossen ist, rufen Sie die Palette via Funktionstaste **F6** auf. Klicken Sie erst auf das **Füllwerkzeug**, dann auf eine Farbe, die nicht im Bild vorkommen sollte. Im Beispiel haben wir einen Grünton gewählt.
4. Starten Sie die **GIF-** oder die **PNG-Optimierung**. Die Vorgehensweise ist analog, im Beispiel haben wir die GIF-Optimierung gewählt. Wählen Sie das Register **Transparenz** und aktivieren Sie Bereiche, die dieser Farbe entsprechen. Klicken Sie im Bild auf die Farbe, die Sie für die Bereiche gewählt haben, die Sie durchsichtig stellen wollen. Eine minimale Toleranz von **1** genügt.

Tipp:
Zoomen Sie ins Bild, um sicherzustellen, dass Sie alle relevanten Pixel tatsächlich ausgewählt haben.

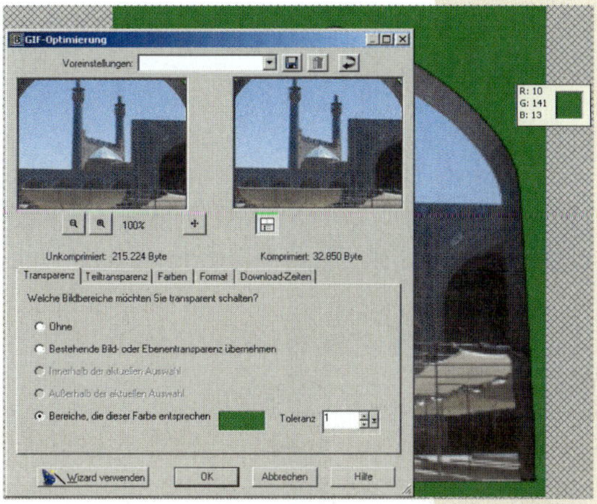

Per Mausklick übernehmen Sie die Bereiche, die Sie farbig gefüllt haben.

5. An dieser Stelle ist es sinnvoll, sich durch den Assistenten führen zu lassen. Klicken Sie auf die Schaltfläche **Wizard verwenden**.
6. Im nächsten Dialog bestätigen Sie die mittlere Option - **Entsprechende Farbe transparent schalten**.

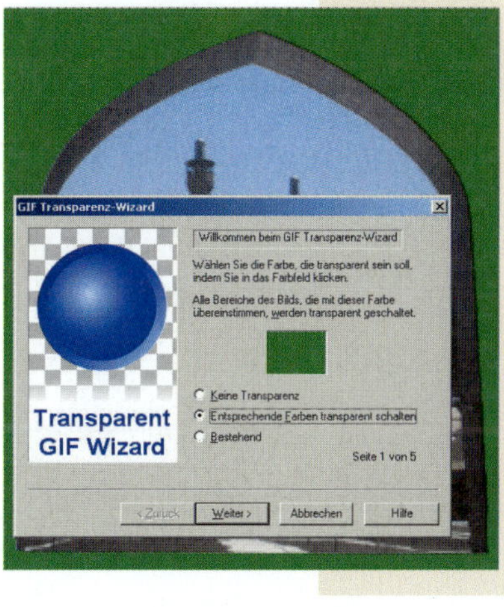

In diesem Dialog bestätigen Sie, dass Sie alle mit der gewählten Farbe gefüllten Bereiche durchsichtig machen.

7. Im folgenden Dialog wählen Sie die Hintergrundfarbe.
8. Der Dialog darauf gestattet die Optimierung der Bildgröße.

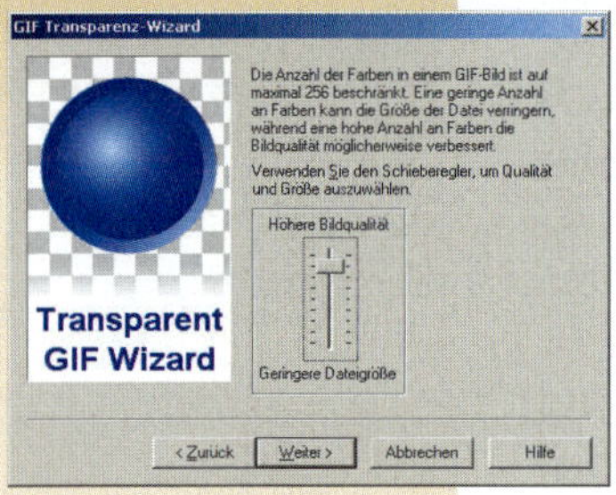

Je weiter Sie den Schieberegler herunterziehen, desto geringere Bildqualität ist zu erwarten.

9. Im vierten Dialog entscheiden Sie sich bei Fotos unbedingt für die untere Einstellung - **Nein, die besten Farben verwenden**. Das Ergebnis wird sonst kaum überzeugen.

10. Überprüfen Sie im fünften - und letzten – Dialog des Wizards, ob nicht versehentlich einige Bereiche nicht transparent gestellt wurden. Das kann bei komplexeren Motiven durchaus vorkommen.

Rückstandfrei: Verschieben Sie die Vorschau, um das Bild auf übriggebliebene Farbpixel zu prüfen.

Sind noch Pixel übrig geblieben, speichern Sie das Bild dennoch, öffnen es erneut in Paint Shop Pro und wählen die nicht erfassten Pixel, indem Sie die Auswahl etwa per Lasso auf diese erweitern.

Fehlerhaft: Diese Auswahl hat nicht alle Bereiche erfasst.

Eine erweiterte Auswahl mit gedrückter Umschalttaste und dem Lassowerkzeug sorgt für Abhilfe.

Teile und herrsche: Bilder aufteilen

Wie die Beispiele in diesem Kapitel deutlich zeigen, gibt es das ideale Format für alle Zwecke nicht. Paint Shop Pro bietet Ihnen eine professionelle Lösung für dieses Problem: Teilen Sie das Bild in mehrere Teile auf und speichern Sie diese Teile in den dafür am besten geeigneten Formaten. Das Bild wird dann als Tabelle gespeichert. Der Besucher Ihrer Web-Site merkt davon nichts: Der Browser baut die Datei als ein einziges Bild auf. Durch den zusätzlichen HTML-Code für die Tabelle wird das Bild minimal größer (meist um etwa 1 Kbyte).

Als Beispiel wählten wir das Las-Vegas-Bild: Der Schriftzug von **MGM** soll für eine Werbe-Broschüre für MGM gestochen scharf erhalten bleiben, das übrige Bild wollen wir als JPEG speichern.

Achtung:
Die Option Zelle in Tabelle aufnehmen muss (!) aktiv sein – sonst fehlt die Zelle später im Bild.

Achtung:
Paint Shop Pro speichert die Bilder der Tabelle automatisch in das Verzeichnis, das Sie für die HTML-Tabelle angeben. Er bezeichnet die Dateien der Tabelle automatisch.

Tipp:
Den praktischen Filter JPEG-Artefakte entfernen können Sie auch auf die einzelnen Bilder der Tabelle anwenden.

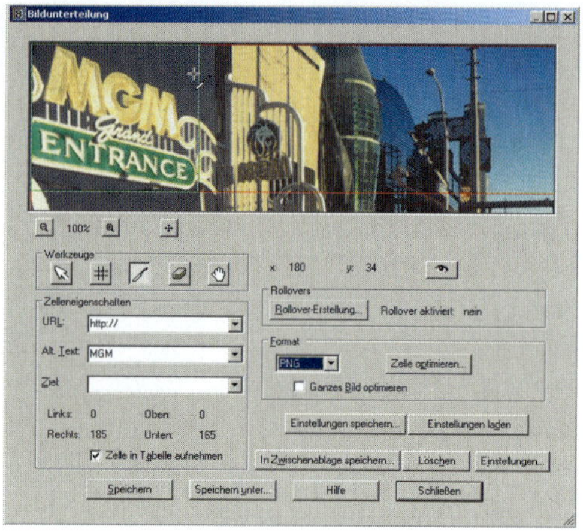

*Im Dialog **Bildunterteilen** wählen Sie das Dateiformat für den grün gerahmten Bildbereich.*

Rufen Sie den **Bildunterteilen**-Dialog über **Datei > Exportieren > Bildunterteilen** auf. Direkt unter der Vorschau sehen Sie die Werkzeuge für **Vergrößern** und **Verkleinern**, sowie das **Navigieren**-Tool: Klicken Sie darauf, sehen Sie das gesamte Bild, an dem Sie gerade arbeiten.
Die Werkzeuge darunter dienen der Einteilung des Bilds: Mit dem Pfeil-Werkzeug passen Sie die gewählten Bereiche an, das Tabellen-Werkzeug dient meist der ersten, noch groben Aufteilung in mehrere Bereiche, das Messer-Werkzeug der präzisen Einteilung. Mit dem Radiergummi löschen Sie unnötige Einteilungen, mit dem Hand-Werkzeug verschieben Sie die Ansicht in der Vorschau.

Klicken Sie mit dem Messer dicht unterhalb des Eingangsschildes, erhalten Sie eine horizontale, rote Linie, die eine Bereichseinteilung anzeigt. Um eine vertikale Linie zu erzeugen, müssen Sie nicht nur klicken, sondern zugleich den Mauszeiger in den Bereich setzen, den Sie einteilen wollen, und dabei nach oben oder unten ziehen. Somit erscheint eine vertikale teilweise durchsichtige Linie.
Wenn Sie mit dem Radiergummi unnötige Einteilungen löschen wollen und auf eine Einteilung kommen, die noch für eine andere Zelle gebraucht wird, erscheint der Radiergummi mit Verbotsschild - Paint Shop Pro verhindert das Löschen hier automatisch. Mit der URL-Angabe mit drei Schrägstrichen (///) erleichtern Sie sich die Prüfung im Browser, im Beispiel:
`file:///f:/`

Nach der Teilung: Der Steuercode der HTML-Tabelle belegt lediglich ein Kbyte.

Paint Shop Pro lässt nicht zu, dass Sie Einteilungen löschen, die noch andere Bereiche brauchen. Die (vorläufige) URL-Angabe erleichtert die Prüfung der Datei im lokalen Browser.

Im rechten Bereich bestimmen Sie das gewünschte Dateiformat, im Beispiel wählten wir **PNG** für den MGM-Bereich, für die übrigen Zellen **JPEG**. Über **Zelle optimieren** gelangen Sie in den Dialog **Optimierung**, in dem Sie die Einstellungen für die Komprimierung der einzelnen Zellen vornehmen.

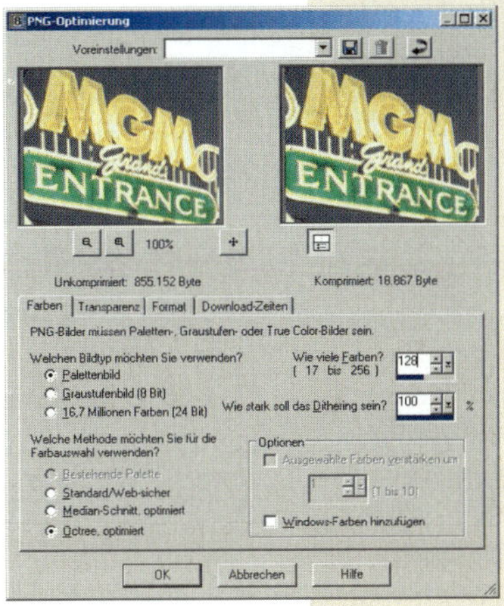

Feinschliff: Jede Zelle lässt sich einzeln optimieren.

Rollover erzeugen

Im Dialog **Bild unterteilen** finden Sie die Schaltfläche **Rollover-Erstellung**. Rollovers dienen vor allem der Navigation. Das Prinzip: Eine zuvor festgelegte Aktion sorgt dafür, dass auf der HTML-Seite ein anderes Bild erscheint. Die Integration im Dialog **Bild unterteilen** macht durchaus Sinn, weil Sie normalerweise nicht das komplette Bild mit Rollovers versehen und vor der Zuweisung der Rollovers erst diejenigen Bilder erzeugen, durch die Sie diesen Bereich ersetzen wollen.

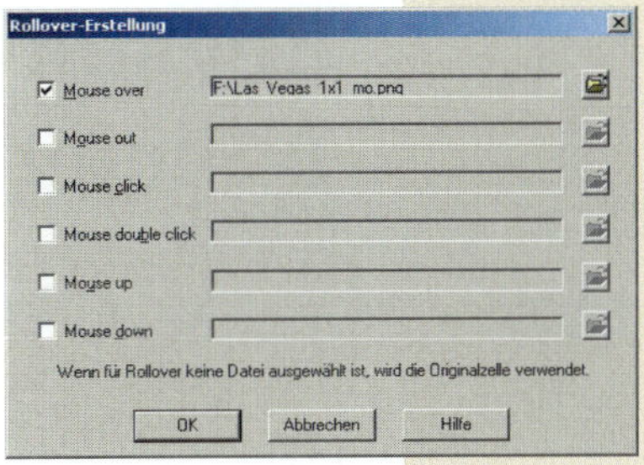

In diesem Dialog erzeugen Sie Rollovers.

Angenommen, Sie haben das Rollover **Mouse over** für den MGM-Schriftzug festgelegt. Dann erscheint statt des Ursprungsbildes das Bild, das Sie im Dialog **Rollover-Erstellung** gewählt haben, wenn Sie die Maus über diesen Bereich ziehen. Im Beispiel haben wir das Bild **Las_Vegas_1x1.png** mit dem Filter **Kolorieren** rötlich eingefärbt und als **Las_Vegas_1x1mo.png** gespeichert.

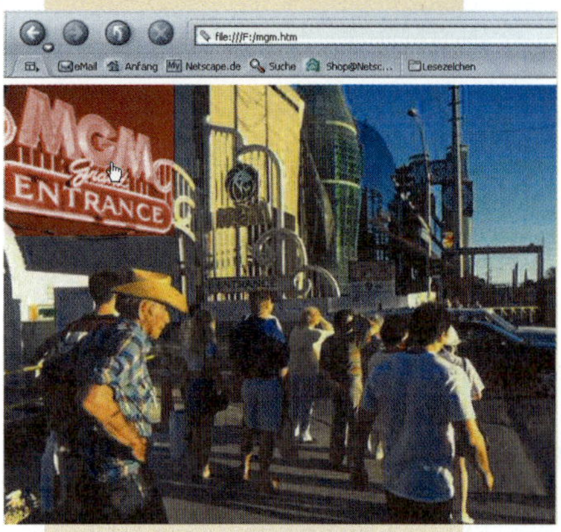

Austauschprogramm: Das kolorierte Bild erscheint an Stelle des ursprünglichen Teilfotos.

So gehen Sie vor:

1. Öffnen Sie das Bild, dem Sie das Rollover zuweisen wollen.
2. Teilen Sie das Bild in Bereiche ein.
3. Optimieren Sie die Teilbereiche.
4. Speichern Sie die so erzeugte Tabelle mit den Teilbildern.
5. **Schließen Sie das Bild noch nicht!** Sonst müssen Sie die Arbeit noch mal von vorne beginnen, da Sie zwar auch einem Teilbild einen Rollover zuweisen können, dies aber ohne Wirkung bleibt, wenn Sie die zunächst erzeugte HTML-Seite im Browser öffnen.
6. Öffnen Sie das (Teil-)Bild (= die Zelle in der Tabelle) in Paint Shop Pro erneut und bearbeiten Sie es für die Rollover-Zustände, die Sie verwenden wollen. Sie können alternativ auch ein völlig anderes Bild verwenden, sollten aber möglichst dieselben Abmessungen verwenden. Speichern Sie die Bilder im selben Verzeichnis wie die Bilder der Tabelle.
7. Weisen Sie dem als Tabelle unterteilten Bild die Rollovers zu.
8. Speichern Sie das Ergebnis.

Tipp:
Um Verwechslungen zu vermeiden, sollten Sie selbsterklärende Bezeichnungen verwenden, beispielsweise Las_Vegas_1x1mo.png für den Mouseover-Zustand der Zelle Las_Vegas_1x1.png.

Bewegtes Bild: GIFs animieren

Das modernere 89a-GIF bietet die Option, auf besonders einfache Weise Animationen herzustellen. Ein animiertes GIF enthält in einer einzigen Datei mehrere Einzelbilder, gleicht somit einem AVI- oder QuickTime-Film. Animierte GIFs sind im Web nach wie vor

Standard, beispielsweise um das Firmenlogo zu animieren. Sie eignen sich zudem für Bewegungsabläufe. Als Beispiel haben wir einen Serienbruchtest gewählt.
Zunächst haben wir die stark verstaubten Kleinbilddias mit dem Nikon Coolscan 4000 ED in höchstmöglicher Auflösung gescannt. Die gröbsten Kratzer und Staubflecken beseitigten wir mit dem **Klonpinsel** (unterschiedliche Größen für den Pinseldurchmesser, **Deckfähigkeit 70**). Danach zeichneten wir die hoch aufgelösten Bilder mit dem Filter **Anpassen > Bildunschärfe > Durchschnitt** weich, bevor wir alle Bilder auf **200 Pixel Breite** herunterrechneten.

Tipp:
Im Idealfall sollten alle Einzelbilder des animierten GIFs gleiche Abmessungen haben.

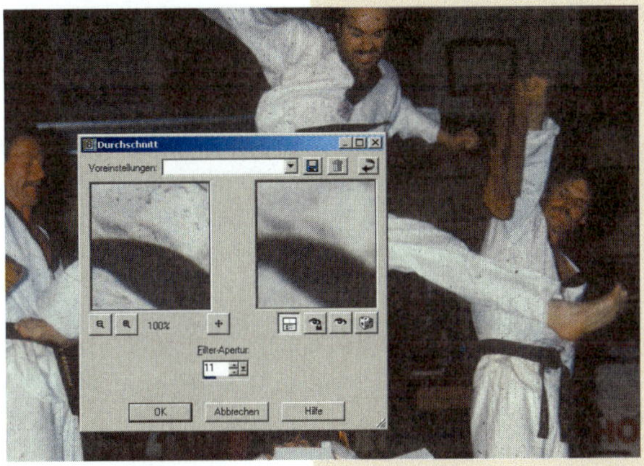

Filterfrage: Bei groben Bildfehlern, etwa dem Staub im Gesicht des Taekwondo-Meisters, hilft nur der Klonpinsel, kleinere Mängel bügelt ein Bildunschärfefilter glatt.

Die Datei speichern wir erst in einem verlustfreien Format, etwa als LZW-komprimiertes TIFF.
Um die Datei mit möglichst geringen Verlusten als GIF zu konvertieren, riefen wir **Datei > Exportieren > GIF-Optimierung** auf. Wir probierten mehrere Einstellungen aus.

Die Standardeinstellung führt hier, bereits in der Vorschau erkennbar, zu einem winzigen Bild (19 Kbyte) - und zu einem qualitativ indiskutablen Foto. Als sehr viel besser bei diesem Motiv erwies sich das **Octree-Verfahren**, das mit lediglich 200 verwendeten Farben noch eine brauchbare Qualität sicherte. Mit der größeren Datei (26 Kbyte) konnten wir noch leben. Das Octree-Verfahren ersetzt die ursprünglich maximal 16,78 Millionen Farben des 8-Bit-RGB-Bildes besonders gut durch die wenigen Farben, die Sie in ihrer Palette zur Verfügung haben (maximal 256).

Tipp:
Verwenden Sie die Option Bild > Bildfarben zählen, um festzustellen, wie viele Farben Sie tatsächlich benötigen.

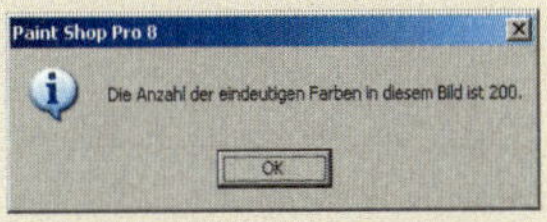

Tipp:
Wenn die einzelnen Bilder unterschiedlich groß sind, wählen Sie für Breite und Höhe Werte, die mindestens zehn Pixel über dem größten verwendeten Bildformat liegen. Dadurch haben Sie die Möglichkeit, die Animation in Form einer einheitlichen Präsentation wiederzugeben – ähnlich Passepartouts in einer Bildergalerie.

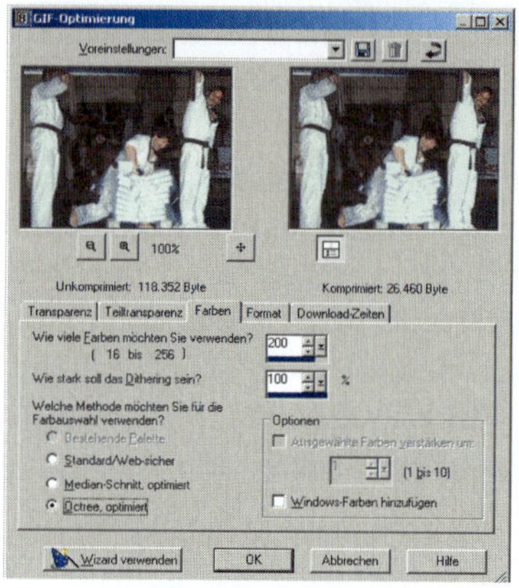

Intelligente Wahl: Dank Octree-Verfahren hält sich der Qualitätsverlust in erträglichen Grenzen.

Um die so erzeugten GIFs zu einem animierten GIF zusammenzufügen, starten Sie den **Animation Shop 3**, den Jasc als eigenständiges Programm auf der Paint Shop Pro CD mitliefert.

1. Wählen Sie **Datei > Animations-Wizard**. Im ersten Fenster entscheiden Sie sich entweder für die Größe des ersten Bildes oder vergeben eine eigene Bildgröße.

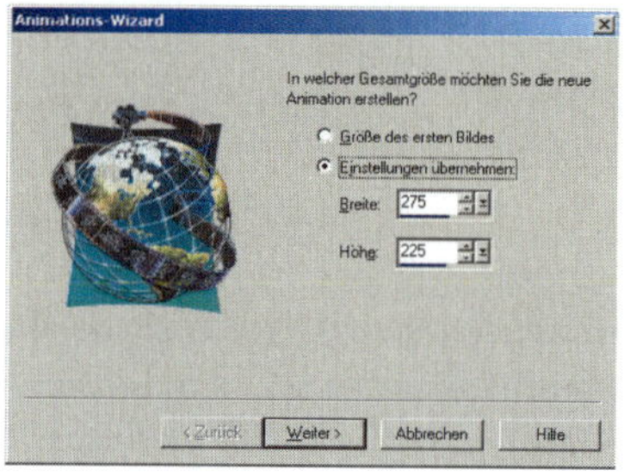

Präsentationstauglich: Ideal für unterschiedlich große Einzelbilder sind großzügig bemessene Werte für Breite und Höhe.

2. Für die Leinwand (Hintergrund der Präsentation) wählten wir Schwarz, weil dadurch der helle Bildvordergrund leuchtender wirkt.

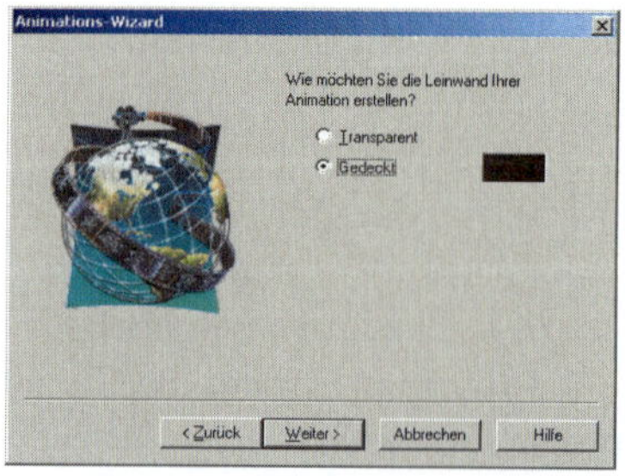

Schwarz wirkt: Ein schwarzer Rahmen verstärkt die Leuchtkraft heller Fotos.

3. Im Beispiel entschieden wir uns dazu, die Fotos in der Rahmenmitte zu zentrieren.

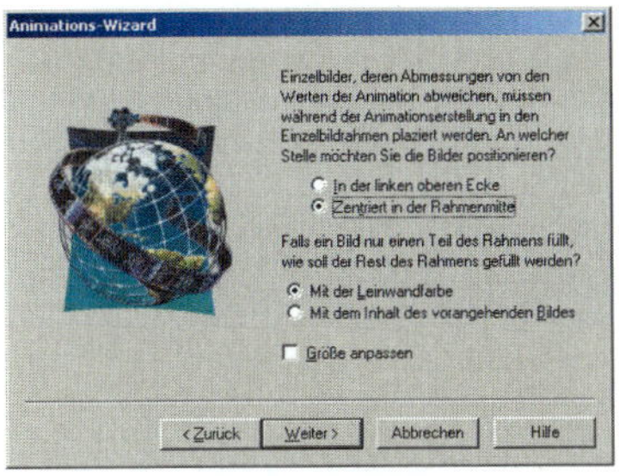

Mittig: Mit dieser Einstellung sorgen Sie dafür, dass die Motive der Animation exakt in der Mitte erscheinen.

4. Das nächste Fenster lässt Ihnen die Wahl zwischen einer kontinuierlichen Wiedergabe und einer Animation, die Sie etwa auf drei Wiederholungen beschränken können. Eine bewährte Einstellung für die Wiedergabedauer von Bildfolgen ist der Wert **300**. Für Logoanimationen bieten sich meist etwas niedrigere Werte (z.B. **200**) an.

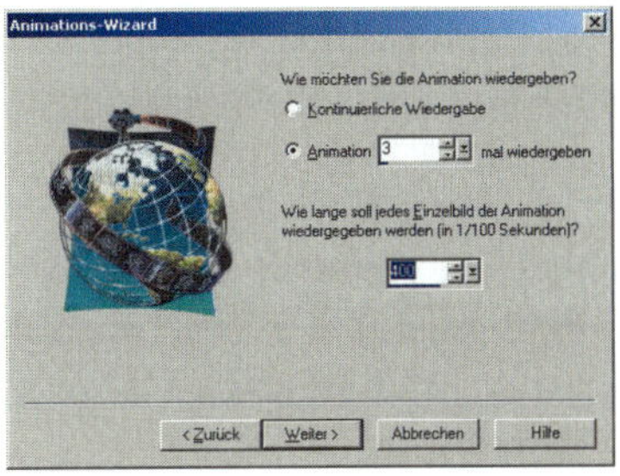

Dauerbrenner: In diesem Dialog bestimmen Sie die Zahl der Wiederholungen und wie lange der Betrachter jedes Einzelbild zu sehen bekommt.

5. Der folgende Dialog öffnet nach einem Klick auf die Schaltfläche **Bild hinzufügen** den **Öffnen**-Dialog, in dem Sie die Bilder markieren, die Sie in die Animation aufnehmen wollen. Sie können auch mehrere Bilder auf einmal übernehmen, etwa mit gedrückter Umschalttaste. Sobald Sie alle gewünschten Bilder beisammen haben, bestimmen Sie über die Schaltflächen **Nach oben** oder **Nach unten** die Reihenfolge innerhalb der Animation.

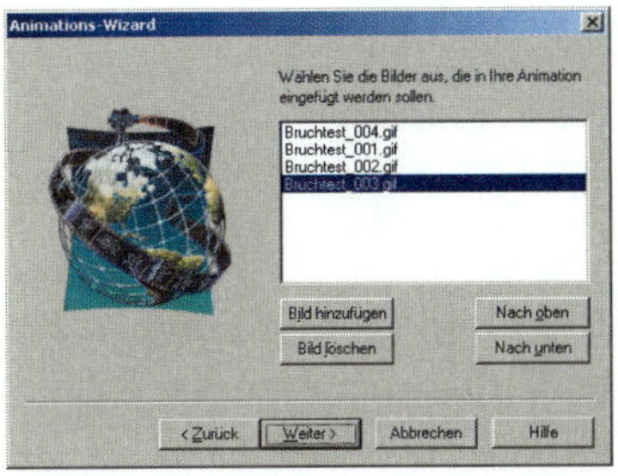

Schiebung: In diesem Dialog legen Sie fest, wann welches Bild in der Animation auftaucht.

6. Sobald Sie den folgenden Dialog bestätigt haben, sehen Sie die Abfolge der Animation. Speichern Sie diese. Unter **Datei > Speichern unter** erhalten Sie alternativ zu animiertem GIF verschiedene Animationsformate zur Wahl, darunter etwa **AVI**.

Info:
Genauere Informationen zu Animations-Prinzipien finden Sie im Kapitel 11 – Diashow.

Achtung:
Die Übergänge wirken sich nur auf die markierten, also mit blauem Rahmen hinterlegten, Bilder aus.

Tipp:
Interessant ist die Option Morphing-Übergang. Bereits in den Voreinstellungen erzielt dieser Übergang einen Aha-Effekt, hier lohnt sich das Ausprobieren der einzelnen Optionen unbedingt!
Nachteil: Durch die gespeicherten Informationen wächst die Datenmenge deutlich.

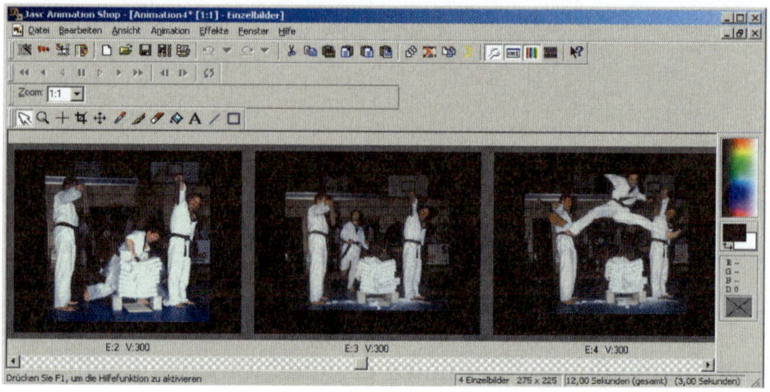

Bildertanz: Die Vorschau des Animation Shop zeigt die Einzelbilder in der gewählten Reihenfolge.

7. Wer will, kann an dieser Stelle noch nachträglich Änderungen vornehmen, etwa die Dateigröße im Menü **Animation anpassen**. Im Menü **Effekte** lassen sich Übergänge einfügen oder Texteffekte anwenden.

Ein schöner Übergangseffekt ist etwa **Umblättern**, die voreingestellte Übergangs-Länge von **2 Sekunden** haben wir auf **1,2 Sekunden** verkürzt und über die Schaltfläche **Konfigurieren** ein Umblättern von **Unten rechts** eingestellt.

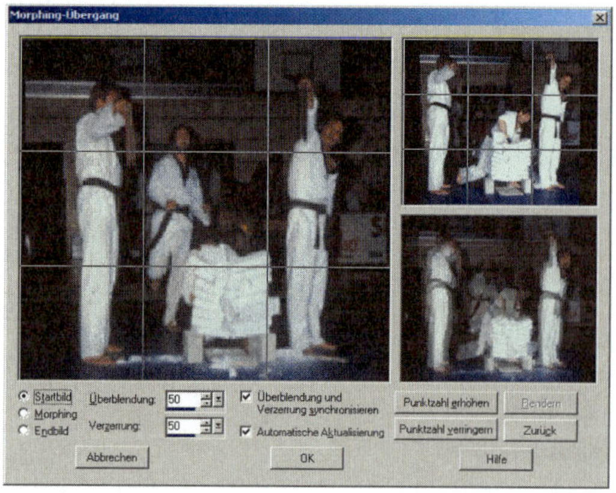

*Clever: Für animierte GIFs hält der **Animation Shop** sogar Morphing als Übergangseffekt bereit.*

8. Beim Speichern als animiertes Gif taucht ein **Optimieren**-Dialog auf, in dem Sie für alle Einzelbilder etwa durch eine geringere Farbtiefe eine kleinere Dateigröße erzwingen können.

Test-Empfehlungen

Im Browser, erst recht auf einem anderen Bildschirm, sehen die Bilder, die Sie fürs Web erzeugt haben, oft ganz anders aus, als Sie sie in Paint Shop Pro sehen. Die folgenden Testempfehlungen sind Minimalanforderungen:

1. Betrachten Sie jedes Bild in mindestens vier gängigen, unterschiedlichen Browser(versione)n (darunter Netscape Navigator und Internet Explorer).
2. Laden Sie spätestens die in die geplante Web-Site eingebauten Bilder testweise auf einen Webserver und rufen Sie diese Seite mit einer langsamen Verbindung (56-K-Modem) auf.
3. Testen Sie die fertige Seite möglichst nicht nur unter Windows: Die Linuxgemeinde wächst. Agenturen und die Druckvorstufe setzen weiterhin vor allem Mac-OS ein.

Unabdingbar: Test der fertigen Web-Bilder in mehreren gängigen Browsern. Dadurch sehen Sie sofort, wenn eine Zelle in der HTML-Tabelle nicht richtig verknüpft ist.

Glossar

A

Additive Farben:
Die Grundfarben der additiven Farbmischung sind Rot, Grün und Blau – daher spricht man auch von RGB-Farben. Alle Grundfarben zu gleichen Teilen übereinander projiziert, ergeben Weiß. In der Theorie lassen sich aus den additiven Farben alle sichtbaren Farben bilden.

Alphakanal:
Ein Alphakanal ist ein zusätzlicher Kanal, etwa für eine Auswahl. Er besteht in der Regel aus 256 Graustufen (8 Bit Farbtiefe).

Ankerpunkt:
Miteinander durch Linien verbundene Ankerpunkte definieren bei Vektorgrafiken eine Form. Ein Ankerpunkt kann eine Ecke erzeugen oder den Scheitelpunkt einer Kurve bilden.

Anpassungsebenen:
Anpassungsebenen sind eigene Ebenen, die verschiedenen Korrekturen dienen. Sie liegen über einer oder mehreren Raster- oder Vektorebenen und belassen das Bild im Originalzustand.

Antialiasing:
Antialiasing ist ein Rechenverfahren, welches die Kanten eines pixelorientierten Objekts glättet. Die Funktion berechnet winzige Verläufe zwischen den kontrastierenden Farben und vermeidet so eine so genannte Treppchenbildung.

Artefakte:
Artefakte sind Bildstörungen, die häufig beim Komprimieren/Dekomprimieren auftreten.

ASA (American Standard Association):
Asa ist eine Einheit für die Empfindlichkeit des analogen Filmmaterials.

Auflösung:
Die Auflösung ist die Anzahl der Bildpunkte pro cm oder Inch. Je höher die Auflösung, desto mehr Bildpunkte befinden sich auf der Bildfläche. Eine höhere Auflösung bewirkt eine bessere Bildqualität.

B

Batch-Verarbeitung (Stapelverarbeitung):
Unter Batch-Verarbeitung versteht man das Automatisieren von Arbeitsabläufen. So automatisieren Sie etwa das Umbenennen mehrerer Dateien oder das Speichern in einem neuen Format.

Beschnittzugabe:
Bildelemente, die bis zum Rand gedruckt werden, nennt man angeschnitten oder randabfallend. Befinden sich auf den zu druckenden Seiten randabfallende Elemente, muss eine Beschnittzugabe von etwa 3 mm eingehalten werden.

Bewegungsunschärfe:
Wird ein schnell bewegter Gegenstand mit einer langen Belichtungszeit fotografiert, ist er auf dem Foto unscharf. In der Bildbearbeitung kann Bewegungsunschärfe mit entsprechenden Filtern als Gestaltungselement künstlich erzeugt werden.

Bildmontage:
Bei einer Bildmontage befinden sich aus- oder angeschnittene Elemente aus verschiedenen Bildern auf einer Fläche. Eine Bildmontage kann ebenfalls grafische Elemente wie Schrift und Vektorobjekte beinhalten.

Bildrauschen:
Befinden sich auf einem Bild weitere zufällige Informationen, die nicht zur eigentlichen Abbildung gehören, spricht man von Bildrauschen. Diese Bildstörung verteilt sich flächendeckend auf das schadhafte Foto in Form von gleichmäßigen, meist verschwommenen Störpixeln. In

Paint Shop Pro gibt es mehrere Filter, die Bildrauschen erfolgreich entfernen.

Bilinear, Bikubisch:
Bilinear und Bikubisch sind verschiedene Schätzmethoden, die mit Hilfe einer Mittelwertberechnung die neuen Pixel berechnen.

Blitzer:
Feine Linien oder Flächen, die nicht bedruckt sind, nennt man Blitzer. Sie entstehen dadurch, dass keine Überlappung der gefärbten Flächen stattfindet und so der Untergrund durchscheint, sobald eine leichte Verschiebung oder Passerungenauigkeit statt findet.

D

Digitaldruck:
Beim Digitaldruck werden die Informationen direkt vom Computer auf das Papier gebracht ohne vorher eine Druckvorlage zu erzeugen. Digitaldruck ist für kleinere Auflagen kostengünstiger als Offsetdruck.

DIN-Format:
Das DIN-Format ist ein Maß, welches auf einem geometrischen Gesetz basiert. So verhält sich die Länge zur Breite wie 5:7. Eine weitere Proportion ist der Goldene Schritt. Beim Goldenen Schnitt handelt es sich um die Teilung einer Strecke in zwei ungleiche Abschnitte im Verhältnis von 5:8.

E

Effekt:
Mit den verschiedenen Effekten in Paint Shop Pro verändern Sie das Aussehen des Bildes. Es gibt Effekte, bzw. Filter, die fehlerhaftes Bildmaterial verbessern und andere Effekte, mit denen Sie Fotos künstlerisch verändern.

Ebene:
In PSP können Sie neue Bildelemente auf eine eigene Ebene legen. Ebenen liegen wie transparente Schichten über einem Bild. Ebenen können Sie verschieben, unsichtbar schalten oder auf verschiedene Arten mit anderen Ebenen vermischen. Es gibt Raster- und Vektorebenen. Fotos liegen auf einer Rasterebene, Text oder grafische Formen auf einer Vektorebene.

F

Falzmarke:
Ein Falz ist ein scharfer Knick oder Bruch bei Papieren. Die Falzmarke legt die exakte Knickstelle fest. Man unterscheidet Kreuz- und Parallelfalze. Bei einem Kreuzfalz erfolgt der weitere Falz immer im rechten Winkel, bei einem Parallelfalz immer parallel zum vorhergehenden Falz.

Farbproof:
Der Farbproof ist eine Methode, Farbkontrollen an Daten für Drucksachen durchzuführen.

Farbraum:
Alle durch ein Farbsystem dargestellten Farbtöne zusammen ergeben einen Farbraum. Der relevante Farbraum für das Drucken ist CMYK, der Farbraum des Monitors ist RGB.

Farbsättigung:
Mit der Farbsättigung bestimmen Sie den farbigen Anteil des Bilds. Setzen Sie den Wert auf 0, erhalten Sie ein Graustufenbild.

Farbtiefe:
Die Anzahl von Bits, die zur Speicherung der Farbinformation eines Bildpunkts im Pixelformat dienen, bestimmen die Farbtiefe. Eine Farbtiefe von 8 Bit entspricht 256, 10 Bit 1024 Stufen. Mit der Erhöhung der Farbtiefe steigt die Dateigröße.

Filter:
Digitale Filter in einem Bildbearbeitungsprogramm verändern die Bilddaten in bestimmter Art und Weise und berechnen sie neu. Ebenfalls in der Fotografie werden Filter verwendet. Diese Filter sind optische Vorsatzteile, mit denen die Abbildung verbessert wird oder Effekte erzielt werden. In Paint Shop Pro können Sie die Sammlung der vorhandenen Filter und Effekte durch verschiedene Zusatzmodule (Plugins) erweitern.

Form:
Ein geometrisches Objekt, eine Form, erstellen Sie mit dem Formenwerkzeug. Auf diese Weise erstellte Formen sind Vektorobjekte, die Sie ohne Qualitätsverlust frei skalieren können.

Formenbibliothek:
In der Formenbibliothek von Paint Shop Pro finden Sie vordefinierte Vektorobjekte und speichern eigene.

Formenwerkzeug:
Mit dem Formenwerkzeug in Paint Shop Pro erstellen Sie geometrische Grundformen, Pfeile und Sprechblasen.

Freie Auswahl:
Eine freie Auswahl ist eine Kopie des gewählten Bildausschnitts (Auswahl) und liegt während der Bearbeitung auf einer temporären Ebene über dem Bild.

G

Gap-Problem:
Fehlende Farbinformationen, die durch verschiedene Korrekturen entstanden sind, verursachen das so genannte Gap-Problem. Jede Farbkorrektur legt den verwendeten Farbbereich neu fest und entfernt dadurch Farbinformationen. Die fehlenden Informationen verteilt das Bildbearbeitungsprogramm möglichst gleichmäßig.

GIF (Graphics Interchange-Format):
GIF ist ein Datenformat zur Platz sparenden Speicherung von Bildern. Es arbeitet mit verlustfreier Komprimierung und erlaubt die Darstellung von 256 Farben aus einer beliebigen Palette.

Gradationskurven:
Mit den Gradationskurven stellen Sie den gesamten Tonwertbereich eines Bildes gesamt oder in seinen einzelnen Kanälen ein. Die Gradation eines Bildes gibt an, in welcher Abstufung die Grauwerte des Originals wiedergegeben werden. Bei einer flachen Gradation gibt es viele Abstufungen, je steiler die Kurve ist, desto weniger.

H

Histogramm:
Das Histogramm zeigt die Verteilung der Farbinformationen insgesamt und in den einzelnen Kanälen. Senkrechte Lücken im Histogramm weisen auf Farbverluste hin, was spätestens im Druck sichtbar wird.

HTML (Hypertext Markup Language):
HTML ist eine Auszeichnungssprache zur Erzeugung von Internet-Seiten.

I

ICC-Profile:
Das Konsortium ICC (International Color Consortium) ist ein Zusammenschluss von Herstellern wie Apple oder Kodak, die das Farbmanagement, genauer: die geräteunabhängige Verarbeitung farbiger Darstellungen, fördern. ICC-Profile sind Gerätebeschreibungen an Hand von Farbinformationen, die entweder der Hersteller mitliefert oder die Sie selbst erzeugen.

J

Joliet:
Als Erweiterung des ISO-9660-Standards wurde von der Firma Microsoft Joliet definiert um beim Brennen von CDs längere Dateinamen zu ermöglichen. Ein Dateiname darf bis zu 64 Zeichen, ein Pfadname nicht länger als 120 Zeichen lang sein.

JPEG (Joint Photographic Experts Group):
JPEG ist ein gängiges Verfahren zur Komprimierung von Bilddaten in der RGB-Darstellung. Zwar kann es die Bilddaten um bis zu 95 Prozent verringern, arbeitet jedoch mit Verlusten an Bildinformation. Paint Shop Pro unterstützt zwei JPEG-Varianten mit zahlreichen Optionen: JFIF-kompatible JPEGs und das modernere JPEG-2000-Format.

K

Kalibrierung:
Kalibrierung ist der Abgleich von Geräten, um eine korrekte Funktion zu ermöglichen. So dient in der Druckvorstufe die Kalibrierung von Ein- und Ausgabegeräten (Monitor - Drucker) dazu, ihre Farbdarstellung zu prüfen und gegebenenfalls zu korrigieren.

Kanal:
Ein Kanal ist ein Bestandteil einer Bilddatei. Jeder Kanal beinhaltet die Werte von nur einer Farbe. So besteht eine RGB-Datei in der Regel aus drei Kanälen: einem für Rot, einem für Grün und einem für Blau.

Klonen:
Ein Klon ist eine identische Abbildung eines Gegenstandes. In der Bildbearbeitung gibt es ein Werkzeug zum Klonen. Hierbei werden in der Größe frei definierbare Bildteile auf andere Stellen im Bild übertragen.

Korona:
Eine Korona ist ein Lichtkranz um helle Bildkanten oder -Flächen. In Paint Shop Pro steht ein Filter zur Verfügung, mit dem Sie Objekte im Bild mit einer Korona versehen.

Kurve:
Eine Kurve ist eine gekrümmte Linie. In der Vektorgrafik ist die Form der Kurve durch die Art der Ankerpunkte festgelegt.

L

Logo:
Ein Logo ist das Erkennungszeichen einer Institution und sollte charakteristische Informationen vermitteln. Logos sind in der Regel Vektorgrafiken.

Luminanz:
Unter Luminanz versteht man die Leuchtkraft bzw. die Helligkeit. In manchen Farbräumen, etwa HSL oder Lab, dient sie als Koordinate für die Definition einer Farbe.

LZW-Verfahren:
Das LZW-Verfahren (benannt nach Lempel, Ziv und Welch) gehört zu den verlustfreien Komprimierungsmethoden. Die Qualität verschlechtert sich weder beim Komprimieren (Verdichten) noch beim Dekomprimieren (Auspacken) der Datei.

M

Maske:
Eine Maske ist eine temporäre Schicht, die Bildteile vor der Bearbeitung schützt. Eine Maske kann mit dem Pinsel oder dem Löschwerkzeug verändert und bearbeitet werden. Fehler lassen sich so leicht rückgängig machen.

Moiré (franz.: schillernder Stoff):
Überlagern sich mindestens zwei geometrische Muster, die nicht in genau eingehaltenen Winkeln zueinander stehen, entsteht ein weiteres, sichtbares Muster, das Moiré. Moiré entsteht meist beim Scannen von bereits Gedrucktem.

Morphing:
Unter Morphing versteht man eine stufenlose Überblendung von einem Bild ins andere.

Muster:
Mit Mustern malen Sie oder füllen eine Auswahl. Zu den vielen Mustern, die Ihnen PSP zur Verfügung stellt, können Sie eigene Muster erstellen.

N

Negativ:
Das Negativ dreht die Farben eines Bildes um. So sind z.B. im Negativ eines Schwarzweiß-Bildes weiße Flächen schwarz und umgekehrt. Bei Farbbildern wechselt das Negativ die Originalfarbe mit dessen Konträrfarbe aus. So wird Blau zu Gelb, oder Magenta zu Grün.

Nutzen:
Nutzen ist eine Bezeichnung für ein Stück Papier, Pappe, Gewebe in beliebiger Größe, das aus einem größeren Stück herausgeschnitten wird. Zur besseren Materialausnutzung werden im Druckgewerbe aus einem Bogen Papier mehrere gleiche Elemente (Nutzen) ausgeschnitten.

O

Objekt:
Objekte sind vordefinierte und eigene Formen auf Vektor-Basis. Objekte erstellen Sie in Paint Shop Pro mit dem Formenwerkzeug oder dem Zeichenstift.

Offsetdruck:
Offsetdruck ist ein weit verbreitetes Flachdruckverfahren. Beim Drucken wird durch Wasser an den bildfreien Stellen die fetthaltige Druckfarbe abgestoßen. Das Papier wird indirekt durch eine Gummituchwalze bedruckt. Es gibt Bogenoffset- und Rollenoffsetdruck.

Overlay:
Das Overlay ist die halb transparente eingefärbte Schicht einer Maske, die ausgewählte Bereiche oder die Auswirkung der Anpassungsebene anzeigt.

P

PDF (Portable Document Format):
PDF beruht auf der Seitenbescheibungssprache PostScript und erweitert dessen Möglichkeiten. PDF-Dateien sind meist kleiner als PostScript und lassen sich für die Bildschirmwiedergabe sehr stark verkleinern.

Pixel (Bildpunkt):
Ein Pixel (Abkürzung für Picture Element) ist die kleinste Komponente eines digital dargestellten Bildes. Die Anzahl der Pixel pro Flächeneinheit bestimmt die Bildauflösung.

Plugin (engl. Anschließen):
Ein Plugin ist ein Zusatzmodul für ein Programm. So gibt es etwa weitere Filterpakete, die Sie nach der Installation von Paint Shop Pro aus bedienen können. Mit der integrierten Programmiersprache Python entwickeln Sie eigene Plugins.

PNG (Portable Network Graphics):
PNG ist ein rechnerunabhängiges Format, das das World Wide Web Consortium (W3C) für Web-Bilder entwickelt hat. Es eignet sich als leistungsfähigere Alternative zu GIF für Internet-Anwendungen. Das Format arbeitet mit verlustfreier Kompression und ermöglicht Darstellungen mit abgestufter Transparenz

PostScript:
PostScript ist eine geräteunabhängige Seitenbeschreibungssprache, über die vor allem professionelle Geräte angesteuert werden.

Progressiv:
Progressiv ist eine Kodierung, die bewirkt, dass sich das Bild auf einer Web-Seite stufenweise im Browser des Surfers aufbaut. Wenn der Browser Progressiv nicht unterstützt, erscheint das Bild wie in der Standardeinstellung im Ganzen.

Prozessfarben:
Prozessfarben sind Farben, die im Druckprozess verwendet werden. Im Vierfarbdruck sind dies abgekürzt CMYK, also **C**yan, **M**agenta, Gelb (**Y**ellow) und Schwarz (Blac**K**). Zusätzlich können Schmuck- oder Sonderfarben hinzukommen.

Python:
Python ist die Objekt-orientierte Programmiersprache, die in Paint Shop Pro seit Version 8 integriert ist. Neben weit gehenden Automatisierungen lassen sich damit Plugins erzeugen.

Q

Qualitätsfaktor:
Für den Druck sollten zweimal soviele Pixel zur Verfügung stehen, wie eigentlich gebraucht würden, um eine qualitativ besseres Ergebnis zu erhalten. Man spricht bei doppelt sovielen Pixeln von Qualitätsfaktor 2.

R

RAM (Random Access Memory):
Les- und schreibbarer Arbeitsspeicher mit schnellem Zugriff. Die Speicherchips sind mit einem Systembus mit dem Prozessor verbunden. Da er sich beim Ausschalten des PCs selbst löscht, ist er nicht zur dauerhaften Speicherung geeignet.

Rastergrafik:
Eine Rastergrafik ist aufgebaut aus vielen kleinen verschiedenfarbigen Bildpunkten, den Pixeln. Die Pixel sind in einem rechteckigen Raster angeordnet. Rastergrafiken sind nicht verlustfrei zu vergrößern.

Rasterweite:
Die Rasterweite bestimmt den Abstand der einzelnen Rastepunkte zueinander. Sie wird in lpi (Lines per Inch) oder L/cm (Linien pro Zentimeter) angegeben. Ein feineres Raster entsteht bei größeren Werten. Je feiner das Raster, desto mehr Details können dargestellt werden. Die Rasterweite ist abhängig vom Druckverfahren und dem zu bedruckenden Material.

RIP (Raster Image Processor):
Der Raster Image Processor ist zuständig für die Rasterung der Vorlage und kann eine Hardware- oder eine Softwarelösung sein. Die Grundlage dafür bildet die Seitenbeschreibungssprache PostScript.

Rollover:
Ein Rollover ist eine oft eine grafisch gestaltete Schaltfläche auf einer Web-Seite. Es gibt mehrere Zustände, etwa Mouseover (wenn sich der Mauszeiger über dem Rollover befindet) oder Oneclick (bei einem Klick) wobei das Ursprungsbild getauscht und/oder an eine andere Stelle verlinkt wird.

S

Satzspiegel:
Der Satzspiegel ist auf der gedruckten Seite die Fläche, auf der sich Text und Abbildungen befinden. Beim Buchdruck liegen manche Elemente wie Seitenzahlen, Fußnoten oder Marginalien außerhalb des Satzspiegels. Die Größe des Satzspiegels im Verhältnis zur gesamten Seite hängt sowohl von der grafischen Gestaltung wie auch von technischen Vorgaben ab.

Schlagschatten:
Der Schlagschatten ist der von einem Körper auf eine Fläche geworfene Schatten.

Schmuckfarben:
Schmuckfarben (Pantone, HKS) sind Farbtöne, die als reine Farbe definiert sind und nicht über ein Raster optisch durch CMYK gemischt werden.

Schneideplotter:
Der Schneideplotter ist eine pfadgesteuerte Maschine, die nicht wie ein Drucker das Bild Punkt für Punkt reproduziert, sondern an einer Linie (dem Pfad) entlang fährt. Sie dient zur Erstellung von Klebeschriften, etwa für Fahrzeugbeschriftung, Schaufensterbeschriftung und Werbetafeln.

Schwarzaufbau:
Der Begriff Schwarzaufbau beschreibt, wie die Farbe innerhalb des Satzes für den Vierfarbendruck (CMYK) eingesetzt wird. So ergänzt die unbunte Druckfarbe Schwarz (K) die bunten Farben (CMY) bei der Erzeugung von Graustufen, indem sie bei der Farbmischung mehr oder weniger große, jeweils gleiche Anteile der drei Buntfarben Cyan, Magenta und Gelb ersetzt (Unbuntaufbau). Neben dem Unbuntaufbau gibt es als weiteren Schwarzaufbau den Buntaufbau. Hier sind die einzelnen Farben möglichst aus den drei bunten Farben (CMY) gemischt.

Seitenlayout:
Das Seitenlayout zeigt den Text, wie er im Druck aussieht. So legt es z.B. die Größe der Seitenränder, die Seitennummerierung und die Anzahl der Textspalten fest. Alle Attribute gelten immer für einen ganzen Abschnitt. Sind die Seiten des Werkes nicht gleich gestaltet, gibt es mehrere Abschnitte, die die unterschiedlichen Layout-Vorgaben definieren.

Separation:
Die Zerlegung eines Bildes für den Druck in seine vier Grundfarben (CMYK) nennt man Separation. Für jede dieser Farben wird eine Druckplatte benötigt, die die druckenden und die nichtdruckenden Bereiche für die jeweilige Druckfarbe definiert.

Siebdruck:
Siebdruck eignet sich besonders für große Formate, etwa Plakate. Beim Siebdruck wird dickflüssige Farbe auf ein Sieb geschüttet und mit der Rakel, einem Brett mit Gummi- oder Kunststoffkante in der Breite des Siebes, verteilt. Man unterscheidet zwischen Flachbrett-Maschinen mit einem horizontal liegenden Sieb und Zylinder-Siebdruck-Maschinen, bei denen das Sieb um den Zylinder gespannt ist.

Signalfarben:
Leuchtende Farben, die eine Botschaft transportieren, nennt man Signalfarben.

Skalieren:
Skalieren bedeutet vergrößern oder verkleinern. In der Bildbearbeitung werden sowohl ganze Bildflächen wie auch einzelne Objekte skaliert. Vektorobjekte können auf Grund ihres mathematischen Aufbaus ohne Qualitätsverluste skaliert werden.

Spitzlichter:
Spitzlichter können heller als Weiß sein. Beispiel: gleißende Metallreflexe im Sonnenlicht.

Subtraktive Farben:
Die Grundfarben der subtraktiven Farben (Körperfarben) sind Cyan, Magenta, Gelb und Schwarz (CMYK). Bei Farbdrucken werden die Grundfarben in verschiedenen Teilen übereinander gedruckt und ergeben so alle Farbtöne des zugehörigen Farbraums.

T

Textur:
Eine Textur definiert transparente Bereiche durch ein Schwarzweiß-Bild. Weiß deckt, schwarz steht

für transparent. In Paint Shop Pro können Sie eine neue Pinselspitze mit einer eigenen Textur belegen.

Thermotransfer- und Thermosublimationsdruck:
Thermotransfer- und Thermosublimationsdrucker arbeiten mit höheren Temperaturen, schmelzen die Farbanteile von farbigem Wachs auf und mischen sie, wodurch echte Halbtöne darstellbar sind. Diese Drucker eignen sich besonders zur Bilddarstellung und nicht zur Verarbeitung von Text.

Tintenplotter:
Der Tintenplotter verteilt, ähnlich wie der Tintenstrahldrucker, feine Tropfen farbiger Tinte auf das Papier und erzeugt so das Druckbild. Er eignet sich besonders für Großformatdrucke in einer kleinen Auflage, z.B. Leinwand oder Fahnenstoff usw.

Transferdruck:
Unter Transferdruck versteht man das Bedrucken von unterschiedlichen Materialien (z.B. T-Shirts, Keramik oder Glas) mit Hilfe spezieller Transferpapiere und -folien.

TWAIN-Schnittstelle:
TWAIN (engl. Zwei) ist eine Schnittstelle, über die Scanner und digitale Kameras mit Bildverarbeitungsprogrammen auf PCs oder Macs Daten austauschen. Eine informelle Vereinigung von Hard- und Softwareherstellern, die TWAIN Working Group, unterstützt die TWAIN-Schnittstelle und entwickelt sie weiter.

U

Unscharf maskieren:
Der Filter Unscharf maskieren schärft die Bildkanten, ohne die flächigen Bereiche zu verletzen. Er simuliert ein Verfahren, das aus der Reprotechnik stammt.

V

Vektor:
Ein Vektor ist eine geometrische Größe, festgelegt durch Länge und Richtung.

Vektorgrafik:
Eine Vektorgrafik baut sich aus Linien, Kurven und dadurch begrenzten Flächen auf. Vektorgrafiken sind ohne Qualitätsverlust frei skalierbar.

Verlauf:
Ein Verlauf ist ein stufenloser Übergang von einer Farbe zu einer anderen oder auslaufend zu 100 Prozent Transparenz. In Verläufen können beliebig viele Farben ineinander übergehen. Stufenfreie Farbverläufe stellen besondere Qualitätsanforderungen an die Farbwiedergabe von Drucksystemen.

Volltonfarben:
Volltonfarben sind bereits vom Farbhersteller gemischt und sind leuchtender und reiner als CMYK-Farben, die gegenüber der Monitordarstellung immer etwas gedämpft wirken. Der Farbauftrag ist ungerastert und deckend.

W

Wasserstrahlschneider:
Der Wasserstrahlschneider schneidet ähnlich wie der Schneidplotter jede Linie aus dem Material. Die Flächen ergeben sich auch hier durch das Material selbst.

Wizard:
Der Wizard ist eine Hilfe in Paint Shop Pro, die Sie bei komplexeren Funktionen durch die einzelnen Arbeitsschritte führt.

A

Additive Farben 77
AI 38
Airbrush 110
Aktuelles Muster 127
Album 290
Allgemeine Programmeinstellungen 14, 48
Alpha-Kanal 130, 168-170, 172, 179, 182, 185-187
Amplitudenmodulierte Rasterung 244
Animation Shop 281, 283-286, 288, 318, 320
Animations-Wizard 284, 318
Ankerpunkt 132-139
Ankerpunkttyp 136
Anpassungsebene 52-55
Antialiasing 143, 153, 162, 166
Anzeige und Zwischenspeichern 15
Artefakte 44, 47, 55, 56, 63, 308
ASA-Wert 57
Audio-Optionen 289
Aufkleber 242
Auflösen 283, 286
Auflösung 243
Ausdruck in Datei 264
Ausrichten am Raster 274
Ausrichtung 143
Aussparung 218
Auswahlmodus 163
Auszüge 261
Automatische Aktion 16
Automatische Farbbalance-Korrektur 87
Automatische Kontrastkorrektur 88
Automatische Prüfung 195, 219
Automatische Sättigungskorrektur 87

B

42-Bit 36
Batch-Umbenennen 227
Batch-Verarbeitung 226, 227, 230
Beleuchtung 198, 204, 205, 219
Belichtung 260
Beschnittwerkzeug 72
Beschnittzugabe 277, 278
Betrachtungsabstand 259
Bewegungsunschärfe 61
Bikubisch 68, 69
Bild duplizieren 31
Bildfehler 44, 45, 47-50, 55, 56, 59
Bildfehlerentfernungswerkzeug 49, 50
Bildqualität 45, 68
Bildrauschen 44-47, 56, 57, 59, 60, 62, 68, 69
Bildschirm-Reflexe vermeiden 78
Bildstempel 111-114
Bildstörungen 68
Bildunterteilen 314
Browser 15, 25, 29, 275

C

Chrom 197, 199
Chroma-Subsampling 299
CMYK 189
CMYK-Composite-Daten 263
CMYK-Farbmischung 79
CMYK-Farbraum 46
CMYK-Kombination 97
CMYK-Konvertierung 263, 264
CMYK-Konvertierungseinstellungen 17, 97
CMYK-Modus 37
CMYK-Trennung 64, 97, 238, 265
CMYK-Vorschau 97
Composite 262, 263

D

3D-Effekte 129, 130, 218
Dateien umbenennen 226
Dateiformatverknüpfungen 17
Deckende Bereiche 155
Deckfähigkeit 49, 51-53, 155, 199, 200, 203, 215, 216, 218, 221
Deckungsgrenze Schwarz 264
Diascanner 35, 40
Differenzwert 55, 63
Digitaldruck 240, 241, 259
Druckform 266

E

Ebene duplizieren. 66
Ebenen 27, 29-31, 148, 151, 152, 154, 170-180, 182-190
Ebeneneigenschaften 54, 55, 83
Ebenengruppe 172, 173, 176, 177, 183, 191
Ebenenpalette 253, 254, 269, 278, 279, 280
Ebenenverbindung 52, 53
Effekt-Browser 196
Effekt-Vorschau 195
Effektfenster 194, 218, 219
Einheiten 16
Emaille 197
EMF 268
Endbild 286
Erfassen 34, 35

F

Facetten 211
Fahrzeugbeschriftung 241
Falsche Papiere 250
Farbbalance 175
Farben hinzufügen 77
Farbfolie 197, 200
Farbfüllungswerkzeug 109
Farbkorrektur 41, 80
Farbmanagement 248
Farbstich entfernen 87
Farbton 153, 154, 175
Farbton und Sättigung 87
Farbton/Sättigung/Helligkeit 54, 113, 175, 176
Farbübergang 105, 108, 141
Farbübergangs-Editor 108, 109, 201, 202
Farbverwaltung 19, 96
Fasenverbindung 125
Fehlerempfindlichkeit 47
Fingerabdrücken 44
Flächendeckung 127
Fließender Übergang 103
Formenbibliothek 128
Formenwerkzeug 122-124, 126, 128, 131, 132 142, 144
Fotokorrektur 25, 86, 87
Fotoprojekte 20
Frame 36
Freihand 137, 153, 156, 157, 178, 190
Freihandauswahl 149, 151, 153, 154, 157, 163, 167, 168, 177, 178, 181, 190
Frequenzmodulierten Rasterung 244

G

Gammakorrektur 31
Gap-Problem 81
Gaußscher Weichzeichner 58, 61, 69
GCR 263, 264
GCR-Gamma - Schwarz 264
Gehrungsverbindung 125
Geometrieeffekte 213, 215
Gerätebeschreibungen 95, 96
Gesamtdeckungsgrenze 263
gezielte Eingabe 104
GIF 296
GIF-Optimierung 311
GIFs animieren 316
Glanz 199, 203
Glas-Beschaffenheit 198
Glasmosaik 207, 208
Glühen 198, 200
Gradationskurve 41
Grafikprojekte 20
Grafiktablett 115
Grau-Kanal 83
Graustufen-Bild 37
Gravur 241, 270
Grenzwerte 180
Großformatdruck 241, 242, 259

H

Halbtonraster 196, 197
Hauttöne 36
Helligkeit 155, 163, 175, 209
Helligkeit beibehalten 88

Helligkeit und Kontrast 31, 50-53, 62, 64, 67
Helligkeitskorrekturen 40, 41
Hilfslinien 112
Hintergrundebene umwandeln 174, 183
Hintergrundlöschwerkzeug 177, 179, 182
Histogramm 28, 30, 40, 41, 86, 91-93
Histogrammanpassung 31, 51, 52, 92, 93
HSL 189
HSL-Trennung 64

I

ICC-Profil 96, 100
Image Type 36
Importieren 34, 35
Index 22
Intensität 198, 200, 209, 210, 219
Internet Explorer 321
IT-8 98, 99

J

JPEG 298
JPEG-Artefakte entfernen 308
JPG 298

K

Kachelmethode 207
Kaleidoskop 211
Kalibrierung 98-100
Kanäle mischen 175
Kanäle trennen 59, 64
Kanäle verbinden 19
Kanten kolorieren 65, 198
Kanteneffekte 222
Kerning 143
Klonen 48, 49
Kolorieren 175
Komprimierung 299
Kontrastgrenze 153, 156, 167
Konturen 198, 200, 222
Konzentrische Wellen 213
Korona 56, 58, 59
Koronasichtbarkeit 56, 58
Körperfarben 78, 79
Korrekturgrad 46, 47, 68
Korrigieren von Fotos 20
Kugeln und Blasen 197, 199, 201, 202
Kunsteffekte 196, 198, 202, 205

L

Ladezeiten 294
Landschaft 36
Laser-Druckfilm 257
Laserdruck 256
Laufrahmen ausblenden 66, 150, 162, 180
Learning Center 20, 21, 31
Leinwandgröße 144
Lichteffekte 58
Lichter 208, 209
Lichter/Mitteltöne/Schatten 51, 64
Liniensegmente 134, 136
Linsenkorrektur 24
Linsenverzerrung 213
Löschwerkzeug 26, 158, 169, 177, 180, 182
LZW 297

M

Mac-OS 321
Maleffekte 194, 215, 216
Manuell weichzeichnen 56, 58, 59
Masken 148, 172, 174, 182, 188
Maskenebene 183-185
Material-Palette 26
Materialeinstellungen 105
Materialpalette 15, 105, 108, 125
Median-Filter 46, 69
mehrere Nutzen 271
Messer 135
Metamorphose 286
Miniaturansichten 275
Mischbereiche 83

Mischmodus 52, 53
Mischverhältnis 103
Mitteltöne enger 93, 94
Modellieren 207, 208, 220
Moiré 44, 46, 67-69
Monitor-Gamma 19
Morphing-Übergang 320
Motherboard 14
Muster des Rasters 197
Musterpinsel 109

N

Nahtloses Kacheln 206, 207
Navigieren 194, 195
Negativbild 106
Neon 197, 200
Netscape Navigator 321
neue Animation 284
Neutralgrau 76
Nova 208, 209

O

Objektauswahl-Werkzeug 122, 123, 125, 128, 129, 131, 132, 139-142
Offsetdruck 240-245, 265, 266, 277
Optimierungs-Wizard 287
Overheadfolien 242, 257

P

Papierkauf 251
Parameterwerte zufällig auswählen 196
Partitionen ändern 15
PDF 247
Perspektivenkorrektur 70
Pfadgesteuert 267
Pfeile 123, 124, 134
Pigmenttinten 259
Pinselvarianten 28, 30, 102, 103
Pixeltransformation 214, 215
Plakatdruck 241
Platzierungsmodus 114
Plugins 18, 25
PNG 300
PNG-Optimierung 311
Polarkoordinaten 213, 214
Polierter Stein 208
Portable Document Format 247
Positiv 35
Poster 196, 197
PostScript 17, 38, 39, 246
Prägestempel 214
Prescan 40
prn 265
Produkt-Tour 21
Proof 262
Proportionen 117-119
Prozessfarben 34, 80

Q

Quellfenster 66

R

Radialeinzug 211
Rahmen 36
RAM 14, 15
Randschärfe 150, 152, 158-162, 166, 167, 169, 178, 181
Raster anzeigen 274
Raster Image Processor 246
Rasterebene 218
Rasterfrequenz 242, 244-246
Rastergrafik 123
Rasterhintergrund 112
Rasterpunkt 34, 36
Rasterweite 36-38, 243-246, 257, 262, 267
Rasterwinkel 197, 262
Rauschen entfernen 45-48, 67, 68
Rauschunterdrückung 45, 60
RAW 39
Reflexionseffekte 210

Resampling 68, 69
RGB 37, 40, 189
RGB-Farben 78
RGB-Farbraum 46
RGB-Wert 153, 154, 163, 166
RIP 246
Rollover 315, 316
Rote Augen entfernen 92
Rundverbindung 125

S

Sampling 180
Sättigung 31, 54, 175
Sättigungskorrektur 86-88
Scan-Auflösung 44
Scan-Typ 36
Scanauflösung 36, 38
Scanmode 35
Scannereinstellungen 35
Schaltfläche 123, 124, 126, 128-131, 218
Schärfekorrektur 62, 67
Schärfen mit Maske 63
Scharfzeichnen 55, 62
Schaufensterbeschriftung 241
Schlagschatten 114, 129, 130, 202, 218, 220, 221
Schneidmarken 266, 267
Schneidplotter 240, 241, 269, 270
Schnittmarken 277, 279
Schriftart 143
Schriften in Kurven 269
Schriftgrad 143, 145
Schriftschnitt 143
Schwache Farben 87
Schwarz beginnt bei 264
Schwarzpunkt 25, 65, 85, 88, 89
Schwarzweißbilder 100
SCSI 36
Seitenlayout 272-274, 277
Separation 246, 260, 262, 264
Separationseinstellungen 235
Sepiatönung 197
Setting oder Einstellungen 36
Siebdruck 241, 242, 244, 245, 265-267
Skriptaufzeichnung 231, 232, 238
Skriptausgabe 28, 30
Skripts nachbearbeiten 233
Smart Edge 153, 156, 167, 181
Solarisation 197
Speichermodus 230
Speicherorte 18
Spezialmedien 250
Spezialraster 244
Spiegelkabinett 210
Spiegelrotation 212
Spiralen 213
Spitzlichter 88, 90
Sprechblasen 123
Standard-Symbolleiste 24, 25
Standardformen 123
Standardpinsel 102, 107, 109, 110
Starke Farben 87
Startbild 286
Staub 44
Stil 108
Stil beibehalten 124
Strichstärke 125, 143, 145
Stufenlose Eingabe 104
Subtraktive Farben 78
Symbolleisten 19, 20, 23, 28
Systemsteuerung 75

T

T-Shirt 241, 250, 252, 253, 256
Tangente 133
Tassen 241, 250
Tastaturkürzel 13, 20, 22, 26, 29, 30, 31
Test-Empfehlungen 321
Testbild 249
Texteffekt einfügen 287
Texteingabe 142, 145
Textur 105-109
Textureffekt 207
Textwerkzeug 122, 127, 142, 143, 145
Thermosublimationsdruck 259
Thermotransferdruck 259
Tintenstrahldruck 247

Toleranz 164
Tonwertstufen 245
Topografie 197
Transferdruck 241, 254-256
Transparent stellen 310
Transparente Bereiche 172
Trommelscanner 40
TWAIN 34, 35

U

Überbelichtungspinsel 51
Übersicht 27, 30
UCR 263
Umblättern 206
Umgebungsbeleuchtung 204
Umwandeln in Ebene 108
Unsaubere Abstufungen 55
Unscharf maskieren 36, 55, 62, 63
Unschärfe 199, 200, 216, 221
Unscharfe Bilder scannen 64
Unterbelichten 84
Unterbelichtungspinsel 51
Unterordner durchsuchen 18
Urheberschutz Web 295
USM 36

V

Vektorauswahl 30
Vektoreigenschaft 125, 145
Vektorgrafik 38, 122, 123, 241
Vektorhintergrund 122
Verblasste Farbe korrigieren 25
Verformen 70
Vergilbte Zeitung 196, 197
Vergrößerungsglas 197, 198
Verschiebung 205, 206
Verzerrungseffekte 194, 213
Virtual Painter 216, 217
Visitenkarten/Geschäftspapier 241
Vollbildansicht 30
Volltonfarben 34, 80
Vordergrundfarbe 103, 105, 107, 108
Vorhandene Hauttöne 87
Vorlagen abändern 272
Vorschau 25, 27, 30

W

Wachsmalkreide 216
Wachsüberzug 198
Wasserstrahlschneider 241, 270
Web-Optimierung 302, 304, 306
Webformate 295, 296
Weichzeichnen 56-61, 66
Weißpunkt 25, 65, 85, 88-90, 93
Werbeartikel 241
Werkzeugoptionen 26, 30
Wizard 56
WMF 268

Z

Zauberstab 106, 107, 110, 149, 151, 153, 154, 157, 163, 165-167, 177, 253
Zeichenstift 122, 123, 131-139, 141, 142
Zeilenabstand 143
Zelle optimieren 315
Zellenanordnung 113
Zellenplatzierung 273
Zusammenfassen 253, 278, 280
Zwischenschnitte 266, 267